선과 시
(禪과 詩)

선과 시 (禪과 詩)

杜松柏 지음 / 朴浣植 · 孫大覺 옮김

민족사

옮긴이 소개

朴浣植:《梅泉全集》(인문과학원, 1984)을 편집하였고, 국역본으로는《與猶堂全書 經集》의《大學 中庸》,《論語古今註》,《孟子要義》(여강, 1986~95)의 共譯과《宋明理學史》I·II(이론과 실천, 1993, 1995),《大學 大學或問 大學講語》(이론과 실천, 1993),《性理學이란 무엇인가》(여강, 1993),《杜甫詩의 이해》(이회, 1995),《國譯 兒菴集》(이회, 1997) 등이 있으며, 논문으로는〈漁父詞의 起源에 관한 試論〉(우석어문),〈漁父詞 研究〉(학위논문),〈佛敎 漁父詞에 대한 考察〉(동양 한문학 연구),〈漁父詞에 나타난 漢詩의 影響〉(어문연구, 1996),〈兒菴 詩文學 硏究〉(어문연구),〈漁父詞의 變移樣相에 대한 考察〉(어문연구) 등이 있다. 현재 전주대학교 한문교육과 교수로 재직중.

孫大覺:〈出家者와 在家者의 바람직한 役割〉,〈新羅 中代 新唯識 受用과 佛性論〉등의 논문이 있고, 김정식 家藏版《通鑑節要》편집 등이 있다. 현재 범어사 승가대학장으로 재직중.

선과 시(詩)

2000년 2월 15일 초판 1쇄 인쇄
2000년 2월 25일 초판 1쇄 발행

옮긴이 朴浣植·孫大覺
발행자 尹載昇
발행처 民族社

등록 제1-149호. 1980. 5. 9.
서울 종로구 청진동 208-1
전화 02) 732-2403~4, 722-7679
팩스 02) 739-7565

값 15,000원   ISBN 89-7009-365-6 03220

서 문

- 선시(禪詩) 해설 -

선과 시

　내(杜松柏)가 처음 학위논문을 쓰고자 《대장경(大藏經)》에 깊이 파묻혀 있던 선시(禪詩)를 보았을 때 나는 주옥처럼 화려한 선종(禪宗)의 문장에 그만 매료되었다.

　시(詩)에 대하여 백거이(白居易 : 號樂天, 唐詩人)는 일찍이 "각 시편마다 쓸모 없는 문장 없고, 오직 민생의 아픔만을 노래했다〔篇篇無空文 惟歌民生病〕"고 하여 시가창작(詩歌創作)의 지표로 내세운 바 있지만, 실제로 이와 같은 경지에 이른 시인은 흔치 않으며, 오늘날 백거이 자신도 그의 말에 견주어 본다면, 부족한 감이 없지 않다.

　하지만 선승의 게송은 하나같이 쓸모 없는 문장이라곤 찾아보기 힘들다. 그들의 주옥 같은 게송은 깊은 이치를 담고 있을 뿐만 아니라 우회적으로 선(禪)을 설파하고 있다. 근대 인도의 시인 타고르를 철리시인(哲理詩人)의 으뜸으로 손꼽고 있지만, 나는 선시(禪詩)의 대가인 영가(永嘉), 설두중현(雪竇重顯), 단하자순(丹霞子淳), 천동정각(天童正覺), 투자의청(投子義靑) 같은 스님들이야말로 백거이가 말한 명제에 부합되는 인물이라고 생각한다.

　더욱이 《송고련주통집(頌古聯珠通集)》과 《종감법림(宗鑑法林)》에 수록된 송고시(頌古詩)는 한면으론 옛 사람의 공안(公案)을 밝히고 또 다른 한면으론 자신의 깨달음의 경지를 표현한 게송들이다. 이러한 게송들은 오묘하고 심오한 뜻을 담고 있을 뿐만 아니라, 문장이 더없이 화려하고 아름다워서 향기가 물씬 배어나오는 듯하며, 또한 끝없는 여운을 남기고 있다. 때론 거칠고 속된 것처럼 보이는 게송 또한 행간(行間)에 깊은 의미를 담고 있어, 세속 시인들의 음풍농월이나, 아무런 아픔도 없이 괜스레 신음하는, 진솔하지 못한 작품과 견주어 볼 때 큰 차이점을 가지고 있다. 만일 타고르가 이와 같은 게송을 읽었다면, 그로서는 미칠 수 없는 뛰어난 경지와 감각에 대해 자신도 모르게 부끄러움을 느꼈을 것이다.

하지만 주옥같이 화려한 선종의 문장이 널리 알려지지 못한 데에는 몇 가지 이유가 있다.

첫째, 당송 이후 선종(禪宗)이 쇠퇴하여 교학(敎學)과 선학(禪學)이 혼합됨으로써 선종만이 가지고 있던 본연의 특성이 상실되었고, 선종에 대한 명성도 사라져 갔다. 따라서 선시 또한 진흙 속에 밝은 구슬처럼 찬란한 빛을 잃고, 《대장경》에 파묻혀 그 진면목이 감춰지게 되었다.

둘째, 선종에서 문자를 내세우지 않는 것을 불립문자(不立文字)라 하는데, 이러한 견지에서 선이란 언어와 문자로 표현할 수 없다고 생각하기에 이르렀다. 물론 자성(自性)의 오묘한 본체는 주체·객체와 능(能)·소(所)의 상대성이 없으므로, 말할 수 있다거나 말할 수 있는 여지마저도 없다. 이른바 그 어떤 물건이라 말하여도 그것은 적절하지 못한 것이다. 도를 깨닫는다는 것은 정식(情識)과 의상(意想)을 모두 버리어, 마치 지극히 어리석고 노둔한 사람처럼 아무런 말없이 깨달은 바 있는 그것이 곧 '언어도단(言語道斷), 심행처멸(心行處滅)'이다. 하지만 말할 수 없는 존재, 그리고 말할 수 없는 시간을 제외하고는 모두 생각하고 참작할 수 있었기에 조사(祖師)의 어록(語錄)과 주해는 그 수효를 헤아릴 수 없을 정도이다. 그것은 제일의 최고경지〔妙高峯〕란 의식(意識)으로 헤아릴 수 없지만 제2의 경지는 의식으로 이해할 수 있기 때문이다. 따라서 선시(禪詩) 또한 형이하(形而下)에 속하지만 형이상(形而上)의 도리를 비유해 말하고 있다. 그러나 애석하게도 '불립문자'에 대한 잘못된 인식 때문에 선시는 경시되어 왔다.

셋째, 역대의 시인들은 대부분 방외시(方外詩)를 경시한 예가 많았다. 소동파(蘇東坡 : 蘇軾, 唐宋八大家)는 혜통(惠通)스님의 시에 대해 "나물냄새가 물씬대는 스님의 기상이 그대에 이르러선 없어졌는가〔氣含蔬笋到公無〕"라고 비아냥거렸다. 이 같은 소동파의 야유를 일례로 꼽을 수 있다. 이러한 이유에서 세간의 시인들이 알고 있는, 시화(詩話)에 언급되어진 선사의 시를 제외하고는 만분의 일, 또는 천분의 일도 알지 못하게 되어버린 것이다.

위에서 언급한 세 가지 이유에 의해 선종의 시는 침체되고 말았다. 시의 정신적 세계라는 관점에서 평가한다면 참으로 훌륭한 보배를 잃어버린 셈이다. 이는 매우 잘못된 일일 뿐 아니라 매우 유감스러운 일이라 하겠다.

내가 이 책《선과 시(禪與詩)》를 쓰게 된 동기는 옛 스님의 묻혀버린 빛을 드러내어 찬란했던 광채를 다시 밝혀주고자 하는 데 있다. 그러나〈선종의 특성〉,〈선종이 중국학술에 끼친 영향〉,〈송고시의 형성〉,〈이취시(理趣詩)에 있어서의 신시(禪詩)의 지위(地位)〉를 분명히 이해하여야만 그 본원을 이해하여 오해와 집착에서 벗어날 수 있으며, 또한 선시에 대한 지대한 영향도 가늠할 수 있을 것이다.

선종의 특성

선종은 일찍이 중국의 종교사상에 있어서 가장 신비하고도 특수한 불교의 하나이다. 달마가 처음 중국으로 건너와 선을 전파한 이후 선종은 양(梁) 무제(武帝) 때에 이르러 본격적으로 형성되었다. 선종은 초기엔 1대(一代)에 한 사람에게만 전수해 내려오다가 오조법연(五祖法演)에 이르러 널리 여러 사람에게 법을 전하게 되었고 이후 남종(南宗)과 북파(北派 : 北宗)로 나뉘어 양립(兩立)하게 되었다. 그후 선은 오종(五宗)으로 발전, 확대되면서 중국에 널리 전파되었다. 선종에서는 일인전법(一人傳法)으로써 수백 년 동안 내려오면서 기존 불교와 대항관계를 이루었고, 또 불교의 세력을 초월한 큰 종파도 있었다. 이것은 억측이 아닌 엄연한 역사적 사실이다. 그리고 선종은 많은 사람들의 주목(注目)을 받았을 뿐 아니라, 또한 적극적인 진취성을 가지고 있었다. 이는 선종의 특성과 전수방법상에 있어 교학(敎學)의 추격을 초월한 데에서 얻어진 성과였다.

법통(法統)과 교의(敎義)의 전파라는 측면에서 말하면, 기존 불교에서는 불(佛), 법(法), 승(僧) 삼보(三寶)로써 전법(傳法)의 도통을 삼으며 도량을 건립하여 수도의 환경을 조성하고 이입(理入)과 행입(行入)으로써 수도의 방법을 삼았다. 이 때문에 명상에 관심을 두고 경전에 의지하여 뜻을 해석하고 정좌(靜坐)하여 염불을 하면서 지관(止觀)을 강구하였다.

그러나 선종은 이와 달리 이입(理入), 행입(行入) 이외의 무수한 방편법문을 통하여, 곧 바로 마음을 가리켜 본심(本心)을 더럽히지 않는 것을 기초로 삼고 무심(無心)으로 도(道)와 하나가 되어 스스로 깨닫는 것을 방편으로 삼았다. 이 때문에 기왓장 부스러기가 대나무에 부딪히는 소리를 듣고 깨달음을 얻기도 하였고, 시냇물을 건너다가 수면에 비치는 제 얼굴을 보고 깨달음을 얻기도 하였고, 복사꽃이 피어 있는 것을 보거나, 태양이 솟아오르는 것을 보고도 마음을 깨칠 수 있고, 우레치는 소리, 아니면 '억!'하는 소리를 듣거나, 청개구리가 물로 뛰어드는 소리를 듣고도 도를 깨달을 수 있었다. 심지어는 방망이나 '억!'소리, 그리고 눈썹이나 눈을 깜박거리거나, 불자(拂子)를 곧추세우거나, 주먹을 불끈 들어 세우거나, 일원상(一圓相)을 그리거나, 아니면 화두를 참구하여 깨치기도 하였다. 이는 혼미하면 범인이요 깨달으면 성인이 된다는 것이다. 이처럼 신비한 방편들은 많은 사람을 선종으로 끌어들여, 하나의 종파가 형성되는 데 큰 기여를 하였다.

 중국의 문화 발전이란 측면에서 말하면, 승려의 출가와 생활 방식은 이미 당시의 국가 정책에 위배된 것이었다. 그들의 명상법은 여전히 인도의 법을 따르고 있었다. 하지만 "하루 일하지 않으면 먹지 않는다"는 스님들의 생활 규범은 이미 생활의 세속화를 말해 주는 것이며, 그들이 사용하는 명제(화두)는 지극히 토속적인 방언(方言)을 사용하였다. 그들은 고상한 말, 저속한 말을 모두 취택하여 사용하였을 뿐 아니라, 유교나 도교의 설, 또는 역사적 사실과 시구까지도 모두 망라하여 선리(禪理)를 중국문화와 융합시킴으로써, 자연히 보다 쉽게 사람들의 사랑을 받기에 이르렀다.

 위의 여러 사실을 종합해 보면, 선종의 특성은 불교의 여느 종파와 비교할 바가 아님을 알 수 있다.

선종이 중국 학술에 끼친 영향

 선종은 6조혜능에 이르러 홍성기를 맞게 되었다. 선종의 5종2파(五

宗二派 : 曹洞宗, 雲門宗, 法眼宗, 臨濟宗, 潙仰宗과 楊岐派, 黃龍派)는 모두 조계선(曹溪禪)의 발전에 의한 결과로써, 조계(曹溪)의 한 방울〔一滴水〕의 물이 마침내 바다를 이루어 하늘 끝까지 넘실대는 거센 파도를 형성하였다. 이는 중국인의 마음을 진동시키는 데에만 그치지 않고, 나아가 중국의 학술과 예술까지도 큰 영향을 끼치게 되었다.

학술면에서 말하면, 선종은 송명리학(宋明理學)에 큰 영향을 미쳤다. 선종에 어록(語錄)이 있듯이 유학자에게도 어록이 있고, 선종에 공안(公案)이 있듯이 유학자에게도 학안(學案)이 마련되었다. 또, 선종에 전법세계(傳法世系)가 있듯이 도학자(道學家 : 宋代 性理學者)들도 도통체계(道統體系)를 세웠다. 이처럼 선종은 유형무형으로 송대 도학자(道學者)에게 큰 영향을 끼쳤는데, 《송원학안(宋元學案)》을 살펴보면 "누구누구가 선학(禪學)에 빠졌다"고 지적한 부분이 한두 군데가 아니다. 이렇듯 송명리학(宋明理學)은 선종과 불가분의 관계를 가지고 있다.

예술면에서 말하면, 왕유(王維)의 〈설리파초(雪裏芭蕉)〉는 '대사일회(大死一回)'의 선정신(禪精神)을 표현한 것이다. 화가들은 검은색을 모색(母色), 흰색을 자색(子色)이라 말하는데 이는 조동종(曹洞宗)의 영향을 받았음이 분명하다. 조동종에서는 흑색으로 본체계(本體界)를, 백색으로 현상계(現象界)를 상징하여 흑색에서 오색(五色)을 나누는데, 이 또한 조동종의 오위설(五位說)에 의하여 나누어진 것이며, 나아가 선(禪)으로써 그림을 논하기에 이르렀다.

시(詩)의 측면에서 말하면, 참선인이 시(詩)에 선적(禪的) 의미를 부여함에 따라, 시인 또한 선(禪)의 정신을 그들의 시에 도입하였다. 선가(禪家)에 어록이 있는 데 반해서 시인에게는 시화(詩話)가 있고, 선종에서 법통(法統)을 수립한 데 반해서 시인들은 시파(詩派)를 형성하였다. 예를 들면 강서시파(江西詩派)가 바로 이것이다. 참선인에게 선의 경지〔禪境〕가 있듯이 시인 사공도(司空圖) 같은 작가는 시의 의경(意境)을 논하였고, 엄우(嚴羽)는 한 걸음 더 나아가 선으로써 시를 논하였다〔以禪論詩〕. 이처럼 선승들의 시가(詩歌 : 偈頌)는 중국 문학사에 있어 큰 꽃망울을 터트려 준 셈이다. 선종이 문예(文藝)에 미친 영향을 보면 알 수 있듯이, 선종의 지대한 파급효과는 단순히 종교면에 그치지 않았음을 엿볼 수 있다.

위에서 언급한 사실들로 미루어 볼 때, 우리는 선학(禪學)이 밝혀지지 않고서는 옛사람의 문예에 대한 논술을 깊이 있게 이해할 수 없다는 사실을 알 수 있다. 예를 들어 풍반(馮班)은 그의 저서 《창랑시화규무(滄浪詩話糾繆)》에서, 그리고 곽소우(郭紹虞)는 《창랑시화교석(滄浪詩話校釋)》에서 선(禪)으로 시를 논평한 엄우(嚴羽 : 滄浪의 성명)에 대해, 부질없는 질책을 하고 있다. 또 주동윤(朱東潤)의 《사공도시론종술(司空圖詩論綜述)》 역시 잘못된 해석이 너무나 많다(이에 대해서는 杜松柏의 저서,《禪學과 唐宋詩學》[1] 제6장을 참고 바람). 이러한 점에서 〈당송시(唐宋詩)에 나타난 선취(禪趣) 문제〉와 〈선가종파(禪家宗派)와 강서시파(江西詩派)〉를 본서의 말미에 부록으로 수록하여, 선학이 시학에 끼친 영향의 일부분을 밝히고, 또 본서의 결론을 이해할 수 있도록 편의를 제공하였다. 따라서 독자는 해당 부분을 참고하기 바란다.

송고시의 형성

당송(唐宋) 시인의 시단에서는 선가(禪家) 시인의 작품이 상당부분

---

[1] 이 책의 原題는 《禪學與唐宋詩學》이다. 이 책은 본 역자에 의해 곧 번역 간행될 예정이다. 譯者註.

을 차지하고 있다. 물론 두보(杜甫)나 소식(蘇軾), 황산곡(黃山谷) 등의 지위와 명성을 빼앗을 수는 없다. 지극히 작은 일부분이긴 하지만 시단에 있어 별파(別派)를 형성하고 있다.

대체로 개인의 작품활동을 살펴보면, 교연(皎然), 제기(齊己), 관휴(貫休), 한산(寒山) 등 널리 회자되어 온 그들의 시집 이외에도 선가의 작품은 무려 1만 수 이상으로 추정된다. 그러나 당송대 선가 시인의 훌륭한 작품들은 선종의 어록, 또는 전적(典籍)에 묻힌 채 거의 알려지지 못하고 있다. 그리고 적지 않은 사람들이 신수(神秀)와 혜능(慧能)의 게송을 알고 있으나 이 또한 구전(口傳)으로 전래되어 올 뿐이다. 예컨대 당시의 시인이 추론(推論)한 시라든지, 또는 시화에 우연찮게 논급된 시라 할지라도 진정한 의미를 이해하는 사람은 매우 적다. 그러므로 시의 형식을 빌어 선(禪)정신을 표현하여, 선의 공안과 시가 하나로 융합된 송고시(頌古詩)를 이해할 수 있는 자를 찾아보기란 더더욱 어려운 일이다. 필자가 본서를 저작하게 된 동기는 바로 여기에서 착안한 것이다.

당송시대는 중국 시가문학의 황금시대였으며, 선학의 황금시대이기도 했다. 당대(唐代)에는 시부(詩賦)에 의한 과거를 통하여 진사(進士)를 선발했기 때문에 시는 벼슬길에 오르는 수단으로 중요시되었고, 또 당 태종이 시로써 신하들을 고무시킴에 따라 역대의 군주와 왕후들은 시인에게 융숭한 예우를 갖추었다. 이러한 일들은 사회에 큰 영향을 끼쳐 하나의 사회 조류를 형성하였고 모든 사람들은 시의 감상자로 변신하게 되었다. 따라서 시인들은 단 한 수의 좋은 작품과 한 연구(聯句)의 아름다운 시구로 천하에 명성을 드날리기도 하였다. 그것은 참선인들이 시의 형식을 빌어 선의 기풍을 진작시킨 시대 배경이라 하겠다.

선종은 이 시대에 종풍(宗風)을 크게 떨쳐 선종과 교학이 첨예하게 겨루는 형국이 이뤄졌으며, 선리(禪理)와 선계(禪界) 또한 말로 표현할 수 없는 경지를 우회적으로 말하여, 말을 하면서도 말이 없이 그 오묘한 뜻을 전하였다. 이것이 불탈불점(不脫不黏)으로 언전(言詮)에 떨어지지 않는 상태에서 기경(機境)을 표현하고자 함이다.

신수와 혜능은 이(게송)를 처음 지은 자에 지나지 않는다. 선종이 성행한 이후 시인과 선사들이 함께 어울리는 자리에서 직접 기경(機境)을 목격하고 선어(禪語)를 들음에 따라 선학을 시의 형식에 도입하기에 이르렀다. 물론 시와 선은 본디 전혀 다른 속성을 가지고 있지만, 이처럼 한 번 융합된 이후에는 마치 한 그릇에 물과 우유를 섞은 것처럼 하나가 되었고, 한 걸음 더 나아가 송고시(頌古詩)로 발전함으로써 시단에 새로운 별체(別體)를 형성하기에 이르렀다.

선가의 시 가운데 송고시(頌古詩)가 있다. 이는 참선인이 어록 또는 공안, 또는 고칙(古則)을 시의 형식으로써 선인(先人)의 심오한 이치를 밝히고 이를 수용하는 것이다. 예를 들면 송(宋) 원오(圜悟)선사의 《벽암록(碧巖錄)》에 의하면 "대체로 송고(頌古)는 우회적으로 선을 말한 데 있을 뿐이다〔大凡頌古只是繞路說禪〕"라고 씌여져 있다.

이로 보면 송고시는 두 부분을 포괄하고 있다. 하나는 선리(禪理), 선기(禪機)이며, 또 다른 하나는 시법(詩法), 시의(詩義)이다. 공안과 어록은 송고시의 제목이므로 이 두 측면을 통해서 해석할 때, 비로소 선을 밝혀 시를 일 수 있고 시를 통해 선을 이해할 수 있다.

송고시는 불경의 게송에서 비롯되었지만, 근체시(近體詩)의 영향을 받아들임으로써 풍격(風格)과 운치가 전혀 달라지게 되었다. 참선인으로서 송고시의 창작에 전력을 투구한 자는 조동종(曹洞宗)의 창시자 조산본적(曹山本寂)으로 거슬러 올라갈 수 있다. 그는 부대사(傅大士)

의 〈법신게(法身偈)〉를 읽고 게송을 지어 그에 담긴 심오한 뜻을 밝혔다. 임제(臨濟)의 재전제자(再傳弟子 : 孫제자) 지의화상(紙衣和尙)은 송고시로써 임제(臨濟)의 '사경(四境)'을 밝혔고, 송대에 들어 분양선소(汾陽善昭)와 설두중현(雪竇重顯)은 처음으로 송고시 전집(專集)을 남겨 많은 게송을 수록하고 있으며, 《송고련주통집(頌古聯珠通集)》과 《종감법림(宗鑑法林)》을 토대로 하여 송고시에 대한 전문적인 해설을 덧붙인 책이 있다. 그것은 《공곡집(空谷集)》, 《허당집(虛堂集)》, 《종용록(從容錄)》 등이다. 그러나 이 책들은 선(禪)에 착안한 것이며 또한 자신의 경지에 관계됨으로써, 그 해석은 송고시에 담긴 뜻을 언급하지 않았을 뿐 아니라 시의 본의(本義)와도 부합되지 않는다.

이 때문에 본서는 5종2파(五宗二派)의 대사(大師)에 관한 소개라는 점에서 출발하여 치밀한 인물 선택을 통해 그들의 화두와 게송이 관련된, 난해하기 그지없는 백여 편의 선시와 수십 칙(則)의 공안을 분석하여 선시와 선학의 심오한 뜻을 밝히고자 한다.

이취시에 있어서의 선시의 지위

시의 특질과 창작은 대부분 "시는 정에 따라서 아름답게 다듬는다〔詩緣情而綺靡〕"는 육기(陸機)의 말을 따랐다. 그러나 엄우(嚴羽) 이후에는 한 걸음 더 나아가 "이로(理路)에 관계되지 않고 언전(言詮)에 떨어지지 않은 것〔不涉理路 不落言詮〕"을 시의 최상 경지로 삼게 되었다. 엄우의 말은 아래와 같다.

시는 별난 재능에 있는 것이지 학문에 관계된 것이 아니며, 시에는 별난 지취(旨趣)가 있는 것이지 이치에 관계된 것이 아니다. 그러나 해박한 독서와 깊은 궁리가 없으면 지극한 경지에 이를 수 없다. 이른바 이로(理路)에 관계되지 않고 언전(言詮)에 떨어지지 않은 것을 으뜸으로 꼽는다.[2]

엄창랑의 말은 설리시(說理詩)의 지위를 낮게 평가한 측면이 있기 때문에, 후인들은 이것을 빌미로 그를 정통이 아닌 방계(傍係)로 깎아 내렸다. 사람에게는 정감(情感)과 이성(理性)이라는 양면성을 가지고 있다. 문학 작품은 대체로 정감에 대한 호소를 주로 하지만 이성에서 발로되어 이로(理路)에 관련되기도 한다. 물론 시 그 자체를 논리적으로 표출하거나 도리적으로 해석한다는 것은 타당치 못하다. 하지만 시(詩)란 심오한 이치를 담아 높은 지취(旨趣)를 갖추고 있어야 한다. 이 때문에 원매(袁枚)는 그의 《수원시화(隨園詩話)》에서 "《시경》의 〈대아(大雅)〉로부터 송대(宋代)의 시에 이르기까지 시에 담긴 이어(理語)를 논평한 것"(권7)으로 보아, 시에는 일찍부터 이러한 격식이 있어 왔음을 볼 수 있다. 그러나 설리시(說理詩)는 반드시 그 속에 담겨진 이치가 사람의 마음과 시의 표현 예술에 일치되었을 때 이어(理語)로서의 격조를 잃지 않게 된다.

이에 대한 오교(吳喬)의 말은 아래와 같다.

나의 벗 하황공(賀黃公)이 말하였다. "엄창랑이 '시에는 별취(別趣)가 있으니 이(理)와는 관계가 없다'고 말하지만 이취(理趣)는 실로 시외 오묘한 부분에 장애가 되지 않는다. 예를 들면 원차산(元次山)의 〈용릉행(舂陵行)〉, 맹동교(孟東郊)의 〈유자음(遊子吟)〉은 육경(六經)의 고취(鼓吹)

---

2) 夫詩有別材, 非關學也. 詩有別趣, 非關理也. 然非多讀書, 多窮理, 則不能極其至, 所謂不涉理路, 不落言詮者上也.(《滄浪詩話》)

라 할 것이다. 어떻게 이취(理趣)를 버릴 수 있겠는가. 예컨대 오묘한 이취(理趣)가 없이 절묘한 시로는, '일찍이 조주(潮州)에 편지를 보낸 것은 / 시집가면서 조주 아이(潮州兒)를 놀려 주려했음을 알 수 있다' 하니, 이 시는 이(理)에 있어서 일절(一折)이 많을 뿐이다."[3]

하지만 원결(元結 : 元次山)의 〈용릉행〉은 여전히 이어(理語)에 떨어진 것이며, 맹동교(孟東郊)의 〈유자음(遊子吟)〉은 이치가 인심에 부합된 것이다. "시집가면서 조주 아이를 놀려 주려 함이다"는 구절은 직설적으로 이치를 말한 것이 아니다. 이른바 "이(理)에 있어서 조금 더 많다〔多一折之意〕"는 것이다. 이는 설리시에 있어서 가장 아름다운 작품이다.

어떤 사물을 빌려 이치를 담고, 이치를 담고서도 또 다른 고상한 지취(旨趣)를 이루어, 시(詩)의 비흥(比興)의 표현방법을 사용하여 설리(說理)의 흔적을 없애 버린 것이다. 이 때문에 음미할수록 더욱 의미가 깊고 읊을수록 더욱 사람을 감동시키며, 또 독자가 말 밖의 뜻을 느끼고 시구에서 시의 의미를 찾게 함으로써 이취(理趣)가 더욱 물씬대는 것이다.

호응린(胡應麟)의 말은 다음과 같다.

  이태백의 5언 절구는 하늘에서 내려온 신선의 시이며, 왕우승(王右丞 : 王維) 또한 선종에 몰입하고 있다.

  한가한 사람 곁에 계수나무 꽃잎 떨어지고

---

3) 子友賀黃公曰 嚴滄浪謂詩中有別趣, 不關於理, 而理實未嘗礙詩之妙, 如元次山舂陵行, 孟東郊遊子吟, 眞是六經鼓吹, 理豈可廢乎? 其無理而妙者如 早知潮有信, 嫁與弄潮兒, 但是於理多一折耳.(《圍爐詩話》卷上)

고요한 밤 봄산이 텅 비어 있는데
솟는 달에 산새 놀라
때로 시냇가에 지저귀고
가지 끝에 핀 부용화는
산중에 붉은 꽃술 터뜨린다
시냇가 움막 고요하여 찾는 이 없는데
꽃만이 흐드러지게 피었다 떨어지누나

성률(聲律 : 詩律)에 이처럼 절묘한 뜻이 담겨 있으리라고는 일찍이 생각지 못하였다.[4]

왕유(王維)의 〈조명간(鳥鳴澗)〉·〈신이오(辛夷塢)〉, 두 수의 시[5]는 불교 서적, 또는 선서(禪書)와 함께 보아야만 "성률(聲律)에 이처럼 절묘한 뜻이 담겨 있으리라고는 일찍이 생각지 못하였다"는 의미를 이해할 수 있다. 그러나 설리시에는 도의 경지에서 심오한 뜻을 가지고 시취(詩趣)를 형성하여, 옛 사람이 다 함께 음미하고 인정한 작품이 있다. 왕유의 시가 이들 작품에 미칠 수 없는 이유 또한 여기에 있다.

왕유는 만년에 선종에 귀의하여 도를 깨달았다고 하지만, 선종 조사의 돈오(頓悟) 경지와 견주어 볼 때 손색이 없지 않다. 이 때문에 선종 조사의 송고시는 설리시에 있어 심오한 도의 의미를 담고 시취(詩趣)를 이룬, 가장 아름다운 작품 중의 하나이다. 그처럼 아름다운

---

4) 太白五言絶, 自是天仙口語. 右丞却入禪宗, 如人間桂花落, 夜靜春山空. 月出驚山鳥, 時鳴春澗中. 木末芙蓉花, 山中發紅萼. 澗戶寂無人, 紛紛開且落. 不意聲律之中, 有此妙詮.(《詩藪》內編 下. 絶句)
5) 위 2수의 시에 대한 분석은 본서의 부록 〈唐宋詩에 나타난 禪趣〉를 참고하기 바람.

설리시는 언전(言詮)에 떨어지지 않았기 때문에 "시는 이로(理路)에 관련이 없다"는 엄창랑의 말을 부정할 수 있을 것이다.

송고시(頌古詩)는 참선인이 깨달음을 얻어 자신의 가슴 속에 담겨진 경지를 펴고자 지은 게송이다. 시의 형식을 빌어 선적(禪的) 의미를 덧붙여 선종의 종지를 나타내 참선인을 가르치려는 데에 그 목적이 있다. 이는 여러 방편(方便)으로 유도하려는 수단의 하나이다. 그러나 '진심직설(眞心直說)'로써 경직된 문장을 탈피하여, 아름답고 화려하면서도 선적(禪的) 의미를 담아 시취(詩趣)를 이룬 작품들은, 왕유(王維)와 백거이(白居易)의 시에 견줄 수 있을 정도의 작품들로 평가된다. 이들 시는 "시편마다 쓸모 없는 문장을 찾아볼 수 없고, 오직 선종의 깊은 뜻을 노래한 것〔篇篇無空文 惟歌禪宗道〕"이 바로 특색이라 말할 수 있다.

그러나 세월이 흐름에 따라 선종은 쇠퇴하고 선학은 침체되었다. 이에 본서에서는 삼가 게송에 나타난 공안들 중에서 선종 조사에 관련된 부분들을 추려, 선종의 법계(法系)에 따라 도표를 작성하여 덧붙여, 본서를 음미하는 독자들에게 편의를 제공코자 한다.

그리고 본서에 수록된 글은 대부분 《신생보(新生報)》 부간(副刊)에 발표된 것들이다. 《신생보》의 주필, 그리고 편지를 보내어 고무해 준 독자들에게 특별히 감사드리며, 본서를 교정해 주신 파호천(巴壺天) 선생, 친히 표지의 제자를 써 준 이병남 거사에게는 더욱 심심한 사의를 표하는 바이다. 끝으로 생경(生硬)한 문장, 또는 잘못 쓰여진 부분에 대하여 진심으로 강호제현의 질책을 바라마지 않는다.

대북(臺北) 지지재(知止齋)에서 1980년 3월 23일에
두송백(杜松柏) 쓰다.

선과 시

차 례

서문 – 선시 해설	3
신수와 혜능의 시선융합	23
달마의 외짝 신발	34
선에 도가사상을 도입한 우두법융	41
육조의 출가	47
한 송이 꽃에 다섯 꽃잎의 조계선	53
성제마저 배격한 청원행사	59
한 물건이라 말해도 맞지 않다는 남악회양의 화두	64
오경이 지새도록 잠 못 이루는 신회	71
영가현각의 증도가	78
석두희천과 참동계	93
마조대사와 벽돌 갈아 거울 만든 화두	100
백장회해와 여우의 참선	107
남전이 고양이 목을 치다	113
왕노사와 목우송	119

한 입에 서강의 물을 들이킨 방거사 ·················· 140
매실이 익었다는 대매선사의 공안 ·················· 146
목불을 불태운 단하선사 ·················· 158
약산이 법좌에 오르다 ·················· 165
조주스님의 뜰 앞의 잣나무 ·················· 172
장사의 산놀이 ·················· 179
위산의 무소 ·················· 187
강상선객 – 뱃사공스님 화정 선자덕성 ·················· 194
황벽의 안명 ·················· 202
덕산의 방망이 ·················· 210
동산의 만리에 한 치 풀도 없다는 공안 ·················· 218
앙산이 한 마디 말로써 산하대지를 모두 말하다 ·················· 226
조산이 부자간의 사랑을 논하다 ·················· 233
임제의현의 차별 없는 참사람 ·················· 240
향엄의 공안 – 나무에 오르는 것과 같다 ·················· 254
운문의 하늘과 땅 사이에 하나의 보배 ·················· 263
법안문익의 털끝만큼의 차이 ·················· 272
양기의 세 발 달린 당나귀 ·················· 280
황룡의 세 관문 ·················· 287
지문광조와 그의 공안 연꽃이 물 위에 나오다 ·················· 296
낙포와 양산의 조사의 뜻과 교학의 뜻 ·················· 304

부록

당송시에 나타난 선취 313
선가종파와 강서시파 361

역자후기

선과 시의 동이점 397

〈도 표〉 본서에 언급된 조사들의 법계도

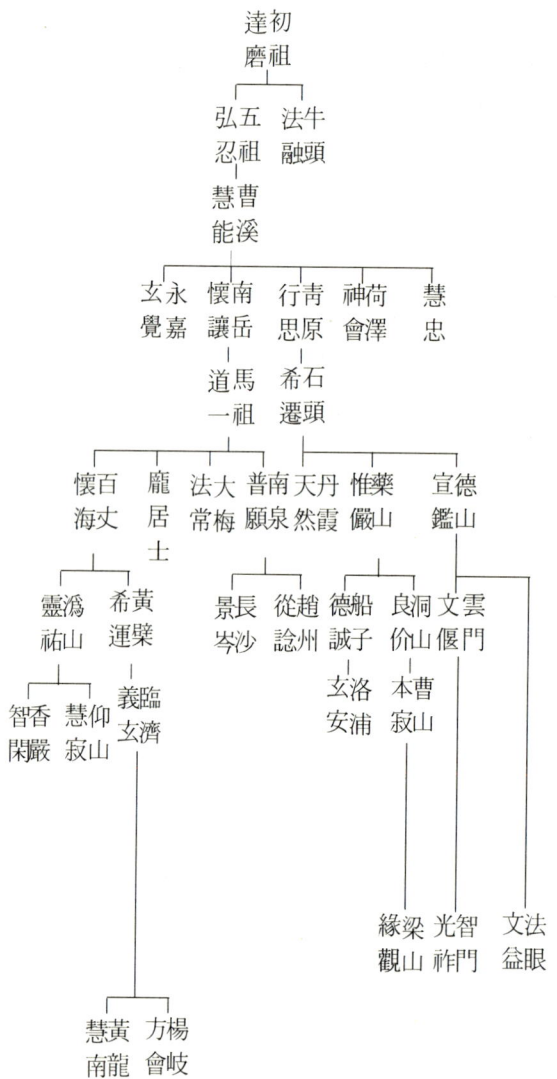

선과 시

신수와 혜능의 시선융합

중국에는 헤아릴 수 없을만큼 수많은 종교가 있지만 그 가운데에서 가장 신비하고도 독특한 종교가 있다. 그것이 곧 선종이다. 선종은 불교의 한 종파인데, 선사들은 이를 교외별전(敎外別傳)이라 말한다. 선종에서는 스스로를 종문(宗門)이라 하고 기타 종파를 교하(敎下, 또는 敎學. 아래에서는 모두 敎學으로 통일한다)라 하는데, 종문과 교학이 서로 자웅을 겨뤄오다, 오랜 세월이 흐른 후에 선종과 교학이 다시 하나로 합치게 되었다. 그러나 선종의 정수(精髓)가 이미 불교에 주입되어 불교 사찰은 거의 모두가 선림(禪林)으로 일컬어져 왔다. 뿐만 아니라, 선종의 사상, 구도(求道), 오도(悟道)의 방법과 그 정신은 중국의 철학, 문학, 예술에 많은 영향을 끼쳤다. 그 중에서도 시가(詩歌)에 가장 큰 영향을 남겼다.

선종은 남북조 시대 양 무제(梁武帝) 때, 달마에 의해 형성된 종파로 전해 오고 있다. 달마는 남천축국(南天竺國) 바라문(婆羅門)으로 남월(南越)을 거쳐 중국으로 들어왔으며, 불심이 깊은 양 무제를 만났으나 인연이 닿지 않아 다시 북위(北魏)로 갔다. 전래하는 말에 의하면, 숭산 소림사에서 20년 내지 50년 동안 교화를 펼쳐 중국 선종의 초조(初祖)가 되었다고 한다.

나향림(羅香林)은 달마가 선종을 창립할 수 있었던 이유에 대해 그의 전교(傳敎) 방법이 달랐기 때문이라고 말한다.

달마의 선종이 중국학술계에 절대적 영향을 끼칠 수 있었던 것은 그가 일찍이 인도의 수행방법을 중국에 가져왔다는 데 있다. 인도의 수행방법은 중국의 선종과는 다르다. 그들은 심오한 의리와 사상에 대해 단순한 해석에 그치고 있으나, 그 대신 여러 비유를 들어 부연 설명하는 데 힘을 기울였다. 그러한 비유들은 중국의 《한시외전(韓詩外傳)》처럼 평이한 문장이었으며, 많은 사람들을 크게 감동시켰다. 선종은 바로 그러한 방법을 통해 절대적인 효과를 거둘 수 있었다(〈曹溪南華寺考訪記〉, 中山大學文史硏究所 月刊 1권 4기).

이처럼 참신한 가르침은, 경전의 강론과 설법에 중점을 두어 논리와 명상(名相)의 연구에 사로잡혀 있던 당시의 불교에 큰 자극제가 되었으며, 많은 신도들을 쉽게 끌어들일 수 있었다.
그러나 그 본질은 불교와 기본적으로 달랐다. 대만의 인순법사(印順法師)는 달마의 특색에 대해 "교학을 빌어 종지를 밝힌 데 있다[藉敎明宗]"고 하였다. 그것은 불교의 경전을 빌어 종풍을 세움과 아울러, 수행방법은 두타행(頭陀行)을 채택했기 때문이다.

달마의 선은 교학을 빌어 종지를 밝혔다. 교학을 중시한 쪽은 명상(名相)의 능가경사(楞伽經師 : 명상을 연구하는 《능가경》 법사), 종지를 중시한 쪽은 계율과 경학을 중히 여기지 않는 선사(禪師)를 배출하였다. 달마의 종지를 전수받은, 혜가(慧可) 문하의 나(那)선사, 찬(粲)선사 등은 《능가경》을 주로 하여 종지를 설법하고 실행하면서 엄격한 두타행(頭陀行) 보조로 삼았다(印順法師, 《中國禪宗史》 제1장).

위의 논지는 매우 적절하고도 타당한 견해이다. 불교 승려의 수행은 근본적으로 이입(理入)과 행입(行入) 두 가지가 있다. 이입은 불교의 이치를 정밀하게 탐구해야 하므로 경전을 중시하고, 행입은 염불, 계율, 좌선으로 율법을 중시하였다. 달마의 당시에는 이러한 경향이 뚜렷하지 않았지만 점차 극명하게 구분되었다.
　선종에서는 견성성불이란 견문(見聞)과 사려(思慮)에 의해 이루어지는 것이 아니라, 직관(直觀)에 의해 이루어진다고 생각하였다. 견문과 사려는 불교의 관용어로 말하면 "알음알이〔知解〕"라 하여 폄시하고 있다. 이 때문에 임제(臨濟)선사는 불교의 "3승, 12분교는 모두 똥이나 닦을 휴지조각이다〔三乘十二分教 皆是拭不淨故紙〕"하여, 이입의 수행을 반대하였다.
　그러나 계율, 좌선 등의 수행방법에도 닦음이 있고 증득(證得)이 있다. 또한 유위법(有爲法)이므로 끝내 도를 깨달을 수 없다. 수행을 할 때만 마음이 안정되고 밝힐 수 있다면, 수행하지 않을 때에는 곧 혼란스럽고 더럽혀질 것이기 때문이다. 그렇다면 이 또한 아무런 쓸모도 없게 된다. 이런 이유에서 임제선사는 좌선하는 선승을 보면 멱살을 움켜잡고서 '이 무슨 잠꼬대냐'고 꾸짖었다.
　선종의 오도 요지는 자성을 더럽히지 않는 데 있다. 사람마다 모두 자성을 가지고 있기에 본래 부족하거나 남음이 없다. 다만 정욕(情慾)과 육근(六根), 육진(六塵)에 가려져 자성을 잃었을 뿐이다. 따라서 정욕 등에 물들지 않는다면 자성이 저절로 드러나기 때문이다.
　그러므로 마조(馬祖)는 '평상심(平常心)이 곧 도(道)'임을 주장하였다. 그가 말한 평상심이란 조작(造作), 시비(是非), 취사(取捨), 단상(斷常), 범성(凡聖)의 차별이 없는 것이다. 그러나 수행에는 조작, 시비, 취사가 있다. 임제는 "마음에 한 생각도 없어야 한다〔無一念心〕"고 역설하였다. 마음에 한 생각도 없어야 비로소 "어느 곳에서나 주인이 되며 모든 곳이 다 참되어, 경계가 이르러 와도 흔들리지 않기에〔隨處作主 立處皆眞 境來回換不得〕" "닦음도, 깨달음도, 얻음도, 잃음도 없는" 경지에 이를 수 있다. 이것이 선종과 교학의 기본적인 차이점이다. "교학 밖에 따로 전한 것으로 문자를 세우지 않고, 바로 마음을 가리켜 자성을 보고 부처를 이루게 한다〔敎外別傳 不立文字 直指人心 見性成佛〕"는 구절은 선종의 특성을 단적으로 보여 주고 있다.

이상의 서술과 비교를 통하여 우리는 비로소 게송의 진정한 의의를 이해할 수 있다. 선종에서는 스스로를 불교 밖에 따로 전하는 것〔別傳〕이라 하였다. 불교에서의 전수는 불(佛), 법(法), 승(僧) 삼보(三寶)를 통하여 이루어지지만, 선종에서는 마음으로 마음을 전하는데 있다. 경전과 문자를 통한 이입에 의존하지 않고, 닦아 가는 행입에 의존하지도 않는다. 더럽히지 않고 오직 곧바로 마음을 가리켜 마음을 밝히고 불성을 깨닫는 것이다. 그렇다고 구도하는 과정에서 구태여 이입과 행입을 없앨 필요도 없다.

선종의 법통은 달마 이후 혜가(慧可), 승찬(僧璨), 도신(道信)에게 전해졌다. 도신은 홍인(弘忍)에게 전하였는데, 따로 우두(牛頭)와 법융(法融)이 배출되어, 전통적 전법(傳法)인 "한 세대에 한 사람에게만 전한다〔一代一人〕"는 원칙이 바뀌어, '여러 분파로 나눠지는〔分頭竝弘〕' 계기가 되었다. 선종은 5조홍인(五祖弘忍)에 이르러 10대 제자의 이름이 드높았는데, 그 중에서도 남쪽의 혜능(慧能), 북쪽의 신수(神秀)가 당대에 가장 저명하였다.

아래의 두 게송에는 혜능과 신수의 의발전수에 관한 고사가 얽혀 있다.

> 신수의 시법시(神秀示法詩)
> 몸은 보리수이고
> 마음은 명경대와 같다
> 때때로 부지런히 털고 닦아서
> 티끌이 끼지 않도록 해야 한다
>> 身是菩提樹　心如明鏡臺
>> 時時勤拂拭　莫遣有塵埃
>
> (〈祖堂集〉권2,《景德傳燈錄》권3)

> 혜능의 시법시(慧能示法詩)
> 보리는 본래 나무가 없고
> 명경 또한 대가 아니다
> 본래 한 물건도 없는데
> 어디에 먼지가 끼겠는가
>> 菩提本無樹　明鏡亦非臺
>> 本來無一物　何處惹塵埃
>
> (《景德傳燈錄》권3)

선종의 역사서인 여러 전등사(傳燈史)에 근거하면, 홍인이 황매산에서 불법을 펼 당시 신수는 이미 명망 높은 스님이었고, 혜능은 일자무식의 나무꾼이었다. 뿐만 아니라, 그때까지만 해도 혜능은 행자

(行者)로서, 아직 정식으로 계를 받지 않은 두타(頭陀)였다. 중국 선종의 5조홍인은 그의 높은 근기(根器)를 인정하였지만 고민이 없는 것은 아니었다. 신수에게 의발을 전하자니 아직 깨달음이 투철하지 못하고, 혜능에게 전하자니 또한 대중의 여망에 부합되지 못하였기 때문이었다. 이 때문에 5조홍인은 문도들에게 게송을 짓게 하여 그들의 경지를 보이게 함으로써, 이를 통하여 법을 부촉(付囑)하는 근거로 삼으려 하였다. 신수와 혜능이 각각 게송을 짓게 된 것도 이 때문이다.

　이 두 게송은 경지의 높낮이가 있을 뿐 모두 깊은 선리(禪理)를 담고 있다. 두 게송은 그 후 선종의 전파에 따라 천하에 널리 퍼졌고, 또한 생각지 않게 선(禪)과 시(詩)를 하나로 융합하여 중국의 시학(詩學)에 큰 영향을 끼치게 되었다. 그 결과 원호문(元好問)의 말처럼 "시는 선객들에게 꽃을 수놓은 비단이 되었고, 선은 시인들에게 옥을 자르는 보도(寶刀)가 되었다〔詩爲禪客添花錦 禪是詩家切玉刀〕." 실로 이는 뜻밖의 일이었다.

　선종은 종교의 범주에, 시는 문학의 영역에 속하므로 성질면에서 근본적인 차이를 가지고 있어 하나가 될 수 없었지만, 선종 조사들의 시선융합을 거친 후에는 마치 물과 우유가 섞이듯이 자연스럽게 하나가 되었다. 선객들은 시에다가 선리(禪理)를 담고, 시인들은 선리와 선취를 시에 받아들이고, 나아가 선리(禪理)로써 시의 창작이론을 세웠다. 선과 시가 하나가 되자 시를 알지 못하면 선을 알 수 없고, 선을 이해하지 못하면 참선인의 깊은 경지가 담긴 시를 이해할 수 없으며, 또 선으로써 시를 논한 심오한 뜻을 알 수 없게 되었다. 이 때문에 선을 알고 시를 논한다는 것은, 시를 이야기하고 시를 논평함에 있어 중요한 과제가 되었다.

당송시대는 시(詩)의 황금시대이자, 선(禪) 또한 융성기였다. 이러한 시대 배경에서 신수와 혜능이 시로 불법을 나타내는, 다시 말하면 시의 형식에 선리를 담았다는 것은 하나의 절묘한 결합일 뿐 아니라 가장 아름다운 표현방법이었다.

왜냐하면 선객들이 견성했을 때, 즉 큰 깨달음을 얻었을 때의 경지는 언어로 표현할 수 없는 '절대경지'이다. 이 때문에 부처는 "말할 수 없다! 말할 수 없다!"고 하였다. 그것은 사변(思辨)과 언어(言語)로써 '자성(自性)' 또는 '대전(大全)'을 표현하면, 그것은 곧 '능설(能說) : 선사가 자성과 대전을 말하는 것)'과 '소설(所說 : 대전 또는 자성이 선사에 의해 말해지는 것)'로서 모두 절대경지가 아니기 때문이다. 그러므로 "말이 끊어지고 마음 갈 곳이 없음〔言語道斷 心行處滅〕"을 요하는 것이다.

만일 마음으로 헤아리고 생각으로 상상하여 언어로써 절대경지를 표현한다면, 깨달음을 잃게 되고 깨달은 후에도 다시 혼미하게 된다. "깨진 거울은 다시 비출 수 없고, 떨어진 꽃잎은 다시 필 수 없는〔破鏡不重照 落花難上枝〕" 큰 위험이 뒤따르게 된다. 그러나 스승과 벗이 깨우쳐 줄 때나 참선하는 학인을 만날 때는, 눈썹을 치켜세우고 눈알을 부라리거나 손을 들어 치는, 양미수목(揚眉竪目)이나 경권거장(擎拳擧掌), 또는 상징적인 시구로써 간접적인 표현을 힘으로써 "말을 하면서도 말이 없고, 말이 천하에 가득하여도 잘못된 말이 없이 우회적으로 선(禪)을 말하는" 목적을 이루게 된다.

시와 선이 합해질 수 있는 이유에 대하여 《담예록(談藝錄)》에서는 아래와 같이 말하였다.

이치를 대충 말하지 않고 사물의 상태를 형상화하여 이치를 밝히며, 도를 헛되이 말하지 않고 기용(器用)을 묘사하여 도를 싣는다. 형이하의 사물을 들어 형이상의 이치를 밝혀, 고요하고 텅 비어 형상이 없는 것을 사물에 가탁하여 일으키고, 황홀하여 조짐이 없는 것의 자취를 드러내어 눈에 보이듯 한다. 비유하면 무극과 태극이 응결(凝結)하여 양의(兩儀) 사상(四象)이 되는 것과 같다. 새소리와 꽃향기에 호탕한 봄기운이 깃들고, 눈썹 끝과 눈초리에 아름다운 정이 전해진다. 만 가지 차별 가운데 하나를 들어, 이로써 하나를 꿰뚫으면 모든 것을 꿰뚫어 볼 수 있다.[1]

위의 논지는 매우 정밀하다. "형이하의 사물을 들어 형이상의 이치를 밝힌다"는 것을 신수, 혜능의 게송에서 볼 수 있다. 신수의 인식에 의하면, 만법(萬法)은 실재하고 만상(萬象)은 공허하지 않기에, 우리의 몸은 보리수로서 성불할 수 있는 마음을 가지고 있다. 마음은 거울처럼 밝아서 본래 빛나는 것인데, 육근(六根), 육진(六塵)에 가려져 온갖 것에 오염되고 가려지게 된다. 따라서 티끌을 없애고 빛을 낸다면 원래 밝고 청정한 불성의 본체가 자연히 드러나게 된다. 그러므로 "항상 부지런히 털고 닦아서 티끌이 남아 있지 않도록 하라"고 하였다.

인순법사가《중국선종사(中國禪宗史)》에서 고증한 바에 의하면, 신수의 게송은 그런 사상과도 일치한다. '몸은 보리수'라는 것은 "마음과 색을 모두 여의면 아무 것도 없다. 이것이 큰 지혜이다[心色俱

---

1) 乃不泛說理, 而狀物態以明理. 不空言道, 而寫器用之載道, 拈此形而下者, 以明形而上者, 使廖廓無象者, 託物以起興, 恍惚無朕者, 著迹而如見, 譬之無極太極, 結而爲兩儀四象, 鳥語花香, 而浩蕩之春 寓焉, 眉梢眼角, 而芳菲之情 傳焉, 擧萬殊之一殊, 以見一貫之無不貫.

離 即無一物 是大菩提)", "몸이 고요하면 곧 보리수이다(身寂則是菩提樹)"라는 신수의 말과 일치하며, "마음은 명경대와 같다"는 것은 "청정한 마음은 명경과 같아서, 무시 이래로 만상이 나타나지만 일찍이 물든 적이 없다(淨心體猶明鏡 從無始以來 雖現萬象 不曾染着)"는 말과 일치한다. 홍인은 이 게송을 높이 평가하여 학인들에게 향을 피우며 독송하도록 하였다. 후인 또한 이 게송을 근거로 "신수는 점수(漸修)를 주장하였다" 하여 '북점(北漸)'이라 말한다. 이것이 북종의 특색이다.

그러나 점수의 공부를 통하여 오염을 제거하는 것은 구도의 공부일 뿐, 오도의 경지가 아니다. 이 때문에 혜능은 신수가 "아직 큰 일을 깨치지 못했다"고 생각한 나머지 따로 게송을 지어 신수의 견해를 부정하였다. 혜능은 만법개공(萬法皆空)의 사상을 가지고 있다. 불법의 본체는 본래 보리가 아니다. 이것은 청정하고 저것은 오염되었다는 차별성으로는 큰 일을 깨달을 수 없다. 그러므로 육조는 보리와 마음은 모두 거짓된 이름이요 법계가 곧 진공(眞空)이라 인식하여, "보리는 본래 나무가 없고 명경 또한 대가 아니다"라고 하였다.

도를 깨달은 후에는 마음이 곧 부처이다. 이러한 절대경지에 이르면 다시 수행하여 먼지와 때를 제거할 필요가 없다. 자성은 본래 청정하고 먼지나 더러움이 없기 때문이다. 이 때문에 "본래 아무 것도 없는데, 어디에 먼지가 끼겠는가"라고 말하였다. 이는 도를 깨달은 후에 크게 쉬는 경지이지, 노력하여 수행하는 경지가 아니다. 두 대사의 경지를 여기에서 볼 수 있다. 후대 사람들은 이에 근거하여 "혜능은 돈오(頓悟)를 주장하였다"라고 말한다. 육조의 게송은 분명 돈오 이후의 경지이다. 따라서 '남돈(南頓)'이라는 말로써 남종의 특색을 표현하였다. 게송에 나타난 두 사람의 선지(禪旨)는 분명히 이와 같다.

두 게송의 표현양식으로 말하면, 그들은 모두 근체시 7언 절구이다. 신수의 게송은 측기법(仄起法)으로 압운(押韻)은 평성(平聲)이다. 제1, 2구에서는 대구(對句)를 사용하였고, 평측(平仄)의 운율에 맞는 것으로, 7언 절구에서 흔히 쓰는 형식이다. 혜능의 게송은 평기법(平起法)으로 압운은 똑같이 평성(平聲)이지만, 네 구절이 모두 운율에 맞지 않다. 제1구의 '무(無)'자는 측성을 써야 함에도 평성을 쓰고 있다. 그러나 이러한 평측은 당대(唐代) 시인의 시집에서도 자주 볼 수 있다. 두 게송은 용삭(龍朔) 2년(662) 전후에 쓰여진 것으로 그 당시는 근체시의 흥성기였다. 때문에 두 대사는 이를 따라 쓰면서도 이를 자각조차 못한 것이다. 이는 시대의 풍조에 너무 깊이 물들어 있었기 때문이다. 그 후의 선사들은 더욱 이를 원용하여 시에다 선의 의미를 담는 것이 일반화되었다. 당송 시대에 참선인들의 시는 1만 수 이상이나 된다. 이런 작품들은 선가의 보물이요, 또한 시에서도 색다른 작품들이다. 그러나 애석하게도 선종의 문헌에 묻혀 시인들의 관심을 끌지 못하였다.

당송대의 사대부와 시인들은 한 시대를 풍미한 선학 영향을 받아 선사들과의 왕래가 잦았고 따라서 선가의 이야기, 선사들의 도량과 사적, 선종의 이야기 및 어구들, 더욱이 선리(禪理)를 하나하나 시에 받아들여 시의 정신세계를 향상시키고 시의 내용을 풍부하게 하여 선과 시가 융합하는 또 다른 일면을 형성하였다. 그러나 청조(淸朝)

의 원매(袁枚) 등은 "선은 선이요, 시는 시일 뿐이라" 하여 선으로 시를 논하는 것에 반대하였다.

    시는 순임금으로부터 비롯되었고 공자에 의해 편집되었는데, 유학자들이 두 성인의 가르침을 받들지 않고 멀리 불(佛)·노(老)를 인용하는 것은 무슨 까닭인가? 완정(阮亭)이 선으로써 시를 말하자, 시인들은 이를 지론으로 받들고 있다. 나는 "모시(毛詩) 3백 편은 뛰어난 노래들이 아닌가. 이 때 선이 어디에 있었으며 부처는 어디에 있었는가"라고 논박하였다. 사람들은 이 말에 대해 대답하지 못하였다.[2]

    선종이 성립되기 이전에 시에 선이 없었다는 것은 사실이지만, 선종이 성립된 후 시와 선이 서로 융합하였다는 것 또한 부인할 수 없는 사실이다. 신수와 혜능은 선과 시를 하나로 한 선구자였기에 먼저 이를 들어 논한 것이다(67~68. 15~17.《신생보(新生報)》부간(副刊)).

---

2) 詩始於虞舜, 編於孔子, 吾儒不奉二聖人之教, 而遠引佛老何耶? 阮亭以禪語此, 詩人奉爲至論. 吾駁之曰. 毛詩三百篇, 豈非絶調? 爾時禪在何處? 佛在何方? 人不能答.(《隨園詩話》補遺 卷1)

달마의 외짝 신발

선종에는 서천(西天) 28조와 중국 6조의 전법 계통이 있다. 보리달마(菩提達磨)는 인도로부터 중국에 선학을 전수한 중요인물이다. 그는 서토의 28조이고, 중국 선종사에서는 초조(初祖)의 지위를 차지하고 있다.

선종 전등사(傳燈史)의 기록에 근거하면, 보리달마는 남천축국 향지왕의 셋째 아들로서 본명은 보리다라(菩提多羅)이다. 후일 27조 반야다라(般若多羅)를 만나 도를 깨쳤다. 양 보통(梁 普通) 8년(527) 9월 21일, 중국에 왔다. 남해에 도착하여 광주자사 소앙(蕭昂)의 환영을 받았으며, 그 후 숭산 소림사에 거처하면서 제자 혜가(慧可) 등을 얻었다. 후위(後魏) 효명제(孝明帝) 태화(太和) 19년(536, 병진년) 10월 5일에 여섯번째 독살 기도에 대하여, "교화의 인연이 다하였고 법을 전할 사람을 얻었으니, 다시 구할 것이 없다"(《景德傳燈錄》)는 말을 남기고 열반하였다.

달마에 관한 사적들은 여러 전설이 있지만 역사적 사실에 맞지 않는 점들이 많다(印順法師의 《中國禪宗史》 제1장을 참조하기 바람). 하지만 몇 가지 점은 믿을 수 있다.

첫째, 달마라는 인물은 확실히 있었다.
둘째, 달마는 중국에 와서 법을 전하였으며, 선종의 개척자였다.
셋째, 달마가 중국에 온 시기와 법을 전한 시기는 분명하지 않다.
넷째, 달마에 관한 사적은 견강부회(牽强附會) 내지 억지로 붙이거나 위조된 경우가 많다.

달마의 가르침은 여전히 불교의 주장, 즉 이입(理入)과 행입(行入)을 따르고 있다. 도선(道宣)의 〈달마전(達磨傳)〉에 의하면 아래와 같다.

> 이와 같이 마음을 안정시키는 것을 벽관(壁觀)이라 하며, 이와 같이 발행(發行)하는 것을 4법이라 한다. 이와 같이 물(物)을 따라 교(敎)를 보호하고 혐의(嫌疑)를 살피며, 이와 같이 방편을 취하여 교령(敎令)에 집착하지 않는다. 그러므로 도에로 들어가는 길은 많으나 요체는 오직 두 가지이다. 이입(理入)과 행입(行入)이다.[3]

이입(理入)은 교의(敎義) 탐구로부터 시작하는 것이며, 행입(行入)은 수행 공부로부터 들어가는 것인데, 불교의 종지에 크게 어긋나지 않는다. 그러나 달마가 종법을 크게 선양할 수 있었던 것은 첫째, 간이(簡易)함을 따랐기 때문이다. 불교의 삼장 경전은 황하의 모래알처럼 많다. 그러나 달마는 《능가경》 한 권만을 혜가에게 전하고 그 밖의 계율과 경학을 중시하지 않음으로써 간이한 기풍을 형성하였다.

---

3) 如是安心, 謂壁觀也. 如是發行, 謂四法也. 如是順物, 敎護譏嫌. 如是方便, 敎令不著. 然則入道多途, 要唯二種, 謂理行也.

둘째, 달마의 가르침은 명상(名相 : 이름과 형상) 탐구의 속박에서 벗어나 사람들이 받아들이기 쉬웠기 때문이다(그 방법은 대체로 앞 절에서 나향림이 말한 것과 같다).

당시 이 새로운 방법은 명상(名相)에 사로잡혀 알음알이와 강학을 중시하던, 종래의 불교에 대해 자연히 중대한 돌파구가 되었으므로, 한 시대를 풍미한 결과 "사람들을 감화시키는 효과"를 낳을 수 있었다. 하나의 작은 교파로 출발한 선종은 이처럼 여러 대의 흥성기를 거쳐 불교와 힘을 겨루는 큰 세력을 형성하였고, 중국의 종교, 사상, 학술, 문학, 예술에 지대한 영향을 끼치기에 이른 것이다.

달마의 "외짝 신발을 어깨에 메고 서천으로 돌아갔다"는 공안은 신화처럼 들리지만, 여기에는 지극히 농후한 선기(禪機)를 가지고 있다.

《경덕전등록》에서는 그 일을 아래와 같이 기록하고 있다.

> 달마는 선의 바람[禪風]을 멀리까지 펼치고 불법의 비를 널리 내려주었지만, 도량이 좁은 사람들은 이를 시기하여 그를 해치려고 여러 차례 독살을 시도하였다. 여섯번째 독살에 이르러 대사는 인연이 이미 다하고 법을 전할 사람을 얻었다 하여, 다시는 목숨을 구하려 하지 않고서 단정히 앉아 입적하니, 이 때는 후위 효명제 태화 19년 병진년 10월 5일이다. 그 해 12월 28일, 웅이산에 안장하고 정림사에 부도를 세웠다. 3년 뒤, 송운(宋雲)이 서역에 사신 갔다 돌아오는 길에 파밀고원에서 대사를 만났는데, 대사는 외짝 신을 손에 들고 너울너울 홀로 가는 것이었다. 송운이 "어디 가느냐"고 묻자, 대사는 "서천으로 간다"하고, 다시 송운에게 말하기를 "그대 왕이 이미 세상을 떠났다"고 하였다. 송운이 그 말을 듣고 깜짝 놀라 대사와 헤어져 왕궁으로 돌아와 복명하였을 때, 명제는 이미 죽었고 효장왕(孝莊王)이 즉위한 후였다. 송운이 그 사실을 모

두 아뢰자, 왕이 대사의 묘를 파보도록 하였는데, 그의 빈 관엔 한 짝 가죽만 남아 있었다.[4]

인순법사의 고증에 의하면, 외짝 신발을 들고 서천으로 돌아갔다는 것은 가탁인데도 후세의 선사들은 이 공안을 분분히 해석하거나 게송으로 노래하기도 했다. 그러나 결코 위조된 전등사(傳燈史)를 믿고서 기이한 신통력 내지 역사적 사실로 받아들인 것은 아니다. 오히려 이를 빌어 선학상(禪學上)에 위치한 달마의 경지를 표현했을 뿐이다. 5조법연은 이에 대해 아래와 같은 게송을 남겼다.

조사가 남긴 한 짝 신발
천만 년 사람들의 귓전을 울렸다
부질없이 어깨에 메고 맨발로 갔다고
하지만 언제 자신이 걸은 적이 있었던가
  祖師遺下一隻履　千古萬古播人耳
  空自肩擔跣足行　何曾踏着自家底
  (《頌古聯珠通集》권6)

"조사가 남긴 한 짝 신발 / 천만 년 사람들의 귓전을 울렸다"는 구

---

4) 師(達磨) 遐振玄風, 普施法雨, 而偏局之量 自不堪任, 競起害心, 數加毒藥 至第六度, 以化緣已畢, 傳法得人, 遂不復救之, 端居而逝, 卽後魏孝明帝太和十九年丙辰歲十月五日也. 其年十二月二十八日葬熊耳山, 起塔於定林寺, 後三歲, 魏宋雲奉使西域廻, 遇師於蔥嶺, 見手攜隻履, 翩翩獨逝, 雲問師何往? 師曰 西天去! 又謂雲曰 汝主已厭世. 雲聞之茫然, 別師東邁. 復命, 卽明帝已登遐矣. 迨孝莊卽位, 雲具奏其事, 帝令啓壙, 惟空棺, 一隻革履存焉.(卷3)

절은, "달마가 외짝 신발을 메고 서천으로 돌아갔다"는 공안이 너무 크게 소문이 나서 천만 년에 걸쳐 참선인의 입과 귀에 널리 전파되었다는 것을 말한다. 이를 조사의 기적과 신통력으로 간주한 나머지 특별한 해석을 가하지만, 이를 따라 이리저리 탐색하며 도를 깨닫고자 한다면 결국 아무 것도 얻지 못할 것이다. 이 때문에 "부질없이 어깨에 메고 맨발로 갔다고 / 하지만 언제 자신이 걸은 적이 있었던가"라고 읊고 있다. 이는 참선인과는 아무런 관련이 없음을 말해 주고 있다.

동산공(東山空) 선사는 이에 대해 아래와 같이 말하였다.

양위 산하 본시 태평하였는데
쓸데없이 늙은 여우 받아들였네
9년만에 가죽과 골수 모두 나누어 주고
외짝 신, 빈 관으로 사람을 속였어라
  梁魏山河本太平 無端容此老狐精
  九年皮髓分張盡 隻履空棺更誆人
  (위와 같음)

참선인의 "위로 추구하는 한 가지 일〔向上一事〕" 즉 자성묘체(自性妙體-本體)는 예나 지금이나 한결 같아 서쪽 인도와 동토 중국의 차이가 없으며, "범인에겐 적고 성인에게 많다는 것도 아니다." 달마는 양(梁)나라에서 위(魏)나라에 이르는 동안 횡설수설했으나, 자성묘체의 입장에서 말하면 아무 쓸모 없는 일이다. 그럼에도 달마는 오도(悟道)의 물결을 일으켜 "태평하던 양위 산하를 뒤흔들어 놓았다."

"쓸데없이 늙은 여우를 받아들였다"는 것은 얼핏보면 달마의 부질없는 일을 배척하여 그를 폄하한 것처럼 보이지만, 실제로는 그를 찬미한 것으로 반어법(反語法)에 속한다.

달마가 법을 전할 때의 기록은 아래와 같다.

> 9년이 지나 서쪽 천축으로 돌아가고자 문인들에게 명하였다.
> "때가 되었으니, 너희들이 각자 얻은 바를 말해 보지 않겠는가?"
> 그 때 문인 도부(道副)가 대답하였다.
> "제가 본 바로는 문자에 집착하지도 않고 문자를 떠나지도 않고서 도(道)의 작용을 삼으렵니다."
> "너는 나의 가죽을 얻었다."
> 이총지(尼總持)가 말하였다.
> "제가 이해한 바로는 경희(慶喜)보살이 아축불국을 본 것처럼 한 번 보고 다시는 보지 않았습니다."
> "너는 나의 살을 얻었다."
> 도육이 말하였다.
> "사대(四大)는 본래 빈 것이요, 오음(五陰)은 있지 않으므로 저의 견처(見處)는 하나의 법도 얻은 것이 없습니다."
> "너는 나의 뼈를 얻었다."
> 끝으로 혜가가 절을 올리고서 다시 제자리로 돌아가 서 있자, "그대는 나의 골수를 얻었다"고 하였다.[5]

---

5) 迄九年已, 欲西返天竺, 乃命門人曰 時將至矣, 汝等盍各言所得乎? 時門人道副對曰 如我所見, 不執文字, 不離文字, 而爲道用. 師曰 : 汝得吾皮. 尼總持曰 : 我今所解, 如慶喜見阿閦佛國, 一見更不再見. 師曰 : 汝得吾肉. 道育曰 四大本空, 五陰非有, 而我見處, 無一法可得. 師曰 : 汝得吾骨. 最後慧可禮拜後依位而立. 師曰 汝得吾隨.(《景德傳燈錄》卷3)

이것이 "9년에 가죽과 골수 모두 나누어 주었다"는 말이 생겨나게 된 유래이다. 동산공 선사는 "달마가 9년 동안 설법하여 이미 법을 다 전하고서 다시 외짝 신발을 메고 서천으로 돌아가 빈 관의 신통력을 드러낸 것은 모두 쓸데없는 일이며, 또한 사람들의 이목을 현혹시키고 후세 사람들을 속였다는 의심을 떨쳐 버릴 수 없다"고 인식하였다.

그것은 달마의 입적이란 육신의 색계를 버리고 본체로 돌아간다는 것으로 스스로 과위(果位)가 모두 없어진 것인데 구태여 이런 신통력을 드러낼 필요가 있겠는가하는 점 때문이다. 옛 참선인들의 견해는 결코 타인의 의견에 부화뇌동(附和雷同)한 것이 아니라, 각기 깨달음이 있었다는 사실을 알 수 있다. 이처럼 선종의 창건자, 달마의 지위는 석가모니와 거의 대등한 위치에 있었다.

선에 도가사상을 도입한 우두법융

선종의 종파가 나눠진 것은 신수·혜능의 북종·남종의 대립에서 비롯된 것이 아니다. 4조도신(四祖道信) 때 우두법융의 계열에서 나왔다. 이화(李華)의 〈윤주 학림사 고 경산대사 비명(潤州鶴林寺故徑山大師碑銘)〉에서는 "법융은 스스로 깨달음을 얻고서 도신대사에게 나아가 도를 증명받았다"고 하며, 유우석(劉禹錫)의 〈우두산 제1조 융대사 신탑기(牛頭山第一祖融大師新塔記)〉에서는 "법융의 우두종(牛頭宗)은 홍인(弘忍)의 동산종(洞山宗)과 쌍벽을 이뤘다"하고, 규봉종밀(圭峰宗密)은 선종의 〈선문사자승습도(禪門師資承襲圖)〉에서 법융이 우두산에서 따로 하나의 종파를 세웠는데 "이 종파는 남북양종(南北兩宗)과는 관련이 없다"고 인식하였다. 이처럼 당대(唐代)의 문학 대가와 선종 대사들의 기록에 의하면, 우두종의 선학이 당시 중요한 지위를 차지하고 있었음을 알 수 있다. 우두종의 특색은 첫째, 도가의 사상을 선학에 도입하여 융합시킨 것이다. 둘째, 지방색채가 풍부하여 이후 혜능 문하의 마조에게 영향을 끼쳤다. 인순법사는 법융스님을 '동하(東夏 : 중국)의 달마'로 극찬하였는데, 거기에는 그럴 만한 이유가 있다.

법융이 미처 도를 깨닫기 전 강남을 행각할 때, 달마의 가르침을 받지는 못하였지만 내외 경전을 두루 읽고 노장학을 섭렵하였다. 당시 남방의 불교는 혜원(慧遠)과 구마라습의 영향을 받아 불법을 밝히는 데 유리했으나, 그는 도교와 불교가 혼재된 새로운 씨앗을 뿌리기에 이르렀다. 이 때문에 법융의 〈절관론(絶觀論)〉은 공허(空虛)를 도의 근본으로 세우고, 자아(自我)와 정식(情識)의 초탈을 수지(修持)로 삼고, 무심(無心)의 공부를 방편으로 삼았다. 이러한 의식은《장자(莊子)》에서 나온 것임과 아울러 남방불교의 색채를 짙게 풍기고 있다.

　　법융은 깨달음을 얻고서 곧바로 우두산 유서사(幽棲寺) 북쪽 석실(石室)에 은둔하였다. 전하는 말에 의하면 "많은 새들이 꽃을 물어다 그에게 바쳤다"고 한다. 당 태종 정관 년간에 4조도신이 우두산으로 그를 찾아가 새로운 가르침을 전해 주었다.《오등회원(五燈會元)》에서 그 정황을 아래와 같이 기록하고 있다.

　　　마침내 4조도신을 인도하여 암자에 이르렀는데, 암자 주위에는 범과 이리 같은 동물들만 눈에 띄었다. 도신이 이에 두 손을 들고 무서워하는 모습을 지어 보이자, 법융이 "이것밖에 없습니다"라고 말하였다.
　　　도신이 물었다.
　　　"이것이 무엇인고?"
　　　법융은 아무 말이 없었다. 얼마 후 도신이 법융이 앉아 있는 바위 위에 '불(佛)'자를 쓰니 법융이 이를 보고서 몸둘 바를 몰랐다. 도신이 다시 말하였다.
　　　"이것밖에 없습니다."[6]

---

6) 遂引祖(道信)至庵所, 遶庵唯見虎狼之類. 祖乃擧兩手作怖勢, 師(法融)曰 猶有

법융은 도를 깨친 후 범과 이리 같은 동물들과 함께 살았다. 4조 도신이 두려워하는 모습을 지어 보이자, 법융은 "이것밖에 없습니다" 라고 답하였다. 이것이란 불성, 불법을 말한다. 그 후 도신은 법융이 앉아 있던 반석 위에 하나의 '불(佛)'자를 써서, 법융에게 아직 성인과 범부에 대한 분별의식이 있으며, 그것은 깨달음의 '절대경지'가 아님을 표시하였다. 그런 다음 법융에게 다시 가르침을 내려 "모든 법문은 모두 마음으로 귀결되고 수많은 묘덕(妙德)은 모두 마음에 그 근원을 두고 있다. 일체의 계문(戒門), 정문(定門), 혜문(慧門)의 신통변화가 모두 스스로 구족하여 그대의 마음에서 떠나지 않는다" 고 하였다. 이는 법융으로 하여금 사려(思慮)를 끊어 "벗어날 삼계(三界)도 없고 다시 구할 보리도 없음"을 알게 한 것이다. 법융이 도신에게 가르침을 받은 후로는 새들이 그에게 꽃을 올리지 않았다. 이에 새들이 꽃을 올렸다가 그 후 올리지 않았다는 것이 하나의 공안이 되어, 후세 선사들이 수많은 게송을 지어 각기 다른 각도에서 그들의 견해와 경지를 나타내게 되었다. 그 가운데 깊은 뜻이 담긴 네 수의 게송을 예시해 보기로 한다.

우두봉 정상 겹겹이 쌓인 구름 속에
홀로 외로이 앉아 있어라
새들도 찾지 않고 봄은 또 가고
누가 암자에 찾아온지 알지 못할레
　　牛頭峯頂鎖重雲　獨坐寥寥寄此身

這個在. 祖曰 這個是甚麽? 師無語. 少選, 祖却於師宴坐石上書一佛字, 師覩之 竦然. 祖曰 猶有這個在.(卷2)

百鳥不來春又去　不知誰是到菴人
（雪竇顯 禪師）

쓸쓸한 선탑(禪榻) 나무 그늘 아래
단청 그린 빗장, 소나무 사립문이 싸늘도 하다
게으른 법융스님 평상심 찾으니
꽃 물어 오던 새 찾을 곳 없어라
　　一榻蕭然傍翠陰　畵扃松戶冷沈沈
　　懶融得到平常地　百鳥銜花無處尋
　　（祖印明 禪師）

꽃은 피고 지고 새들은 슬피 운다
암자의 경관은 여전한데 옛 주인 아니어라
도원(桃源)을 지척에 두고 찾지 못하여
외로운 배에 도롱이 걸치고 쓸쓸히 돌아온다
　　花落花開百鳥悲　菴前物是主人非
　　桃源咫尺無尋處　一櫂漁蓑寂寞歸
　　（張無盡 居士）

고요한 풍월, 저녁놀에 누우니
새들은 더 이상 헌화하지 않는다
인정은 모두 가난 때문에 사라지고
세인의 마음은 하나같이 부잣집으로 향한다
　　寥寥風月臥烟霞　百鳥從玆不獻花

人義盡從貧處盡　世情偏向有錢家
(夢菴信 禪師,《頌古聯珠通集》卷8)

법융이 처음 도를 깨달았을 때, 성인에 대한 집착[聖執]과 법에 대한 집착[法執]이 없지 않았다. 다시 말해 성자로 자처하였다. 남전보원(南泉普願)이 비평했던 말처럼 "그것[成佛]을 위하여 발걸음마다 부처님의 계단을 밟았기에" 그 결과 새들이 꽃을 물어다 올리는 상서가 있었다. 그러나 4조도신을 만난 이후로는 성인과 범부의 차별상(差別想)이 모두 사라져, 성인과 범부의 분별심을 지니지 않고 성자로 자처하지 않아 여느 사람과 다름이 없었다. 따라서 새들도 그가 성자임을 몰라서 꽃을 올리지 않게 된 것이다.

위 네 수의 게송은 모두 이러한 측면에서 착상된 것이다. "우두봉 정상 겹겹이 쌓인 구름 속"이란 우두산 봉우리가 구름 위에 높이 솟아 있다는 것으로, 법융이 이미 선의 최고경지 즉 "외로운 봉우리에 홀로 사는[孤峯獨宿]" 경지에 이르렀음을 비유한 것이다. "홀로 외로이 앉아 있다"는 것은 성인의 이러한 경지에서는 작위가 없다는 말이다. 봄은 지나가고 새들도 꽃을 물어 오지 않은 것은 새들이 누가 성자인 줄 분별하지 못한 까닭에, 즉 "누가 암자에 찾아온지 모른" 때문이다.

우두는 4조도신을 만난 후에 크게 깨달음을 얻었다. 마치 홍진을 초월한 은둔처사처럼, 보냄도 없고 맞이함도 없이 자득한 까닭에, "쓸쓸한 선탑(禪榻) 나무 그늘 아래 / 단청 그린 빗장, 소나무 사립문이 싸늘도 하다"라고 표현한 것이다. 그것은 법융이 성인과 범부의 분별에 떨어지지 않는 평상심에 이르러, 여느 사람과 다를 바 없었기 때문이다. 그 때문에 "꽃 물어 오던 새가 찾아들 곳이 없어져 버린 것이다."
 "꽃은 피고 지고 새들은 슬피 운다 / 암자의 경관은 여전한데 옛 주인 아니어라"는 것은 종전에 꽃을 물고 오던 새들이 꽃이 피고 지는 것을 보고 슬피 우는 것은 암자의 정경은 변함없는데 주인이 달라졌기 때문이다. "도원을 지척에 두고 찾지 못하여 / 외로운 배에 도롱이 걸치고 쓸쓸히 돌아온다"는 것은 후세의 참선인들이 법융의 깨달음에 이르지 못하여 마치 지척에 있는 무릉도원을 찾지 못한 채, 쓸쓸히 빈손으로 돌아오는 것과 같다.
 몽암신 선사는 법융이 도를 깨쳐 "고요한 풍월, 저녁놀에 누워있는" 은둔처사가 된 이후, 새들도 마치 가난한 사람을 멀리하는 것처럼 더 이상 그에게 꽃을 바치지 않게 되었다고 인식하였다.
 위에서 인용한 네 수의 게송은 모두 시의 깊은 맛과 그윽한 선의 정취를 가지고 있다(68. 1. 26. 《신생보(新生報)》 부간(副刊)).

육조의 출가

　선종은 서토 인도에서 싹텄지만 성장은 중국에서 이루어져, 6조 (六祖)를 거치면서 가지와 잎이 더욱 무성하게 되었다. 이와 같이 될 수 있었던 것은 중국문화라는 하나의 속성 때문이다. 그 관건은 다름 아닌 6조에게 있다. 6조는 중국문화 속에서 살았고, 불교의 경론 (經論)과는 거리가 멀었다. 6조가 건립한 남종은 중국문화의 또 다른 면을 드러낸 것으로 인도와는 다르다. 이런 이유에서 후인들은 그를 중국선종의 건립자로 숭앙하기에 이르렀다.
　인도의 불교는 승려의 신분이 매우 높아 많은 사람들의 공양을 받았으며, 불교의 교의 또한 윤회와 인과응보설이 있어 수많은 계율 가운데 불살생을 가장 중시하였다. 이 때문에 인도의 승려들은 손수 밭갈이를 하지 않았다. 그것은 밭갈이할 때 호미와 쟁기가 지나면서 자연히 흙이나 풀 속의 곤충들을 죽이기 때문이다. 계율을 엄격하게 지키는 고승은 심지어 베로써 물을 걸러 마시기도 하였다. 그것도 살생의 과보에 떨어지는 것을 피하려는 데에서 비롯된 것이다.
　그러나 6조는 출가하기 전에 나무꾼이었으며 황매사에서 법을 구할 때에도 디딜방아로 쌀을 찧었다. 그것이 후대의 선종에 영향을 미쳐 참선인들은 모두 노동을 하게 되었다. 백장회해(百丈懷海)는 여기에서 한 걸음 더 나아가 "하루 일하지 않으면 밥을 먹어서는 안 된다〔一日不作 一日不食〕"고 하였다. 이러한 정신은 그가 만든 〈백장청규(百丈淸規)〉에 잘 나타나 있으며, 훗날 수행자의 표본이 되었다.

밭갈이를 하다 보면 벌레를 죽이거나 다치기 마련이다. 참선인들은 이에 대해 과보를 믿지 않는 것처럼 보였으며, 심지어 귀종(歸宗) 선사는 풀을 베면서 뱀을 죽이기도 하였다. 이처럼 세속과 융화된 정신은 당 무종(唐 武宗)의 회창법난(會昌法難) 때 그 결과를 나타내기에 이르렀다. 법난에 의해 사찰이 훼손되고 승려들은 환속 당함으로써 기존 불교계는 큰 타격을 입었지만, 선종은 도량을 중시하지 않고 또 스스로 일을 하였기에 신도의 공양을 받지 않고서도 생활할 수 있었다. 이 때문에 세속에 살면서도 여전히 수행을 계속할 수 있었다. 그 관건 또한 6조가 몸소 노동을 한 데 있다.

6조는 행자의 신분으로 의발을 전수 받았으나 그가 정식으로 승려 신분을 얻은 것은 광동(廣東)의 법성사(法性寺)에서 였으며, 그의 머리를 깎아 준 스님은 인종법사였다.

  6조가 법을 받고 5조를 떠난 뒤, 회집(懷集)·사회(四會) 사이에 은거하다가 남해에 이르러 법성사에서 인종법사를 만나게 되었다. 저녁 무렵 바람이 불어 찰간(刹竿)의 깃발이 펄럭이자, 두 스님이 논쟁하였다. 한 스님은 "바람이 움직인다" 하고 또 한 스님은 "깃발이 움직인다" 하여 서로 말을 주고 받았으나 이치에 맞지 않았다. 이에 6조가 말하기를 "제가 논쟁에 끼어도 되겠습니까? 그것은 바람이나 깃발이 움직인 것이 아니라, 스스로 마음이 움직인 것입니다"라고 하였다.[7]

---

7) 六祖受法辭五祖, 令隱於懷集四會之間, 屆南海隅印宗法師於法性寺, 暮夜風颺刹幡, 聞二僧對論, 一云風動, 一云幡動, 往復酬答, 曾未契理, 祖曰 可容俗流, 輒預高論否? 直以風幡非動, 動自心耳.(《頌古聯珠通集》卷7)

인종법사는 6조의 말을 듣고서 그를 위하여 삭발하여 주었다. 이 고사는 마침내 선문의 "바람과 깃발〔風幡〕" 공안이 되었다.

세속적 관념으로는 바람이 불어 깃발이 움직인다는 것은 논쟁거리가 될 수 없다. 하지만 불교의 진리로 말하면 바람은 진공(眞空)의 공계(空界) 또는 법계(法界)를 대표하고, 깃발은 현상(現象)의 유계(有界) 또는 색계(色界)를 대표한다. 구름이 날고 바람이 불고 만물이 발생하며, 또 인간의 수많은 일이란 감각으로 알 수 있는 색계, 즉 현상이다. 그러나 바람은 왜 일어나고 구름은 왜 흘러가며 만물은 왜 발생하고 인간의 수많은 일은 왜 변화하는가 하는 문제는 육안으로 볼 수 없다. 이 때문에 한 스님은 "깃발이 움직인다"고 하였다.

그러나 깃발은 스스로 펄럭거릴 수 없고 바람이 불어 펄럭거린 것이므로, 만유(萬有)의 변화는 본체에 의해 움직이는 것이다. 이처럼 움직이게 하는 힘은 보이지 않지만, 또한 분명히 존재한다. 깃발이 펄럭이는 것은 바람이 불기 때문인 것과 같다. 그래서 한 스님은 "바람이 움직인다"고 하였다.

그러나 6조의 생각은 또 달랐다. '공(空)'과 '유(有)'가 하나이고 '색(色)'과 '법(法)'이 하나인데 사람들은 억지로 이를 분별하여 대립되는 단어가 생긴 것이다. 그러므로 어느 한쪽에 치우쳐 '공'이라 하고 '유'라 하면 곧 잘못된 것이기에, "바람이 움직임도 아니요, 깃발이 움직임도 아니다. 누 스님의 마음이 움직인 것"이라고 인식하였다.

이 공안에 대해 후세 선사들은 많은 게송을 지어 각기 다른 견해와 경지를 나타내었다.

　바람도 아니요 깃발도 아니어라

맑은 하늘은 어이해 대나무를 흔드는가
밝은 시대엔 공도(公道)를 논할 게 없다
자재로운 한가한 사람, 바른 눈으로 보라
  不是風兮不是旛　淸霄何事撼琅玕
  明時不用論公道　自在閑人正眼看
 (圓通仙 禪師)

원통선(圓通仙) 선사는 6조의 의견에 찬동하였다. 바람의 움직임도 아니요, 깃발의 움직임도 아니므로, '맑은 하늘', 곧 구름도 고요하고 바람도 그쳤는데 대나무〔琅玕〕는 오히려 흔들거리고 있다. 두 스님이 만일 분명히 알았다면, 즉 깨달았다면 이 하나의 '시비'를 논쟁하여 '당연한 도리를 이야기〔公道〕'하지는 않았을 것이다. 왜냐하면 두 스님의 논쟁은, 이미 깨달았다면 더 이상 번거로이 도를 구할 필요가 없는 '한가한 사람', 즉 6조처럼 지혜의 눈〔正眼〕으로 단정할 수 있기 때문이다.
 초당청(草堂淸) 선사의 게송은 아래와 같다.

바람과 깃발도, 그리고 마음도 아니다
아득한 길 끊어져 찾을 수 없을레라
흰구름은 본래 자취 없어
가파른 낭떠러지에 깊이깊이 떨어지누나
  不是風旛不是心　迢迢一路絶追尋
  白雲本自無蹤跡　飛落斷崖深更深

초당청 선사는 겉으론 6조의 의견에 반대하였다. 바람의 움직임도, 깃발의 움직임도 아니며, 또 두 스님의 마음이 움직인 것도 아니다. '자성(自性)' 또는 '대전(大全)'은 향상일로(向上一路)로서 언어로 말할 수 있다거나 생각과 뜻으로 이를 수 있는 것도 아니며, 또 자취로 찾을 수 있는 것도 아니다. '자성'은 흰구름처럼 우연찮게 형상이 드러나지만 실제로는 종적이 없다. 6조의 말은, 흰구름이 깊고 깊은 낭떠러지로 떨어지듯 후세 참선인들이 궁극적 경지를 찾아 깨달음을 얻을 수 없도록 만들었다.

자득휘(自得暉) 선사의 게송은 아래와 같다.

바람인지 깃발인지 그대는 의심 마오
우거진 풀밭을 발길 닿는 대로 돌아온다
왕도가 태평하여 금기가 없어
나빌대는 나비, 날아드는 꾀꼬리 나무를 감싸돈다
  是風是幡君莫疑　百草叢中信步歸
  王道太平無忌諱　戲蝶流鶯遶樹飛

자득휘 선사는 "색이 곧 공이라〔色即是空〕"고 생각하였다. 현상의 일체 만유는 모두 본체의 작용에 의해 나타난 것이므로, 바람 또는 깃발의 움직임에 대한 의혹을 기질 필요가 없다. 현상계로부터 본체를 깨달아 갈 수 있기에 "우거진 풀밭을 발길 닿는 대로 돌아온다"고 하였다. '자성', '대전'은 왕도의 태평시대와 같아서 금기가 없어 누구나 갈 수 있다. 현상계의 현상은 본체를 떠날 수 없다. 마치 춤추는 나비와 나는 꾀꼬리가 꽃나무를 맴도는 것과 같다. 위 세 수의 게송은 각기 다른 견해와 그들의 경지를 드러내 보이고 있다(67. 9. 5.《신생보(新生報)》부간(副刊)).

한 송이 꽃에 다섯 꽃잎의 조계선

6조혜능은 선종사에 있어 정오의 태양과도 같은 존재이다. 그가 선종사에서 차지하고 있는 위상은 그 이전의 조사들을 능가하였다. 조계선은 중국에 유포된 뒤 동쪽으로 한국, 일본에 전해졌고, 근세에는 구라파에까지도 그 영향을 끼치고 있다.

이후의 5종2파(五宗二派)는 모두 조계에 근원을 두고 있다. 이것이 "한 송이 꽃에 피어난 다섯 꽃잎"이다. 다시 말해, 6조로부터 5종(五宗 : 曹洞宗, 雲門宗, 法眼宗, 臨濟宗, 潙仰宗)이 나뉘고, 송대에 이르러 임제종이 크게 흥성하여 다시 양기(楊岐), 황룡(黃龍) 2파로 나뉘었다. 그 세력은 불교의 기타 종파에 영향을 끼쳐, 모든 교학을 선종으로 돌아가게 하였다. 이 때문에 후세에 이르러 "중국불교의 특색은 선(禪)에 있다"는 논단이 생기게 되었다.

더욱이 혜능대사는 선종사에 있어서 전기적(傳奇的)인 인물이다. 그의 속성은 노(盧)씨이고 부친의 이름은 행도이며 모친은 이(李)씨이다. 부친은 본래 범양(范陽 : 現 河北涿縣)에서 벼슬을 하다가 후일 신주(新州 : 廣東新興縣)로 좌천되었다.

혜능은 어려서 아버지를 여의고 모친을 따라 남해로 이주하여 땔나무를 팔면서 생계를 꾸렸다. 전래하는 말에 의하면, 그는 글을 알지 못하였는데, 어느 사람이 《금강경》을 외는 소리를 듣고 깨달았다 한다. 이로 보아 그 이전엔 불교 경전에 대해 배운 적이 없었음을 알 수 있다. 후일 5조홍인이 《금강경》을 설법한다는 말을 듣고서, 황매사를 찾아가 5조에게 절을 올리고 부처가 되는 법을 구하자, 5조는 이렇게 말하였다.

"너는 영남사람이요 또 오랑캐인데, 어떻게 부처가 될 수 있겠는가?"

그 말에 혜능이 대답하였다.

"사람에겐 남북의 차이가 있지만 불성에는 남북이 없으며, 오랑캐의 몸과 스님의 몸은 다르지만 불성에 무슨 차별이 있겠습니까?"

5조는 상근기(上根器)로서의 자질과 용감성을 인정하여 방앗간으로 보내어 방아를 찧게 하였다. 그 당시 혜능은 여전히 승려의 신분이 아니었다. 당나라 때의 승려는 출가할 때 시험을 거쳐 출가를 허락 받아야 도첩을 얻을 수 있었기 때문이다. 그는 8개월 동안 방아를 찧은 뒤, 그의 게송이 신수 상좌의 게송보다 경지가 높음을 인정 받아, 마침내 행자의 신분으로서 5조의 의발을 전수받아 선종의 종주가 되었다.

그 후 혜능은 의발 때문에 야기될 박해를 피하기 위하여, 사회(四會)·회집(懷集) 일대에서 사냥꾼들과 뒤섞여 생활하면서 고기와 함께 볶은 나물만 가려 먹으면서 지냈다. 오랫동안의 은거를 거쳐 광동(廣東)에 이르러 출가한 뒤, 조계사에 머물면서 13곳이나 사찰을 세웠다. 이에 이르러 조계선의 명성이 세상에 드날리게 되었다.

왕유(王維)의 〈6조혜능선사 비명(六祖慧能禪師碑銘)〉에서는 그의 공덕을 아래와 같이 적고 있다.

이윽고 도덕이 두루 미치고 명성이 널리 퍼져, 부자나 가난한 사람이나, 성인이 가신 지 오래 되어 몸에 칠을 하고 귀를 뚫는 나라에서도 머나먼 뱃길을 마다 않고, 모두 용상(龍象) 큰스님의 모습을 뵙고자 고래 등과 같은 거센 파도에도 몸을 잊고 찾아와, 문 밖에 늘어서고 법상 앞에 가부좌하고 앉았다.[8]

혜능의 가르침으로 많은 사람들이 "사냥을 모두 그만두었고 탐닉이 잘못임을 알고서 승려의 공양을 본받았으며 물고기 잡는 일을 그만두고 농사를 지었다." 혜능은 40여 년 동안 설법하여 마침내 육신성불을 하였는데, 대사가 앉아 입적에 든 남화사는 현재 남방의 불교성지가 되었고, 조계는 선종의 대명사가 되었다.

이처럼 6조에 대한 이야기는 전기적(傳奇的) 색채가 풍부하다. 후대의 참선인들은 6조가 게송을 지어 의발을 전수 받은 것을 공안으로 삼아 많은 게송을 지었다.

육조는 그 때 사내답지 못했다
남의 손으로 게송을 벽에 써서 스스로 호도했다
게송엔 분명 본래 아무 것 없다 말하고선
오히려 의발을 전수 받았네
  六祖當年不丈夫 倩人書壁自塗糊
  明明有偈言無物 却受他家一鉢盂
  (祖印明 禪師)

---

8) 旣而道德遍覆, 名聲普聞, 泉館卉服之人, 去聖歷劫, 塗身穿耳之國, 航海窮年, 皆願拭目於龍象之姿, 忘身於鯨鯢之口, 騈立於戶外, 跌坐於床前.(《全唐文》卷327,《王右丞集》卷25)

7백 승려 가운데 한 사람 가려
본래 아무 것도 없는데 서로 인가하였네
한 밤중 의발 받고 조계로 떠나가니
쇠나무 꽃 피어 이른 봄이어라
  七百僧中選一人　本來無物便相親
  夜傳衣鉢曹溪去　鐵樹開花二月春
  (草堂淸 禪師)

황매 법석 수많은 스님 가운데
언구에 선기 드러나니 슬픈 일이어라
본래 아무 것도 없는데
청천백일에 구름이 가렸어라
  黃梅席上數如麻　句裡呈機事可嗟
  直是本來無一物　靑天白日被雲遮
  (西塔 禪師)

사제 인연으로 만남은 유래 있는데
명경은 대(臺)가 아니라고 몰래 말을 던지네
소림사 무너져 살 길 어려워서
노 젓는 소리, 물 속의 달 흔들며 창주를 지나가네
  師資緣會有來由　明鏡非臺語暗投
  壞却少林窮活計　櫓聲搖月過滄洲
  (葛廬覃 禪師, 《頌古聯珠通集》 卷7)

첫 수의 앞 두 구는 반어법으로, "6조가 그 때 장부가 아니었다"는 것은 실제로 그 때 6조가 장부였음을 칭찬하는 것이고, 전래하는 말에 의하면, 6조의 게송은 강주별가(江州別駕) 장일용(張日用)에게 대신 써 주도록 부탁한 것이라 한다. "남의 손으로 게송을 벽에 썼다"는 것은 이를 가리킨다. "스스로 호도했다"는 것은 곧 어리석지 않다는 뜻이다. 혜능은 게송에서 말하기를 "본래 아무 것도 없다"고 하였는데 결과는 오히려 의발을 전해 받았다. "게송에선 분명 본래 아무 것도 없다 말하고선 도리어 5조에게 바리때를 받았다"는 것은 표면적으로는 풍자이지만, 실제로는 그가 게송으로 선의 경지를 표현하여 의발을 전수받을 수 있었음을 찬미한 것이다.

둘째 수는 5조가 7백이나 되는 승려 가운데 "본래 아무 것도 없다"라고 말한 사람을 가려 내어 의발을 전수해 준 것이, 마치 쇠나무에서 꽃이 피는 것처럼 희귀하고 기특함을 노래하였다.

셋째 수는 황매 홍인의 문하에 마치 삼대처럼 많은 스님 가운데 오직 6조가 지은 게송만이 현묘한 선기(禪機)를 담고 있으며, 나머지는 모두 보잘 것 없으니 안타까운 일이라 말하고, 불성이 만일 "본래 한 물건도 없는 것"이라면 6조가 말한 것도 쓸모 없는 것인데, 6조가 말함으로써 사람들이 곧 이러한 '한 생각'을 가지게 된 것은 마치 청천백일에 구름이 가려진 것과 같다고 표현하고 있다.

넷째 시의 앞 두 구절은 5조와 6조가 사제인연으로 만난 것은 유래가 있었으니, 그 이전의 조사들에 의해 이미 '예언〔懸記〕'이 전해 왔으며, 6조의 게송에 있는 "명경 또한 대가 아니다"는 구절이 5조의 깨달음과 암암리에 일치되었음을 찬미한 것이다. "소림이 무너져 살길 어려워 / 노 젓는 소리, 물 속의 달 흔들며 창주를 지나간다"는 구절의 앞 부분은 반어법인데, 5조가 6조를 배에 태워 강을 건네 줄 때 이미 달마가 창립한 선종의 운명이 흥성하게 될 것이 결정지어졌으며, 그것은 달마가 숭산 소림사에서 9년 동안 면벽했기 때문이라는 것을 말하고 있다.

한 송이 꽃에 다섯 꽃잎이 피어난 것은 달마가 창립한 선종을 혜능이 흥성시킨 일을 가리킨다. 그러나 밝은 지혜의 눈으로 '인물'을 알아 본 사람은 5조홍인이다. 6조의 전설적인 이야기는 모두 5조에 의해 야기된 것이다(67. 10. 2.《신생보(新生報)》부간(副刊)).

성제마저 배격한 청원행사

 청원행사는 강서(江西) 사람으로 속성은 유씨(劉氏)이다. 그는 6조의 제1대 제자이다. 후일 강서 길주(吉州)의 청원산(靑原山) 정거사(靜居寺)에 주석했던 까닭에 선종의 전등사에서는 그를 청원행사라 하였다. 5종 가운데 조동종과 운문종, 그리고 법안종이 그의 법계에서 나왔다.
 행사가 광동으로 찾아가 6조혜능을 친견하자, 6조가 물었다.
 "그대는 여태껏 무엇을 했는가?"
 행사가 대답하였다.
 "부처님의 진리도 행하지 않았습니다〔聖諦亦不爲!〕."
 다시 물었다.
 "어느 단계에 떨어졌는가?"
 "부처님의 진리도 따르지 않는데, 무슨 단계가 있겠습니까?"
 6조는 그를 크게 신임하여 수좌로 삼았다.
 "일찍이 무엇을 했느냐"는 것은 6조가 행사의 수행과정을 물은 것이다. 불법에는 세제(世諦)와 성제(聖諦)의 차이가 있다. 세제는 세속적인 이치와 일을, 성제는 성자가 깨달은 진리를 가리킨다. "부처님의 진리도 행하지 않는다"는 것은 행사가 이미 성인과 범부의 차별

상을 모두 버린 까닭에, 성인이 되려거나 불도를 추구하는 분별심을 일으키지 않았음을 뜻한다. "어느 단계에 떨어졌느냐"는 것은 6조가 행사의 수행이 어떤 과위(果位), 즉 어느 경지에 이르렀는지를 물은 것이다. "부처님의 진리도 따르지 않는다"는 것은 이미 일체의 분별심이 사라져 성인과 범부의 차별심이 없으며, 이 때문에 자연히 차별 관념이 있는 어떤 단계에도 떨어지지 않는다는 것을 의미한다. 바꿔 말하면 행사는 이미 수도의 최고경지에 이르렀다는 말이다.

　후일 단하순(丹霞淳) 선사는 게송으로 행사의 경지를 밝힌 바 있다.

우뚝 솟은 그 경지, 바른 눈으로도 엿보기 어려워
고금을 초월하여 함께 할 수 없다
이끼 낀 옛 궁전에 사람이 없어
벽오동 외로운 달빛에 봉황이 보이지 않는다
　　卓爾難將正眼窺　迥超今古類難齊
　　苔封古殿無人侍　月鎖蒼梧鳳不棲

'바른 눈〔正眼〕'은 정법안장(正法眼藏)의 준말이다. 청정한 법안이라는 뜻으로, 바른 법을 투철하게 꿰뚫어보는 혜안(慧眼)을 가리킨다. 첫 구절은 행사는 걸출한 선사로서 그가 이른 경지는 혜안으로도 엿보기 어렵다는 것을 말하고 있다. "고금을 초월하여 함께 할 수 없다"는 것은 행사가 이미 고금을 초월하고 성인과 범부의 차별을 모두 떨쳐, 그의 수행이 어느 정도에 이르렀는지 분별하기 어려움을 말한다. "이끼 낀 옛 궁전에 사람이 없다"는 것은 절대경지를 형용한 말이다. 행사는 이러한 경지를 깨달을 수 있어 이미 "외로운 봉우리가 홀로 자는" 경지에 이르러 아무도 그와 동반할 수 없음을 말하고 있다. "벽오동 외로운 달빛 봉황이 보이지 않는다"는 것은 행사가 결코 이처럼 성스런 경지에 머물지 않고, 세속으로 들어가 세속을 구하려는 것을 말하고 있다. 그것은 마치 봉황이 벽오동 가지 위에 오래 머물지 않으려는 것과 같다는 것이다.

행사가 후세에 전한 공안은 '여릉의 쌀값〔廬陵米價〕'이다. 그가 청원산에서 설법할 때, 어느 스님이 "무엇이 불법 대의(佛法大意)입니까?"라고 묻자, 행사는 "여릉 쌀값이 얼마인가?"라고 되물었다. 이 대답은 참으로 괴이하기 짝이 없다. 여릉지방의 쌀값은 세속의 일로서 불법 대의, 즉 출세간의 일과는 전혀 상관이 없다. 그러므로 후대 선사들은 이 공안에 대하여 여러 모로 다양하게 이해하였다.

황룡혜남(黃龍慧南)은 아래와 같은 게송을 읊었다.

여릉 쌀값이 해마다 새롭다
길 가다 들은 헛소문 꼭 옳은 것만은 아니다
대의(大意)는 갈래 길에서 물어선 안 된다
높낮이는 본래 참 사람을 만나야 한다
  廬陵米價逐年新 道聽虛傳未必眞
  大意不須岐路問 高低宜見本來人

황룡혜남은 행사스님의 말 속에 깊은 뜻이 담겨 있다고 생각하였다. 여릉 쌀값은 해마다 다르다. 쌀을 사려면 직접 시장에 가서 물어봐야지, 길 가다 들은 헛소문으론 값을 알 수 없다. 그렇듯 도를 구하려면 진지하게 참구해야 함을 비유한 말이다. "대의는 갈래 길에서 물어선 안 된다"는 것은 불법 대의는 여러 모로 여러 사람들에게 이리저리 물어서는 안 되며, 조금이라도 불법을 얻으려면 본래의 참사람, 즉 본체 또는 불성을 만나는 것이 가장 중요한 일이라는 것이다.

장령탁(長靈卓) 선사는 청원스님이 여릉 쌀값으로 대답한 것은 사려분별(思慮分別 : 情識과 意想)을 끊고 헛된 추측을 하지 못하도록 한 것이라고 인식하였다. 그는 아래 게송으로 그의 의견을 나타냈다.

여릉 쌀값 총림에 널리 퍼져
왜장치는 소리, 맥 빠진 대답 힘이 미치지 못한다
눈앞에 세상 일 상관하지 않고
유유히 남북으로 부질없이 헤아린다
  廬陵米價播諸方 　高唱輕酬力未當
  覿面不干升斗事 　悠悠南北謾猜量

여릉 쌀값이라는 공안이 여러 총림에 널리 전파되어 "왜장치는 소리"나 "맥 빠진 대답" 즉 심층의 연구이든, 저급의 말이든 모두 타당하지 못하다는 것이다. 그것은 행사와 어떤 스님이 마주하여 문답한 것은 한 되박, 한 말의 쌀을 말하는, 세속의 일과는 무관하기 때문이다. "유유히 남북으로 부질없이 헤아린다"는 것은 남북의 참선인들에게 이리저리 헤아리고 상상하지 말도록 권고한 것이다.

3조종(三祖宗) 선사는 '여릉 쌀값'이라는 대답에 의의있다고 생각하여 아래의 게송을 읊었다.

여릉 쌀값을 아는가 모르는가
본래 사고 팔 땐 모두 손해가 없어야지
싸전에 들어갔다 빈손으로 돌아온 것은
끝까지 제 좋을대로 깎으려 했기 때문이다
  廬陵米價知不知　合下相酬兩莫虧
  君信入廛空返者　到頭只是愛便宜

"여릉 쌀값을 아는가 모르는가?"라는 것은 여릉 쌀값은 한 번 물어 보면 알 수 있듯이 불법 대의 역시 한 번 물어 보면 알 수 있다는 것이다. "본래 사고 팔 땐 모두 손해가 없어야 한다"는 것은 가격이 맞으면 돈 주고 쌀을 가져오니 양쪽이 모두 서운할 게 없다는 것이다. 쌀값은 알기 쉽고 쌀값을 알았으면 사야 하는 것처럼, 불법 대의를 물어 분명히 알았다면 수행의 실천 공부가 있어야 한다. 알고서도 행하지 않은 것은 불법을 모르는 것과 같다는 것이다. "싸전에 들어갔다 빈손으로 돌아온 것은 / 끝까지 제 좋을대로 깎으려 했기 때문이다"는 구절은 쌀을 구하려고 싸전에 들어갔다가 빈손으로 돌아오는 사람들이란 결코 쌀값을 몰라서 그런 것이 아니다. 오로지 깎으려고 흥정만 하다가 결국 쌀을 사지 못한 것처럼, 불법 대의를 묻는 사람 역시 지름길로 도를 깨치려는 편의만을 좋아하여 이리저리 찾고 묻기만 하고 실천하지 않으면, 그 결과는 아무 것도 이루지 못한다는 사실을 알아야 한다는 것을 갈파하고 있다.

 청원은 선종의 3대 유파를 열어 주었지만 선학에 있어 그다지 큰 업적을 남기지 못하고, 이 공안만이 길이 회자되어 오고 있을 뿐이다(67. 10. 30.《신생보(新生報)》부간(副刊)).

한 물건이라 말해도 맞지 않다는 남악회양의 화두

남악회양(南岳懷讓)의 속성은 두(杜)씨이며 금주(金州)[9] 사람이다. 형주(荊州) 옥천사(玉泉寺)에서 출가하였다. 그는 먼저 율종을 익힌 뒤 다시 6조와의 인연으로 총림에 들어갔다. 그의 문하에서 마조(馬祖)가 배출되어 임제종과 위앙종의 개창주(開創主)가 되었다. 《경덕전등록》(권5)에 그가 깨달음에 이르기까지의 과정이 서술되어 있다.

하루는 스스로 탄식하였다.
"출가자가 무위(無爲)의 법을 행하면, 천상인간보다 나으리라."
그 때, 도반(道伴)인 탄연(坦然)스님이 스님의 고매한 뜻을 알고서 스님에게 함께 숭산안(嵩山安) 화상을 친견할 것을 권하였다. 이에 안화상이 그를 깨우쳐 주었다.
이에 조계사로 6조를 찾아가 친견하였다.
육조가 물었다.
"어디서 왔는가?"
"숭산에서 왔습니다."

---

9) 금주(金州)는 두 곳이 있다. 하나는 현 섬서(陝西) 안강현(安康縣)에 있고, 하나는 봉천(奉天) 금현(金縣)의 금주이다. 모두 당대(唐代)의 지명이다. 회양선사의 고향은 어디에 있었는지는 알 수 없다. 두 곳이 모두 그가 출가한 형주(荊州)와는 너무나 멀기 때문이다.

"어떤 물건이 이렇게 왔는고?"
"한 물건이라 해도 맞지 않습니다."
"그래도 닦아 증득할 수 있는가?"
"닦아서 증득함이 없지 않으나, 더럽혀지지도 않습니다."
"이처럼 더럽혀지지 않는 것은 여러 부처가 간직한 것이다. 그대도 이와 같고 나도 이와 같다. 서축의 반야다라존자가 예언하기를 '그대의 발 아래 망아지 한 마리가 나와 천하 사람들을 짓밟아 죽이리라' 하였으니, 아울러 그대 마음 속 깊이 간직하여 섣불리 말하지 말라."
스님이 환하게 깨닫고, 곁에서 15년 동안 모시다가, 당(唐) 선천(先天) 2년에 처음 남악으로 가 반야사(般若寺)에 주석하였다.[10]

이는 회양의 구도 과정에 대한 간단한 서술이다. 6조는 그에게 '인가'만 했고, 아무런 가르침도 없었던 것 같다. 이는 전등사의 기록이 자세하지 못했을 가능성도 있고, 또 조사들이 비밀의 전수 방식을 흔히 써왔기 때문이기도 하다. 선종사를 연구하는 학자들은 신화에 가까운 참기(讖記), 즉 예언에 대하여 상당히 회의적인 태도를 가지고 있다. 그것은 억지로 갖다 붙인 말들이 아니면 위조라 생각되기 때문이다. 그러나 종교면에서 살펴보면 고금동서를 막론하고 이러한 사례들이 흔히 발견된다. 여기서는 마조가 6조의 참기(讖記)에서 말한 '망아지'인지 아닌지에 대해서는 논하지 않고, 남악회양의 "한 물

---

10) 一日自嘆曰 大出家者爲無爲法, 大上人間無有勝處. 時同學坦然, 知師志高邁, 勸師同謁嵩山安和尙, 安啓發之. 乃直詣曹谿參六祖, 祖問 什麼處來? 曰 嵩山來! 祖曰 什麼物? 怎麼來? 曰 說似一物卽不中. 祖曰 還可修證否? 曰 修證卽不無, 污染卽不得. 祖曰 只此不污染, 諸佛之所護念, 汝旣如是, 吾亦如是. 西天般若多羅讖, 汝足下出一馬駒, 蹋殺天下人, 並在汝心, 不須速說. 師豁然契會, 執侍左右, 一十五載, 唐先天二年, 始往南嶽, 居般若寺.

건이라 해도 맞지 않다"는 공안만을 논하고자 한다.

  자성묘도(自性妙道)와 본체대전(本體大全)은 말로 표현할 수 없다. 이는 황벽단제(黃檗斷際) 선사의 말과 같다.

> 이 마음은 무시 이래로 일찍이 나지도 않고 멸하지도 않으며, 푸르지도 않고 누렇지도 않으며, 형체도 없고 모습도 없으며, 유에도 무에도 속하지 않고, 새로움과 낡음을 헤아리지 않고, 크지도 않고 작지도 않으며, 일체의 한량(限量)과 언어와 자취를 초월한 것이다.[11]

  이 문장은 회양의 "한 물건이라 해도 맞지 않는다"는 말을 충분히 해석해 주고 있다. 자성은 실로 어떤 한 물건으로도 비유할 수 없다. "닦아서 증득함이 없지 않다"는 것은 회양이 도를 깨닫고 도를 구하는 것은 닦음도 있고 증득도 있다고 생각한 것이다. 하지만 그 문맥을 살펴보면 결코 크게 중시한 것은 아니다. 중점은 "더럽혀지지도 않는다"는 데 있다. "더럽혀지지 않도록" 마음의 밝음과 청정을 간직하는 것이 가장 중요한 일이다. 6조는 "이렇게 더럽혀지지 않는 것은 많은 부처님의 호념(護念)이다. 그대도 이와 같고, 나 또한 이와 같다"고 말했다. 이는 곧 회양의 깨달음을 '인가'하는 말인데, 회양의 견해에 잘못이 없다고 생각한 것이다. 불인현(佛印玄) 선사는 '더럽혀지지 않음'에 대해 게송으로 밝힌 바 있다.

  옥은 연못 속에 있고 연꽃은 물 위로 나오니

---

11) 此心自無始以來, 不曾生, 不曾滅, 不靑不黃, 無形無相, 不屬有無, 不計新舊, 非大非小, 超過一切限量名言蹤跡.(《黃檗山斷際禪師傳心法要》)

더럽힘은 비유를 끊을 수 없을레라
모든 사람이 이와 같이 알면
동정호 하룻밤에 가을 바람 일어나리
　　玉在池中蓮出水　汚染不能絶方比
　　大家如是若承當　洞庭一夜秋風起
(《頌古聯珠通集》卷9)

사람마다 모두 불성을 가지고 있다. 옥이 연못 속에 묻혀 있어도 더럽혀지거나 손상되지 않으며, 연꽃이 진흙에서 피어도 그 청정함을 간직한 것과 같다. 이로써 본성의 밝음과 지선(至善)을 비유하였다. 그러나 지극히 선하고 밝은 본성은 으레 욕망과 바깥 환경으로 인하여 더럽혀진다. 이러한 오염을 없애면 자성이 드러나게 된다. 그러므로 회양의 '더럽혀지지 않는다'는 말은 실로 가장 직접적이고 명쾌하게 도로 들어가는 법칙이다. 그 밖의 것은 부처를 향해 구하든 경전을 향해 구하든 스님을 향해 구하든 그 무엇을 막론하고 모두 타인에게 의지하는 것이다. 남에게 의존하여 이해하는 것은 좌선이거나 수행이거나를 막론하고, 그 마음을 깨끗이 빛나게 할 수 없다면, 여전히 중요한 것이 아니다. 이 때문에 "더럽힘은 비유를 끊을 수 없다." 즉 오염되지 않는 것은 기타의 방법으로 비유할 수 없다고 하였다. "모든 사람이 이와 같이 알면"이라는 말은 참선인이 회양의 말처럼 "물들지 않는" 방식으로 큰 일을 깨치면 그 자리에서 바로 깨달음을 얻을 수 있다.

"동정호 하룻밤에 가을 바람이 일어나리"라는 구절은 분명하지 못하다. 한편으로는 지극한 도를 깨닫는 것은, 가을 바람이 문득 일어나 초목을 시들게 하는 것처럼 진체(眞諦)를 드러낸다고 해석할 수 있고, 한편으로는 오염되지 않을 수 있다면 본체 자성을 저절로 깨달아 알 수 있는 것이, 가을 바람이 동정호의 파도를 일으키는 것과 같다고 해석할 수 있다. 동정호는 "본성의 바다〔性海〕" 즉 자성을 상징한 것이다. 곰곰이 생각해 보면 후자의 해석이 비교적 나은 것 같다. 이와 같이 해석하면 '동정' 두 글자가 공허한 데에 떨어지지 않게 된다.

불국백(佛國白) 선사는 "한 물건이라 해도 맞지 않다"는 데에 대해 게송을 남겼다.

숭산 꼭대기에서 이렇게 왔지만
한 물건이라도 맞지 않아 일찍 먼지 되었네
남악으로 돌아가 벽돌을 갈았는데
망아지가 쏜살같이 돌아올 줄이야
  嵩頂來來恁麼來　不中一物早塵埃
  便歸南嶽磨磚片　照得馬子追風回
  (위와 같음)

"숭산 꼭대기에서 이렇게 왔지만"이란 구절에는 이중(二重)의 의미를 가지고 있다. 표면적으로는 회양이 숭산에서 내려와 이처럼 6조를 친견하였음을 말하지만, 실제로는 회양이 이미 깨닫고 왔음을 말한다. 숭산 꼭대기는 외딴 봉우리에 홀로 사는〔孤峰獨宿〕, 즉 이미 깨달아 성위(聖位)에 들어갔음을 나타내며, "이렇게 왔다〔恁麼來〕"는 것은 이와 같이 왔음을 말한다. "한 물건이라도 맞지 않아 일찍 먼지 되었다"라는 구절은 절대경지는 말로써 논할 수 없기에 부처는 "말할 수 없다" 하였고, 선가(禪家)에서는 "말이 끊어짐〔言語道斷〕"을 표방하였다. 지금 회양이 이를 말하였으니 이미 성스런 경지가 아니다. '풀밭에 떨어진' 이야기, 알음알이〔知解〕에 떨어져 일찌감치 먼지가 되었다는 말이다. 이 두 구절은 심오한 선리(禪理)를 담고 있다. 아래 두 구절은 회양이 남악 반야사에 이르러 벽돌을 갈아 거울을 만든 것과 같다는 말로써 마조를 깨우쳤던 일과 "한 물건이라 해도 맞지 않다"는 화두와는 아무런 관계가 없음을 밝혔다.

보령용(保寧勇) 선사의 게송은 전체 공안의 의미를 노래하여 밝히고 있다.

뿔난 머리 치켜들고 이렇게 찾아와
철위산 들이받아 모조리 열어젖혔다
염부제에서 무수한 사람 밟아 죽이고
깊은 구름에 코 박아서 당겨도 고개 돌리지 않는다
　　戴角擎頭輿麽來　鐵圍山嶽盡衝開
　　閻浮踏殺人無數　驀鼻深雲拽不回
(《頌古聯珠通集》卷9)

회양이 숭산에서 도를 깨친 후, 6조를 찾아아 참배한 것은 마치 '소'가 머리를 치켜들고 뿔을 앞세워 내달려온 것과 같다. 그 '소'란 '자성(自性)'을 상징한다. 이 소의 힘은 묘용이 무궁하고 신통력이 광대하여 철위산이라도 깨뜨릴 수 있다. 염부(閻浮)는 염부제(閻浮提)의 음역(音譯)으로, 섬부주(贍部洲)라고도 하니, 우리가 사는 곳을 가리킨다. 밟아 죽인다는 것은 반어법으로 마조의 교화를 가리키는 바, 마조는 중국에서 선교(禪敎)를 흥성케 하고 종파를 세워 수많은 사람을 제도하였다. 그러나 많은 사람들에게는 도리어 "쇠귀에 경 읽는 격"이어서, 이 공안으로 계시를 얻지 못하여 고개를 돌리려 들지 않는다. "깊은 구름에 코 박아 당겨도 고개 돌리지 않는다"는 것은 이 두 사람의 교화를 저버렸다는 말이다.

오경이 지새도록 잠 못 이루는 신회

돈황에서의 두루말이의 발견은 근대 학술계의 대사건이었다. 이들 '명사석실(鳴沙石室)' 속에서 1천여 년 동안이나 잠자고 있던 당나라 사본들 가운데는 많은 불교경전이 들어 있으며, 또 선종에 관한 책들도 적지 않다. 호적(胡適)선생은 두루말이 가운데 포함된 신회스님의 유저(遺著)에 근거하여, 신회의 사상을 크게 선양한 바 있다. 그는 신회의 공헌에 대해 아래와 같이 논하였다.

이처럼 중요한 인물(신회스님)에 대해서, 후대 선종사를 연구하는 사람들은 모두가 소홀히 하였다. 오히려 이름 없는 두 스님(行思와 懷讓)은 후배들의 세력에 의하여 선종의 정통이 되었다. 이는 역사상에 있어 가장 공정치 못한 일 가운데 하나이다(《胡適禪學案》 제3집 권4, 〈海外讀書記〉).

그러나 실제 선종의 전등사에서 신회의 공헌을 소홀히 다루진 않았다. 그는 남종과의 정통 문제로 혜능의 지위를 더욱 돋보이게 만들었다. 이에 관한 기록은 다음과 같다.

신회는 낙양 하택사에 숭능(崇能)의 진당(眞堂)을 세웠고, 병부시랑 송정(宋鼎)이 비를 세웠다. 신회는 종파〔宗脈 : 法脈〕의 차례를 정하여 여래로부터 서역의 조사 외에 중국 6조(祖)의 영정을 모두 그렸으며, 태위 방관(房琯)이〈육엽도(六葉圖)〉서문을 지었다.[12]

선종의 전등사에서는 그의 공헌을 아래와 같이 기록하였다.

이로 인하여 심인(心印)을 전수 받음으로부터 낙양〔洛陽 : 東都〕에 교화를 펴 그 종지를 정하였다. 남쪽 혜능(慧能)과 북쪽 신수(神秀)는 신회로부터 현양(顯揚)되어 조계의 한 줄기 가지가 비로소 향기를 피우게 되었다.[13]

조사가 입적한 뒤 20년 동안 조계의 종지는 형(荊), 오(吳) 지방에 침체되었고, 숭악(嵩嶽)의 점문(漸門)은 진(秦), 낙(洛)에 성행하여 곧 서울까지 들어가 천보(天寶) 4년(745)에 바야흐로 양종(兩宗)으로 확정되었다.[14]

위에서 인용한 최초의 선종사에서는 모두 그가 남종 선학을 선양한 공로를 인정하였으며, 송대에 남종이 흥성한 후 《송고승전》에서는 신회의 공헌을 아래와 같이 기록하고 있다.

---

12) 會於洛陽荷澤寺, 樹崇能之眞堂, 兵部侍郎宋鼎爲碑焉. 會序宗脈, 從如來下西域諸祖外, 震旦凡六祖, 盡圖繪其影, 太尉房琯作六葉圖序.(《頌高僧傳》卷8.〈慧能傳〉)
13) 因此自傳心印, 演化東都, 定其宗旨, 南能北秀, 自神會現揚, 曹溪一枝, 始芳宇宙.(《祖堂集》卷3)
14) 祖滅後二十年間, 曹谿宗旨, 沉廢於荊吳, 嵩嶽漸門, 盛行於秦洛, 乃入京, 天寶四年, 方定兩宗.(《景德傳燈錄》卷5)

잇달아 낙양에서 크게 선법(禪法)을 행하여 명성이 드높았다. 처음에는 양경(兩京 : 長安과 洛陽)에서 모두 신수를 으뜸으로 삼았는데, 마치 겁 없는 다랑어가 용의 연못에 함께 사는 것과 같았다. (신회는) 6조의 종풍을 깨닫고 나서 그 점수(漸修)의 방법을 말끔히 쓸어 버렸다. 남북 2종이 이 때 처음으로 나누어졌다. 보적(普寂)의 문정(門庭)에 이르러 자만했던 마음을 모두 버리게 되었다.…… 신회는 혜능조사의 종풍을 부연(敷衍)하고 현양(顯揚)하여 신수의 문정(門庭)을 쓸쓸하게 만들었다.[15]

신회의 지위에 관하여 이 같은 정론이 있기에, 근본적으로 호적의 논증을 필요로 하지 않는다. 돈황에서 출토된 기록들은 신회가 남종의 종풍을 펼치기 위한 노력의 상황을 보여 줬을 뿐이다.

신회는 6조의 제자로서 속성은 고(高)씨이며 양양(襄陽 : 현 湖北襄陽縣) 사람이다. 당나라 때, 서경(西京) 하택사(荷澤寺)에서 설법한 까닭에 그를 하택신회라 한다.《경덕전등록》(권5)에서는 그가 6조를 친견한 상황을 아래와 같이 기록하고 있다.

　　6조를 친견하자, 6조가 물었다.
　　"선지식은 멀리서 오느라 몹시 고생하였는데, 그대 본분을 가지고 왔는가? 만일 본분이 있다면 마땅이 주인을 알 것이다. 한 번 말해 보아라."
　　"머무름이 없음으로써 근본을 삼고, 보이는 것이 곧 주인입니다."
　　6조는 "이 중놈이 어디서 주워듣고 지껄이느냐" 하면서 바로 지팡이로 후려쳤다. 신회스님은 맞으면서도 다짐하였다.

---

15) 續於洛陽大行禪法, 聲彩發揮, 先是兩京之間, 皆宗神秀, 若不淪之魚鮪附沼龍也. 從見會明心六祖之風. 蕩其漸修之道矣. 南北二宗, 時始判焉. 致普寂之庭, 盈而後虛.……會之敷衍顯發能祖之宗風, 使秀之門寂寞矣.(卷8.〈神會傳〉)

"대선지식은 몇 겁을 지나도 만나기 어려운데 오늘에야 만났으니 어찌 목숨이 아까우랴!. 지금부터 곁에서 모시리라."
어느 날 6조가 대중에게 말하였다.
"나에게 한 물건이 있는데, 머리도 없고 꼬리도 없으며 이름도 없고 글자도 없으며 등도 없고 얼굴도 없다. 그대들은 알겠는가?"
신회스님이 곧 나아가 말하였다.
"모든 부처의 본원이고, 신회의 불성입니다."
6조가 말하였다.
"너에게 이름도 없고 글자도 없다고 말했는데, 너는 본원이니 불성이니 지껄여 대는구나."
신회스님이 절하고 물러 나왔다.[16]

신회는 6조에게 방망이로 맞았을 때, 깨달은 바가 없었다. 마땅히 받아야 할 채찍쯤으로 생각하여, 도를 향한 그의 정성을 표시했을 뿐이다. 후일 6조에게 말한 답변 역시 '말 많은 스님'이라는 느낌만을 주었을 뿐, 투철한 깨달음의 경지는 없었다. 신회의 선학은 현재 《신회어록(神會語錄)》, 즉 돈황본 두루말이에서 한 두 가지를 엿볼 수 있다. 그가 무념무상을 해석한 말은 대체로 6조의 사상에 부합되며, 돈오(頓悟)와 점수(漸修)의 차이점을 분별한 것은 남북 양종이 정통을 다툴 때 일대 공헌을 하였다. 신회는 돈점(頓漸)의 차이에 대해 아래와 같이 논하였다.

---

16) 謁六祖, 祖曰 知識遠來大艱辛, 將本來否? 若有本, 則合識主, 試說看? 師曰 以無住爲本, 見卽是主. 祖曰 這沙彌爭合取次語, 便以杖打. 師於杖下思惟曰 大善知識歷劫離逢, 今旣得遇, 豈惜身命, 自此給侍. 他日祖告衆曰 吾有一物, 無頭無尾, 無名無字, 無背無面, 諸人還識否? 師乃出曰 是諸佛之本源, 神會之佛性. 祖曰 向汝道無名無字, 汝便喚本源佛性. 師禮拜而退.

원법사가 물었다.

"이와 같은 교문(敎門)이 어찌 불법이 아니겠는가? 무엇 때문에 인정하지 않는가?"

신회가 답하였다.

"모두 돈오와 점수가 다르기 때문에 인정하지 않는다. 우리 6조대사는 하나하나 모든 말씀이 단칼에 바로 들어가고, 곧바로 깨우쳐 본성을 보고 단계적인 점수를 말하지 않았다."[17]

이로써 돈점(頓漸)의 차이는 6조의 전법과 관계가 있음을 알 수 있다. 바꾸어 말하면 6조는 모두 돈오를 주로 하고 점수를 주장하지 않았고, 신회는 이를 근거로 사승(師承)의 법통에 부합되지 않는다고 비난하였다. 신회는 또 아래와 같이 말하였다.

발심하는 데에는 돈과 점이 있고 혼미와 깨달음에는 빠르고 늦음이 있다. 혼미는 여러 겁을 거쳐야 하지만 깨달음은 눈 깜짝할 사이이다. 비유하면 한 타래 실의 수효는 한량없지만, 모두 하나로 합하여 새끼줄을 꼬아서 바탕 위에 얹어 두고 예리한 칼로 내리치면 일시에 모두 끊어진다. 실오라기의 수가 아무리 많아도 하나의 칼을 이겨내지 못한다. 보리심을 내는 사람도 이와 같다.[18]

이는 신회가 돈오를 주장한 이유이다. 돈오만이 하나를 깨치면 모

---

17) 遠法師問 如此敎門, 豈非是佛法? 何故不許? 和上(神會)答 皆爲頓漸不同, 所以不許. 我六代大師, 一一皆言, 單刀直入, 直了見性, 不言階漸.(《胡適禪學案》新校定 敦煌寫本의 神會和尙遺著 兩種)
18) 發心有頓漸, 迷悟有遲疾, 迷卽累劫, 悟卽須臾. 譬如一綟之絲, 其數無量, 若合爲繩, 置於木上, 利劍一斬, 一時俱斷, 絲數雖多, 不勝一劍. 發菩提心人, 亦復如是.(위와 같음)

든 것을 깨칠 수 있다. 이를 통하여 북종의 선법(禪法)을 강력히 배척〔좌선을 가르치고, 마음을 집중하여 선정(禪定)에 들어가고, 마음을 한 곳에 머무르게 하여 청정함을 보고, 마음을 일으켜 바깥을 관조하며, 마음을 추스려 안으로 증득하고자 형상에 집착하고, 뜻을 일으켜 점수(漸修)에 떨어짐으로써 견성할 수 없다〕하였다. 이것이 신회 선학의 요지이다. 그러나 애석하게도 신회 법계는 5대를 전수한 이후, 규봉종밀(圭峯宗密)이 화엄 5조(祖)가 됨으로써 법통이 끊어져 더 이상 공안을 밝히지 못하였다.

신회의 유작(遺作)으로는 돈황본 두루말이에 남아 있는 어록 외에도 〈오경전시게(五更轉詩偈)〉가 전해 오고 있다. 호적(胡適)의 고증에 의하면, 〈대승오경전(大乘五更轉)〉과 〈남종정사오경전(南宗定邪五更轉)〉은 모두 신회의 작품이라 한다. 하지만 가장 확실한 것은 하택(荷澤)스님의 〈오경전(五更轉)〉만이 믿을 만하며, 그 나머지 게송은 모두 유사한 작품들이다. 여기에서는 그 가운데 〈일경전(一更轉)〉을 예시해 보기로 한다.

1경 초라
열반성에서 진여를 보니
망상은 공이요 실재가 아니다
있지 않다, 없다 말하지 말라
더러움도 깨끗함도 아니요 공허함도 떠난 것
뜻을 짓지 않으면 여지가 없는데 들어간다
본성을 깨달으면 바로 해탈인데
힘들여 좌선할 필요가 없다

一更初　　　　涅槃城裏見眞如
妄想是空非有實　不言未有不言無
非垢淨　離空虛　莫作意　入無餘
了性卽知當解脫　何勞端坐作功夫
(위와 같음. 또 巴宙 編,《敦煌韻文集》권31 참고)

이 게송에서 말하고 있는 것을 몇 가지로 정리할 수 있다. 첫째는 좌선과 선정(禪定), 마음을 머물고 청정함을 보는 데 대해 반대하였다. 이 때문에 힘들여 좌선할 필요가 없다고 말한 것이다. 둘째는 무사무념(無思無念)의 입도(入道)를 주장하였다. 이 때문에 "뜻을 짓지 말라" 하였고, 또 "본성을 깨달으면 바로 해탈이다" 하였다. 셋째는 도체(道體)란 유(有)도 공(空)도 아니며, 청정도 더러움도 아니라고 밝히고 있다. 전체 게송은 그 뜻이 명백하고 해석이 직설적이어서 "신회가 혁명을 선언한 책"이라고 단정지은 호적의 말은 결코 잘못된 말이 아니다.

이밖에 또 하나의 문제가 있다. 종전의 중국문학사의 연구자들은 사(詞)가 개원(開元) 천보(天寶) 년간 이전에는 있지 않았다고 생각하여, 이태백의 〈억진아(憶秦娥)〉와 〈보살만(菩薩蠻)〉에 대해 이백의 이름을 가탁한 작품으로 의심해 왔다. 그러나 신회의 〈오경전〉은 같은 이름을 가진 사(詞)의 곡조가 매우 많다. 호적은 이를 민간의 속어(俗語)에 근거하여 가락을 이룬 것이라 생각하여, 사(詞)의 기원은 마땅히 개원 천보 년간으로 단정지어야 한다고 말하였다. 이는 믿을 만한 역사적 사실이다. 이런 의미에서 신회의 〈오경전〉의 발견은 실로 문학과 종교면에서 모두 중요한 가치를 가지고 있다.

영가현각의 증도가

주옥 같은 선가의 시 가운데 악부체(樂府體)에 속하는 〈증도가(證道歌)〉가 있다. 그 노래는 장장 1,800여 자로써 장편의 고시(古詩) 〈공작동남비(孔雀東南飛)〉(1,700자)에 비해서도 보다 길다. 중국문학사에서는 〈공작동남비〉를 중국 5언 서사시 가운데 유일한 장편으로 손꼽는다. 그렇다면 〈증도가〉는 7언 철리시(哲理詩) 가운데 유일한 장편이라 하겠다. 그러나 역대에 시를 논평한 사람들은 이를 언급하는 데 매우 인색하였고, 문학사를 다루는 근대의 평론가들 역시 이에 대해 인색하기는 마찬가지여서 불만스러운 점이 없지 않다. 왜냐하면 〈증도가〉는 깊은 선리(禪理)를 담고 있을 뿐 아니라, 문체 또한 아름다워서 〈공작동남비〉를 능가하기 때문이다.

이 장편의 작가는 영가현각(永嘉玄覺) 대사이다. 그는 절강 영가(浙江 永嘉:現 麗水縣)사람으로 어려서 출가하여 삼장(三藏)의 불경을 두루 읽었으며, 천태종의 지관법문(止觀法門)에 정통하였다. 그 후 좌계책(左溪策) 선사와 함께 조계사에 이르러 6조의 인가를 받아 일숙각(一宿覺)이라는 호를 가지게 되었다. 《경덕전등록》에는 그 과정을 아래와 같이 서술하고 있다.

(현각이) 처음 도착하였을 때, 주장자를 떨치며 물병을 들고서, 6조를 세 번 돌고 우뚝 멈춰 서자, 6조가 말하였다.

"출가승은 3천 위의(威儀)와 8만 세행(細行)을 갖춰야 하는데, 스님은 어디서 왔기에 그리도 아만을 부리는가?"

현각스님이 말하였다.

"나고 죽는 일이 큰데 덧없이 빠릅니다."

"어째서 나지 않음과 빠르지 않음을 깨닫지 못하는가?"

"체득함이 곧 나지 않음이요, 깨달음은 본래 빠르지 않습니다."

"옳지! 옳지!"

그 때 놀라지 않은 대중이 없었다. 스님이 비로소 위의를 갖추어 절을 올리고 곧바로 이별을 고하자, 6조가 말하였다.

"그리도 빨리 돌아가려 하는가?"

"본래 움직이지 않는데, 어찌 빠름이 있겠습니까?"

"움직이지 않은 줄 누가 아는가?"

"스님께서 스스로 분별심을 낸 것입니다."

"그대는 나지 않음의 뜻을 깊게 얻었도다."

"나지 않는데 어찌 뜻이 있겠습니까?"

"뜻이 없다면 누가 마땅히 분별하는가?"

"분별 또한 뜻이 아닙니다."

6조가 감탄해 마지않았다.

"훌륭하고 훌륭하다! 하루라도 묵고 가도록 하라."

당시에 그를 하룻밤 자고 깨쳤다 하여 '일숙각(一宿覺)'이라 하였다.[19]

---

19) 〈玄覺〉初到, 振錫携甁, 繞祖(六祖 慧能)三匝, 卓然而立, 祖曰 夫沙門者, 具三千威儀, 八萬細行, 大德自何方而來, 生大我慢? 師曰 生死事大, 無常迅速. 祖曰 何不體取無生了無速乎? 曰 體卽無生, 了本無速. 祖曰 如是如是. 於時大衆 無不愕然, 師方具威儀參禮, 須臾告辭. 祖曰 返太速乎? 師曰 本自非動, 豈有速耶? 祖曰 誰知非動? 曰 仁者自生分別. 祖曰 汝甚得無生之意. 曰 無生 豈有意耶? 祖曰 無意 誰當分別? 曰 分別亦非意. 祖嘆曰 善哉! 善哉! 少留一宿, 時謂一宿覺矣.

두 사람의 문답에는 매우 깊은 선리(禪理)를 갖추고 있다. 당시 6조는 이미 선종의 종주였다. 현각이 예를 갖추지 않은 데 대하여 꾸지람을 내리자, 현각은 이에 대해 "나고 죽는 일이 큰데 덧없이 빠릅니다"라고 답하였다. 그의 말은 도를 구하는 일이 크기에 그런 세속적인 자질구레한 예를 갖출 시간이 없다는 뜻이다. 현각은 이로써 6조를 시험해 보고자 한 것이다. 6조는 그의 말에 대하여 "어째서 나지 않음과 빠르지 않음을 깨닫지 못하는가"라고 하였다. 이는 도체(道體)는 곧 '무생(無生)'이기에 도를 체로 삼으면 태어남과 죽음이 없으며, 대도를 깨달으면 "빠름도 없다." 즉 "덧없이 신속한" 시간적 구속을 받지 않는다는 뜻이다. 현각은 또 이에 대해 "체득함이 곧 나지 않음이요, 깨달음은 본래 빠르지 않다"고 답하였는데, 앞서 6조가 보여 준 뜻에 완전히 부합하였다. 그러므로 6조는 "옳지! 옳지!"라고 하였다. 이것이 곧 현각스님을 인가하는 말이다.

현각이 그 때 '비로소 위의를 갖추어 절을 올린 것'은 6조의 종주지위를 인정한다는 뜻을 가지고 있다. 이 때문에 후일 선종사에서 현각을 6조의 법제자로 분류하여, "천태에서 달아나 달마의 양자가 되었다"고 하였다. 어떤 사람은 그런 말을 부당하다고 생각하였다. 그 당시 6조는 종주의 지위를 가지고 있어 인가할 수 있는 권한이 있었다. 이로써 선문의 참선객들이 깨달았는지 그렇지 못한지, 그 깨달음의 경지는 어떠한지, 잘 잘못은 어떠한지를 판정한 후에야 바야흐로 세상에 나가서 설법하는 것을 허락하였다. 현각의 경우 이미 깨달았다지만 확신이 없었으므로 6조에게 찾아가 인증을 구한 것이거나, 혹은 깨달음에 잘못이 없다고 자신하면서도 인가를 얻지 못했던 까닭에 6조를 찾아가 인가를 구했을 것이다. 더군다나 현각은 6

조에게 오기 전 이미 좌계낭(左溪朗) 선사의 격려를 받았으며, 또 동양책(東陽策) 선사와 동행하였다. 이로 미루어 보면 그는 선종과의 관계가 이미 적지 않았음을 알 수 있다. 따라서 그를 선종의 법계에 넣은 것은 잘못이 아니다.

현각스님의 시가(詩歌)는 〈증도가〉 이외에 또 《영가집(永嘉集)》이 세상에 전해 오고 있다. 《영가집》은 《경덕전등록》에 의하면 경주자사(慶州刺史) 위정(魏靖)이 편집한 것이라 하고, 《조당집(祖堂集)》에서는 그의 누님이 편집한 것이라 한다. 예로부터 현각의 〈증도가〉에 대하여는 아무도 의심하지 않았다. 그러나 돈황에서 출토된 태평흥국(太平興國) 5년(980)의 두루말이에 〈증도가〉는 〈선문요결(禪門要訣)〉로 쓰여 있고, "초각대사 일숙각 지음〔招覺大師 一宿覺 作〕"이라고 쓰여 있다. 이처럼 책의 이름이 다르고 작자의 이름도 한 글자가 틀리기 때문에, 호적은 이에 대해 초각(招覺)은 현각(玄覺)이 아니라고 의심한 나머지 〈증도가〉는 현각의 작품이 아니라 하였고, 아울러 이 노래를 지은 사람은 대략 만당(晚唐) 내지 오대(五代)에 살았던 인물로 추정하였다. 따라서 《경덕전등록》의 기록은 믿을 수 없다고 인식하였다.

하지만 호적은 '일숙각'이라는 이름을 소홀히 여겼으며, 현각 또한 진각(眞覺)이라는 이름도 가지고 있다. 그리고 금세기에 《조당집》이 한국에서 발견된 이후, 얼마 후 처음 일본에서 간행되었고, 대만 건국 62년을 전후하여 대만에서 간행된 《조당집》은 태평흥국보다 약 30년이 빠른 남당(南唐) 보대(保大) 10년에 완성된 책이다. 현각에 관련된 《조당집》 기록은 《경덕전등록》과 일치하고 있어, 《경덕전등록》의 기록이 틀리지 않았음을 충분히 증명하고 있다. 또 현각은 진각대사라는 시호를 받았다. 시호는 황제가 내린 것이기에 거짓말을 하거나 위조할 수 없다. 두 책에 기록된 문장이 모두 같으므로 〈증도가〉의 저자는 현각이 분명함을 알 수 있다.

〈증도가〉는 매우 폭넓은 내용을 포괄하고 있다. 불교의 진리와 선(禪)에 대한 견해가 있고, 도를 구하는 요지와 선종의 전등사의 의미를 담고 있다. 〈증도가〉라는 이름은 후세 사람들에 의해 붙여진 것이다. 이는 돈황에 이르러 〈선문요결(禪門要訣)〉이라는 제목이 붙여진 것과 마찬가지이다. 전체 시의 내용은 현각 자신의 깨달음을 통하여 수도자들에게 가르침을 제시한 것이다.

첫 단락은 아래와 같다.

그대는 보지 못하였는가
학문 끊고 하릴없는 한가한 도인을
망상을 없애지도, 참을 구하지도 않는다
무명과 실성(實性)이 곧 불성이요
허깨비 같은 그 몸이 곧 법신이다
    君不見　　　　絶學無爲閑道人
    不除妄想不求眞　無明實性卽佛性
    幻化空身卽法身

법신이란 한 물건도 없다는 걸 깨달으면
본원 자성이 천진한 부처이다
5음은 떠도는 구름처럼 부질없이 오가고
3독은 물거품처럼 공허하게 출몰한다

실상을 증득하면 사람도 법도 없고
찰나에 아비지옥에 떨어질 업도 소멸된다
만일 망령된 말로 중생을 속이면
영겁의 발설지옥 자초하리라

  法身覺了無一物　本源自性天眞佛
  五陰浮雲空去來　三毒水泡虛出沒
  證實相 無人法　刹那滅却阿鼻業
  若將妄語誑衆生　自招拔舌塵沙劫

(《景德傳燈錄》卷30)

"학문 끊고 하릴없는 한가한 도인"이란 구절은 이미 선종의 정신을 밝힌 것이다. 교학(敎學), 즉 불교의 기타 종파들은 모두 수지(修持), 좌선, 독경, 구법에 치우쳐 있다. 그러나 선종의 기본정신은 형식적인 수도에 반하는 경향을 가지고 있다. 그러므로 경전 또는 목불을 불태우거나 "부처를 죽인다"는 등의 고사가 있다. 이 때문에 무심으로 도와 하나가 되고, 알음알이(知)에 의존하지 않는다. 학문을 끊는다는 것은 세간의 속학(俗學)을 끊음을 말하며, 무위(無爲)란 유위(有爲)의 수행법으로 도를 닦지 않는 것이다. 이처럼 한가롭고 자유로운 '도인'은 본성을 더럽히지 않고 저절로 무심으로 도와 하나가 될 수 있다. 망상은 속인들의 허망한 생각을 말하며, 천진(天眞)은 진실한 불성을 말하는데, 망령된 것을 버리고 참됨을 구하는 것은 원래 교학에서 이상으로 생각하는 수행이다.

 그러나 선종에서는, 성인과 범인(聖凡)의 분별심이 있으면 도를 체득할 수 없으므로 차별하는 마음이 없어야만이 도를 체득할 수 있다고 생각하였다. 하나의 분별심도 없는 관념으로서의 불성은 '무위〔無明〕', '실성(實性)'과 함께 있다고 생각하였으며, 부모의 인연으로 사대(四大 : 地水火風)가 화합하여 만들어진 허깨비 몸〔幻身〕을 곧 상주불멸(常住不滅)의 금강법신으로 본 까닭에 "무명과 실성이 곧 불성이며, 허깨비 빈 몸이 곧 법신이라" 한 것이다.

"법신이란 한 물건도 없음을 깨달으면"이라는 구절은 일반적으로 '도'란 실재한 것으로 착각한 나머지 부처님, 또는 큰스님에게 도를 구하려는, 즉 타력(他力)에 의존하려는 견해를 가지고 있다. 하지만 '도'는 억지로 붙여진 이름이다. 본원으로 돌아가면 색계와 공계가 모두 자성천진불(自性天眞佛)로서, 사람마다 모두 구족(具足)한 줄을 모르고 있다. 그러므로 "법신이란 한 물건도 없음을 깨달으면 / 본원자성이 천진한 부처이다"라고 하였다. 깨달은 자에게는 색(色), 수(受), 상(想), 행(行), 식(識)의 5음(陰)이 뜬구름과 같기에 도의 장애가 될 수 없으며, 탐(貪), 진(嗔), 치(痴) 삼독(三毒) 또한 물거품과 같아서 본래의 진성(眞性)에 방해되지 않는다. 깨달음을 얻어 본성과 실상(實相)을 증득한 후에는 사람과 법이라는 차별의 견해가 없으며, 찰나의 사이에 아비지옥의 무거운 업을 없앨 수 있다. 현각은 자신의 진실된 깨달음을 나타내어 "만일 망령된 말로 중생을 속이면 / 영겁의 발설지옥 자초하리라"고 맹세하고 있다. 곧 나의 말이 진실하지 않으면 이리(泥犁)지옥에 들어가 혓바닥을 뽑히고 밭갈이하는 괴로움을 받을 뿐 아니라, 영겁에 벗어나지 못하리라는 말이다. 이 단락은 〈증도가〉 전편의 강령에 해당되며, "학문 끊고 하릴없는 한가한 도인"의 경지를 밝힌 것이다.

깊은 산 들어가 난야(사원)에 머무르니
깊은 산 낙락장송 아래여라
고요히 앉은 들녘 스님
한가로이 안거하니 해맑기 그지없다
  入深山 住蘭若　岑崟幽邃長松下
  優遊靜坐野僧家　閒寂安居實蕭洒

깨달으면 끝난 터 다시 공부 필요 없어
일체 유위법과 다르누나
상(相)에 집착한 보시로 생천(生天) 복 구하려는 건
허공을 향하여 화살 쏘는 격이어라
  覺則了 不施功　一切有爲法不同
  住相布施生天福　猶如仰箭射虛空

힘 다하면 화살 다시 떨어지니
내생이 마음대로 되지 않으리
무위실상의 문에서
단번에 여래지에 들어가는 것만 같으랴
  勢力盡 箭還墮　招得來生不如意
  爭似無爲實相門　一超直入如來地

가사 중에서 말한 '야승가(野僧家)'는 첫 단락의 '한가한 도인'과 똑같은 의미를 갖고 있다. '야승가'란 표현을 통해 송경(誦經), 지계(持戒), 봉불(奉佛)의 교학 승려와 차이를 나타낸 것이다. 그것은 모두 유위법(有爲法)이기 때문이다. 수행과 깨달음이 없을 때는 마치 하늘을 향하여 화살을 쏘는 것처럼 힘이 다하면 화살은 다시 땅바닥으로 곤두박질치게 될 것이다. 이 때문에 "무위실상의 문에서 / 단번에 여래지에 들어가는" 곧 선종으로 마음을 돌려야 한다고 주장하였다. 즉 점수(漸修)를 배제하고 돈오를 주장하였다. 다시 말하면 현각은 돈오란 "빼어난 스님이 하나를 통하면 모든 것을 통하는 경지"에 이르는 것이라고 생각하였다. 이로 보면, 현각은 단순히 "천태종에서 벗어난 것"만이 아니라 철저하게 선종에 귀의하였으며, 그의 사상은 교학과는 거리가 먼 선종에 부합되는 것이었음을 알 수 있다.

영가는 또한 "망상을 없애지도, 참을 구하지도 않는다"는 말의 깊은 뜻을 설명하였다.

> 진성(眞性)을 구할 것도, 망상을 버릴 것도 없다
> 두 법이 공(空)하여 상(相)이 없음을 깨달으라
> 상(相)도 없고 공(空)도 없고 공(空)하지 않음도 없는 것이
> 바로 여래의 진실한 모습이다
>   不求眞 不斷妄　了知二法空無相
>   無相無空無不空　卽是如來眞實相

> 마음의 거울 밝아 비춤에 장애 없으니
> 툭 트여 모든 세계 훤히 비춰라
> 삼라만상 그림자 가운데
> 한 알의 둥근 구슬 안팎이 없어라
>   心鏡明 鑑無碍　廓然瑩徹周沙界

萬象森羅影現中　一顆圓珠非內外

확 트이게 비어 인과 뽑아 버리니
끝없이 재앙을 초래한다
유(有)를 버리고 공(空)에 집착한 병 모두 같으니
물을 피하려다가 불에 뛰어드는 격이어라
　　豁達空 撥因果　莽莽蕩蕩招殃禍
　　棄有著空病亦然　還如避溺而投火

망령된 마음 버리고 참된 도리 취하니
취하고 버리는 마음 거짓을 이루누나
학인이 수행을 깨닫지 못하면
참으로 도적을 자식으로 여기는 꼴
　　捨妄心 取眞理　取捨之心成巧僞
　　學人不了用修行　眞成認賊將爲子

진성(眞性)과 망상이란 대칭되는 명사이다. 진·망 두 법은 본래 형상이 없다. 망상을 버리고 진성을 구하는 것은 이른바 번뇌를 끊고 보리를 구하여 유위열반(有爲涅槃)을 깨닫는다는 것이기에 여전히 구경(究竟)의 경지가 아니다. 더군다나 망상을 버리고 진성을 구한다는 것은 반드시 이것이 참이고 저것은 거짓이라는 분별심을 일으켜야 한다. 이것이 곧 '취하고 버리는 마음이 거짓을 이루어' 도를 깨칠 날이 없을 것이다. 결국 학인에게는 깨달음이 중요한 것인데, 깨닫지 못하고서 오로지 수행해야 한다는 결론에 이른다면 이는 도적을 자식으로 오인하는 위험을 가지게 된다. 이로 볼 때 현각이 불교 경전을 깊이 연구하여 일찍이 천태종에 귀의하였던 까닭에, 〈증도가〉에 이러한 영향들이 남아 있는 것은 너무나도 당연한 귀결이다.

> 법 우레 진동하고 법고(法鼓)를 두드리며
> 자비 구름 펼쳐 감로수를 뿌려 주다
> 큰스님 발걸음에 끝없이 적셔 주니
> 삼승(三乘) 오성(五性)이 모두 깨닫네
> 설산 우유는 더욱 섞이지 않아
> 순수한 제호 내어 항상 받아들인다
> 하나의 법성은 일체 법성을 원만히 통하고
> 하나의 법은 일체 법을 두루 포괄하고
> 하나의 달은 일체 강물에 두루 비추고
> 일체 강물의 달은 하나의 달에 귀결된다
> 　　震法雷 擊法鼓　布慈雲兮洒甘露
> 　　龍象蹴踏潤無邊　三乘五性皆惺悟
> 　　雪山肥膩更無雜　純出醍醐我常納
> 　　一性圓通一切性　一法徧含一切法
> 　　一月普現一切水　一切水月一月攝

설산은 부처님이 도를 구한 곳이다. "법 우레 진동하고" 구절부터 "삼승 오성이 모두 깨닫네" 구절까지는 불교의 전파를 말하고 있으며, "하나의 법성은"부터 "하나의 달에 귀결된다"는 구절까지는 화엄

경의 심오한 뜻이자, 천태종의 사리겸비(事理兼備)이다. 이는 현각이 교학을 융합하여 선종을 포괄한 것으로 여기에 나타난 사상체계로 말하면 그의 출신과 부합된 것이다.

현각은 〈증도가〉에서 적지 않은 시구를 통하여 자신이 선종에 귀의한 것을 표명함과 아울러 선종의 전등사를 서술하였다.

강과 바다 건너 산과 내를 지나
스승과 도인 찾은 건 참선을 위해서다
조계의 길 깨달은 후론
삶과 죽음이 상관 없음을 알았노라
  游江海 涉山川 尋師訪道爲參禪
  自從認得曹溪路 了知生死不相關

길을 가면서도 선이요 앉아서도 선이라
어묵동정(語默動靜) 어디에도 편안하여라
날카로운 칼날 마주쳐도 마음 편안하고
독약을 마실지라도 여유롭기만 하다
  行亦禪 坐亦禪 語默動靜體安然
  縱遇鋒刀常坦坦 假饒毒藥也閑閑

현각이 6조를 찾아가 친견했을 때의 깨달음을 말하고 있다. "날카로운 칼날 마주쳐도 마음 편안하고 / 독약을 마실지라도 여유롭기만 하다"는 것은 도에 대한 확고한 믿음을 말한 것이다. 도를 깨달은 후에는 동정에 막힘이 없고, 세상에 나아가 모든 일에 혼미하거나 잘못이 없다는 자신감을 표현하고 있다. 그 결과로 비로소 "길을 가면서도 선이요 앉아서도 선이라 / 어묵동정 어디에도 편안하다"고 말할 수 있다.

현각은 선종의 역사를 다음과 같이 서술하고 있다.

법 깃발 내걸어 종지 세우니
밝고 밝은 부처님 도리 밝힌 조계여라
맨 처음 가섭존자 법등(法燈)을 전하사
서천의 28조 법을 이었어라
    建法幢 立宗旨　明明佛勅曹溪是
    第一迦葉首傳燈　二十八代西天記

바다 건너 이 땅에 오시사
보리달마 동토의 초조가 되었어라
6조까지 의발 전해 천하에 널리 퍼지니
후대에 도 얻는 자 헤아릴 수 없다
    歷江海 入此土　菩提達磨爲初祖
    六代傳衣天下聞　後人得道何窮數

이는 선종의 전등사를 읊은 것이다. 호적은 의발전수설이란 신회 화상이 위조한 것이며, 선종이 28대를 거쳐 비로소 중국에 전해졌다는 것은 만당 이후의 '정설'이라고 인식하였다. 따라서 〈증도가〉는 현각의 저작이 아닌, 위작이라 의심하였다. 인순법사의 《중국선종사》의 고증에 의하면, 선종의 모든 문헌에서 의발을 전수했다는 데에 대한 반박은 하나도 없다. 또《조당집》에 근거하여 보면, 현각은 적어도 만당 이후의 스님이 아니며 그에 관한 기록은 결코 착오가 없다. 그러나 전등사를 노래한 이 단락은 혹시 후인에 의해 윤색되었을 수도 있고, 전래되어 오는〈증도가〉의 판본이 한 가지가 아니기에 글자 수의 많고 작음의 차이가 있어 그러한 의문을 품을 수도 있다. 하지만 보다 더 충분한 근거가 없다면〈증도가〉의 내용을 의심해서는 안 된다. 그것은〈증도가〉는 태평홍국 이전에 이미 서쪽 변방의 돈황에까지 전해져, 일찍이 대중들이 익히 알고 있었음을 확인할 수 있기 때문이다. 아울러 현각의 저작이라는 것은 당나라 사람들의 기록에 전혀 이설(異說)이 없는데, 어떻게 아무런 직접적 근거도 없이 전설(前說)을 뒤집을 수 있겠는가?

해가 차갑고 달이 뜨거워도
여러 마귀들이 참된 말을 파괴할 수 없어라
코끼리 가는 길 험준한 산 막지 못하는데
사마귀가 수레바퀴를 막을 수야

　　日可冷 月可熱　　衆魔不能壞眞說
　　象駕崢嶸謾進途　誰見螳螂能拒轍

고끼리는 토끼 다니는 길 가지 않고
큰 깨달음은 작은 규범에 얽매이지 않는다
좁은 대통으로 푸른 하늘 비방하지 말라
깨닫지 못했거든 내 이제 그대 위해 해결해 주리라

　　大象不遊於兔徑　大悟不拘於小節

莫將管見謗蒼蒼　未了吾今爲君決

　영가가 도를 도타이 믿으니 "해가 차갑고 달이 뜨거워도 / 여러 마귀들이 참된 말을 파괴할 수 없을" 정도에 이르러 "코끼리는 토끼 다니는 길 가지 않고 / 큰 깨달음은 작은 규범에 얽매이지 않음"을 알 수 있다. 더욱이 선종에서는 근기를 중시하고 천재를 높이는 전통이 있다. 〈증도가〉는 분명히 선종의 시가 가운데 진귀한 보물로서, 선의 진리와 그 경지를 가장 잘 드러내 보이고 있다. 그러나 안타깝게도 지면상의 한계로 구절마다 자세한 설명을 덧붙일 수 없다.

　그러나 다행히 주석본이 전래되어 오고 있어 그 책을 보면 전모를 엿볼 수 있을 것이다. "모래알처럼 수많은 세계는 바다의 물거품과 같고, 모든 성현은 번개불처럼 스쳐 간다〔大千沙界海中漚　一切聖賢如電拂〕"고 하지만 영가대사의 〈증도가〉는 결코 갑자기 나타났다 사라져 가는 물거품이 아니라, 도를 담고 있는 불후의 명작이라 하겠다 (68. 5. 25~26.《신생보(新生報)》부간(副刊)).

석두희천과 참동계

 선종의 시 가운데 도를 담고 있는, 유명한 5언 고체시가 있다. 그것이 바로 석두희천(石頭希遷)의 〈참동계(參同契)〉이다. '참(參)'이란 "각기 다른 것(參差不齊)"이란 뜻이며 '동(同)'은 '똑같다'는 말로 "각기 다른" 현상계와 '똑같은' 본체계가 다 같이 오묘한 도에 계합됨을 말한다. 이렇듯 제목에서 이미 "사법계(事法界)와 이법계(理法界)가 하나이다"라는 불교의 진리를 보여 주었고, 또한 각기 다른 것을 똑같이 생각하는 장자(莊子)의 제물사상(齊物思想)과도 맥락이 통하고 있어, 선종이란 중국 문화의 산물임을 더욱 증명해 주고 있다.
 석두희천은 본래 6조혜능의 제자였는데, 6조가 입적하기 전에 그에게 여릉(廬陵)의 청원행사(靑原行思)를 친견하도록 명하였고, 그 명에 따라 행사에게서 법을 얻었다. 당천보(唐天寶) 초 남악형산의 남악사(南岳寺) 주지에 천거되었다. 남악사의 동쪽에 누대처럼 생긴 큰 바위가 있어, 그 위에 토굴을 마련하여 주석하였다. 이를 계기로 당시 사람들이 그를 석두스님이라 하였다.
 어떤 학인이 석두에게 물었다.
 "무엇이 선(禪)입니까?"
 "벽돌이다."

"무엇이 도(道)입니까?"
"나무이다."
이는 모래와 자갈에 도가 있다고 말한 장자(莊子)의 정신세계와 매우 일치되고 있다. 〈참동계〉의 첫 단락에서 아래와 같이 말하였다.

축토의 대선인의 마음을
동서에 은밀히 부촉하였네
사람의 근기에는 우열이 있지만
도에는 남북의 구분이 없어라
  竺土大仙心　東西密相付
  人根有利鈍　道無南北祖

축토는 천축을 가리킨 것으로 옛 인도의 이름이다. 〈참동계〉에서 노래한 것은 서방 천축의 대선인(大仙人) 즉 부처님의 심법을 말하며, 이심전심(以心傳心)의 오묘한 심법이란 서축의 부처에 있어서나 동토 즉 중국의 선종 조사들을 막론하고 모두 비밀리에 법을 전하고 법을 받아왔음을 밝히고 있다. 법을 전할 때 사람의 근기에는 '영리함' 즉 지혜로운 자와 '노둔함', 즉 어리석은 자의 차이가 있으므로 북종 점수(漸修)와 남종 돈오(頓悟)의 차별이 있다. 그러나 도를 구하여 깨달음으로 말하면 남종과 북종의 분별이 없다.
다음 단락은 아래와 같다.

신령한 본원 밝고 조촐하여
갈래들이 보이지 않게 흘러내린다

일에 집착함은 원래 혼미함이요
이치에 계합함 또한 깨달음이 아니다
문마다의 일체 경계는
얽혀 있으면서도 얽혀 있지 않다
얽혀 다시 서로 관련되니
그렇지 않으면 그 자리에 머무르리라

  靈源明皎潔 　枝派暗流注
  執事元是迷 　契理亦非悟
  門門一切境 　廻互不廻互
  廻而更相涉 　不爾依位住

'본체' 즉 신령스런 근원은 해맑고 깨끗한 것이지만 결코 독자적으로 존재할 수 없다. 나무의 가지, 하천의 지류와 마찬가지로 모든 사물 가운데 각각 흐르고 있어 사물(事物)과 이치〔眞空〕를 '겸비'하고 있다. 이 때문에 사물만을 가지고서 법을 구하거나 도를 구하려는 것은 원래 혼미한 일이다. 그러나 설령 사리에 계합된다 할지라도 도를 깨닫고 법을 얻을 수는 없다. 왜냐하면 "도는 지혜로는 알 수 없기" 때문이다. 바꿔 말하면 추리, 지혜 따위의 인식활동을 통해서 깨달음을 얻을 수는 없다. "문마다의 일체 경계" 즉 현상계에 나타난 각양각색의 사물의 모습은 모두 지극한 도와 '얽혀 있다〔廻互〕' 즉 일체의 유정무정은 지극한 도와 서로 연관되어 있으며, 지극한 도 또한 유정무정의 사물 가운데 보이지 않게 간직되어 있다.

하지만 사물에 집착해서는 도를 구할 수 없다. 도 또한 사물과 얽혀 있지 않는 면은 가지고 있기에 사물은 결코 지극한 도와 같을 수 없다. 얽혀 있는 면을 가지고 말하면 본체계와 현상계는 서로 관련되어 있으나, 얽혀 있지 않은 면으로 말하면 색(色)은 색계(色界)요, 공(空)은 공계(空界)로서 본체와 현상은 원래 일체라 할 수 없다. 이에 이르러 지극한 도의 신비성, 그리고 본체와 현상의 관계를 충분히 밝혀주었다 할 만하다.

셋째 단락은 아래와 같다.

> 색은 본래 질(質)과 상(象)이 다르고
> 소리는 원래 듣기에 좋고 나쁨의 차이가 있다
> 암암리 상중의 말에 부합되면
> 청탁 구절이 분명하고
> 사대 본성을 스스로 회복함은
> 자식이 어머니를 찾은 것과 같다
> 불은 뜨겁고 바람은 움직이고
> 물은 습하고 땅은 견고하다
> 눈으로 색을, 귀로 소리 들으며
> 코로 향기를, 혀로 맛을 안다
> 그러나 하나하나 법에 따라
> 뿌리에 의해 잎이 나누어진다
> 본말은 근본으로 돌아가니
> 존비가 모두 그 말만을 쓰누나
> 　　色本殊質象　聲元異樂苦
> 　　暗合上中言　明明淸濁句
> 　　四大性自復　如子得其母

火熱風動搖　水濕地堅固
眼色耳音聲　鼻香舌鹹醋
然依一一法　依根葉分布
本末須歸宗　尊卑用其語

　색계로 말하면 본디 본체인 지극한 도에 성질과 현상의 차이가 있다. 마치 소리에 듣기 좋고 나쁨의 차이가 있는 것과 같다. 그러나 색계의 본체 또한 '지도(至道 : 지극한 도)'와 '중도(中道)'에 부합되어야 시가의 청탁 구절처럼 명명백백하다. 지수화풍(地水火風) '사대(四大)'는 당연히 색계, 즉 현상계의 사물이다. 그러나 이 '사대'에 의하여 본체계(本體界)의 '자성(自性)'을 회복할 수 있다. 이는 마치 자식을 통하여 그 어머니를 찾는 것과 같다. 불의 성질은 뜨겁고 바람의 성질은 만물을 뒤흔들며 물의 성질은 습하고 땅의 성질은 견고하다. 그리고 사람의 눈은 색을, 귀는 소리를, 코는 냄새를, 혀는 음식 맛을 분별할 수 있다.
　그러나 이 모든 것은 법성에 의해서만이 비로소 가능한 것이다. 색계에 있어서 일체는 본체계, 즉 지극한 도에 의해 발생된 것이다. 마치 나뭇잎이 뿌리와 줄기에 의하여 수없이 피어나는 것과 같다. 뿌리든 지엽이든 모두가 본체계에 의해 총괄된다. "존비가 모두 그 말만을 쓴다"는 것은 지극한 도든 저차원의 현상계를 막론하고 모두 이 말로써 총관하여 설명할 수 있다는 말이다.
　넷째 단락은 아래와 같다.

밝음 가운데 어둠 있으니
어둠으로 서로 만나지 말고

어둠 가운데 밝음 있으니
밝음으로 서로 보지 말라
명암이 각각 서로 마주함은
비유하면 앞 뒤 발걸음과 같다
만물에는 제각기 공용(功用)이 있으니
공용(功用)이 미치는 곳을 말해야 한다
사물의 존재는 상자와 뚜껑처럼 일치되고
이치의 응함은 화살과 칼을 버티는 것과 같다
말을 들을 땐 반드시 종지를 알아야지
스스로 규구(規矩)를 세우지 말라
앞에 보고서도 갈 길을 모른다면
걸으려 해도 어떻게 길을 알 수 있으랴
나아가는 발걸음 가깝고 멂이 없는데
혼미하면 큰 산하가 앞길을 막으리라

  當明中有暗 勿以暗相遇
  當暗中有明 勿以明相覩
  明暗各相對 比如前後步
  萬物自有功 當言用及處
  事存函蓋合 理應箭鋒拄
  承言須會宗 勿自立規矩
  觸目不會道 運足焉知路
  進步非近遠 迷隔山河固

이 단락에서는 '밝음' 즉 현상계와 '어둠' 즉 본체계가 서로 어우러져 한데 있는 도리를 극명하게 말하고 있다. 현상계 가운데 본체의 지극한 도가 있지만 '밝음' 속에서 '어둠'을 구해선 안 된다. 그리고 본체는 명백한 현상계 속에 있으나 또한 '밝음'을 가지고 이 '어둠'을 보아서도 안 된다. '밝음'과 '어둠'은 서로 어우러져 떠날 수 없는 관계이다. 길을 걸을 때 앞뒤의 발걸음과 같다. 일체만물에는 제각기 작용이 있으니, 마땅히 서로 다른 작용과 그것만의 자리를 밝혀야 한다. 사물의 존재와 사물의 도리는 흡사 상자의 아래통과 위의 덮개가 꼭 맞는 것과 같아서, 사물이 있으면 반드시 그에 따른 이치가 있다.

따라서 이치와 사물은 화살과 칼끝을 서로 버티고 있는 것과 같다. 말을 받아들일 때는 곧 선종의 종지(宗旨)를 알아야지, 자기 멋대로 '규구(規矩)', 즉 법칙을 세워서는 안 된다. 만일 깨달음을 얻지 못하고 단순히 마음으로 생각하고 의식으로 헤아리면, 바로 눈 앞에 두고서도 '지극한 이치'를 깨달을 수 없다. 마치 발을 들어 길을 갈 수 없는 것과 같다. 바꿔 말하면 '지극한 도'는 아주 현묘하거나 고차원적인 것이 아니다. 갈 길을 알고서 길을 가는 사람은 갈 길이 멀든지 가깝든지 문제가 되지 않는다. 도를 깨달은 사람은 하나를 깨치면 모든 것을 깨닫지만, 혼미하여 깨닫지 못한 자는 지극한 도와 괴리되어 마치 겹겹으로 둘러친 '산하'에 갇혀 있는 것과 같다.

마지막으로 석두는 전체 시를 "참선하는 자에게 삼가 말하노니 / 세월을 헛되이 보내지 말라〔謹道參玄人 光陰莫虛度〕"는 말로써 끝맺고 있다. 구도의 참선인은 헛되이 세월을 보내지 말고 촌음(寸陰)을 아껴 정진해야 한다고 훈계하고 있다. 이 〈참동계〉는 고차원의 경지를 담고 있어 후일 조동종의 근간이 되었다는 점에서, 이를 중시하여 깊은 연구를 해야 할 것이다.(67. 12. 7. 《신생보(新生報)》 부간(副刊)).

마조대사와 벽돌 갈아 거울 만든 화두

선종이 빠르게 전파된 것은 6조혜능 이후 마조도일(馬祖道一)에 의한 것으로 생각된다. 그는 사천(四川) 십기현(什祁縣) 사람이며, 용모가 매우 남달랐다고 한다. 긴 혀는 코끝 너머까지 닿았으며 발바닥에는 수레바퀴 모양의 문양(紋樣)이 두 개 있었고 소의 걸음걸이와 호랑이 눈을 가졌으며 기개가 비범하였다. 어린 나이에 삭발 출가하여 그 후 율종(律宗)의 스님에게 계를 받았으나, 당 현종 개원 년간에 남악형산(南岳衡山)의 전법원(傳法院)에서 선종에 귀의, 참선을 하여 남악회양(南岳懷讓) 선사에게 인가를 받았다. 남악회양과 마조도일이 사제(師弟)로서 의기투합한 고사는 아래와 같다.

회양선사는 마조도일이 큰 법기(法器)임을 알고서 그의 곁으로 다가가 물었다.
"스님이 좌선하는 것은 무엇을 하려는 것인가?"
"부처가 되려 합니다."
회양은 그의 말을 듣고서 벽돌을 하나 주워 암자 앞의 바위 위에 앉아 벽돌을 갈았다. 도일이 회양에게 물었다.
"벽돌은 왜 갑니까?"
"거울을 만들려고 한다."

"벽돌을 갈아서 어떻게 거울을 만들 수 있습니까?"
"벽돌을 갈아서 거울을 만들 수 없다면, 좌선한다고 해서 어떻게 부처가 되겠는가?"
"그렇다면 어떻게 해야 됩니까?"
"만일 소가 수레를 끄는데 수레가 움직이지 않는다면 수레를 쳐야 옳은가? 소를 쳐야 옳은가?"
도일은 아무런 대답이 없었다.[20]

회양은 좌선을 통해서 부처가 될 수 없다고 생각하였다. 이 때문에 벽돌을 갈아 거울을 만들 수 없다는 비유를 통하여 마조도일을 깨달음으로 인도하였다. 이 또한 선종에서 흔히 써왔던 가르침으로, 즉 언어(言語)의 형상화(形象化)이다. 세속적인 견해에 따르면, 만일 소를 묶어 수레를 끌 때 수레가 가지 않으면 소에게 채찍을 가해야 하는가, 아니면 수레를 쳐야 하는가에 대한 해답은 당연히 소를 쳐야 한다고 말해야 할 것이다. 마조도일이 이처럼 평범한 도리를 몰랐을 리 없다. 그러나 마조는 아무런 대답이 없었다. 왜냐하면 소에게 채찍을 가한다는 것도 정확한 대답이 아니었기 때문이었을 것이다. 소를 치면 곧 수레가 움직이겠지만, 소를 치지 않을 땐 수레는 여전히 꼼짝하지 않을 것이다. 설령 좌선을 통해 도를 닦을 순 있지만, 좌선을 하지 않을 땐 어떻게 되는 것일까? 이 때문에 훗날 선사들은 수레를 치는 것도 옳지 않고 소를 치는 것도 옳지 않다고 생각

---

20) 師(懷讓)知(馬祖)道一是法器, 往問曰 大德坐禪, 圖什麽? 一曰 圖作佛, 師乃取一磚於彼庵前石上磨. 一曰 磨磚作麽? 師曰 磨作鏡! 一曰 磨磚豈得成鏡耶? 師曰 磨磚旣不成鏡, 坐禪豈得成佛耶? 一曰 如何卽是? 師曰 如牛駕車, 車不行, 打車卽是! 打牛卽是? 一無對.(《景德傳燈錄》권5)

하였다. 소를 부려 수레를 가게끔 만드는 것은 수레를 모는 사람이 있기 때문이다. 도를 깨닫는 근본은 구도자의 마음에 있다. 마조도일은 회양의 가르침을 통하여 "마음이 곧 부처〔卽心卽佛〕" 즉 곧바로 스스로의 마음을 가리켜 견성성불하는 도를 깨친 것이다. 후세 사람들은 이 공안에 대하여 적지 않은 게송을 지어 각기 다른 견해들을 나타냈다.

벽돌 갈아 거울 만듦은 같은 소릴 사모함이라
찾아와 물어 본심을 분명히 보여 주었네
목인(木人) 부르자마자 고개 돌려 가리키니
얼룩소가 옛 황금을 갈아대누나
　　磨磚作鏡慕同音　來問分明示本心
　　纔喚木人回面指　犁牛耕出古黃金
　　(汾陽昭 禪師)

회양이 벽돌을 갈아 거울을 만드는 행위를 통해 마조도일을 가르쳤던 것은, 마조도일이 큰 법기(法器)로서 법을 전하고 도를 펼 수 있는 인재임을 알아 봤기 때문이다. 이 때문에 "같은 소릴 사모함이라"는 구절은 같은 도가 있음을 기뻐한 것이다. 소에다 채찍질을 할 것인가, 수레를 칠 것인가라는 물음 가운데, 회양은 이미 스스로 깨닫고 스스로 구해야 할 불법의 근본을 분명하게 보여 주었다. 마조도일은 이로 인하여 깨달음을 얻었다. 깨달은 후에는 바로 성자이고 깨닫기 이전에는 범부였다. 범부에서 성인에 이르는 것은 마치 목인(木人)을 불러 고개 돌리고 손가락을 움직이게 하는 것과 같다. 이는 한편으론 깨달음의 어려움을 비유한 것이기도 하다. 나무인형은 생명이 있을 수 없는데 생명을 가지게 됨을 말한다. 그리고 또 한편으론 깨달은 이후의 기특함을 나타낸 것이다. 나무인형이 말소리를 듣고, 또 나무인형을 움직이게 할 수 있다는 것이다. 깨달음은 농부가 소를 끌고 밭갈이하면서 옛 황금을 갈아내 보물을 얻는 것과 같은데, 이 보물은 예로부터 있어온 것이다.

또 다른 선사의 게송은 아래와 같다.

벽돌 갈아 거울 만듦은 어렵지 않다
갑자기 빛 쏟아져 대천세계 비추누나
우습다! 좌선하며 성불을 구한 자여
지금도 소에다 채찍을 가하는구려
    磨磚作鏡不爲難　忽地生光照大千
    堪笑坐禪求佛者　至今牛上更加鞭
    (佛印元 禪師)

불인원(佛印元) 선사는 깨달은 후엔 벽돌을 갈아 거울 만드는 것은 어려운 일이 아니라고 생각하였다. 그것은 이미 신통력이 모두 갖춰져 있기 때문이다. 회양의 가르침을 통해 마조는 도를 깨쳤다. 마조에게 그것은 문득 온누리에 빛이 쏟아져 산하대지를 두루 비춤으로써 대천세계가 온통 밝게 된 것과 같다. 그러나 후세의 사람들은 여전히 좌선을 통하여 성불을 구하고 있다. 외면을 지향하는 것은 마치 소를 채찍질하여 영원히 멈출 줄 모르는 수레를 몰고 가는 것과도 같다. 이것이 "우습다! 좌선하며 성불을 구한 자여 / 지금도 소에다 채찍을 가하는구려"라는 마지막 구절의 뜻이다.

  소 뒤통수 아프도록 후려치며
  황금을 내버린 채 벽돌조각 안고 있네
  나쁘고 삿된 것 따라 오늘까지도
  즉심즉불(卽心卽佛) 비심비불(非心非佛) 잘못 전해 오누나
     車牛腦後痛加鞭　棄却黃金抱礫磚
     逐惡隨邪至今日　卽非心佛錯流傳
     (笑翁堪)

  소옹감(笑翁堪) 선사는 대체로 이 게송과 공안을 빌어 오로지 좌선만을 일삼는 송대(宋代)의 묵조선(默照禪)을 풍자하고 있다. 수레 끄는 소에 채찍질을 가하는 것은 사방팔방으로 분주히 쏘다니며 부처가 되려는 것과 같다. 이는 바로 자신이 가지고 있는 황금, 즉 마음이 곧 부처라는 사실을 망각하고서 아무런 쓸모 없는 벽돌을 끌어안고 있는 것과 같으며, 곧 이는 좌선을 통하여 성불하려는 것과 같다. 좌선을 통하여 성불하려는 것은 후세의 참선인들이 보편적으로 믿고 행해온 것들이다. 지금도 변함없이 마조의 가르침인 "마음이 곧 부처이다〔卽心卽佛〕" "마음도 아니고 부처도 아니다〔非心非佛〕"는 화두를 저버린 채 헛되이 말만을 전할 뿐, 이를 체득하여 행하는 사람은 아무도 없다.《경덕전등록》권6에 마조의 "마음이 곧 부처다"와 "마음도 아니고 부처도 아니다"는 공안이 실려 있다.

  어떤 스님이 물었다.

"스님(마조)은 왜 마음이 곧 부처라 하십니까?"
"어린아이 울음을 달래는 것이다."
"울음을 그친 후에는 어떻게 해야 합니까?"
"마음도 아니고 부처도 아니다."[21]

'즉심즉불'은 부처가 나의 마음에 있음을 말한다. 그러나 이에 집착한 나머지 이를 궁극적인 구경(究竟)의 경지로 여긴다면, 이 말은 어린아이의 울음을 달래고자 누런 나뭇잎을 돈이라고 속이는 말과 같을 뿐이다. 그러나 참선인이 어린아이처럼 참으로 믿고 이로 인하여 깨달으면 "대도(大道)는 이름하기 어려움〔大道難名〕"을 알게 될 것이다. 도를 깨달은 후에야 비로소 도(道)란 마음도 아니고 부처도 아니며 말할 수 없음을 알 수 있다. 말할 수 없다는 것이 위의 시에서 말한 "즉비심불(卽非心佛)"의 전고(典故)이다.

마조는 깨달은 후 강서(江西)에 이르러 설법하였다. 맨 처음 건신 불적령(建信 佛迹嶺)에서 비롯하여 뒤에 임천(臨川)으로 옮겨 갔고 다시 남강 공공산(南康 龔公山)으로 옮겨 갔다. 그의 문하에 대선사들이 매우 많았다. 유가(劉軻)는 "강서지방은 대적(大寂: 마조의 시호)이, 호남지방은 석두(石頭: 希遷)가 종주가 되어 선객들의 왕래가 끊임없었다. 두 대사를 친견하지 않으면 무지하다는 소리를 들었다〔江西主大寂 湖南主石頭 往來憧憧 不見二大士爲無知矣〕"고 말하였다. 이는 그 당시 선문의 우상이 되어, 강서지방을 왕래하는 참선인들이 그를 친견하지 않으면 곧 '무지'하다는 말을 들었다는 뜻이다. 이로 볼 때

---

21) 僧問云 : 和尙(馬祖)爲什麽說卽心卽佛? 祖曰 : 爲止小兒啼! 僧曰 : 啼止後 如何? 祖曰 : 非心非佛!

당시 그의 명성이 얼마나 드높았는지 가늠할 수 있다(67. 12. 18.《신생보(新生報)》부간(副刊)).

백장회해와 여우의 참선

 백장회해(百丈懷海), 남전보원(南泉普願), 서당지장(西堂智藏)은 마조 문하의 삼대선사(三大禪師)이다. 그 중에서도 백장회해는 유명한 《백장청규(百丈淸規)》를 마련하여 후세 선사들의 수행규범을 제정하였다. 그 자신 또한 "하루 일하지 않으면 먹지 않는다〔一日不作 一日不食〕"는 생활 규범을 몸소 실천하였고, 그 영향으로 선종은 일상생활의 측면에서 더욱 중국화하고 더욱 세속화하여, 세속에 들어가면서도 또 세속에서 벗어났던 까닭에 당 무종(唐 武宗)의 회창법난(會昌法難)을 무사히 넘길 수 있게 되었다.
 인도의 승려는 귀족계급에 속했기 때문에 본래 밭갈이 따위의 노동을 하지 않았고, 살생을 금지하는 불교의 계율을 철저히 지킨다는 측면에서도 밭갈이 하지 않았다. 살생을 범하면 인과윤회의 과보에 떨어지게 되는데, 밭갈이를 할 때 자신도 모르게 땅 속에 있는 벌레들을 죽이게 되기 때문이다. 불교가 중국에 전래된 후에도 그 계율은 여전히 이어져 왔다. 그러나 6조혜능의 경우 방아 찧는 노동을 하면서도 도를 깨달았고, 백장회해에 이르러서는 정식으로 노동을 통한 생산을 청규에 삽입하여 "열 가지의 일"을 두었다. 이에 따라 모든 스님은 각기 소임을 가지고서 일을 하게 되었다. 이 때문에 회창법난 당시 기타 종파의 승려들은 환속할 수밖에 없었지만, 선종 승려들의 생활은 이미 세속화되었으므로 심각한 영향을 받지 않았다. 그 근원을 따져 보면 마땅히 백장에게 그 공을 돌려야 할 것이다.

백장회해 선사의 속성은 왕씨이며 복주(福州) 장락(長樂) 사람이다. 마조대사에게 사사하여 법을 전수 받은 후에 홍주(洪州 : 現 江西 南昌) 대웅산(大熊山)에 주석하였다. 그곳의 산세가 워낙 험준한 까닭에 그를 백장(百丈)이라 불렀다. 그가 설법할 때 여우가 참선한 일이 있었는데, 이것이 훗날 선문의 공안이 되었다.

    스님(백장)이 상당법문을 할 때마다 한 노인이 대중들과 함께 설법을 들었는데, 하루는 대중이 모두 물러간 후에도 노인만이 홀로 남아 있었다.
    스님이 그에게 물었다.
    "그대는 누구인가?"
    "저는 사람이 아닙니다. 과거 가섭불(迦葉佛) 당시 이 산에 주석하였는데, 어떤 학인의 '수행을 많이 한 사람도 인과에 떨어지느냐'는 물음에 제가 '인과에 떨어지지 않는다'고 대답하였다가, 오백 생 동안 여우의 몸을 받게 되었습니다. 이제 청컨대 스님께서 저를 대신하여 화두를 내려주시어 여우의 몸을 벗게 해 주십시오."
    "그대가 물어 보라."
    "수행을 많이 한 사람도 인과에 떨어집니까?"
    "인과에 어둡지 않다."
    노인은 이 말에 크게 깨닫고 절을 올리면서 말하였다.
    "저는 이제 여우의 몸에서 벗어났습니다. 산 뒤쪽에 머물고 있으니 바라건대 스님처럼 장례를 치러 주십시오."

스님은 유나(維那 : 감독승)로 하여금 추(椎)를 쳐서 대중들에게 "공양이 끝난 후 열반승의 장례를 치른다"고 알리도록 하였다. 이에 대중스님들이 모여 쑤군대기를 "대중이 모두 아무 일 없고 열반당에도 병든 스님이 없는데 무슨 일인가?"하고 의아해하였다. 공양이 끝난 후 스님은 대중을 이끌고 산 뒤쪽 바위 아래 이르러 지팡이를 가지고 죽은 여우를 한 마리 끄집어 내어 법에 따라 화장을 하였다.[22]

야호(野狐)의 화두는 신화(神話)에 가깝지만 선종에서는 이를 믿지 않는 사람이 없었다. 이 때문에 총림에 널리 퍼져 이에 대한 게송이 무려 50여 수나 되는데 특별히 몇 수만을 가려 해석하고자 한다.

말씀이 분명히 있으니
그대는 자세히 보라
비 머금은 서풍이 몰아치니
불 가까이 할수록 추위만 더하누나

  語路分明在　憑君仔細看
  和雨西風急　近火轉加寒
  (道吾眞 禪師,《宗鑑法林》卷10)

---

22) 師(百丈)每上堂, 有一老人隨衆聽法, 一日, 衆退. 唯老人不去. 師問 汝是何人? 老人曰 某非人也, 於過去迦葉佛時, 曾住此山, 因學人問 大修行人還落因果也無? 某對云 不落因果. 遂五百生墮野狐身. 今請和尙代一轉語, 貴脫野狐身. 師曰 汝問! 老人曰 大修行人還落因果也無? 師曰 不昧因果. 老人於言下大悟,作禮曰 某已脫野狐身, 住在山後, 敢乞依亡僧律送. 師令維那白椎告衆, 食後送亡僧. 大衆聚議, 一衆皆安, 涅槃堂又無病人, 何故如是? 食後師領衆至山後巖下, 以杖挑出一死野狐, 乃依法火葬.(《五燈會元》卷3)

도오진(道吾眞) 선사는 백장과 여우 화신의 노인과의 대화를 하나 하나 모두 사실로 생각하였다. 이 공안을 참구하는 자가 자세히 분별해야 할 문제는 "인과에 떨어지지 않는다〔不落因果〕"는 것과 "인과에 어둡지 않다〔不昧因果〕"는 차이이다. 한 글자밖에 다르지 않지만, 그 경지는 각기 다르다. 하나는 오백 생 동안 여우 몸에 떨어지게 되었고 하나는 도를 깨쳐 해탈에 들어가게 하였다. "한 터럭끝의 차이가 하늘과 땅만큼 현격하다." 그러나 이 공안은 심오한 기틀을 담고 있어 비를 동반한 서풍과 같기에 사려분별에 의해 해답을 구할 수 없다. 그러므로 "불 가까이 할수록 추위만 더한다"고 하였다. 불 옆에 다가서면 추위가 사라진다는 것은 세속의 일반적인 일이며, 불을 가까이 할수록 오히려 추위가 더한다는 것은 세속에서는 비정상적인 일이다. 이는 세속의 의식으로써는 해답을 구할 수 없다는 말이다.

만 길 너럭 바위 하늘에 솟구쳐
길 있어도 통하는 사람이 없네
어떻게 한 점 구름 걸림도 없이
바람처럼 이리저리 모였다 흩어질수야…!
    萬丈洪巖倚碧空 人間有路不能通
    奈何一點雲無碍 舒卷縱橫疾似風
    (兜率悅 禪師,《宗鑑法林》卷10)

도솔종열(兜率從悅)은 백장이 대신한 전어(轉語)가 곧바로 본원에 이르렀다고 생각하였다. 인과에 떨어지지 않음은 도를 이룬 뒤의 일이고 인과에 어둡지 않음은 수행할 때의 일이다. 도솔종열은 "만 길 너럭 바위 하늘에 솟구쳐"라는 구절로써 자성묘체(自性妙體)란 하늘 높이 솟아 있어 여느 사람으로선 찾아갈 수 없음을 비유하였다. 이 때문에 이어서 "길 있어도 통하는 사람이 없다"고 말한 것이다. 오도(悟道)의 길이 없는 것은 아니지만 모든 사람이 다 이를 수 있는 것이 아님을 말하고 있다. "한 점 구름 걸림도 없다"는 구절은 백장의 "인과에 어둡지 않다"는 대답이 마치 걸림도 없고 얽매임도 없는 구름처럼 본원을 통달하여 푸른 하늘에 솟구쳐 만 길 너럭 바위에 이를 수 있었음을 비유한 것이다. "바람처럼 이리저리 모였다 흩어질 수야……"라는 구절은 백장의 대답이, 마치 구름이 모였다 흩어지고 바람이 이리저리 종횡하는 것처럼 조금도 사량(思量)으로써 헤아리지 않은 현묘한 경지를 나타냈음을 말한다.

    기연(機緣)에 임해 치우친 말 때문에
    오백 생 동안 여우 몸에 떨어졌네
    차녀(姹女)는 이미 하늘로 돌아갔건만
    어리석은 사낸 여전히 식어 버린 화로 지키고 있다
        臨機只爲語偏枯　五百生來墮野狐
        姹女已歸霄漢去　獸郞猶自守寒爐
        (圓通仙 禪師,《宗鑑法林》卷10)

원통선(圓通仙) 선사는 "인과에 떨어지지 않는다"는 대답이 지나치게 한쪽에 치우쳐서 오백 생 동안 여우 몸에 떨어졌다가, 백장의 대답을 통하여 그가 도를 깨달아 여우의 몸에서 벗어나게 되었다고 인식하였다. 이는 차녀(姹女)가 도를 얻어 승천(昇天)한 것과 같다. 그러나 후세 참선인들은 도리어 이 공안을 필사적으로 참구하면서 오도(悟道)를 바라고 있다. 마치 어리석은 사람이 연단(練丹)을 끝내고 내팽개친 차녀(姹女)의 차가운 화로를 부질없이 지키고 있는 것과 같다.

  여우가 선에 동참했다는 이 공안은 적어도 일체 중생이란 모두 불성을 가지고 있기에 여우의 몸으로도 도를 이룰 수 있음을 나타낸 것이다. 또 인과의 윤회는 엄연한 것이어서, 대답을 잘못하자마자 바로 오백 생 여우의 몸을 받은 것이니만큼, 사람을 가르치고 도를 구하는 데에 삼가지 않을 수 없음을 가르치고 있다. "인과에 떨어지지 않음"과 "인과에 어둡지 않음"의 결과가 어떻게 이처럼 큰 차이가 있는 것일까? 백장선사와 여우 노인처럼 그런 경지를 몸소 겪지 않으면 이에 대한 해답을 얻을 수 없을 것이다(68. 3. 4.《신생보(新生報)》부간(副刊)).

남전이 고양이 목을 치다

 남전보원(南泉普願) 선사는 마조대사의 입실(入室) 제자이다. 그의 속성은 왕(王)씨이며 정주 신정현(鄭州 新鄭縣 : 現 河南新鄭縣) 사람이다. 이 때문에 평소 자신을 왕노사(王老師)라 하였다. 어려서는 교학의 경전을 참구하다가 나중에 다시 선종에 귀의하여 지양(池陽)의 남전(南泉)에 머물렀던 까닭에 남전보원이라 불렸다. 그가 고양이 목을 친 공안은 총림을 뒤흔들었다.

 스님(보원)은 동서 양당의 스님들이 고양이를 놓고 서로 다투는 것을 우연찮게 보고서 대중에게 말하였다.
 "제대로 말하면 고양이 목숨을 살릴 수 있지만 말하지 못하면 목을 칠 것이다."
 대중이 아무런 대답이 없자, 스님은 곧바로 고양이 목을 쳐버렸다. 조주종심(趙州從諗) 스님이 밖에서 돌아오자, 스님은 조금 전에 있었던 일을 이야기해 주었다. 조주는 이에 짚신을 벗어 머리에 이고서 밖으로 나갔다. 스님이 말하기를 "그대가 그 때 있었더라면 고양이를 살릴 수 있었을 것이다"라고 하였다.[23]

---

23) 師(普願)因東西兩堂各爭猫兒, 師遇之, 白衆曰 道得卽救取猫兒, 道不得卽斬却也. 衆無對, 師便斬之. 趙州(從諗)自外歸, 師擧前語示之, 趙州乃脫履安頭上而出. 師曰 汝適來若在, 卽救得猫兒也.(《景德傳燈錄》卷8)

출가인은 마땅히 탐욕과 집착이 없어야 한다. 그러나 동당(東堂)과 서당(西堂)의 스님들은 고양이 한 마리를 놓고 다투었다. 남전은 이를 보고서 직접적으로 꾸짖지 않고 간접적으로 가르침을 주었다. 남전이 이 고양이를 제기했을 때, 그는 이를 통하여 불가에서 말하는 '자성', 철학에서 말하는 우주 '대전'을 나타내었다. 이로써 대중의 수양 정도와 깨달은 뒤의 견해를 시험해 보았다. 그러나 애석하게도 그 곳에 있던 스님들은 모두 승복이나 걸치고 밥이나 축내는 무리로서 아무런 대답도 하지 못하였다. 오직 조주종심(趙州從諗)만이 남전의 "말하면······", "말하지 못하면······"이라는 말뜻을 알았다. 그래서 짚신을 머리에 얹고 밖으로 나감으로써 철리(哲理)를 형상화하되 말하면서도 말하지 않았다. 짚신은 "도를 행하는 데," 즉 길을 걷는 데 쓰는 물건이다. 따라서 마땅히 발에 신어야 하는 것이지 머리 위에 얹어서는 안 된다. 머리 위에 얹은 것은 뒤집는다는 뜻을 표현한 것으로, 남전이 물었던 "말할 수 없다"는 뜻을 담고 있다. 이러한 '자성'의 경계는 말할 수 없는 "언어도단(言語道斷)"이다. 이 때문에 남전은 그의 대답에 동의하여 "그대가 그 때 있었더라면, 고양이를 살렸을 것이다"라고 하였다. 고양이의 목을 친 이 공안에는 또 다른 하나의 의미를 보여 주고 있다. 불교의 계율에는 살생을 금하고 있다. 살생을 하면 인과응보에 떨어지게 된다. 그러나 남전이 아무렇지도 않게 살생을 범하였다는 사실이 보여 주는 것은 다음 세 가지 중에 하나일 것이다.

첫째, 남전의 수행이 이미 과보에 떨어지지 않을 정도의 경지에 이르렀기 때문에 담담하게 살생하였다.

둘째, 남전은 과보를 믿지 않았다.

셋째, 남전은 과보를 알고 있었지만 대중을 가르치기 위해 과보에 떨어지는 위험을 무릅쓰고 고양이의 목을 쳤을 것이다.

후세에 이 공안을 연구하는 사람들은 아무도 이 사실에 유념하지 않았다. 실로 깜짝 놀랄 일이다. 다만 녹우초(綠雨蕉) 선사가 이러한 생각을 조금 가지고 있었다. 그의 게송은 아래와 같다.

한 목숨 아끼지 않고 적을 소탕하리라 맹세했건만
3천 장수를 변방에서 잃었네
가엾다. 무정하(無定河) 곁에 묻힌 뼈다귀여
오히려 새봄 맞은 규방에 꿈 속의 님이여
    誓掃匈奴不顧身　三千貂錦喪邊(胡)塵
    可憐無定河邊骨　猶是春閨夢裏人

녹우선사는 "전술(傳述)로써 창작을 삼았다〔以述爲作〕". 즉 당나라 시인 진도(陳陶)의 〈농서행(隴西行)〉을 빌어 그의 선지(禪旨)를 표현하고 있다. 남전은 자신이 인과응보에 떨어질지도 모르는 위험을 아랑곳하지 않고 고양이 목을 쳤다. 그 목적은 참선인을 깨우쳐 집착과 어리석음을 없애 주려는 것이다. 이것이 "목숨 아끼지 않고 적을 소탕하리라 맹세했건만"이란 구절에 담긴 뜻이다. "3천 장수를 변방에서 잃었다"는 구절은 당시 대중들이 한 사람도 깨단지 못하고 언구(言句)에 사로잡혀 있었음을 말한다. "가엾다. 무정하(無定河) 곁에 묻힌 뼈다귀여"라는 구절은 고양이가 이미 죽어 마치 '무정하'의 마른 뼈와 같다는 말이다. 그러나 이 공안은 후세에 전해져 깨달음을 꿈 속에서도 갈구하는 대상이 되었다. 마치 이미 죽어 무정하 곁에 묻힌 마른 뼈다귀가 되었음을 알지 못한 채, 여전히 새봄을 맞은 규방의 부인들은 꿈 속에서 그 님을 그리고 있는 것과 같다. 남의 시를 빌어 쓴 솜씨가 천의무봉(天衣無縫)이라 할 만큼 뛰어나다.

호안국(胡安國)의 게송은 아래와 같다.

살리고 죽이는 하늘과 땅의 기틀을 손에 잡고
종횡으로 때 따라서 베푸노라
법당에 가득찬 토끼와 망아지들, 용과 코끼리 아니어서
대용(大用)의 당당함 모두 모르누나
    手握乾坤殺活機　縱橫設施在臨時
    滿堂兎馬非龍象　大用堂堂總不知

호안국은 거사의 신분으로 이 공안을 참구하였다. 남전보원이 고양이를 제기하여 '자성'을 표명할 때 우주의 '대전(大全)'은 곧 남전의 손아귀에 있었다. 이 때문에 보은수(報恩秀) 선사는 이를 해석하기를 "바로 이러한 때를 당하여 온 시방세계의 유정과 무정물들이 모두 왕노사(남전)의 손을 향해 목숨을 애걸하였다〔正當恁麼時 盡十方世界 情與無情 一齊向王老師手中乞命〕"고 하였다. 남전은 당시 고양이로써 '자성'과 '대전'을 대신하였으며, 칼을 휘둘러 내리칠 때 자른 것 또한 이 '자성'과 '대전'이다. 이 때 남전의 손아귀에 쥐어져 있었던 것은 건곤(乾坤) 즉 천지에 존재하는 모든 생명을 살리고 죽이는 기틀이다. 그러므로 일체 유정과 무정의 중생들이 모두 왕노사의 손을 향해 목숨을 애걸할 수밖에 없다. "종횡으로 때 따라 베푸노라"는 구절은 남전의 이 공안은 상황에 따라 자연스럽게 이뤄지고 때 따라 가르침을 베푼 것일 뿐, 의도적인 안배에서 나온 것이 아니라는 말이다. 애석하게도 법당에 가득한 스님들이 너무 어리석어, 즉 "용과 코끼리"가 아니고 한낱 "토끼와 망아지"여서 깨달을 수 없었다. "대용(大用)의 당당함 모두 모르누나"라는 말은 남전이 대기(大機)와 대용(大用)을 발휘하여 당당하고 분명하게 보여 주었으나, 끝까지 모두가 알지 못했다는 말이다. 참으로 "피를 토하며 통곡해도 쓸데없으니 / 입 다물고 남은 봄을 지내느니만 못하다〔啼得血流無用處 不如緘口過殘春〕." 남전은 결국 쓸모 없이 떠들어댄 것이다.

불심재(佛心才) 선사는 조주종심의 대답에 대해 선지(禪旨)를 표명하였다.

짚신 머리에 얹은 걸 누구와 논할까
온누리에 바람 멎자 물결이 잠자누나
해도곡(解道曲)을 다하도록 아는 이 없는데
강기슭에 푸른 봉우리만 가득하다
　　草鞋頭戴與誰論　四海無風浪自平
　　解道曲終人不知　江頭贏得數峯靑

불심재는 조주종심의 머리에 짚신을 얹은 걸 깨달을 수 있는 사람은 근본적으로 대답힐 필요가 없고, 깨달을 수 없는 자에게는 쓸모없는 대답을 낭비한 것이기 때문이다. 마음을 한 번 헛되이 쓴 것을 누구와 더불어 논할 것인가. 그는 또 남전과 조주 두 사람이 만들어낸 공안을 쓸모 없는 일이라고 꾸짖었다. 큰 바람이 불어 파도를 일으켜도 파도는 일시적인 현상일 뿐, 파도가 일어날 때의 현상이 어떻든 상관 없이 결국은 바람이 그치고 물결이 잠자게 될 것이다. 바람이 멈추고 물결이 잠잔 후에야 비로소 바다 본래의 모습이 드러나는 것과 같다. 당나라 시인의 〈상령고슬(湘靈鼓瑟)〉이란 시에 "노래가 다하여도 사람 보이지 않고 / 강 위에 몇몇 봉우리만 푸르러라[曲終人不見 江上數峯靑]"는 구절이 있는데, 불심재 선사가 이를 그대로 인용한 것은 매우 적절한 것이다. "해도곡(解道曲)을 다하도록 아는 이 없는데"라는 구절의 '해도(解道)'는 "분명히 알았다" 또는 "도를 이해하였다"는 뜻이다. '도'의 본질은 마음 속으로 이해할 수 있을 뿐 말로 전할 수는 없다. '상(象)'은 있으나 형체가 없다. 마치 그 곡조를 모두 연주하였지만, 음악을 연주한 사람의 몸은 나타나지 않는 것과 같다. 이는 '자성'이란 볼 수 없는 것임을 비유한 것이다. 하지만 '자성'은 '공(空)'도 아니요 '유(有)'도 아니다. 그러나 '유'를 떠나서 현상 속에 드러나지 않은, 그런 것 또한 아니다. 이 때문에 "강기슭에 푸른 봉우리만 가득하다"고 하였다. 도를 깨달은 자의 입장에서 말한다면 "강산과 대지가 모두 법왕의 몸을 드러낸 것이다[江山幷大地 齊露法王身]". '자성'은 무시로 드러나 보이므로 남전이 고양이를 치켜들 필요도 없고 또 조주가 짚신을 머리에 일 필요도 없다.

　이 공안을 통하여 알 수 있는 것은 선사들이 서로 기봉(機鋒)을 드러내어 수시로 선의 경지를 비교하는 과정에서, 언어를 통하여 해설하는 것이 아니라 동작을 상징화하거나 아니면 시구를 빌어 나타내고 있다. 도를 깨달은 경지가 다름에 따라 소견 또한 각기 달랐다. 따라서 같은 공안에 대해서도 똑같은 해석이 없을 뿐 아니라, 똑같은 게송도 없다는 사실이다(68. 3. 14.《신생보(新生報)》부간(副刊)).

왕노사와 목우송

　왕노사, 즉 남전보원(南泉普願)의 〈목우송〉은 선사들의 수행에 큰 영향을 끼쳤다. 이는 후인으로 하여금 송고시(頌古詩)를 짓게 하였을 뿐 아니라, 목우도(牧牛圖)까지 그려져 누대에 걸쳐 수많은 화답시가 있으며, 한국은 물론 멀리 일본에까지 전해졌다. 소를 기른다는 것은 마음을 길러 도를 깨닫는다는 뜻이다.《오등회원》에서는 이 공안에 대해 아래와 같이 기록하고 있다.

　(남전보원)이 상당법문에 이르기를 "왕노사가 어릴 적부터 소 한 마리를 길러 왔다. 시내 동쪽에서 풀을 먹이려니 다른 나라 왕의 수초를 뜯어 먹으려하고, 시내 서쪽에서 풀을 먹이자니 또 다른 나라 왕의 수초를 뜯어 먹고자 한다. 분수 따라 조금 먹이는 것만 못한데 도무지 찾을 수가 없다."[24]

　왕노사는 선리(禪理)를 형상화하였다. 한 마리의 무소를 길렀다는 것은 심성 함양의 비유이며, 시내의 동쪽과 서쪽은 이쪽 저쪽과 같은 말로서 이쪽은 색계를, 저쪽은 공계를 대표한다. 색계와 공에 집

---

24)（南泉普願)上堂日　王老師自小養一頭水牯牛, 擬向溪東牧, 不免食他國王水草, 擬向溪西牧, 亦不免食他國王水草, 不如隨分納些些, 總不見得.

착하여 깨달음을 구하면 영원히 오도의 경지에 이르지 못할 것이며, 분별심을 일으켜 색계는 환상(幻想)이요 공계(空界)는 진실하며, 이 쪽은 범속(凡俗)이요 저쪽은 성자(聖者)라 생각하면 모두 잘못을 범하게 될 것이다. 이 때문에 다른 나라 왕의 수초 먹는 것을 면할 수 없다. 그러므로 분수에 따라 받아들이는 것만 못한 것이다. 분별심을 일으키지 않으면 평상심이 도와 하나가 된다. 훗날 장경나안(長慶懶安)의 깨달음은 바로 이 공안에서 힘을 얻은 바 있다.

> 나안이 백장을 찾아가 절을 하고 물었다.
> "학인이 부처를 알고자 하면 어떻게 하는 것이 옳습니까?"
> 백장이 답하였다.
> "소를 타고 소를 찾는 것과 너무 닮았다."
> "알고 난 뒤에는 어떻게 해야 합니까?"
> "사람이 소를 타고 집으로 돌아가는 것과 같다."
> "시작과 끝을 깨닫지 못하면 어떻게 보임(保任)해야 합니까?"
> "소치는 사람이 작대기를 들고 남의 논에 들어가지 못하도록 지키는 것과 같다."
> 나안이 이로부터 깨달은 후 다시는 바깥으로 치달려 구하지 않았다.25)

백장과 남전은 마조 문하의 빼어난 제자들이다. 백장이 나안의 문제에 답한 것은 남전의 뜻을 밝힌 것이지만 그 내용은 조금 다르다. 사람마다 모두 자신 속에 불성을 가지고 있음에도 자신을 향해 구하

---

25) 師(懶安)卽造百丈(懷海), 禮而問曰 學人欲求識佛, 何者卽是? 丈曰 大似騎牛 覓牛. 師曰 識得後如何? 曰 如人騎牛至家. 師曰 未審始終如何保任? 丈曰 如牧牛人, 執杖視之, 不令犯人苗稼. 師自玆領旨, 更不馳求.(《五燈會元》卷4)

지 않고 바깥으로 치달리는 것은 마치 소를 타고 소를 찾는 것과 무엇이 다르겠는가? 자기의 마음을 깨달은 후에는 도는 사람에게 멀리 있지 않고 도와 더불어 하나가 되는 것이다. 이 때문에 부처를 안 후에는 소를 타고 집으로 돌아가는 것과 같다. 참선인이 도를 깨달은 후에 깨달음의 경지를 잃지 않으려면, 오랜 수행을 거쳐 깨달음을 유지해야 한다. 이를 "보임(保任)"이라 한다. 백장이 나안에게 일러준 것은, 소치는 사람이 채찍을 들고서 소가 "남의 밭에 들어가지 못하도록" 지키는 것처럼, 욕심의 부림을 받아 색계에 떨어지지 않도록 삼가해야 함을 말한다. 나안은 백장의 가르침에 따라 수행 정진한 끝에 위산영우(潙山靈祐)를 대신하여 위산사의 방장스님이 되었다. 이에 소를 길러 마음 깨친 바를 비유하여 법문으로 밝힌 바 있다.

　　30년 동안 위산에 편히 살면서 위산의 밥을 먹고 위산의 똥을 쌌지만 위산의 선은 배우지 않았다. 다만 소 한 마리를 돌봤을 뿐이다. 길을 벗어나 풀밭으로 들어가면 끌어 내고, 남의 논을 침범하면 곧 채찍질하였다. 오랫동안 길들였지만 가련하게도 사람들의 입방아에 오르내렸다. 그러나 오늘에는 노지의 흰 소로 변하여 항상 면전에 있으니, 종일 멀리 풀어 놓고 쫓아도 가지 않는다.[26]

이는 의심할 나위 없이 나안이 '보임' 이후 30년 동안 수행한 경지를 말한 것이다. "노지의 흰 소"란 소가 이미 길들여졌고, 아울러 '순수한 일색'의 경지에 이르러 도와 하나가 되었음을 비유한 것이다.

---

26)　　所以安在潙山三十來年, 喫潙山飯, 屙潙山屎, 不學潙山禪, 祇(祇)看一頭水牯牛, 若落路入草, 則便牽出, 若犯人苗稼, 卽便鞭撻, 調伏旣久, 可憐生受人言語, 如今變作箇露地白牛, 常在面前, 終日露逈逈地, 趁亦不去也.

항상 면전에 있어 쫓아도 떠나지 않는다는 것은 혼미하여 잃어버림이 없다는 말이다. 이는 당연히 그가 보임한 결과이다. "길을 벗어나 풀밭에 들어가면 끌어 내고 남의 밭에 침범하면 곧 채찍질하였다"는 것은 그의 보임에 대한 노력을 말한다. 똑같이 소를 기르는 것으로 비유해 말한 것은 마조와 석공(石鞏)의 문답에도 보인다.

> 무주 석공혜장 선사가 어느 날 부엌일을 하고 있을 때, 마조가 그를 보고서 물었다.
> "뭘 하는가?"
> "소를 기르고 있다."
> "어떻게 기르는가?"
> "풀밭으로 들어가면 코뚜레를 잡아 끌어 낸다."
> "자네는 소 기르는 법을 제대로 알고 있군!"[27]

이로 보아 목우(牧牛)의 공안이 총림에 널리 유행하였음을 알 수 있다. 그 후 이 공안을 들어 게송으로 제창한 사람이 유별나게 많았는데, 보명(普明)선사는 소를 길들이는 단계를 열 폭의 그림으로 그렸다. 그는 "아직 길들이지 않은[未牧]" 데부터 "모두 잊어버리는[雙泯]" 단계에 이르기까지 각각 게송을 붙여 각 단계의 경지를 밝혔다.

1. 소를 길들이기 이전의 경지 [未牧第一]
사납게 뿔 치켜들고 씩씩거리며
계곡으로 내달려도 길은 머누나
한 조각 검은 구름 골짜기 가로지르니

---
27) 撫州石鞏蕙藏禪師, 一日廚中作務次, 馬祖見而問曰 作甚麼? 鞏曰 牧牛! 祖曰 作麼生牧? 鞏曰 一回入草去, 把鼻拽將來. 祖曰 子眞解牧牛.

걸음마다 곡식 짓밟을 줄 누가 알았으랴
　　猙獰頭角恣咆哮　奔走溪山路轉遙
　　一片黑雲橫谷口　誰知步步犯佳苗
（〈牧牛圖頌〉）

아직 코뚜레를 뚫지 않은, 길들이지 않은 소는 씩씩거리며 아무데나 내달려 남의 논의 벼를 아랑곳하지 않는다. 이와 마찬가지로 사람의 마음 역시 갈고 닦지 않았을 때에는, 아무리 본성이 선하다지만 항상 욕심이 지혜를 어둡게 하여 나날이 악으로 치달리게 된다. 그럼에도 스스로 알지 못하는 까닭에 그 때의 마음을 길들여지지 않은, 난폭하게 날뛰는 소에 비유하였다. 이 때문에 길들여지지 않은 것으로 첫 단계를 삼은 것이다.

2. 처음 길들이는 경지〔初調第二〕
내게 소고삐가 있어 곧장 코를 뚫어
날뛸 적마다 모질게 채찍질했지만
여태껏 모진 성질 갑자기 길들이기 어려워
목동들까지 힘을 다해 끌어 당기누나
　　我有芒繩驀鼻穿　一廻奔競痛加鞭
　　從來劣性難調制　猶得山童盡力牽

소가 처음 코를 꿰여도 사나운 나쁜 성질이 여전히 남아 있어 끝없이 미쳐 날뛰기에 소치는 아이가 힘을 다하여 견제해야만 악을 선으로 바꾸어 논밭을 침범하지 않을 수 있게 된다. 처음 수행하는 참선인이 심성을 길들이는 것은 참회하는 공부와 극기하는 수단을 가지고, 한편으로는 완고한 본성을 없애고, 한편으로는 선을 따라 향상하려는 원력을 증가시켜야 한다.

3. 제제를 받아들임 〔受制第三〕
점점 길들어 날뛰지 않으니
물 건너 구름 뚫고 걸음걸음 따라와도
고삐 잡은 손 조금도 늦추지 않고
목동은 하루종일 절로 피곤을 잊는다
  漸調漸伏息奔馳 渡水穿雲步步隨
  手把芒繩無少緩 牧童終日自忘疲

소는 코뚜레를 뚫어 제재를 받아들인 후론 다시 날뛰거나 포효하거나 남의 밭에 들어가는 일이 없다. 이로써 사람이 마음과 성품을 밝힌 후에는 선을 따라 악이 없음을 비유하고 있다. 그러나 심주(心主), 즉 심령(心靈)의 주재는 여전히 방일하지 않고 한 걸음 한 걸음 소심스러워야 한다. 마치 목동이 소를 바싹 뒤따라 몰면서 고삐를 조금도 늦추지 않은 채, 구름 사이를 뚫고 시내를 건너는 것과 같다. "목동은 하루종일 절로 피곤을 잊는다"는 것은 도를 얻는다는 것이 억지로 하는 데에서 나오지 않음을 비유하고 있다.

4. 머리를 돌이켜 보다 〔廻首第四〕
세월 감에 공부 깊어 비로소 머리 돌려보니
미쳐 날뛰던 마음 점점 길들여졌다

목동은 그래도 전혀 믿기지 않은 양
여전히 고삐 잡고 묶어두누나
　　日久功深始轉頭　顚狂心力漸調柔
　　山童未肯全相許　猶把芒繩且繫留

　점점 공력을 들여 차츰 심성이 길들여지고 열악한 근기가 서서히 사라짐에 따라 잘못을 고쳐 선으로 향한 까닭에 "머리를 돌이켜 보다〔廻首〕"라고 이름 붙인 뜻이다. "세월 감에 공부 깊어 비로소 머리 돌려본다"는 첫 구절은 이를 가리킨다.
　머리를 돌려 뒤돌아보기 전에는 마음이 사물의 부림 받아 바깥으로 치달리지만, 머리를 돌려 뒤돌아본 이후로 악한 생각이 모두 소멸되어 조금이라도 악이 있으면 곧바로 깨닫게 되고, 선으로 향하는 공부가 이미 깊어 끝내는 미쳐 날뛰는 마음을 통제할 수 있다. 이는 마치 소의 코가 뚫려 제제를 받음으로써 거치른 야성이 점차 사라져 가는 것과 같다. 이것이 "미쳐 날뛰던 마음 점점 길들여졌다"는 구절의 뜻이다.
　이런 경지에 이르면 마음의 양지(良知)가 한 몸의 주인이 될 수 있지만, 아직은 이 마음이 순수하게 선하다고 자신할 수는 없기에 제제하는 공부를 여전히 버릴 수 없다. 마치 소가 이미 길들여져 있어도 여전히 말뚝에 묶어 두거나 우리에 가둬 놓을 필요가 있기에, 목동은 감히 소를 자유롭게 풀어 주지 않음으로써 다시 야성이 발동하는 것을 사전에 막는 것과 같다. 이 때문에 "목동은 그래도 전혀 믿기지 않은 양 / 여전히 고삐 잡고 묶어두누나"라고 하였다.

5. 잘 길들여지다 〔馴伏第五〕

푸른 버들 그늘 아래 옛 시냇가에
풀어 주나 몰아오나 자연스럽기만 하다
저물녘 푸른 구름 아름다운 초원에
목동이 돌아가는 길 고삐 끌 게 없어라
  綠楊陰下古溪邊 放去收來得自然
  日暮碧雲芳草地 牧童歸去不須牽

사람의 심성이 제제와 함양(涵養)을 거쳐 열악한 성품은 사라지고 선한 본성이 드러나면, 마음의 동향이 천리(天理)와 양지(良知)의 바른 도에 일치하므로, 구태여 수행과 제제에 의해 억지로 힘쓰지 않아도 저절로 법도에서 벗어나지 않는다. 이는 소가 이미 잘 길들여져 풀어 주나 몰아오나 채찍과 고삐를 필요로 하지 않고 스스로가 돌아갈 곳을 아는 것과 같다. 마음 가는 대로 생각을 맡겨 두어도 스스로 선에 그치는 것이 마치 소가 목동의 견제를 필요로 하지 않는 것과 같다. "저물녘 푸른 구름 아름다운 초원에 / 목동이 돌아가는 길 고삐 끌 게 없어라"는 것은 이러한 경지를 노래한 것이다.

6. 걸림이 없는 경지 〔無碍第六〕

너른 평원 편한 단잠 그 마음 자유로워
굳이 채찍칠 게 없어 묶어 두지 않누나
목동은 소나무 아래 편히 앉아
태평가 한 곡조에 즐거움 물씬댄다
  露地安眠意自如 不勞鞭策永無拘

山童穩坐靑松下　一曲昇平樂有餘

　심성이 "잘 길들여[馴伏]" 있을지라도 아직 애써 노력하는 단계에 있으면, 이는 목동이 소를 몰 적에 고삐는 풀었지만 여전히 채찍을 들고서 소가 달아나는 것을 방지하는 것과 같다. 그러나 걸림이 없는 경지에 이른 후엔 더 이상 외양간에 가둬 기를 필요가 없을 뿐 아니라, 널따란 평원에서 한가로이 졸고 있다. 어쩌면 달아나거나 남의 곡식을 뜯어 먹을 염려가 없지 않으나 채찍으로 구속하거나 또는 감독할 필요가 없다. 목동(牧童), 즉 마음의 주인은 이 때 이미 마음이 한가하여 소나무 아래 편히 앉아 채찍을 버려둔 채, 단소를 비껴 들고 태평가를 부르는 마음 기쁘기 한량없다. 이 때문에 "목동은 소나무 아래 편히 앉아 / 태평가 한 곡조에 즐거움 물씬댄다"고 읊었다.

7. 하고픈 대로 맡겨 두다 [任運第七]
버들 언덕 봄 물결 저녁 노을 출렁대고
아지랑이 향기로운 풀 마냥 푸르다
허기지면 풀을, 목마르면 물로 그렇게 지내니
바위 위에 누운 목동 깊은 잠 들었어라
　　柳岸春波夕照中　淡煙芳草綠茸茸
　　饑餐渴飮隨時過　石上山童睡正濃

　"걸림이 없는 경지[無碍]"에서는 심성이 모두 선하다지만 여전히 심주(心主), 즉 목동은 홀끔홀끔 소를 지켜보고 있다. 마음 하고픈

대로 맡겨둔 경지에 이르러서는 무슨 일을 하든 모두 천성의 자연스러움으로 털끝만큼도 어거지가 없다. "버들 언덕 봄 물결 저녁 노을 출렁대고 / 아지랑이 향기로운 풀 마냥 푸른" 아름다운 경계가 있다. 소는 이미 목동, 즉 심주(心主)의 어떠한 보살핌도 필요로 하지 않는다. 배고프면 풀을 뜯고 목마르면 물 마시며 자연히 도와 하나이다. 때문에 목동은 바위 위에서 편히 잠을 자며, 모든 것을 하나같이 소에게 맡겨 둔다. 이는 마음대로 하여도 법도에 벗어나지 않는 경지에 이른 것이다.

8. 모두 서로를 잊다〔相忘第八〕

흰 소는 언제나 흰구름 속에 있고
사람 절로 무심하니 소 또한 그러하다
달빛 흰구름 뚫고 나오니 구름 그림자 흰빛으로
흰구름 밝은 달이 이리저리 오가누나
  白牛常在白雲中 人自無心牛亦同
  月透白雲雲影白 白雲明月任西東

소가 이미 길들여져 "하고픈 대로 맡겨 두는〔任運〕" 경지에 이르렀다는 것은 이미 나쁜 습성이 모두 소멸되어 마치 목동의 악한 마음이 모두 사라지고 지극한 선에 이르렀다고 할 수 있지만, 소와 목동은 여전히 대립의 관계에 놓여 있는 것이다. 제8의 "모두 서로를 잊어버리는〔相忘〕" 경지에 이르렀을 때, 소는 이미 순백색(純白色)이다. 이는 본성에 선악의 구분이 없고 순전히 선함을 말한다. 흰 소와 흰 구름은 한 빛으로 전혀 구분이 없기에 "흰 소는 언제나 흰구름 속에 있다"고 말하였다.

따라서 목동은 이미 소에 대한 생각, 즉 심성을 길들이려는 생각 그 자체를 가질 필요가 없고, 소 역시 목동의 보살핌을 필요로 하지 않는다. 심성이 이미 스스로 도와 하나가 된 까닭에 "사람 절로 무심하니 소 또한 그러하다"라고 하니, 소와 목동이 서로를 잊어버린 것이다.

그러나 도(道)는 모르는 것도 아니요 기록할 수 없는 것도 아니다. "한 생각을 일으키지 않으면 전체가 드러나〔一念不起全體現〕" '자성(自性)'이 나타나게 된다. 달은 '자성'을, 흰구름은 현상계를 상징하고 있다. 자성은 현상에 의하여 묘용(妙用)이 나타난 까닭에 "달빛 흰구름 뚫고 나오니 구름 그림자 흰빛으로"라고 말하였다. 사람과 소가 모두 서로를 잊고 밝은 달, 흰구름 아래 동서로 오가며 마음대로 하지 않음이 없고 자재(自在)하지 않음이 없다.

9. 홀로 비추다〔獨照第九〕

소는 간 곳 없고 목동은 한가한데
봉우리 사이에 한 조각 외로운 구름
밝은 달빛 아래 손뼉치고 노래하다
돌아오는 길 아직도 하나의 관문 있네

牛兒無處牧童閑　一片孤雲碧嶂間
拍手高歌明月下　歸來猶有一重關

본체(本體)에서 작용(作用)이 일어나니 본체와 작용은 한 가지이다. 사람과 소가 "모두 서로를 잊은〔相忘第八〕" 단계로부터 소가 보이지 않는 단계에 이르니, 하나의 신령스런 빛[靈光]이 위아래를 훤히 비추어 조그마한 찌꺼기마저 찾아볼 수 없다. 마치 한 조각 구름이 이리저리 흩어지고 뭉쳐짐에 걸림이 없는 것과 같다. 이 때문에 "소는 간 곳 없고 목동은 한가한데 / 봉우리 사이에 한 조각 외로운 구름"이라 하였다. 소를 길들여 이 경지에 이르면 이미 성공한 것이다. 사람이 마음을 함양하여 지극한 경지에 이르렀음을 비유한 것이다. 그러나 여전히 작용을 섭수(攝受)하여 본체로 돌아가지 못해, 아직도 '자아의 존재'와 '자아의 견해'가 남아 있어서 최후의 관문을 돌파하지 못한 것이다. 그래서 "돌아오는 길 아직도 하나의 관문 있다"하였다.

10. 모두 다 사라지다 〔雙泯第十〕

사람과 소 보이지 않고 종적이 묘연한데
밝은 달은 빛 머금고 삼라만상 공이어라
그 가운데 분명한 뜻을 묻는다면
들꽃과 향기로운 풀 스스로 무성하다

  人牛不見杳無蹤　明月光含萬象空
  若問其中端的意　野花芳草自叢叢

이는 벌써 최후의 관문을 돌파하여 소가 보이지 않을 뿐 아니라, 소와 사람도 보이지 않는[雙泯], 모든 게 우주의 자성(自性)에 의해 섭수된 것이다. 이 단계의 〈목우도(牧牛圖)〉에서는 오직 보름달처럼 둥그런 하나의 원(圓)이 있을 뿐 여타의 어떠한 형상도 없다. 원(圓)은 곧 '자성'의 상징으로서 우주 만유를 섭수한 것이다. 이 때문에

"사람과 소 보이지 않고 종적이 묘연한데 / 밝은 달은 빛 머금고 삼라만상 공이어라"고 하였다. 이처럼 모두 사라진〔雙泯〕 경지에 이르러서 다시 구경(究竟)의 경지가 무엇인가를 물으면 현상계, 즉 색계의 일체 만상이 다시 존재하게 된다. 이것을 진유(眞有)라 한다. 즉 "들꽃과 향기로운 풀 스스로 무성하다"는 것이다. 참선인의 구도의 단계에서 말한다면, 도를 깨닫기 이전에는 산을 보면 산이요 물을 보면 물이나, 도를 깨달은 이후에는 산을 보아도 산이 아니요 물을 보아도 물이 아니다. 그러나 다시 보임(保任)과 휴헐(休歇)을 거친 후에는 산을 보면 여전히 산이요 물을 보면 여전히 물이다. 여기에서 "들꽃과 향기로운 풀 저절로 무성하다"는 것은 바로 최후의 경계를 말한다.

현재 〈목우도〉와 게송으로는 2종의 도본이 유행하고 있다. 하나는 "소를 길들이기 이전의 경지〔未牧第一〕"로부터 "모두 다 사라짐〔雙泯第十〕"에 이르는 것으로 위에서 서술한 바와 같고, 또 다른 하나는 "소를 찾음〔尋牛第一〕"으로부터 "저자에 들어가 팔을 드리우는〔入廛垂手第十〕"데 이르는 것이다. 두 가지 모두 열 개의 그림과 열 수의 게송이 있으나 전자의 도본에서는 소의 색깔이 검은색에서 흰색으로 변하고, 후자의 도본에서는 소의 그림을 시종 모두 흰색으로 처리하였다. 따라서 여기에 담긴 뜻은 각기 다르다. 훗날 도본이 일본으로 전해져 일본승려 인산(一山)국사가 화답(和答)한 〈십우도〉는 곧 후자의 도본이다. 일산국사는 게송 앞에 하나의 짤막한 서문을 붙이고 있다.

〈십우도〉는 옛 스님이 길이 없는 가운데 길을 마련해 놓은 것이다.

만일 이 일을 논한다면 눈썹을 움직거려도 벌써 어긋나버린 것이다. 하물며 깊고 옅음과 차례의 차이가 있겠는가? 그러나 성인이 떠난 지 오래됨에 불법은 말세를 당하여, 근성(根性)에 우열이 많고 기용(機用)에 지속(遲速)이 있으니 또한 일괄적으로 정할 수 없으므로, 여러 방식으로 다양하게 베풀어 이끌어 주지 않을 수 없다. 이 도본은 이 때문에 저작되었을 것이다.

이 미묘한 뜻을 궁구하여 각자 안락하게 쉬는 경지에 이르면, 자신도 이롭고 남에게도 이로움을 줄 수 있다. 이 도본이 후세에 펴져, 여러 노스님이 게송으로 화답한 것이 매우 많다. 이제 나[山僧]는 나의 분수를 헤아리지 않고 여러 노스님의 뒤에 덧붙여 쓰니, 이를 보는 사람들에게 하나의 비웃음을 자아낼 뿐이다.[28]

일산국사의 게송은 부암칙(廓庵則) 화상의 〈십우도송(十牛圖頌)〉을 화답한 것이다. 그러나 부암칙 화상의 게송 이전에도 청거(淸居)선사의 게송이 있었다. 후인들은 두 가지 다른 목우 게송을 구별하기 위하여 청거선사와 부암칙 화상의 게송을 또한 〈백우십송(白牛十頌)〉이라 이름하기도 하였다. 두 게송의 세부 목차와 담긴 뜻에는 많은 차이점이 있다.

1. 소를 찾다 〔尋牛第一〕
본래 형적 찾을 수 없다.

---

28) 十牛圖古宿無途轍中途轍也. 若論此事, 眨上眉毛, 早已蹉過, 況有淺深次第之異乎? 然去聖逾遠, 法當危末, 根性多優劣, 機用有遲速, 又不可一槪定之, 故未免曲設多方, 以誘掖之, 此圖之作是耶! 究此微旨, 各各至於安樂休歇之地, 可以自利利人也. 此圖後來布世, 諸老頌和者頗多, 今山僧不揣, 續紹於諸老之後, 覽者謾發一笑云耳.(《一山國師妙慈弘濟大師語錄》)

구름 덮인 숲 울창하고 연기 낀 풀 무성하다
발 아래 두 갈래길 나뉘어 있으나
바위 앞 마른 나무 용트림하누나
  本無形跡可求尋　雲樹蒼蒼煙草深
  脚下雖然歧路別　巖前枯木自龍吟

여기서 소는 자성(自性) 또는 불성을 상징하고 있다. 일체 중생이 모두 불성을 가지고 있으므로 소를 찾는다는 것은 곧 도를 구하여 성불을 하려는 것이다. 지극한 도와 자성은 형체와 자취가 없으므로 첫 구에서 "본래 형적을 찾을 수 없다" 하였다. 그러나 '자성' 또는 '대전(大全)'은 또한 색계에 숨겨져 있다. "구름 덮인 숲 울창하고 연기 낀 풀 무성하다"는 것은 암암리에 이 뜻을 담고 있다. 따라서 도(道)에 들어가는 길이란 단번에 얻어지는 것이 아니며, 항상 기로에서 잘못된 길로 들어서기 쉽다. 그러나 도는 어느 곳에나 있으므로 고목마저도 용트림을 한 채, 곳곳에서 사람을 부르고 있다. 이 때문에 "발 아래 두 갈래길 나뉘어 있으나 / 바위 앞 마른 나무 용트림하누나"라고 읊은 것이다.

2. 자취를 보다 〔見跡第二〕
풀덤불 사잇길은 어찌도 이리 많은가
이 발자국은 소가 지나간 길이 아닐까
다리 힘이 다한 곳에서 다시 한 걸음 나아가면
치켜든 소의 뿔이 나와 마주하게 될 것이다
  草窠裏走路何多　只此蹄岑莫是麽

脚力窮邊重進步　昂昂頭角要逢我

힘든 추적을 통해 소는 아직 보지 못했지만 드디어 종적을 찾았다. 도는 깨치지 못했지만 조짐은 이미 나타난 것을 말한다. 그러나 이 단계에 이르기까지 다리 힘을 적지 않게 써버렸다.

3. 소를 발견하다〔見牛第三〕

바람결 따사로워 가지 위에 새 울고
비온 뒤 초원 풀빛 더욱 푸르러라
이번에 그 놈 머리의 뿔을 보았으나
대씨(戴氏) 붓으로도 그려 내지 못할레라
　　風暖幽禽枝上聲　雨餘原草色尤靑
　　者回已覩渠頭角　戴氏毫端寫不成

도의 참모습의 발견은 소의 발견과도 같다. 소는 초원 위 나무 아래 있는데 때로는 바람결 따사롭고 때로는 비 그치고 때로는 새들이 지저귀는, 그런 정경(情景)을 통하여 형이상(形而上)의 도를 담고 있다. 그것은 형이하(形而下)의 만유(萬有)세계 어디에나 도가 존재함을 말하고 있다. 그러나 지극한 도는 뭐라 이름하기 어려워 언어로 표현할 수 없다. 마치 소의 모습을 그리기 어려운 것과 같기에 "이번에 그 놈 머리의 뿔을 보았으나 / 대씨 붓으로도 그려 내지 못한다"고 말한 것이다.

4. 소를 붙들다〔得牛第四〕

하늘 향해 콧구멍 벌름대는 그 놈을 끌어당겨

이젠 날뛰는 그 성질을 없애고
설산의 향초와 옅은 안개 낀
그곳으로 끌고 가야겠다
  鼻孔撩天拽轉渠 從今狂逸性須除
  雪山香草和煙細 且要驅來向此居

 소를 붙들었다는 것은 도를 얻었다는 뜻이다. 소를 붙든 후에는 날뛰는 그 성품을 제거해야 하듯이 도를 얻은 후에는 보임(保任) 공부가 있어야 한다. 설산은 석가모니의 수도처이다. 설산의 풀과 안개는 소의 내력과 불교의 기원지를 말한다. 소를 치는 자는 소를 그 '성역'으로 내몰아 방목해야 한다.

5. 소를 치다 〔牧牛第五〕
때 따라 수초로 그 몸 길러
순수 청정하니 한 점 티끌에 물들리야
밭곡식 자연 범하지 않으니
묶거나 풀어 두나 자유로워라
  隨時水草活渠身 純淨何曾染一塵
  苗稼自然混不犯 收來放去卻自由

 소를 붙든 후에는 방목해야 하듯이 도를 깨달은 후에는 보임(保任)을 해야 한다. "순수 청정하니 한 점 티끌에 물들리야"라는 구절은 자성의 지극한 도가 본래 청정함을 말하고 있다. 밭곡식을 범하지 않아 풀어 두거나 묶어 두어도 자유롭다는 것은 보임을 제대로 하여 마음을 함양함에 있어 자유롭게 맡겨 둠을 비유한 것이다.

6. 소 등에 타고 집으로 돌아가다 〔騎牛回家第六〕
야윈 소 이젠 길 잘들어 집으로 돌아가니
나무 아래 사립문 저녁 노을 비춰온다
외양간에 드르렁 잠자도록 놓아 두고
처마끝에 걸린 초생달 고요히 바라본다
   贏牛已純却回家 樹下柴門啓暮霞
   放教齁齁欄裏臥 靜看新月掛簷牙

소 등에 타고 집으로 돌아간다는 것은 색계로부터 공계(空界)를 깨달아 도를 이루어 마침내 성스런 진리의 경지에 이르렀음을 비유한 것이다. 그러나 도를 행하는데 아직은 원만하지 못하다. 마치 한 조각 초생달이 맑은 달빛을 보여 주긴 했지만, 그래도 부족하거나 남음이 없는, 그처럼 원만한 보름달에는 아직 이르지 못한 것 같다. 그러므로 한 걸음 더 나아가야 한다.

7. 소는 잊어버리고 사람만 남아 있다 〔忘牛存人第七〕
도롱이 삿갓은 이제부터 산에 들어가지 않고
채찍과 고삐를 던져 두니 한 몸이 한가하다
다시는 무서워하며 끌어 당길 일 없으니
푸른 아지랑이 속에서 마음껏 노래할 수 있어라
   蓑笠從玆不入山 鞭繩抛却一身閒
   更無觳觫勞牽拽 贏得謳歌翠靄間

소가 이미 잘 길들여져 채찍과 고삐를 필요로 하지 않는다. 이것은 보임 공부가 깊어 다시는 떨어질 염려가 없는 경지를 말한다. 소를 잊어버렸다는 것은 이미 도라는 관념을 잊어버림으로써 사람과 도가 하나가 되어 분별심이 없음을 비유한 것이다.

8. 사람과 소를 모두 잊다 〔人牛共忘第八〕
한 생각이 공할 때 모든 경계 공하니
겹겹이 막혔던 관문 활짝 열렸어라
동서남북에 모두 자취 없으니
이처럼 비고 현묘해야 바른 진리일레라
　　　一念空時萬境空　重重關隔豁然通
　　　東西南北了無跡　只此虛玄合正宗

도와 더불어 함께 변화하여 활연히 관통하니 공과 유의 거듭된 관문은 이미 장애가 될 수 없고, 공과 유가 하나되어 소도 잊고 사람도 잊으니 아무런 흔적과 형상도 찾을 수 없다.

9. 본원으로 돌아가다 〔返本還源第九〕
이미 하릴없는데 무슨 일이 있으랴
눈은 장님이요 귀는 귀머거리
시냇물 맑아 쪽빛처럼 푸르고
산꽃은 비단처럼 붉게 피었네
　　　旣然無作有何功　眼見如盲聽似聾
　　　澗水湛如藍色碧　山花開似錦機紅

성인은 작위도 없고 하릴도 없다. 도는 눈으로 보는 것이 아니요, 귀로 듣는 것도 아니다. 이미 도와 자성이 하나가 되어, 존재하지 않으나 존재하지 않는 곳이 없다. "시냇물 맑아 쪽빛처럼 푸르고 / 산꽃은 비단처럼 붉게 피었네"라는 구절은 바로 이러한 경지를 표현한 것이다. 이처럼 도는 어느 곳에나 존재하고 자성은 삼라만상을 따라 나타나기에, "강산과 대지에 모두 법왕의 몸을 드러낸 것이다〔河山並大地 齊露法王身〕."

10. 저자에 들어가 팔을 드리우다 〔入廛垂手第十〕

털가죽 바꾼 뒤 발걸음 돌려오니
까마귀 부리, 물고기 아가미 비슷하여라
전신이 온통 흙탕물이라
진리 문을 크게 열치리

  換却皮毛轉步來 依俙烏嘴與魚腮
  通身固是混泥水 我此宗門要大開

저자에 들어가 팔을 드리운다는 것은 도를 깨친 후에 세속에 들어가 손을 내밀어 중생을 제도한다는 비유이다. 자신의 깨달음에 그치지 않고, 중생을 위해 하나의 배가 되어 흙탕물 속에서 대중과 어울려 진리의 문을 활짝 열어 준 것이다. 이것이 전적으로 가죽과 털을 바꾼, 즉 환골탈태(換骨奪胎)한 후에 성위(聖位)에서 몸을 돌려 나올 수밖에 없는 이유이다.

이상의 두 게송은 각기 날카로운 기봉(機鋒)을 나타내고 있다. 경지의 차이가 없지는 않으나 조예의 높낮이는 구별하기 어렵다. 여러 스님들의 유실된 게송이 많음에도 불구하고 후인에 의해 수집된 작품은 무려 230수 이상이나 된다. 아름다운 문장과 주옥 같은 시구를 하나하나 열거하기 어려우므로, 대략 20수를 대표로 선정하였다. 범부에서 성인이 되어가는 열 가지 역정은 공자의 "열 다섯에 이르러 학문에 뜻을 두었고, 서른 살에 몸을 세웠으며, 마흔 살에 의혹이 없었고, 쉰 살에 천명을 알았으며, 예순에 듣는 것마다 마음으로 이해하였고, 일흔에 이르러 마음 하고 싶은 대로 행해도 법도에 어긋나지 않았다"는 말과 그 기본정신이 일치하고 있다. 다만 하나는 부처가 되는 길이요 하나는 성인이 되는 길이라는 차이가 있을 뿐이다 (68. 3. 25~27.《신생보(新生報)》부간(副刊)).

한 입에 서강의 물을 들이킨 방거사

　선종은 마조·석두선사에 이른 후로 용상대덕(龍象大德 : 큰스님)들이 배출되어 한때 지극히 융성하였다. 이는 실로 두 대사의 교화에 공을 돌려야 한다. 당시 마조선사의 회하(會下 : 門下)에 방온(龐蘊)이라는 속가 제자가 한 사람 있었는데 마조의 큰 신임을 얻었다. 전래하는 말에 의하면 방거사의 온 가족이 도를 얻었다 하며, 그의 어록과 게송이 지금까지 전해오고 있다. 더욱이 "한 입에 서강의 물을 모두 들이킨다"는 공안이 총림에 널리 전해져 지금도 유명하다. 그는 유마힐(維摩詰)과 같은 인물이다.
　방거사는 호남 형양(衡陽) 사람이다. 대대로 유학자 집안이었으며 재산이 풍요로웠다. 전하는 말에 의하면 그는 도를 깨달은 후 재물을 배에 싣고 상강(湘江)에 모두 던져 버렸다고 한다. 그는 먼저 남악의 석두희천 선사를 참배하였는데, 석두가 그에게 물었다.
　"그대가 노승을 만난 후로 일상생활이 어떠한가?"
　이는 수도하는 마음이 어떠한가를 물은 것이다.
　이에 거사가 답하였다.
　"만일 일상사(日常事)를 묻는다면 입을 열 곳이 없습니다."
　이는 곧 도란 말로써 형언할 수 없음을 이른 것이다.

방거사의 이 대답은 여전히 부질없는 선기(禪機)의 견해에 떨어진 감이 없지 않다. 이에 다시 한 수의 게송을 올려 '일상사'의 깊은 뜻을 밝히고 있다.

일상사란 별 다른 게 없으니
오직 나만이 스스로 우연히 합한다
모든 걸 취사(取捨)하지 않으니
곳곳마다 어긋나지 않는다
붉은 색 자주빛을 누가 구분하는가
언덕과 산에 한 점 티끌도 없다
신통과 묘용은
물 긷고 나무하는 것

  日用事無別　唯吾自偶諧
  頭頭非取捨　處處勿張乖
  朱紫誰爲號　丘山絶點埃
  神通並妙用　運水與搬柴
(《景德傳燈錄》卷8)

도는 이 '일상사'와 결코 구별이 없다. 하지만 내가 도와 서로 부합할 수 있는지에 달려 있을 뿐이다. 모든 생각에 취사(取捨)가 없어 성인과 범인의 분별심이 없으며 청정과 오염의 차별관념을 일으키지 않으면, 자연히 취함도 없고 어디서나 괴리되지 않는다. 이는 자성과 서로 어긋남이 없음을 말한다.
"붉은 색 자주빛"이란 명상(名相)의 차별을 말한다. '색계'의 변환

(變幻) 현상은 누가 세운 헛된 명제일까? "언덕과 산"이란 '자성'을 대표한 것으로 절대 청정하여 한 점 티끌도 없음을 말한다. 도를 깨친 후의 경지는, 아무리 신통과 묘용이 있을지라도, 물 긷고 나무하는 평소의 일상사에 지나지 않는다. 방거사의 깨달음은 석두희천에 의해 큰 칭찬을 받았으며, 아울러 거사의 신분으로서 문하에 들어오도록 허락하였다. 그러나 방거사는 마조의 전수로 깨달음을 얻었기에 마조의 법사(法嗣 : 法系)가 되었다. 《경덕전등록》에는 그 일을 다음과 같이 기록하고 있다.

    (방거사)는 뒤에 강서로 가서 마조를 참배하고 "만법과 더불어 짝하지 않는 자는 어떤 사람입니까?"라고 물었다. 마조가 말하였다. "그대가 한 입에 서강 물을 모두 마시고 나면 말해 주리라." 거사는 그 말을 듣고 단번에 현묘한 진리를 깨쳤다.[29]

"만법과 더불어 짝하지 않는다"는 것은 만법의 변화 가운데 있지 않다는 것이다. 오직 '자성'만이 만법을 낳기에 만법과 더불어 짝이 되지 않는다. 곧 견성성불한 사람이다. 여느 사람은 한 입에 서강의 물을 모두 마실 수 없다. 그러나 견성성불하여 대전(大全)과 하나가 되면 한 입에 서강의 물을 다 마실 수 있다. 이 경지에 이르면 남김없이 단번에 깨달아 말로써 해설할 필요가 없다. 이 공안에 대한 후인들의 게송은 매우 많으나 특별히 몇 수를 들어 각기 다른 선경(禪境)을 예시하고자 한다.

---

29) (龐居士)後之江西, 參問馬祖云 不與萬法爲侶者 是什麽人? 祖云 待汝一口吸盡西江水, 卽向汝道. 居士言下 頓領玄要.

한 입에 서강 물 모두 들이키니
낙양 모란에 새 꽃망울 터지네
흙 먼지 날려 찾을 곳 없으나
눈 부릅뜨자 자신과 마주친다
　　一口吸盡西江水　洛陽牡丹吐新蘂
　　簸土揚塵無處尋　擡眸撞着自家底
　　(五祖演 禪師)

한 입에 서강 물 모두 들이키니
꽃숲에서 자고새 울음 운다
지음(知音) 웃으며 고개 끄덕이지만
예부터 귀머거리 귀엔 들리지 않는다
　　一口吸盡西江水　鷓鴣啼在深花裏
　　自有知音笑點頭　由來不入聾人耳
　　(寶峯照 禪師)

한 입에 서강 물 모두 들이키니
한 방울 남지 않았건만 큰 물결이 인다
망아진 여느 말이 아니라
석양결에 바람 울리며 그림자 날린다
　　一口吸盡西江水　涓滴不留洪浪起
　　駒兒自是不尋常　嘶風弄影斜陽裏
　　(白楊順 禪師)

한 입에 서강 물 모두 들이키니
절구공이 꽃 피어 끝이 없어라
잎새 가지마다 이슬 맺히고
바늘 끝에 수미산 감추어라
　　一口吸盡西江水　碓觜生花猶未已
　　葉葉枝枝垂雨露　須彌藏在針鋒裏
　　(大禪明 禪師)

 오조연(五祖演) 선사는 "한 입에 서강 물을 모두 들이킨다"는 공안이 마치 낙양에 유명한 꽃, 모란이 새 꽃망울을 터뜨린 것처럼 총림 참선인의 관심 대상이 되었다고 인식하였다. 그러나 '자성'의 깨달음은 흙 속에 묻힌 주옥을 찾는 것과도 같다. 마조의 가르침을 따라 찾으려면 설령 흙과 먼지를 흩날리며 찾아도 찾을 수 없다. 그러나 도는 어디나 존재한다. 눈길 닿는 모든 곳이 곧 보리(菩提)이다. 만일 기연(機緣)을 잘 만나면 머리를 들자마자 자신의 보물과 맞부딪혀 견성성불을 할 수 있다.
 보봉조(寶峯照) 선사는 마조가 보여 준 이 공안에 깊은 계시가 있다고 인식하였다. 마치 꽃숲 깊이 숨겨진 자고새처럼 그 모습을 볼 수는 없다. 즉 도는 본래 형체가 없다. 하지만 자고새의 울음소리는 모든 사람들에게 도를 깨닫도록 다그치고 있다. 방거사처럼 지음(知音)의 인물이 있어 미소를 머금고 고개를 끄덕이며 깨달음을 얻을 수 있다. 그러나 깨닫지 못한 사람은 마치 귀머거리처럼 예부터 이러한 자고새의 울음소리에 담긴 의미를 듣지 못하고 있다.
 백양순(白楊順) 선사는 "한 입에 서강 물 모두 들이킨" 후엔 서강의 물이 한 방울도 남지 않았다고 한다. 설령 도를 깨달은 사람이 이미 지극히 큰 신통능력을 가졌다 할지라도 '자성'은 여전히 용솟음치는 큰 물결처럼 기용(機用)이 멈추지 않는다고 인식하였다. "망아진 여느 말이 아니라"는 것은 마조의 비범함을 칭찬한 말이다. 육조는 일찍이 남악회양에게 "그대의 발 아래에서 망아지 한 마리가 나와 천하 사람들을 모두 밟아 죽일 것"이라고 예언한 바 있었다. 망아지란 마조를 은유한 것이며, "천하 사람을 모두 밟아 죽인다"는 것은 천하 사람을 제도한다는 뜻을 반어적(反語的)으로 표현한 것이다. 망아지란 바로 이 고사를 원용한 것이다. 마조의 이 공안은 망아지가 석양 노을 속에서 북풍을 향하여 울부짖고 그림자 내달리는 것처럼 선기(禪機)를 보여 주었다.

 대선명(大禪明) 선사는 이 공안(한 입에 서강 물을 모두 들이킨다)에 대해서 생명 없는 절구공이에 끝임없이 가지와 꽃이 피는 것처럼 매우 기특한 공안이라고 인식하였다. "잎새 가지마다 이슬 맺히고"라는 것은 세세대대(世世代代)의 참선인들이 모두 이 공안으로 비 이슬처럼 축축한 은택을 받고 있음을 비유한 것이다. 하지만 사람마다 받아들일 수 있는, 그처럼 쉬운 일은 아니다. 마치 수미산이 바늘 끝에 감춰져 있는 것처럼 이를 참구하여 깨닫기는 어렵다.

 방거사는 마조의 "한 입에 서강 물을 모두 들이킨다"는 가르침을 따라 철저하게 깨달았다. 하지만 그 후 수많은 참선인 중에서 이 공안을 참구한 자는 많았지만 깨달음을 얻은 자는 적었다. 혼미하면 범인이요 깨달으면 성인이다. 이 공안은 선(禪)의 신비성을 잘 드러내 보여 주고 있다.(68. 2. 1.《신생보(新生報)》부간(副刊)).

매실이 익었다는 대매선사의 공안

대매법상(法常) 선사의 속성은 정씨이며 호북(湖北) 양양(襄陽) 사람이다. 어려서 형주(荊州) 옥천사(玉泉寺)에서 출가하였다. 《경덕전등록》 제7권에서는 그의 득법(得法)과 주석(住錫)한 경위에 대해 아래와 같이 기록하고 있다.

처음 대적(大寂 : 馬祖 諡號)을 참배하고 물었다.
"무엇이 부처입니까?"
"마음이 부처이다!"
스님은 곧 크게 깨달았다.
당 정원(貞元) 년간에 대매산 은현(鄞縣) 남쪽 70리 매자(梅子) 진구은(眞舊隱)이라는 곳에 주석하였다. 당시 염관선사의 회하에 한 스님이 지팡이를 만들 나무를 구하러 산에 들어갔다가 길을 잃고서 스님의 암자에 이르러 물었다.
"스님은 이 산에 계신 지 얼마나 되셨습니까?"
"주변의 산들이 푸르렀다가 다시 누렇게 되는 것밖에 보지 못했다."
다시 물었다.
"산을 내려가는 길은 어디로 갑니까?"
"시냇물이 흘러 가는 대로 가라."
스님이 돌아가 이 말을 염관에게 전하자, 염관이 말하기를 "내가 강서에 있을 때 한 스님을 만난 적이 있었다. 그 후로 소식을 몰랐는데 그 스님인 것 같다."
 마침내 그 스님을 보내 스님에게 나오도록 청하였다. 스님은 이에 게송을 지었다.

 꺾이고 앙상한 고목 차가운 숲에서
 얼마나 봄을 만나 마음 변치 않았는가
 나무꾼도 거들떠 보지 않는 것을
 영인(郢人 : 匠人)은 어찌 그리 힘들여 찾아대는가[30]

 염관제안(鹽官齊安) 역시 마조의 제자이다. 대매법상은 마조의 한 마디 말을 듣고 문득 깨달은 후 대매산에 은거하였다. 그것은 "바위와 구름을 벗삼아 성태(聖胎)를 기른 것이다〔伴石依雲養聖胎〕." 다시 말하면 깨달음의 경지를 잃지 않으려는 '보임(保任)' 공부의 나날들이었다. 그 후 염관 문하의 스님이 무심코 묻는 말에 대해 현묘한 기봉〔玄機〕이 담긴 답변을 하게 되었다.
 "주변의 산들이 푸르렀다가 다시 누렇게 되는 것밖에 보지 못했다"는 것은 이미 세월을 잊고 성스런 경계〔聖境〕에 있으면서 현상계에 나타난 '대전(大全)'의 변화를 이해할 수 있다는 말이다. 이는 그가 묻는 말에 대답했을 뿐 아니라 또 수행의 경지를 보여 준 것이다. 염관제안은 대매의 대답을 듣고서야 그 요지를 알았다. 그래서 그에게

---

30) 初參大寂(馬祖諡號), 問 如何是佛? 大寂云 卽心是佛! 師卽大悟. 唐貞元中, 居於大梅山鄞縣南七十里梅子眞舊隱(疑漏一處字). 時鹽官會下一僧, 入山採柱杖, 迷路至庵所, 問曰 和尙在此山來多少時也? 師曰 只見四山靑又黃. 又問 出山路向什麼去? 師曰 隨流去. 僧歸, 說似鹽官, 鹽官曰 我在江西時, 曾見一僧, 自後不知消息, 莫是此僧否? 遂令僧去請師出, 師有偈曰 摧殘枯木倚寒林 幾度逢春不變心 樵客遇之猶不顧 郢人那得苦追尋.

산에서 내려오기를 청하였으나 법상은 이에 게송으로써 그의 청을 거절하였다.

"꺾이고 앙상한 고목 차가운 숲에" 있다는 말은 현상(색계)을 간파하고 본체를 깨달아, 형체는 마른 나무와 같고 마음은 꺼진 재처럼 홀로 '차가운 숲'에 의지한 채, 여여(如如)하여 움직임이 없다는 뜻이다. "얼마나 봄을 만나 마음 변치 않았는가"라는 것은 몇 번이고 "꺼져 버린 재가 다시 불붙고" "고목이 다시 살아나는" 기회를 만났지만 여전히 본래의 마음을 바꾸지 않았음을 말한다. 그 모습이 이미 매마른 고목과 같아서 나무꾼도 오히려 베어 가지 않는데, 도끼를 휘두르면 찬 바람이 일어나는 최고의 장인(匠人)인 영인으로서 무엇 때문에 재목을 구하려는 간절한 눈빛으로 그처럼 고심어리게 찾는가? 여전히 하산할 생각이 없음을 나타낸 시구이다. 하지만 구슬이 땅에 묻혀 있어도 그 빛을 감출 수는 없듯이 훗날 법상은 결국 하산하여 주지가 되었다. 마조는 이 소식을 듣고서 한 스님을 보내어 그의 경지를 시험하였다.

> 대적은 대매가 산에 머물고 있다는 말을 듣고서 한 스님을 보내어 물었다.
> "스님이 마조선사를 친견하였을 때 무엇을 얻고서 이 산에 주석한 것입니까?"
> "마조스님은 나에게 마음이 부처라 말해 주었다. 나는 곧 그 속에 머물고 있다."
> "마조스님은 요사이의 불법이 또 다릅니다."
> "어떻게 다른가?"
> "요사이엔 또한 마음도 아니요 부처도 아니라 말합니다."

"이 늙은이가 사람들을 현혹시켜 깨칠 날이 없다. 마음도 아니요 부처도 아니다라는 것은 그에게 맡겨 두고 나는 오로지 마음이 곧 부처라 할 것이다."

그 스님이 돌아가 마조에게 이 말을 전하자, 마조는 "대중들이여! 매실이 익었구나"라고 말하였다.[31]

참선인이 도를 깨친 후에는 철저히 도를 통하여 자연히 입지(立地)가 있기 때문에, 타력(他力)에 의한, 남들의 말에 따라서 지껄여 대지 않는다. "가장 지혜로운 이와 아주 어리석은 이는 변할 수 없다." 그것은 앎이 참되고 뚜렷하기 때문이다. 법상은 이미 마조의 "마음이 곧 부처"라는 가르침에 따라 도를 깊이 체득한 바 있기에 "마음도 아니요 부처도 아니라"는 바뀐 말은 역시 그에게는 이미 쓸모 없는 것이다. 왜냐하면 어떠한 언구도 모두 통발과 같아서 물고기를 이미 잡은 후엔 통발의 크기가 어떻든, 통발의 생김새가 어떻든 더 이상 관계치 않기 때문이다. 따라서 "이 늙은이가 사람들을 현혹시켜 깨칠 날이 없다"고 마조를 비평한 것이다. 그는 이처럼 자신의 얻은 바를 독실하게 믿은 나머지 마조의 말에 따라 바꾸지 않았다. 그 때문에 마조는 특별히 "매실이 익었구나!"라고 칭찬하여 대매의 깨달음과 수행이 이미 원만하고 성숙함을 인정하였다. "매실이 익었다"는 화두는 마침내 후대 선사들이 선의 견해를 표현하는 소재거리가 되어 게송으로 읊어지기에 이르렀다.

---

31) 大寂聞師住山, 乃令一僧人到問云 和尙見馬師, 得箇什麼? 便住此山. 師云 馬師向我道, 卽心是佛, 我便向這裏住. 僧云 馬師近日佛法又別. 師云 作麼生別? 僧云 近日又道非心非佛. 師云 這老漢惑亂人未有了日, 任汝非心非佛, 我只管卽心卽佛. 其僧廻, 擧似馬祖, 祖云 大衆! 梅子熟也.

연잎 옷 솔밥으로 구름 깊은 곳 머무니
아마 당시 사람을 잘못 보았을 터
일평생 '마음이 부처'라는 말에 파묻혀
천 년 만 년 티끌되지 않누나
  荷衣松食住深雲　蓋是當年錯見人
  埋沒一生心卽佛　萬年千載不成塵
  (楚雲南 禪師,《宗鑑法林》卷12)

초운남(楚雲南) 선사는 반어법을 사용해 이 공안을 송하고 있다. "연잎 옷 솔밥으로 구름 깊은 곳 머무니"라는 것은 법상선사가 도를 깨친 후 '보임' 공부가 깊음을 찬미한 것이다. "아마 당시 사람을 잘못 보았을 터"라는 말은 실제론 그 당시 사람을 잘못 만나지 않았음을 말한 것으로, 다행히 마조를 잘 만났다는 뜻을 역설적으로 표현한 것이다. 이를 통하여 도를 깨닫고, 그 뒤 연잎으로 옷을, 솔잎으로 밥을 삼아 세속을 초월하여 오랫동안 구름 깊은 골, 성스런 경계에 머물렀다. "일평생 '마음이 부처'라는 말에 파묻혀"라는 것도 역시 반어법이다. 법상은 마조의 "마음이 곧 부처"라는 가르침을 얻어 도를 깨달았다. '일평생 파묻혔다'는 것은 곧 일평생 파묻히지 않았음을 뜻한다. 마조의 가르침과 법상의 깨달음, 그리고 이 공안은 천 년 만 년이 지난 후에도 영원히 매몰되거나 소실되지 않으므로 "천 년 만 년 티끌되지 않누나"라고 말하였다.

사내 마음 나뭇잎처럼 얇은데 여인은 얼음처럼 맑아
사내가 황금으로 꼬드겨도 여인은 대꾸가 없다

어쩌다 미소라도 흘렸더라면
외로운 등불 반평생 지켰다 누가 믿으랴
　　郎心葉薄妾氷淸　　郎說黃金妾不應
　　假使偶然通一笑　　半生誰信守孤燈
　　(簡翁敬 禪師)

간옹경(簡翁敬) 선사는 염정시(艶情詩)의 형식을 빌어, 법상선사가 마치 굳은 절개를 지킨 열녀처럼 조금도 흔들림 없이 그 같은 시험을 잘 견뎌냈음을 표명하고 있다. "사내 마음 나뭇잎처럼 얇다"는 것은 마조의 전후 불법이 다른 것을 비유함이며, "여인은 얼음처럼 맑다"는 것은 절개를 지키는 열녀가 얼음처럼 차갑게 정조를 지킨 것처럼 법상의 마음이 굳건함을 표현한 것이다. 마조의 "마음도 아니요 부처도 아니라"는 말은 여인을 유혹하는 황금과 같다. 그러나 법상은 흔들리지 않았다. 마치 열녀가 황금을 거들떠 보지도 않은 채 말대꾸조차 하지 않은 것처럼. 만일 황금을 보고 어쩌다 미소를 지어 두 사람의 정이 통했다면, 여태껏 절개를 지켜 온 부인의 굳은 정조를 아무도 믿지 않았을 것이다. 법상이 마조의 "마음이 부처"라는 화두를 믿어오다가, 이제와서 "마음이 부처"라는 화두에 의한 깨달음을 의심했다면 믿음이 도탑지 못한 것이다. 달리 말하면 도의 깨달음이 투철하지 못하여 확고한 입지가 없기 때문에 남들의 말에 따라 흔들려 버린 것이다. 이것이 "어쩌다 미소라도 흘렸더라면 / 외로운 등불 반평생 지켰다 누가 믿으랴"는 구절의 뜻이다.

　　오조초(五祖蕉) 선사는 도잠(道潛)스님의 시를 빌어 그의 선지(禪旨)를 나타내었다.

임금 앞에 아리따운 낭자 매우 고맙소
깊은 꿈결 양왕을 잘도 고뇌케 했다
선심(禪心)이야 진흙 묻은 버들개지 되어
봄바람에 미친 듯 날리지 않누나
  多謝尊前窈窕娘 好將幽夢惱襄王
  禪心已作沾泥絮 不逐東風上下狂
  (五祖蕉 禪師)

홍각범(洪覺範 : 惠洪) 선사의 《냉재야화(冷齋夜話)》에 따르면, 이 시는 오승(吳僧) 도잠(道潛)이 소동파와 교유하면서 지은 작품이다.

 오(吳) 땅 스님 도잠은 풍채가 있었다.…… 소동파가 동서(東徐) 원님으로 자리를 옮겨 갔을 때, 도잠스님이 찾아와 소요당(逍遙堂)에 머물렀는데, 사대부들이 다투어 그와 교유하고자 하였다. 소동파는 손님접대를 마치고 스님과 함께 오는 길에 성장한 기생을 데리고 왔다. 소동파가 한 기생을 보내어 스님에게 시를 청하니, 도잠은 붓을 들자마자 시를 써내려갔다.

아리따운 무산선녀에 말 전하노니
꿈결에 양왕을 잘도 고뇌케 해보오
선심(禪心)이야 진흙 묻은 버들개지 되어
봄바람에 미친 듯 날리지 않누나 [32]

---

32) 吳僧陶潛, 有標致…… 及坡移守東徐, 潛往訪之, 館於逍遙堂, 士大夫爭識之. 東坡饋客罷, 約而俱來, 紅粧擁隨, 東坡遣一妓前乞詩, 潛援筆而成曰 寄語巫山窈窕娘 好將魂夢惱襄王 禪心已作沾泥絮 不逐東風上下狂.(《詩人玉屑》권 20에서《冷齋夜話》를 인용)

오조초 선사의 시에 사용한 자구(字句)는 조금 다르지만, 도잠스님의 시와 대체로 같다. "다른 글을 옮겨 적어 창작을 삼는〔以述爲作〕" 차용(借用)임을 알 수 있다. 그러나 그 차용(借用)을 거치면서 그 의의는 전혀 다르게 변하였다. 도잠의 시는 시를 청하는 기녀(妓女)에게 동파에게나 마음을 쓰도록 권하고 있다. 마치 무산의 선녀와 초양왕의 관계처럼……. 자신은 참선하는 사람이므로 선심(禪心)이 이미 정해져 있어, 진흙이 묻은 버들개지처럼 봄바람에 미친 듯 날리지 않음을 말하였다.

그러나 오조초 선사는 이를 인용하여 아리따운 아가씨로 마조를 비유하였다. 마조의 "마음도 아니요 부처도 아니다"라는 말은 단지 양왕, 즉 도를 깨치지 못한 자만을 현혹할 수 있다. 법상은 이미 투철히 깨달아 다시는 현혹되지 않는 까닭에, 마조가 "마음이 부처"라는 말을 바꿨다 해서 그 말을 따라 다시 광란하지 않으므로, "선심(禪心)이야 진흙 묻은 버들개지 되어 / 봄바람에 미친 듯 날리지 않누나"라고 표현하였다. 이 또한 비흥시(比興詩 : 비유와 연상법)의 오묘함을 보여 주고 있다.

예전의 선사들은 이른바 '인가(印可)'를 통하여 후배와 문도들의 깨달음의 여부, 잘못된 견해의 여부, 깨달음의 수준이 어떠한지를 시험해 왔다. 한 바탕의 정면대결로써 진실을 시험하듯, 전광석화처럼 빨라서 사유(思維)로 헤아리는 것을 용납하지 않고, 사려(思慮)로써 이해하는 지해(知解 : 알음알이)의 경계에 떨어지는 것을 허락하지 않는다. 학인으로 하여금 곧바로 말을 받되 가슴 속에서 흘러 나와야 한다. 이는 학인의 절실한 깨달음을 요하는 것이다.

위에서 서술했듯이 마조가 법상에게 스님을 보내어 문답을 벌인 것은 '인가'의 시험이며, "매실이 익었구나!"라는 말은 '인가' 후의 증명이다. 같은 도반의 참선인 역시 종종 서로의 검증을 하기도 하였다. 유가(儒家)의 절차탁마(切磋琢磨)와 같은 맥락이다. 대매법상이 마조에게 인가를 받은 후에 방거사 또한 법상에게 시험을 가하였다.

> 방거사가 스님(법상)에게 물었다.
> "오랫동안 대매(大梅)를 흠모해 왔는데, 매실이 익었는지 익지 않았는지 모르겠군."
> "그대는 어디에다 입을 대볼텐가?"
> "그러면 산산조각 나겠지!"
> "씨는 나에게 돌려 주시게." [33]

"오랫동안 대매(大梅)를 흠모해 왔다"는 것은 대매법상의 깨달음을 흠모해 온 지 오래이다는 말이다. "매실이 익었는지 익지 않았는지 모르겠다"는 것은 이를 빌어 법상의 깨달음의 경지가 어떠한지를 물은 것이다. 법상이 만일 매실이 익었다고 답했다면, 성자로 자처하여 자만에 빠져있음을 면하지 못한 것이다. "어디에다 입을 대볼텐가?"라는 말은 매실은 익으면 맛을 볼 수 있듯이, 만일 깨달았다면 만유(萬有)의 근본인 '대전(大全)'과 함께하게 된다. 그렇다면 이 "익은 매실"에 어떻게 입을 댈 것인가. 즉 어떻게 시험할 수 있는가를 묻는 뜻이다. 방거사 역시 보통사람이 아니다. "그러면 산산조각이 나겠지!"라는 대답은 법상의 소견이 여전히 정신없이 그림자나 우롱하는 가상(假象)이라는 말이다. 이에 법상은 방거사 앞으로 손을 쑥

---

33) 龐居士問師, 久嚮大梅, 未審梅子熟也未? 師云 你向什麼處下口? 士云 與麼, 則百雜碎也! 師云 還我核子來.

내밀면서 "씨는 나에게 돌려 주시게"라고 말하였다. 즉 나에게 "도의 핵심"을 돌려달라는 말이다. 이 때문에 방거사는 다시 물을 수 없었다.

    대매의 매실이 익었음을
    방거사는 벌써 알고 있었다
    바른 눈으로 참과 거짓 증험하고
    서로 만나 손뼉치고 돌아가노라
        大梅梅子熟　龐老已先知
        正眼驗眞妄　相逢拍手歸
       (松源岳 禪師)

송원악(松源岳) 선사는 두 사람이 시험하는 과정과 결과를 게송으로 밝히고 있다. 방거사는 대매법상의 깨달음을 이미 알고 있었지만 "바른 눈으로써 참과 거짓"을 확인하려 들었다. 바른 눈이란 지혜의 눈을 말한다. 정수리에 박힌 외알 눈을 불가에서는 일척안(一隻眼)이라 한다. 사람의 지혜가 나오는 곳이요 또한 정안(正眼)이라는 뜻이다. 방거사가 지혜의 눈을 통하여 법상의 깨달음의 진실과 거짓을 시험하고자 한 결과, 이 일대접전은 막상막하였으므로 "서로 만나 박수치고 돌아가노라"라고 하였다. 하지만 피차간의 감험(堪驗)이 일치되지 못하였고 고하의 경지가 여기에서 드러난 것이다. 법상이 주지가 된 후에 언급한 공안으로 이를 예증할 수 있다.

협산과 정산이 동행하면서 이야기하다가 정산이 말하였다.

"생사 가운데 부처가 없다면 곧 생사가 아니다."
협산이 말하였다.
"생사 가운데 부처가 있으므로 생사에 혼미하지 않는다."
두 사람이 산에 올라가 절하고서 협산이 이를 들어 대매에게 물었다.
"두 사람의 견처(見處)에 어느 것이 좀 더 가깝습니까?"
대매가 말하였다.
"하나는 가깝고 하나는 멀다."
협산이 물었다.
"어느 것이 가깝습니까?"
대매가 말하였다.
"물러갔다가 내일 다시 오라."
협산이 이튿날 다시 올라와 묻자, 대매가 말하였다.
"가까운 자는 묻지 않고 묻는 자는 가깝지 않다." [34]

정산과 협산이 소견이 달라 자신의 견해를 결코 양보하지 않았다. 이에 법상을 찾아가 가르침을 청하였는데, 법상은 결코 두 사람의 경지의 높낮이를 단정하지 않고, "가까운 자는 묻지 않고 묻는 자는 가깝지 않다"고 하여 높낮이를 정하였다. "묻는 자는 가깝지 않다"는 것은 소견에 의심이 있거나 자신할 수 없었기 때문에 찾아와 묻는 것이거나, 아니면 높낮이를 다투려는 마음이 있기 때문에 찾아와 묻는 것이기에 "묻는 자는 가깝지 않은" 것이다. 협산은 이미 정산의 아래에 떨어져 버린 것이다. 방거사가 대매의 대답에 그 어떠한 말

---

34) 夾山與定山同行言話次, 定山云 生死中無佛, 卽非生死. 夾山云 生死中有佛, 卽不迷生死. 二人上山參禮, 夾山便擧問師(大梅), 未審二人見處, 那個較親. 師云 一親一疏. 夾山云 那個親? 師云 且去, 明日來. 夾山明日再上問師, 師云 親者不問, 問者不親.

도 다시 하지 못한 것으로 보아 매실이 익었음을 분명히 알 수 있
다. 신암주(辛菴儔) 선사는 곧 이러한 뜻으로 게송을 밝혔다.

　방거사 몸소 찾아와 백기 세우니
　단칼에 모든 기틀 끊어버렸네
　예전에 설익은 걸 먹지 않은 것은
　그 매실 익은 지 오랜 때문이다
　　　龐公親到豎降旗　一劍當頭斬萬機
　　　不是從前生咬破　爲他梅子熟多時

　방거사가 시험할 때 백기를 들고 투항한 것은 법상의 지혜의 칼이 '모든 기틀'을 잘라 버렸기 때문이다. 매실이 설익었을 때 먹지 않는다는 것은 그의 말이 원만하지 못한 때문이다. 왜냐하면 매실이 익어야 비로소 원융(圓融)하여 걸림이 없기 때문이다. 법상이 철저하게 깨달아 마조의 인가가 조금도 잘못되지 않았음을 알 수 있다. "매실이 익었다"는 것은 결코 쉬운 일이 아니다. 그 얼마나 많은 참구의 정진과 얼마나 많은 보임(保任)의 노력을 거쳐서야 비로소 익게 되었는지는 진정 말로 표현할 수 없는 일이다(67. 4. 18~19.《신생보(新生報)》부간(副刊)).

목불을 불태운 단하선사

등주(鄧州 : 현 河南 鄧縣)의 단하천연(丹霞天然) 선사는 선문(禪門)의 '광사(狂師 : 奇人)'라 할 만한데, 일생의 행적은 더욱 전기적(傳奇的) 색채가 농후하다. 《경덕전등록》 권14에 단하의 출가 과정을 아래와 같이 기록하고 있다.

처음에는 유학을 익혀왔다. 과거를 보려고 장안으로 가는 길에 어느 날 한 객사에 묵었는데, 문득 흰빛이 방에 가득한 꿈을 꾸었다. 점치는 사람이 "공도리(空道理 : 불교)를 깨달을 상서라" 하였다. 우연히 한 선객이 그에게 물었다.
"선비는 어디 가시오?"
"과거 보러 갑니다〔選官〕."
선객이 말하였다.
"과거 보는 것이 어찌 부처를 뽑는 것〔選佛〕만 같겠소?"
"부처를 뽑는 곳은 어디로 갑니까?"
"지금 강서에 마조대사가 계시는데, 그곳이 부처를 뽑는 도량이니, 선비는 가보시게."
이에 곧장 강서로 찾아갔다……[35]

---

35) 初習儒業, 將入安應擧, 方宿於逆旅, 忽夢白光滿室, 占者曰 解空之祥也. 偶一禪客問曰 仁者何往? 曰 選官去! 禪客曰 選官何如選佛? 曰 選佛當往何

"과거를 보는 것"과 "부처를 뽑는 것"은 전혀 다른 길이다. 적어도 "과거를 보는 것"은 세간으로 들어가는 것이요, "부처를 뽑는 것"은 출세간이다. 단하는 장안에 들어가 과거를 보려다가 옆 사람들의 몇 마디 말에 따라 곧바로 "부처를 뽑는" 강서의 마조 도량으로 찾아갔다. 불교인의 입장에서 보면 이는 큰 기연(機緣)이지만 단하의 처지에선 180도 전환은 큰 지혜에 의한 결과다. 단하가 마조대사를 찾아가 참배하자, 대사는 그의 인연이 남악의 석두희천(石頭希遷)에게 있다 하여, 이에 희천의 제자가 되어 부엌에서 불을 지피는 행자가 되었다. 그의 삭발 수계(受戒)와 법호를 얻은 경위도 여전히 사람을 놀라게 했다.

    행자생활을 한 지 3년이 되던 어느 날 석두가 대중에게 고하였다.
    "내일은 법당 앞의 풀을 뽑도록 하라."
    그 이튿날 대중과 행자들은 각기 가래와 괭이를 준비하여 풀을 뽑았는데, 스님만은 동이에 물을 담아 가지고 와 머리를 깨끗이 씻고서 스님 앞에 꿇어 앉았다. 석두가 그를 보고 웃으면서 곧 삭발을 하여 주었다. 그리고 계법을 일러 주자, 스님은 귀를 막고 밖으로 나가 버렸다. 곧장 강서로 찾아가 다시 마조를 참배하려 했으나 참배하지 않고, 곧 법당 안으로 들어가 불상의 목에 걸터 앉았다. 대중들이 깜짝 놀라 급히 마조에게 알리자, 마조가 몸소 법당에 들어와 그를 보고서 말하였다.
    "내 새끼가 천연덕스럽구나."
    스님은 곧장 내려와 절을 올리고 말하였다.
    "스님께서 법호를 내려주시니 감사합니다."
    이로 인하여 법명을 천연(天然)이라 하였다.[36]

    所? 禪客曰 今江西馬祖大師出世, 是選佛之場, 仁者可往. 遂直造江西……
36) 役凡三年, 忽一日, 石頭告衆曰 來日剗佛殿前草. 至來日, 大衆行童各備鍬钁 剗草. 獨師以盆盛水, 淨頭於和尙前胡跪, 頭見而笑之, 便與剃髮, 又爲說戒法,

삭발 수계는 승려의 큰 일이자 큰 의식이다. 그러나 단하는 이런 식으로 그 의식을 치렀으며, 또한 석두희천이 설한 계법도 듣지 않았지만 실제로 이미 계법을 깨닫고 있었기에 구구한 말들이 필요하지 않았다. 그가 '천연(天然)'이란 법호를 얻기까지의 기행(奇行)은 한편으론 마조에게 귀의하고, 또 다른 한편으론 이미 현상의 색계를 초탈한 것이기에 감히 불상의 목에 걸터 앉은 것이다. 그가 목불을 불태운 것도 이와 같은 의의를 가지고 있다.

훗날 혜림사에 있을 때 어느 날 날씨가 몹시 추웠다. 스님이 목불을 가져다 불태우니 어떤 스님이 그를 꾸짖었다. 그러자, 스님이 말하였다.
"나는 목불을 불태워 사리를 얻으려는 것이다."
"나무에 무슨 사리가 있겠는가?"
"그렇다면 어찌하여 나를 꾸짖는가."[37]

나무로 만든 불상은 여전히 하나의 나무일 뿐이다. 단하는 부처의 형상을 가졌다는 이유만으로 감히 불상을 태울 수 없다고는 생각하지 않았다. 이 때문에 어떤 스님이 그를 꾸짖었을 때, 단하는 "사리를 얻으려는 것이다"라고 답하였다. 만일 목불이 진정 부처라면 사리가 있을 것이다. 그러나 그 스님의 "나무에 무엇이 있겠는가?"라는 말에서도 알 수 있듯이, 목불에 사리가 없다면 목불은 여전히 하나의 나무일 뿐이다. 나무를 태운다 하여 무슨 잘못이 되겠는가. 그러

師乃掩耳而出. 便往江西, 再謁馬師, 未參謁, 便入僧堂內, 騎聖僧頸而坐. 時大衆驚愕, 遽報馬師, 馬躬入堂視之, 曰 我子天然. 師卽下地禮拜曰 謝師賜法號, 因名天然.
37) 後於慧林寺遇天大寒, 師取木佛燒之, 人或譏之, 師曰 吾燒取舍利. 人曰 木頭何有? 曰 若爾者, 何責我乎?

므로 그는 또 다시 양존(兩尊) 불상을 가져다가 불태우려 하였다.

전해오는 말에 의하면 단하를 꾸짖었던 스님은 혜림사의 원주였다고 한다. 원주스님은 "한 생각 성내는 마음이 일어나면 백만 장애의 문이 열린〔一念嗔心起 百萬障門開〕"까닭에 훗날 눈썹과 수염이 모두 빠져 버렸다 한다. 단하가 목불을 불태웠다는 공안은 후세에 게송의 소재거리가 되었다.

> 옛 바위 이끼 덮이고 사립문 찬바람 이니
> 나는 새 놀라고 달리는 짐승 정신 없다
> 밤 깊어 차가운데 모래섬에 불 밝히니
> 새벽 잃은 어부가 문득 의심하네
>   古巖苔閉冷侵扉 　飛者驚危走者迷
>   夜深寒爇汀洲火 　失曉漁家輒自疑
>   (投子靑 禪師,《頌古聯珠通集》卷14)

"옛 바위 이끼 덮이고 사립문 찬바람 이니"라는 구절은 투자청(投子靑) 선사가 색계를 빌어 우주 대전(大全), 즉 본체계를 비유한 것이다. 비자(飛者)란 나는 새를, 주자(走者)란 달리는 짐승을 가리킨 것으로 참선인의 근기와 깨달음의 높낮이를 비유한 것이다. 본체를 철저히 깨우치기 전, 즉 견성성불 이전에는 높은 자는 깜짝 놀라 너무 높아 미칠 수 없다고 여겨 마음이 곧 부처임을 믿지 못하고, 낮은 자는 혼미하여 "향상일로(向上一路)"가 있음을 모른다. "밤 깊어 차가운데 모래섬에 불 밝히니"라는 구절은, 단하천연이 목불을 태운 것은 차가운 깊은 밤, 강가에서 어두운 나루터를 밝혀 줄 횃불을 지펴 돌아오는 배들을 인도하는 것과 같다는 것을 말한다. 그러나 무지하고 어리석은 어부, 즉 혜림사의 원주스님과 같은 이들은 오히려 "새벽 잃은 어부들"처럼 기연(機緣)을 놓쳐 버리고, 의심으로써 참된 이해를 얻지 못하였다. 임천(林泉) 노인은 이 공안에 대하여 논평을 가하고 있다.

  그걸 어찌하랴. 곡조가 고상하여 화답하는 이 적어 옳음으로써 그릇됨을 삼는다. 동으로 가면 서쪽으로 가는 것이 이로운 줄 모르고, 재주 있는 아이가 하는 일을 못난 애들은 못마땅하게 여긴다. 어부들에게 아직도 의심이 있음을 이상하게 생각지 말라. 아! 밤 무덤의 해골이 원래 물이며, 객 술잔에 비친 활 그림자는 결코 뱀이 아니다. 본성 허공, 마음의 달 둥글거나 이지러짐 없는데, 미친 듯 혼미의 구름 점점 덮혀온다.[38]

장무진(張無盡)은 시인의 입장에서 이 공안에 대해 읊으면서, 단하를 높이고 혜림사 원주스님을 폄하(貶下)하였다.

  눈 덮인 바위 사립문 꽁꽁 얼어 봄이 아니라
  목불 하나 쪼개어 장작 삼았다
  눈동자 움직인 곳 눈썹 빠짐은
  여래의 바른 법륜 비방한 때문이라
    雪擁岩扉凍不春 一尊木佛劈爲薪
    眼睛動處眉毛落 爲謗如來正法輪

---

38) 其奈曲高和寡, 以是爲非, 大抵東行不見西行利, 巧兒做處拙兒嫌, 莫怪漁家疑情尙在, 咦! 夜塚髑髏元是水, 客杯弓影竟非蛇. 性空心月無圓缺, 狂被迷雲取次遮.(《空谷集》上)

(《頌古聯珠通集》卷14)

　무진거사는 단하가 목불을 태운 것은 분별심(情識)과 속견(俗見)을 끊은 것으로 인식하였다. 목불을 쪼개어 장작으로 쓴 것은 목불을 받드는 것이 혼미한 믿음이요 헛된 견해임을 비유한 것이다. 부처라는 한 생각이 있어도 "한 조각 구름 계곡을 가로막으니 / 수많은 새들이 제 집을 찾지 못하는〔一片白雲橫谷口 幾多飛鳥盡迷巢〕" 위험이 있는데, 하물며 마음에 간직한 바 또한 '목불'이라는 생각을 떨쳐 버리지 못한다면 오죽하겠는가. 원주의 눈썹이 빠진 것은 단하를 비난한 과보이다. 그것은 단하의 기봉이 여래의 바른 법륜인데, 원주는 무지로써 꾸짖었기 때문이다.
　단하선사가 세상에 나가 설법한 것도 여느 선사들과는 사뭇 달랐다. 《경덕전등록》에서는 아래와 같이 개술(槪述)하였다.

　　원화 3년(808), 스님은 천진교(天津橋)에 가로누워 있었다. 때마침 유수(留守) 정공(鄭公)이 지나는 길이었지만 꾸짖어도 일어나지 않았다. 관리가 그 이유를 묻자, 스님은 스치는 말로 "하릴없는 중이다"라고 대답하였다. 유수는 스님을 남달리 여겨 비단과 옷 두 벌을 올렸으며 날마다 쌀과 밀가루를 대주었다. 장안 사람들은 모두 그에게 귀의하였다. 15년(820) 봄이 되자, 문인들에게 고하기를 "나는 산으로 들어가 여생을 마칠 곳을 생각한다" 하니, 이에 문인들이 제정(齊靜)으로 하여금 남양 단하산(丹霞山)에 터를 잡아 암자를 세워 받들었는데, 3년 만에 선객들이 찾아와 문도가 3백 명이나 되는 큰 선원을 이뤘다.[39]

---

39) 元和三年, 師於天眞橋橫臥. 會留守鄭公出, 呵之不起, 吏問其故, 師徒而對曰 無事僧. 留守異之, 奉束素及衣兩襲, 日給米麵, 洛下翕然歸信. 至十五年春,

단하선사는, 출가에서 전법에 이르기까지 전기적(傳奇的) 성격이 농후해, 선문의 전기적 인물이라 하겠다(68. 6. 8.《신생보(新生報)》부간(副刊)).

告門人言 吾思林泉終老之所, 時門人令齊靜, 方卜南陽丹霞山, 結庵以奉事, 三年間, 玄學者至, 盈三百衆, 構成大院.

약산이 법좌에 오르다

약산유엄(藥山惟儼)은 석두희천의 법사(法嗣)이다. 그후 2대를 거쳐 조동종을 열었는데, 그는 그 법맥에 있어 중요한 인물이다. 약산의 속성은 한씨이며, 강주(絳州 : 現 山西新絳縣) 사람이다. 17세에 조양(潮陽)에서 출가하였으며 훗날 풍주(酆州 : 現 湖南酆縣) 약산에서 설법하여 그를 약산유엄이라 한다. 먼저 혜조(慧照)선사를 따라 출가하였고, 그 후 희조(希操)율사를 따르다가 다시 석두희천에게 귀의하였다. 이로 보면 선종과 율종을 겸수(兼修)한 인물이라 할 수 있다. 그와 석두희천의 문답에서 그의 선적(禪的) 경지를 조금 엿볼 수 있다.

석두를 친견하고서 은밀히 현지(玄旨)를 깨달았다. 하루는 스님이 좌선하고 있었는데 석두가 그를 보고서 물었다.
"그대는 여기서 뭘 하는가?"
"아무 것도 하지 않습니다."
"그렇다면 한가히 앉아 있구나."
"한가히 앉아 있는 것도 곧 하는 것입니다."
"그대는 하지 않는다고 하는데 도대체 뭘 하지 않는가?"
"일천 성인도 모릅니다."
석두는 게송을 지어 그를 칭찬하였다.

지난 날 함께 살면서 이름도 모른 채
그럭저럭 서로 이렇게 살아왔네
예부터 성현도 오히려 모르는데
범속한 무리가 어떻게 갑자기 밝힐 수야 [40]

"아무것도 하지 않는다"는 것은 〈증도가〉에서 말한 "공부 끊고 하릴없는 한가한 도인이라〔絶學無爲閒道人〕"는 뜻이다. "앎이 없는 앎〔無知之知〕"으로써 조작도, 행위도 없이 그윽히 부합되고 말 없이 증득하여 지극한 도를 깨닫는 것이다. 그러나 하는 일 없이 한가히 앉아 있기만 한 것은 아니다. 만일 이와 같다면 범부와 무엇이 다르겠는가? 석두가 "뭘 하지 않는가?"라고 묻자 "일천 성인도 모릅니다"라고 답한 것은 자성묘체(自性妙體)는 형상이 없어 견문에 의한 지식을 초월하며, 크기는 바깥이 없고 작기는 안이 없어 그 어떤 언어로도 설명할 수 없기 때문이다. "법좌에 오른다〔陞座〕"는 그의 공안은 깊은 뜻을 가지고 있다.

약산이 오랫동안 법좌에 오르지 않자, 원주가 아뢰기를
"대중들이 스님께서 설법해 주시기를 오랫동안 바라고 있습니다."
스님이 말하기를
"종을 쳐라."
대중이 모이자마자, 스님은 곧 법좌에서 내려와 방장실로 돌아갔다. 원주가 뒤따라가 물었다.

---

40) 卽謁石頭, 密領玄旨. 一日師坐次, 石頭覩之, 問曰 汝在這作麽? 曰 一切不爲. 石頭曰 恁麽卽閑坐也. 曰 若閑坐卽爲也. 石頭曰 汝道不爲, 且不爲箇什麽? 曰 千聖亦不識. 石頭以偈讚曰 從來共住不知名 任運相將只麽行 自古上賢猶不識 造次凡流豈能明.(《景德傳燈錄》卷14)

"스님께서는 대중들에게 설법을 허락하시고서 왜 한 말씀도 하지 않으십니까?"
"경(經)에는 경사(經師)가 있고 논(論)에는 논사(論師)가 있는데, 어째서 노승을 이상하게 생각하느냐."[41]

《경덕전등록》의 기록은 자구(字句)는 조금 다르지만 내용은 대체로 같다. "경에는 경사가 있고 논에는 논사가 있다"는 말은 경전을 강론하고 논소(論疏)를 강설하는 경사나 논사라면 말이 있어야 하겠지만, 약산은 선사로서 이 향상일사(向上一事)를 말로 표현할 수 없다는 뜻이다. 그러므로 그를 이상하게 생각해서는 안 된다. 약산이 말하지 않는 뜻은 아래의 기록에서도 증명되고 있다.

스님이 불(佛) 자를 써놓고서 도오에게 무슨 글자냐고 물으니, 도오가 '불' 자라고 답하였다. 스님은 "말 많은 스님이다"고 말하였다.
어떤 스님이 물었다.
"나의 일을 밝히지 못하였사오니, 스님께서 가르쳐 주시기를 바랍니다."
스님이 한참동안 말 없이 있다가 말하였다.
"내가 지금 그대를 위해 말 한 마디 하는 것이야 또한 어렵지 않다. 그대가 말을 듣고 곧바로 깨달으면 그래도 조금은 나은 편이나, 만일 사량분별(思量分別)에 빠진다면 도리어 나의 죄가 될 것이다. 각기 입을 다물고 서로 누를 끼치는 일이 없도록 하느니만 못하다."[42]

---

41) 藥山久不陞座, 院主白云 大衆久思和尙示誨. 師曰 打鐘者. 大衆纔集, 師便下座歸方丈. 院主隨後問曰 和尙旣許爲大衆說法, 爲什麽一言不措? 師曰 經有經師, 論有論師, 爭怪得老僧.(《頌古聯珠通集》卷14)
42) 師書佛字, 問道吾是什麽字, 吾云佛字, 師云 多口阿師. 僧問 己事未明, 乞師指示. 師良久曰 吾今爲汝道一句亦不難, 只宜汝於言下便見去, 猶較些子, 若

약산이 법좌에 올라가 설법하지 않은 것은 "말 많은 스님"이 되는 것을 피하고자 한 것일 뿐 아니라, "각기 입을 다물고 서로 누를 끼치는 일이 없도록 하느니만 못하기" 때문이다. 무준범(無準範) 선사는 이 뜻에 따라 게송을 지었다.

자리 펴고 널어 놓았는데 보았는가
살 사람이 어찌 구경꾼 만큼 많으랴
잘 만들어진 한 자루 취모검이
도강(陶工) 집 벽에 북처럼 걸려 있다
    鋪席宏開見也麽　買人何似看人多
    十成好箇吹毛劍　只作陶家壁上梭
(《頌古聯珠通集》卷14)

약산의 말 없는 가르침은 점포에 자리 펴고 매물(賣物)을 펼쳐 놓은 것과 같은데, 당시의 선사와 후대 참선인들은 이를 보았는가? 어째서 사려는 사람이 적은 것일까? 지음을 만나기 어렵지만 보는 사람들은 왜 그리 많은 것일까? 왜 모두들 이 공안을 참구하는 데에 헛수고들만 하는가. 약산의 말 없는 이 공안은 잘 만들어진 명검이다. 칼 위에 털을 놓고 불기만 하여도 잘라지고 무쇠도 단칼에 자를 수 있는 날카로운 칼이기에 일체 범속한 정식(情識)과 견해를 잘라 버릴 수 있다. 그럼에도 도리어 아무런 작용도 하지 못한 채, 도공(陶工)의 벽 위에 걸어 놓은 북처럼 베를 짜는 데조차 쓰지 못하여 약산의 고심을 저버렸

更入思量, 却成吾罪過, 不如且各合口, 免相累及.(《景德傳燈錄》卷14)

다. 천동각(天童覺) 선사는 당시 참선인들의 근기가 어리석고 용렬하여 약산의 공안을 깨달을 수 없었다고 인식하였다.

어린앤, 울음 달래는 가짜 돈에 마음 두고
훌륭한 말은 채찍 그림자만 봐도 바람처럼 내달린다
구름 걷힌 하늘 달빛 아래 둥지 튼 학은
싸늘한 추위 뼈에 사무쳐 잠 못 이룬다
　　癡兒刻意止啼錢　良駟追風顧影鞭
　　雲掃長空巢月鶴　淸寒入骨不成眠
　(위와 같음)

약산 문하의 참선인들이 너무 형상에 집착한 나머지 말로 하는 가르침을 알았을 뿐, 말 없는 가르침은 몰랐다.《열반경》(권20)에 이르기를 "어린애가 보챌 때 부모가 누런 버들잎을 주면서 '우지 마라 우지 마라, 금 줄게'라고 달래면 어린아이는 이를 보고 진짜 금이라 생각하여 곧 울음을 그친다. 그러나 이는 버들잎이지 결코 금이 아니다"라고 하였다. 약산 문하의 참선인들은 경을 강론하고 법을 설하는 것에만 마음을 두어 이를 금이라 생각함이 마치 어린아이가 울음을 그치는 것과 같다. "훌륭한 말은 채찍 그림자만 봐도 바람처럼 내달린다"는 구절에 대해 만송노인은 아래와 같이 해석하였다.

외도가 부처님에게 물었다.
"말이 있는 것도 묻지 않고 말이 없는 것도 묻지 않습니다."
세존은 한참동안 말 없이 앉아 있었다.

외도가 다시 말하였다.
"세존께서 크게 자비를 베푸사 저에게 혼미의 구름을 열쳐 저를 깨닫게 해 주셨습니다."
외도가 떠난 후에 아란이 부처에게 물었다.
"외도는 무슨 도리를 봤기에 깨달았다고 말한 것입니까?"
부처님이 말하였다.
"훌륭한 말은 채찍 그림자만 봐도 달린다."
세존과 마찬가지로 약산도 채찍을 한 번 들었으니, 원주는 대중을 거느리고 예찬해야 할 일임에도 도리어 한 마디 법문도 하지 않았다고 의심하니, 동토(중국)의 납승이 서천(서축)의 외도만 못하다 할 것이다.[43]

만일 큰 지혜를 가진 참선인이라면 바람처럼 내달리는 천리마와 같이 채찍을 필요로 하지 않고 곧 "눈이 열렸을 것"이다. 약산의 말 없는 가르침은 구름 한 점 없는 하늘에 달의 전체 모습이 나타나는 것과 같다. 그 후 약산이 "경에는 경사가 있고 논에는 논사가 있는데 어째서 노승을 이상하게 생각하느냐?"고 말한 것은 허공에 구름 한 점 없는데 달을 가려 달무리 지도록 한 것과 같다. 그러나 언어의 함정에 빠진 참선인들은 달빛 아래 둥지를 튼 학처럼, 약산의 공안을 알면서도 눈을 뜬 채로 꿈 속에서 구름이 흘러가고 달이 나타나는 것을 보는 격이다. 이는 약산의 말에 깊은 뜻이 있다는 것을 알았을 뿐, 깊은 뜻이 어디에 있는지 모른 것이다. "싸늘한 추위 뼈에 사무쳐 잠 못 이룬다"는 것은 부질없는 상상과 사량(思量)을 말한다.

---

43) 外道問佛, 不問有言, 不問無言. 世尊良久. 外道便云 世尊大慈, 開我迷雲, 令我得入. 外道去後, 阿難問佛 外道見何道理, 而言得入? 佛言 如世良馬, 見鞭影而行. 與世尊藥山, 一等擧鞭, 院主率衆禮讚有分, 却懷不垂一語, 可謂東土衲僧, 不如西天外道.(《從容錄》)

자수심(慈受深) 선사는 약산의 법문은 빛나는 구슬을 진흙 속에 던진 것처럼 괜스레 헛마음을 쓴 것이라고 인식하였다.

빛나는 구슬 한 알 값 매기기 어려운데
알아보는 이 없어 진흙 속에 던져 버렸다
약산이 괜한 헛심쓴 게 우습다
물 맑아 고기 보여도 낚시 물지 않는다
　　明珠一顆價難酬　不是知音便暗投
　　翻笑藥山空費力　水淸魚現不吞鉤
（《頌古聯珠通集》卷14）

"빛나는 구슬 한 알 값 매기기 어려운데"라는 것은 약산의 이 공안은 값을 매길 수 없는 보배라는 뜻으로, 아는 사람을 만나지 못함으로써 보배 구슬을 진흙 속에 던져 좋은 구슬만 잃어 버렸다는 것이다. "약산이 괜한 헛심쓴 게 우습다"는 말은 겉으로는 비웃고 있지만 실제로는 찬미하는 말이다. 이는 여러모로 자세히 베풀어 학인을 인도하는 약산의 자비를 찬미하는 말이다. "물이 맑아 고기 보여도"라는 것은 속세의 견해를 버렸다는 비유로써 고기가 보인다함은 도가 나타남을 말한다. 그러나 고기를 낚을 사람이 없다, 즉 지극한 도를 깨닫는 사람이 아무도 없음을 말하고 있다.

선은 깨달음을 귀중하게 여길 뿐, 지식으로 이해하는 것〔知解〕은 귀하게 여기지 않는다. 하지만 지식으로 이해하는 것 또한 매우 중요한 일이다. 깨달음이란 말할 수 없으나 지식으로 이해하는 것은 말할 수 있는 부분이기 때문이다.

조주스님의 뜰 앞의 잣나무

　　조주종심(趙州從諗) 선사는 조주(曹州 : 현 山東荷澤) 학향(郝鄕) 사람이며, 속성은 학(郝)씨이다. 어려서부터 불교를 신봉하여 승복을 입고 출가하였다. 남전보원을 참배하였는데, '고양이의 목을 친', 남전선사의 공안이 만들어지는 과정에 참여하기도 하였다. 그 후 조주(趙州 : 현 河北省) 관음원에서 설법하여 그의 법호를 조주종심이라 하였다. 그의 깨달음은 이입(理入)에 의한 것이다.《경덕전등록》은 그 과정을 다음과 같이 기록하고 있다.

　　어느 날 스님(조주)이 남전에게 물었다.
　　"무엇이 도입니까?"
　　남전이 말하였다.
　　"평상심이 도이다."
　　"또 나아갈 수 있습니까?"
　　"나아가려 생각하면 곧 어긋난다."
　　"생각지 않는다면 어떻게 도인 줄 압니까?"
　　"도는 알고 모르는 데 속하지 않는다. 안다는 것은 헛된 깨달음이요, 모른다는 것은 무기(無記)이다. 참으로 의심 없는 도에 이르면 허공처럼 툭 틔여 막힘이 없으니, 어떻게 구태여 시비를 가릴 수 있겠는가?"

스님은 그 말에 이치를 깨달았다.[44]

　남전의 "평상심이 도"라는 말은 일찍이 마조가 했던 법문이다. 이른바 평상심이란 순결하여 조금도 하자가 없는, 성인이라는 생각〔聖念〕과 범인의 정식〔凡情〕 그리고 시비선악 따위의 분별심이 일어나지 않은 인간의 '본 마음〔初心〕'을 가리키는 것이다. 이 '평상심'이 있어야 바야흐로 도를 깨달을 수 있다. 종심은 '평상심'의 의의를 잘 알고 있었으나, 도에 들어가는 길에 대해서는 의심이 없을 수 없었다. 이 때문에 다시 "또 나아갈 수 있습니까?"라고 물은 것이다. 다시 말하면 빠르게 가로질러 갈 수 있는, 지름길이 있는지를 물은 것이다.
　교학(敎學)에는 이입(理入)과 행입(行入)의 차이와 아울러 '공(空)'·'유(有)'·'중도(中道)'의 분별이 있다. 남전이 "나아가려 생각하면 곧 어긋난다"는 말은 공(空) 또는 유(有)에 집착하거나, 나아갈 수 있는 도가 있다고 인식하면 그것은 곧 도와 괴리된다는 뜻이다. 종심은 여전히 의심을 떨쳐 버리지 못한 까닭에 "생각지 않는다면 어떻게 '도'인 줄 압니까"라고 물은 것이다. '도'란 형상을 초월하여 존재하기 때문에 볼 수 없는 존재이다. 만일 이를 비유로 말하지 않는다면 어떻게 '도'인 줄 알겠는가. 남전의 대답은 매우 현묘하고 은미하다. '도'는 단번에 깨달아야 하므로 "도는 알고 모르는 데 속하지 않는다"고 답하였다. 만일 논설과 언행을 통하여 '도'를 알려고 하면 안 것은 헛된 깨달음이요, 모르는 것으로써 '도'를 아는 것처럼 생각한다면

---

44) 異日問南泉, 如何是道? 南泉云 平常心是道! 師曰 還可趣向否? 南泉曰 擬向卽乖. 師曰 不擬時如何知是道? 道不屬知不知, 知是妄覺, 不知是無記, 若是眞達不疑之道, 猶如太虛, 廓然虛豁, 豈可强是非耶? 師言下悟理…….(卷10)

또한 어리석고 무식한 '무기(無記)'에 속한다. 이 단락은 '도'의 경지를 가장 잘 표현한 부분이다. 종심은 이로 인하여 깨달음을 얻었다. 조주는 법을 얻은 후 황벽(黃檗), 보수(寶壽), 협산(夾山), 염관(鹽官) 선사와 같은 당시 선종의 큰 스님들을 두루 참배한 후, 비로소 하북(河北) 등지에 이르러 설법하면서 조주 관음원(觀音院)에 주석한 까닭에 조주고불(趙州古佛)이라 추앙받았으며, 입적한 후에는 진제대사(眞際大師)라는 시호를 받았다.

조주선사의 공안은 총림에 널리 전해 오는 것이 많으나, 그 중에 가장 유명하고 가장 많이 게송으로 읊어진 화두는 단연 "뜰 앞의 잣나무"라는 공안을 손꼽을 수 있다.

> 어떤 스님이 물었다.
> "무엇이 조사가 서쪽에서 온 뜻입니까?"
> 조주가 대답하였다.
> "뜰 앞의 잣나무이다."
> "스님은 왜 경계를 보여 주지 않으십니까?"
> "나는 경계를 가지고 사람들에게 보여 주지 않는다."
> "무엇이 서쪽에서 온 뜻입니까?"
> "뜰 앞의 잣나무이다."[45]

어떤 스님의 "무엇이 조사가 서쪽에서 온 뜻입니까?"라는 물음은 겉으론 달마대사가 서쪽에서 온 뜻이 무엇인가를 물은 것이지만, 실

---

45) 趙州因僧問 如何是祖師西來意? 師曰 庭前栢樹子. 曰 和尚莫將境示人? 師曰 我不將境示人. 曰 如何是西來意? 師曰 庭前栢樹子.(《頌古聯珠通集》卷 18)

제론 어떻게 하면 부처가 되고 조사가 될 수 있는가를 물은 것이다. 조주는 묻지 않은 것을 대답함으로써 타인으로 하여금 이해하지 못하도록 만들었다. 이는 모기가 무쇠소에 앉아 부리를 댈 곳이 없는 것과 같다. 후일 이 공안을 참구하여 게송을 지은 선객들은 대체로 이 공안을 의미 있는 말로 보는 부류와 의미 없는 말로 보는 두 부류로 나누어진다.

분양선소(汾陽善昭)의 게송은 다음과 같다.

뜰 앞 잣나무 땅 속에서 나오니
소 빌려 잿마루에 밭갈이 할 게 없다
서녘에서 온 천 갈래길 바로 보여 주니
빽빽한 숲이 모두 눈동자일레

　　庭前栢樹地中生　不假牛犁嶺上耕
　　正示西來千種路　鬱密稠林是眼睛
　　(《頌古聯珠通集》卷18)

"뜰 앞 잣나무 땅에서 나온다" 구절은 '도'란 본래 천연적으로 이루어졌으며 사람은 '대전(大全)'으로부터 나왔음을 비유한 것이다. "소 빌려 잿마루에 밭갈이 할 게 없다"는 것은 사람은 본래 불성을 가지고 있기에, 참선인이 도를 깨치는 데에는 구태여 수행을 필요로 하지 않는다는 뜻이다. 인연이 이르면 깨달음을 얻게 된다. 이는 잣나무가 소의 힘을 빌려 농사짓지 않아도 저절로 성장하는 것과 같다. 분양선소는 이것이 곧 "무엇이 조사가 서쪽에서 온 뜻입니까?"라는 물음에 대한 조주의 대답이라고 인식하였다. "천 갈래 길"이 모두 도에로 들어가는 문일 뿐 아니라, "빽빽한 숲" 또한 눈동자가 있는 곳이다. 그것은 도란 어디나 있고 자성은 항하(恒河)의 모래알 같은 세계에 두루 있기 때문이다.

그러나 늑담영철(泐潭靈澈)은 '서래의(西來意)'에 대한 조주의 "뜰 앞의 잣나무"라는 대답은 아무런 의미 없는 말로 인식하였다.

어떤 스님이 "서쪽에서 온 뜻"을 묻는다면
내, 산에 머문 지 7, 8년이라 말하리
짚신은 겨우 세 켤레 삼았고
삼베옷은 두 어깰 모두 기웠다
동쪽 암자에서 항상 서녘 암자 흰눈 보고
아래 시냇물 흐르는 건 윗 시내 원천 때문이라
한 밤중 흰구름이 흩어진 뒤에
둥그런 밝은 달이 창 앞을 찾는다
　　因僧問我西來意　我話居山七八年
　　草履祇裁三箇耳　麻衣曾補兩番肩
　　東庵每見西庵雪　下澗常流上澗泉
　　半夜白雲消散後　一輪明月到窗前
(《五燈會元》 卷15)

늑담영철은 조주의 대답이 그가 말한 "내, 산에 머문 지 7, 8년이라 말하리"라는 구절처럼 깊은 뜻을 가지고 있지 않다고 보았기 때문에, 이를 통하여 이해를 구하거나 법을 구해서는 안 되며, 마땅히 조주가 얻은 요체(要諦)인 "평상심이 도"라는 관점에 의거해야 한다고 말하고 있다. "짚신은 겨우 세 켤레 삼았고 / 삼베옷은 두 어깨 모두 기웠다"는 것은 배고프면 밥을 먹고 피곤하면 잠을 자는 "평상심이 도"라는 뜻이다. "동쪽 암자에서 항상 서녘 암자 흰눈 보고 / 아래 시냇물 흐르는 건 윗 시내 원천 때문"이라는 구절에서 말한 '동쪽 암자'란 동토중화(東土中華)를, '서녘 암자'란 서방천축(西方天竺)을 말한 것으로, 동토에서 깨달은 도가 서방 천축의 도와 다르지 않음은 마치 동쪽 암자에서 본 흰눈이 서녘 암자에서 보는 흰눈과 다르지 않은 것과 같다는 의미이다. '윗 시내'는 옛날을, '아래 시냇물'은 현재를 비유함이다. 도는 예로부터 현재에 이르기까지 아무런 차이가 없다. 시냇물의 위쪽과 아래의 흐름에 차이는 있지만 물의 성질에는 차이가 없는 것과 같다. "한 밤중 흰구름이 흩어진 뒤에 / 둥그런 밝은 달이 창 앞을 찾는다"는 구절의 '흰구름'이란 '색계'를, '밝은 달'은 '자성'의 청정을 비유하였다. 투철히 색계를 참구하여 모든 가리움이 없어야 '자성'이 나타나게 되는 것은 밝은 달이 창문을 비춰 주는 것과 같다. 이러한 경지에 이르지 못하면 말로 설명해도 아무런 도움이 되지 않기에, 구태여 "뜰 앞의 잣나무"란 공안에 마음을 다하여 참구해야 할 필요가 없다. 이밖의 참선인들은 그들의 근기가 용렬하여 조주의 공안을 알기에는 역부족이라고 인식한 것이다.

만리창공 비 개일 때
둥근 달 휘영청 비추네
뜬 구름이 많은 이 눈을 가리우니
항아 얼굴 보는 이 적어라
　　萬里長空雨霽時　一輪明月映淸輝

浮雲掩斷千人目　得見姮娥面者稀
　　(佛鑑懃 禪師)

토끼 한 마리 옛길에 가로 누우니
푸른 매 보자마자 낚아채 버렸는데
뒤늦게 온 사냥개 영성(靈性)이 없어
부질없이 옛 그루터기에서 찾고 있다
　　一兎橫身當古道　蒼鷹才見便生擒
　　後來獵犬無靈性　空向枯椿舊處尋
　　(承天宗 禪師,《頌古聯珠通集》卷19)

앞의 게송에서는 마치 비 그친 뒤 하늘이 푸르고 구름이 걷혀 달이 보이지만 항아의 얼굴을 본 사람이 지극히 적은 것처럼, "뜰 앞의 잣나무"란 조주의 공안이 많은 사람들을 현혹하고 있다고 인식하였다. 이 때문에 "뜬 구름이 많은 사람의 눈을 가리웠다"라고 읊었다.
　그러나 승천종(承天宗) 선사는 조주의 공안은 마치 한 마리 흰토끼가 옛길에 나타나자마자 푸른 매가 낚아챈 것처럼, 그 당시 매처럼 눈 밝은 참선인에 의해 곧바로 잡혔는데, 후세의 선사들은 멍청한 개처럼 바람이나 그림자를 따라 킁킁거리며 남겨진 냄새나 맡는 격에서, 이 공안에서 얻는 바가 없다고 인식하였다. 조주의 이 공안에 대한 게송은 수십 수가 있으나 시구가 아름답다거나 의미가 남다른 작품은 별로 많지 않다(68. 9. 26.《신생보(新生報)》부간(副刊)).

장사의 산놀이

호남장사(湖南長沙) 경잠(景岑)선사의 법호는 초현(招賢)대사이며 남전보원의 제자이다. 일찍이 처음 녹원사(鹿苑寺)에 주석한 개산조이기에 녹원초현(鹿苑招賢)이라고도 한다. 그의 "산놀이〔遊山〕" 공안은 시정(詩情)과 선취(禪趣)가 풍부하다. 이 때문에 후대 선사들의 게송 역시 화려한 문장과 심오한 뜻이 담겨 있어 저속한 면을 찾아볼 수 없다.

  장사가 어느 날 산놀이를 끝내고 산문 앞에 이르자, 수좌가 물었다.
  "스님께서는 어디를 다녀오십니까?"
  "산놀이 갔다 온다."
  "어느 곳을 가셨습니까?"
  "처음엔 향기로운 꽃길 따라 갔다가 다시 떨어진 꽃을 따라 돌아왔다."
  "봄기운이 물씬합니다."
  "가을 이슬이 연꽃에 맺혀 있는 것보다 낫다."
  ……
  게송을 하였다.

  대지에 티끌 하나마저 끊어지니

누가 눈이 열리지 않으랴
처음 향기로운 꽃길 따라 갔다가
다시 떨어진 꽃잎 따라 돌아온다
비쩍 마른 학은 차가운 나무에 서 있고
옛 누대에 원숭이 긴 휘파람 분다
장사의 무한한 뜻이여
쯧쯧!
땅을 파 더욱 깊이 묻는다⁴⁶⁾

  장사경잠이 산놀이 갔다가 돌아오는 길에 수좌와 나눈 문답은 처음엔 극히 일반적이고 '세속적〔世諦〕'인 답변이다. 그러나 수좌의 "어느 곳을 가셨습니까?"라는 질문에 이르러서는 비로소 그 말에 또 다른 뜻이 담겨 있다. 수좌는 이를 빌어 장사의 수행이 어느 경지에 이르렀는가를 물은 것이다. 장사는 수좌가 묻는 의도가 어디 있는지 분명히 알았다. "해답은 묻는 곳에 있기 마련이다〔答在問處〕." 장사는 산놀이의 물음에 따라 대답하였다. "처음엔 향기로운 꽃길 따라 갔다"는 것은 '색계'로부터 '공계(空界)'로 깨달아 들어가는, 즉 범속(凡俗)한 데에서 성스러움으로 들어가는 것을 비유한 것이다. "다시 떨어진 꽃을 따라 돌아왔다"는 것은 성위(聖位)에 영원히 머물러 공에 빠지지 않고, 다시 인간세상으로 돌아와 기용(機用)을 발휘하는 것을 비유한 것이다. "봄기운이 물씬합니다"라는 수좌의 말은 치켜올려

---

46) 擧長沙一日遊山, 歸至門首, 首座問 和尙什麼處去來? 沙云 遊山來! 首座云 到什麼處來? 沙云 始隨芳草去, 又逐落花回. 座云 大似春意. 沙云 也勝秋露滴芙渠 …… 頌曰 大地絶纖埃 何人眼不開 始隨芳草去 又逐落花回 羸鶴翹寒木 深嘯猿古臺 長沙無限意 咄 掘地更深埋.(《宋明覺大師雪竇頌古集》. 이의 마지막 구절은 照覺克勤이 첨가한 것이다. 《碧巖錄》 참조)

줌이 있으면 뒤이어서 폄하(貶下)하기 마련이다. 즉 억누름[抑]이 있으면 올려주기[揚] 마련인 셈이다. 이는 봄기운이 물씬거려 기용(機用)이 있으나 여전히 현상계에 떨어져 있음을 말한다. 이에 대한 장사의 "가을 이슬이 연꽃에 맺혀 있는 것보다 낫다"는 대답은 이미 화려한 꽃이 모두 떨어져 참된 경계[眞際]를 깨달았음을 비유한 것으로써 그는 현재 이미 이 경지를 넘어섰음을 말한다.

설두명각(雪竇明覺) 선사의 게송은 '산놀이' 공안의 선적 정취와 매우 일치하고 있다. 자성은 청정하여 본래 실오라기 티끌 하나도 없으며 모든 곳에 두루하고 있다. 이 때문에 "대지에 티끌 하나마저 끊어지니"라고 하였다. 투철하게 깨달은 참선인으로 말하면 청정한 자성이 산하 대지에 드러나지 않음이 없다. "누가 눈이 열리지 않으랴"라는 구절은 그 누가 지혜의 눈이 열리지 않아서 밝게 볼 수 없겠느냐라는 말이다. "처음 향기로운 꽃길 따라 갔다가 다시 떨어진 꽃잎 따라 돌아온다"는 구절은 장사경잠 선사의 본래 구절을 그대로 인용한 것이다. 투철하게 깨달은 사람은 지혜의 눈을 갖추어, 색계로부터 공계로 깨달아 들어가기에 '처음에 향기로운 꽃길 따라 가는' 것이다. 마치 등산객이 산을 오르는 것처럼 향기로운 꽃길을 따라 외로운 봉우리, 즉 최고의 경계에 이른 것이다. 그러나 이미 깨달은 후에는 다시 성위(聖位)에 머물지 않는다. 마치 등산객이 '떨어진 꽃잎 따라' 다시 인간세상으로 돌아오는 것과 같다. 이것이 바로 장사경잠이 이른 경지이다.

그러나 후대의 참선인들은 간혹 고요[寂靜]만을 고수한 나머지 동용(動用)이 없으므로 대기(大機)를 돌이켜 대용(大用)을 일으키지 못하였다. 따라서 포단(蒲團) 위에서 '현살(玄殺)' 당하기에 이르렀다.

마치 비쩍 말라붙은 외로운 학이 차가운 나무 가지 위에 다리 하나를 접은 채 외발로 서 있는 것과 같고, 어떤 이는 투철하게 깨닫지 못하여, 미친 원숭이가 과일을 찾아 옛 누대에서 고래고래 소리치고 날뛰는 것처럼 장사의 깊은 뜻을 저버리게 되었다. 그 뜻은 '색계'로부터 '공계'로, '성위'로부터 '범속'으로 들어가는 데 있다. 설보(雪竇)의 '쯧쯧!'〔咄〕이라는 일할(一喝)로써 전체 시를 끝맺고 있다.

소각극근(昭覺克勤)은 위의 "땅을 파 더욱 깊이 묻는다"는 구절에 이어서, 장사경잠의 공안은 땅 속 깊이 보물을 파묻어 남들이 모르도록 만들었다고 인식하였다. 그의 사제(師弟)는 다음 한 수의 시로 화답하였다.

    홀로 거닐며 말이 없다가
    사람 만나면 곧 입이 열린다
    처음엔 향기로운 꽃길 따라 가다가
    다시 떨어진 꽃잎 따라 돌아오니
    엷은 안개 사이로 붉은 햇살 쏟아지고
    아스라한 연기는 푸른 이끼 감싸고 있다
    만일 시구만 이해한다면
    법왕 재목 묻어 버리리
        獨步曾無語　逢人口便開
        始隨芳草去　又逐落花回
        薄霧篩紅日　輕煙襯綠苔
        若將詩句會　埋沒法王才
    (《頌古聯珠通集》卷16)

소각극근의 사제(師弟)는 불감혜근(佛鑑慧懃)을 말하는데,《송고련주통집(頌古聯珠通集)》에서는 불감근(佛鑑懃)으로 쓰여 있다. "홀로 거닐며 말이 없다가"라는 구절은 장사의 산놀이로부터 말을 시작하고 있다. 외로운 봉우리를 홀로 걸을 때 도를 깨달을 수 있으나 말할 수 없다는 것이고, "사람 만나면 곧 입이 열린다"는 것은 장사가 수좌에게 대답한 화두를 말한다. "엷은 안개 사이로 붉은 햇살 쏟아지고 / 나즈막한 연기는 푸른 이끼 감싸고 있다"는 것은 "처음엔 향기로운 꽃길 따라 가다가 / 다시 떨어진 꽃잎 따라 돌아온다"는 두 시구를 묘사한 것으로, 담긴 뜻이 심오하고도 고매하다. 이 공안은 엷은 안개 사이로 한 줄기 햇살이 쏟아지고 푸른 이끼 위에 아스라한 연기가 끼어 있는 것과 같기 때문에, 알음알이라는 지혜로써는 알기 어렵다.

혜근은 이 게송을 보는 이들이 시구만을 이해하여, 구절 밖에 담긴 뜻과 말 밖에 숨겨진 현묘한 의미를 추구하지 않는다면, 장사경현의 법왕 재목을 매몰시킬 것이라고 일깨워 주고 있다. 선종의 거두인 불감은 이 게송으로써 법륜을 삼은 것이다.

상방익(上方益) 선사 역시 장사의 산놀이 공안을 게송으로 밝힌 바 있다. 시어(詩語)와 서경(敍景)의 정교함은 앞의 세 선사의 게송에 비해 결코 뒤지지 않는다.

   산 향기 길 가득히 솔솔 날리니
   들꽃 떨어지고 풀잎은 흐드러지네
   봄바람의 끝 없는 깊은 뜻을
   꾀꼬리 아니면 누구에게 말하랴

拂拂山香滿路飛　野花零落草披離
春風無限深深意　不得黃鶯說向誰
　　(위와 같음)

"산 향기 길 가득히 솔솔 날리니 / 들꽃 떨어지고 풀잎은 흐드러진다"는 구절은 겉으로는 산놀이의 정경을 묘사한 말〔敍景語〕로, 장사가 산놀이할 때 보았던 경관들이다. 날리는 향기 길에 가득하고 들꽃이 시들어 떨어지고 향기로운 풀 흐드러진 것은 '봄'의 작용, 즉 '본체', '대전'에 의한 현상의 작용이다. 도는 어디에나 있지만 도를 깨닫는 자는 드물다. 봄바람의 무한한 깊은 뜻을 초목도 말하지 못하고 꽃향기도 말하지 못하는데, 다만 꾀꼬리의 재잘거림, 즉 장사 경잠의 입을 빌어 처음 말함으로써 이 공안을 형성하였다.

소각극근(昭覺克勤)도 게송을 지어 이 공안을 밝히고 있다.

떨어진 꽃잎, 향기로운 풀 비단처럼 펼쳐 있고
눈에 가득 봄빛이 그림 속으로 들어온다
문 밖에 서로 만나 친절한 곳이
가을 이슬이 연꽃에 맺히는 것보다 낫다
　　落花芳草如舖錦　滿目春光入畫圖
　　門外相逢親切處　也勝秋露滴芙蕖
　　(위와 같음)

"떨어진 꽃잎, 향기로운 풀 비단처럼 펼쳐져 있다"는 구절은 한 편으로는 장사의 대답을 노래하고, 한편으로는 떨어진 꽃잎, 향기로운 풀들이 땅에 가득히 비단을 수놓은 것처럼, 도가 뚜렷함을 표현한 것이다. "눈에 가득 봄빛이 그림 속으로 들어온다"는 구절은 한편으로는 봄빛의 아름다움을 노래하고 한편으로는 장사경잠의 공안이 완벽함을 은유한 것이다. "문 밖에 서로 만나 친절한 곳"이란 장사경잠과 수좌와의 대화를 가리키는 것으로, '친절한 곳'은 도가 하나되는 긴밀함을 뜻한다. "가을 이슬이 연꽃에 맺히는 것보다 낫다"는 구절은 한편으로는 장사의 원래 법문을 그대로 인용하고 한편으로는 또한 이 공안이 앞 사람들의 투철한 깨달음의 흔적을 남겨주고 있음을 노래하였다.

작자 미상의 또 다른 게송은 다음과 같다.

아름다운 풀잎 융단처럼 걸음마다 푸른빛 맞고
떨어진 꽃잎 비단자락 펼친 듯 옷깃에 향기 떨치네
돌아와 선객에게 이를 말하니
끝없는 봄 풍광이 들보에 둘러 있다
  芳草織茵迎步綠   落花鋪錦拂衣香
  歸來說似諸禪子   蕩蕩風光遶畵梁
  (위와 같음)

"아름다운 풀잎 융단처럼 걸음마다 푸른빛 맞고"라는 것은 "처음 향기로운 꽃길 따라 갔다"는 구절을, "떨어진 꽃잎 비단자락 펼친 듯 옷깃에 향기 떨치네"라는 것 또한 "다시 떨어진 꽃잎 따라 돌아왔다"는 구절을 그대로 원용한 것이다. 황산곡의 '그 의미를 바꾸지 않고서 그 말을 지어내는', 환골법(換骨法)이다. "돌아와 선객에게 이를 말하니〔歸來說似諸禪子〕"라는 구절의 '설사(說似)'의 사(似)자는 시(示)와 통용되는 글자로 이 공안이 총림의 참선인들에게 널리 유포되었음을 말한다. "끝없는 봄 풍광이 들보에 둘러 있다"는 것은 이 공안이 흡사 끝없는 풍광처럼, 단청한 대들보를 둘러싸고 있는 것 같아 감상하고 음미할 수는 있지만, 그 참된 진리〔眞諦〕를 얻기란 쉽지 않다는 말이다.

위에서 인용한 게송의 문장이 모두 아름다운 것은 장사의 공안 자체의 착어(著語)가 아름답고 소재가 좋아서 아름다운 게송으로 읊기에 용이하였기 때문이다(68. 7.《신생보(新生報)》부간(副刊)).

위산의 무소

위산영우(潙山靈祐)는 위앙종(潙仰宗)의 창시자이자 선종의 큰스님이다. 그는 복건 장계(福建長谿 : 현 霞浦縣)에서 출생하였는데, 처음 복주(福州) 건선사(建善寺) 법상(法常)율사에게 삭발하였고 항주(杭州) 용흥사(龍興寺)에서 계를 받았으며 대소승의 경전과 율장(律藏)을 연구하였다. 그 후 백장회해(百丈懷海)의 입실(入室 : 傳法) 제자가 되었다. 즉 교학에서 선문으로 귀의한 것이다. 호남 장사(長沙 : 현 潭洲)의 위산에서 설법하여 위산이라 불리웠으며, 그의 제자 앙산(仰山)의 이름과 아울러 위앙종(潙仰宗)으로 불리운다. 《경덕전등록》에는 위산의 오도(悟道) 과정을 다음과 같이 기록하고 있다.

위산스님이 어느 날 백장스님을 모시고 있는데, 백장스님이 그에게 물었다.
"누구냐?"
"영우입니다."
"화로 속에 불씨가 있는지 헤집어 보아라."
위산스님이 화롯불을 헤집어 보고서 대답하였다.
"불씨가 없습니다."
백장이 몸소 일어나 깊이 파헤쳐 작은 불씨를 찾아 보여 주며 말하였다.

"이것이 불씨 아니냐?"
위산은 그 말에 곧 깨닫고 절을 올렸다.[47]

재를 헤치며 불씨를 찾는 것은 평범한 일이다. 그러나 깊숙이 뒤적거린 후에야 자그마한 불씨를 찾아 내는 그 정경에는 백장의 고의적인 의도가 드러나 있다. "깊이깊이 파헤쳐야 조금 있다"는 점을 밝혀, 위산으로 하여금 이를 계기로 깨달음을 얻도록 일깨워 주기 위함이었다. 백장은 이러한 과정을 '시절 인연'으로 돌렸다. "시절이 이르니, 혼미하다가 갑자기 밝아지고, 잊었다가 갑자기 기억나듯이, 바야흐로 내 자신에 있었던 것이요 다른 곳에서 얻어지는 것이 아님을 깨달았다." 이는 맹자가 말한 "하루 아침에 툭 트이게 관통한다"는 말과 같은 이치이다. 당대(唐代) 광초(狂草)의 명필로 유명한 장욱(張旭)은 공손대랑(公孫大娘)의 칼춤을 보고서 초서법(草書法)을 깨달았다 한다. 이는 모두 불가사의한 일들이다. 그러나 사람마다 모두 어떤 대상에 의해 영감을 얻고 그 영감에 따라 깨달음을 얻은 경험을 가지고 있다. 위산이 깨달은 바는 무상대도(無上大道)였을 뿐이다. 위산의 '무소공안'은 후대에 널리 전해오고 있다.

스님이 상당하여 대중에게 말하였다.
"노승이 죽은 후에 산 아래로 내려가 한 마리 무소가 되어, 그 왼쪽 옆구리에 '위산승 ○○' 다섯 글자를 쓸 것이다. 이 때 위산승이라 부르자니 또 무소요, 무소라 부르자니 또 위산승인데, 무어라 불러야 옳을까?"[48]

---

47) 一日, 侍立, 百丈問 誰? 師曰 靈祐! 百丈云 汝撥鑪中有火否? 師撥云 無火. 百丈躬起深撥得少火, 擧以示之云 此不是火? 師發悟禮謝.(卷9)

불가에는 과거, 현재, 미래 삼세설(三世說)이 있다. 위산은 당시 위앙종의 영수이지만 미래세에는 위산 아래 무소가 될 수도 있다. 현재와 미래를 꿰뚫어 보면 위산승 영우와 위산 아래 무소는 둘이면서도 하나이다. 위산승이라 부르자니 현재는 무소의 모습이요 무소라 부르자니 일찍이 위산승이었다. 이 때문에 후대의 선사들은 이 공안에 대하여 각기 다른 견해들을 가지고 있다.

산 위에선 산승이요 산 아랜 무소라
털 나고 뿔 달린 무리와 뒤섞였다
온누리 부처가 되고 조사가 되려는데
위산만 홀로 무소가 되었어라
　　山上山僧山下牛　披毛戴角混同流
　　普天成佛與成祖　獨有潙山作水牛
　　（佛國白 禪師,《頌古聯珠通集》卷15)

"털 나고 뿔 달린" 것이란 인간이 아닌 다른 종류〔異類〕이다. 위산 영우는 위산에 있을 땐 승려이고, 산 아래 있을 땐 무소이다. 털 나고 뿔 달린 모습을 가지고서 동류인 당시 참선인들의 이목을 혼란시켰다. 실제로는 당시 선객을 각성시켜 삼세를 관통케 함으로써 대립을 없애 주었다. 그것은 아상(我相), 인상(人相), 중생상(衆生相)이 없도록 일깨워 준 것이다. 부처와 조사가 되는 것은 당시 대중들이

---

48) 師上堂示衆云 老僧百年後, 向山下作一頭水牯牛, 左脇書五字云 潙山僧某甲. 此時喚作潙山僧, 又是水牯牛. 喚作水牯牛, 又云潙山僧, 喚作什麼即得?(《景德傳燈錄》卷9)

추구하는 공통적인 목표이다. 그러나 위산만은 '성자(聖者)'라는 생각마저 타파하고 무소가 되기를 원하였다. 이 때문에 "온누리 부처가 되고 조사가 되려는데 / 위산만 홀로 무소가 되었어라"라고 한 것이다. 이는 위산이 범부와 성인이라는 관념을 모두 타파했음을 노래한 것이다.

그러나 해인신(海印信) 선사는 이와는 다른 견해를 가지고 있었다.

산 아랜 무소요 산 위에선 스님이라
항하사(恒河沙)처럼 많은 이름 다할 수 없다
언제나 사랑하는 건 저녁 구름 흩어지는
끝없이 푸른빛 쌓인 먼 산봉우리
  山下爲牛山上僧　河沙異號未爲能
  常愛暮雲歸未合　遠山無限碧層層
  (위와 같음)

위산이 "산 아랜 무소요 산 위에선 스님이라"는 것은 불법에 통달한 자에게는 기이한 일이라 할 수 없다. 그것은 우주에 존재하는 각기 다른 이름을 가진, 항하의 모래알처럼 수많은 사물들이 모두 불성을 가지고 있기 때문이다. 위산의 말은 특출한 수완이 아니다. 하지만 해인신 선사는 이 공안을 통하여 현재와 미래를 극명히 보여주면서도 아울러 성인과 범부의 대립개념을 모두 없애고, 또 이를 아주 또렷이 표현하여 저녁 구름이 산으로 돌아가 모두 한데로 모이면서도 모이지 않은 것처럼 보이기에 "한 조각 흰구름이 골짜기 가로질러, 수많은 새들이 둥지를 잘못 찾아들지" 않도록 한 것이라고 인식하였다. "끝없이 푸른 빛 쌓인 먼 산봉우리"라는 것은 삼세인과가 무소공안으로 인하여 분명해졌음을 비유한 것이다. 이 때문에 "언제나 사랑하는 건 저녁 구름 흩어지는 / 끝없이 푸른빛 쌓인 먼 산봉우리"라고 하였다.

남당홍(南堂興) 선사는 해인신 선사와 달리 이해하였다.

위산 무소는 여느 것이 아니다
위산도 무소도 아니어라
세상에 누가 이를 말하랴
물결소리 어부의 피리소리 고기잡이 배여라
    潙山水牯異常流　不是潙山不是牛
    舉世有誰能道得　波聲漁笛釣魚舟
    (위와 같음)

"위산 무소는 여느 것이 아니다"라는 말은 위산영우의 무소공안이 여느 스님의 제창과 다름을 찬미한 것이다. 위산이 이 공안을 말할 때, 그는 위산 위의 스님도 아니고 위산 아래의 무소도 아니었다. 그는 법륜을 굴려 이름과 형상에 대한 집착을 타파하여 법왕의 진신(眞身)을 보여 주었다. 따라서 그를 위산스님이라 불러도 옳지 않고 무소라 불러도 옳지 않다. "세상에 누가 이를 말하랴"라는 구절은 이러한 깨침이 없고서는 위산의 무소공안에 담긴 뜻을 그 누구도 이야기할 수 없음을 말한 것이다. 하지만 모든 언어와 문자 따위의 해설과 위산의 무소공안은 모두 진여법성, 즉 '대전(大全)' 본체와는 아무런 상관이 없다. 마치 강산의 파도 소리, 어부의 피리 소리, 고기

잡이배의 움직임은 모두 물고기를 낚는 광경과 고기잡이 도구일 뿐, 아직 물고기를 잡지 못한 것이다. 그러므로 물고기와 상관이 없는 것처럼 도와는 아무런 상관이 없다.

백운단(白雲端) 선사의 게송 역시 남당홍 선사의 게송과 맥을 함께하고 있다.

> 위산스님이라 무소라 말할 수 없으니
> 분명하건만 어느 곳에 발자취 분별할까
> 오는 길 털끝만큼 어긋나면
> 만겁에 벗어날 길 없으리라
> 　　不道潙山不道牛　灼然何處辨踪由
> 　　絲毫差却來時路　萬劫無由得出頭
> 　　(위와 같음)

"위산스님이라 무소라 말할 수 없으니"라는 말은 백운선사 역시 그 당시 위산영우가 산 위의 스님인지 아니면 산 아래 무소인지 말할 수 없다는 의미이다. 이 공안은 또렷하게 분별할 수 있지만 이치를 알지 못하는 사람은 여전히 이 공안의 발자취와 원인을 분별할 길이 없다. 만일 위산이 삼세(三世) 윤회에 떨어져 금생에는 위산 위〔山上〕의 스님이요 내세에는 산 아래〔山下〕 무소가 될 것이라고 생각한다면 그것은 털끝만한 차이가 하늘 땅처럼 현격(懸隔)하여 "만겁이 지나도록 벗어나지 못할 것이다." 다시 말하면 생사의 끝없는 윤회로써 영겁에 생사(生死)의 고(苦)에서 벗어날 수 없을 것이다.

보령용(保寧湧) 선사는 현묘하고 은미한 이 공안의 이치를 깨달을 수 있다고 인식하였다.

> 얼굴 변하고 머리 바꿔도
> 밝은 햇살에 발자취 숨기기 어렵다
> 나귀이니 말이니 말들 하지만
> 수많은 구경꾼 얼굴에 가득한 부끄러움
> 　改却形容換却頭　當陽難隱個蹤由
> 　驢名馬字雖呼喚　多少傍觀滿面羞
> （위와 같음）

위산영우 그 자신이 '산 아래 무소'가 된다고 말했을 때, 그는 사람의 모습을 소의 얼굴로 바꿨다. 그러나 그는 "왼쪽 옆구리에 위산승 ○○라 쓴다"고 하였다. 이러한 폭로는 햇살이 비친 초목이 그 속에서 발자취와 그 원인을 숨기기 어려운 것과 같다. 위산은 장자(莊子)의 말처럼 나를 소라 부르면 나는 그에게 소가 되어 응할 것이요, 나를 말이라 부르면 나는 그에게 말이 되어 응할 것이라 하였듯이 나귀라 하든 말이라 하든 그가 부르는 대로 내맡겨 두리라. 그러나 이 공안에 담긴 의의를 이해하지 못하고 수많은 방관자의 얼굴에는 가득히 부끄러움이 담겨 있다.

　이 4수의 게송은 각기 다른 견해들을 대표한 것이다. 위산의 무소 공안에 함축된 의미는 대체로 이 4수의 게송에 의해 대표될 수 있다. 기타 게송들은 선어(禪語)가 너무 많은 나머지 시적(詩的) 정취가 결여되어 있으므로 모두 예시하지 않는다(68. 6. 26.《신생보(新生報)》부간(副刊)).

강상선객-뱃사공스님 화정 선자덕성

참선인은 도를 구할 때 대부분 깊은 산에 머무는 경우가 많으며, 저자에 머무는 자는 적다. 더욱이 거룻배〔渡船〕에 몸을 숨긴 스님은 거의 없다. 이 때문에 화정의 선자덕성 선사를 하상선객(河上禪客)이라 한 것은 실로 지나친 말이 아니다. 선자화상의 생애에 대한 고증은 찾아볼 수 없다. 여러 전등사(傳燈史)의 기록에 근거하여 보면, 그는 약산유엄(藥山惟儼)에게서 법을 받은 청원행사(靑原行思)의 법계(法系)이다. 훗날 수주(秀州 : 현 浙江嘉興縣) 화정(華亭)에 머물면서 하나의 작은 거룻배를 저으면서 인연 따라 사람을 제도하였다. 그는 그의 신분을 너무 잘 숨겼기 때문에 당시 사람들은 그를 뱃사공스님이라 불렀을 뿐, 아무도 그가 도를 깨친 선사인 줄 몰랐다. 그는 경계를 빌어 법을 보였다.

　기나긴 낚싯줄 곧바로 드리우니
　한 물결 일렁이자 수많은 물결 잇따라 출렁인다
　밤 고요하고 물은 찬데 고기 물지 않으니
　빈 배에 달빛만 가득 싣고 돌아온다

千尺絲綸直下垂　一波纔動萬波隨
夜靜水寒魚不食　滿船空載月明歸

30년 동안 해상에서 놀았다
물 맑아 고기 보이건만 낚시 물지 않아
낚싯대 다 부러져 다시 대나무 심으니
힘드는 것 생각잖고 잡아야 곧 쉬리라
三十年來海上遊　水淸魚現不吞鉤
釣竿斫盡重栽竹　不計功程得便休
(《五燈會元》卷5)

"기나긴 낚싯줄 곧바로 드리우니"라는 구절은 구도(求道)를 비유하고 있다. "한 물결 일렁이자 수많은 물결 잇따라 출렁인다"는 구절에서, 하나의 물결이 일렁거리는 것은 물고기, 즉 도의 작용에 의한 것이다. 그러나 도는 어느 곳이든 없는 데가 없다. 끊임없는 물결처럼……. 물고기 잡기가 쉽지 않듯이 도 역시 쉽게 깨달을 수 없다. 그러므로 "밤 고요하고 물은 찬데 고기 물지 않으니 / 빈 배에 달빛만 가득 싣고 돌아온다"고 하였다.

"30년 동안 해상에서 놀았다 / 물 맑아 고기 보이건만 낚시 물지 않아"라는 말은 도를 구하면 얻을 수 있다는 뜻이다. 물이 맑으면 물고기가 보이기 마련이다. 그러나 도를 깨달음이 아직은 원만하지 못하기에, "물 맑아 고기 보이건만 낚시 물지 않아"라고 한 것이다. 그러나 도를 향하는 마음이야 조금이라도 감소되거나 물러서지 않는다. 마치 어부가 낚싯대를 모두 써 버리자, 다시 대나무를 심고 또 그 대나무를 잘라 낚싯대를 만들고 또 다시 낚싯줄을 드리워 물고기를 잡은 후에야 그만 두듯이, 힘든 과정을 전혀 계산하지 않는 것과 같다. 그러므로 "힘드는 것 생각잖고 잡아야 곧 쉬리라"고 하였다. 그러나 의문점이라면 덕성선사는 이미 깨달음을 얻은 뒤 수주 화정에 머물렀으므로 그의 공부는 깨달은 후의 보임(保任) 공부에 있어야 할 테지만, 전체 시에 나타난 뜻은 오히려 구도의 경지이다. 아무튼 선자화상은 분명히 물고기로써 도를 비유하고 있으며, 그와 같은 또 다른 게송이 있다.

> 물고기 한 마리여 너무 커서 손댈 수 없다
> 모든 걸 포괄하니 참으로 기특하다
> 변화에 능하여 바람 우레 토해 내니
> 낚싯줄 드리운들 어떻게 낚을 수야
>   有一魚兮偉莫裁　混融包納信奇哉
>   能變化 吐風雷　下線何曾釣得來
> (《五燈會元》卷5)

"물고기 한 마리여 너무 커서 손댈 수 없다"는 것은 도의 광대함을 표현한 말이다. 도는 어디에나 있으며 불성은 온 우주에 두루 존재한다. 그러므로 "모든 걸 포괄하니 참으로 기특하다." 이 자성과 불성은 항상 그 작용이 현상계에 나타나고 있다. 예를 들어 바람과 우레의 발생과 같은 만물의 변화가 그것이다. 그러므로 어부의 낚시로는 낚을 수가 없는 일이다.

 사람들은 뱃사공으로 몸을 숨긴 덕성선사를 몰랐을 뿐 아니라, 덕성선사 또한 산사에 머물면서 법을 베풀려는 생각조차 하지 않았다. 그는 선문(禪門)의 은자(隱者)이다. 그가 협산선회(夾山善會)에게 법을 전한 것은 전적으로 같은 도반인 도오(道吾)선사의 추천에 의한 것이었다. 두 사람이 스승과 제자로 만난 정황을 《오등회원》에서는 다음과 같이 기록하고 있다.

> 도오선사가 후일 경구(京口)에 이르러, 협산이 상당설법하는 것을 우연히 보았다. 어떤 스님이 물었다.
> "무엇이 법신입니까?"
> "법신은 형상이 없다."
> "무엇이 법안입니까?"
> "법안은 티가 없다."
> 도오는 자신도 모르게 웃음이 터져나왔다.[49]

도오는 협산과 어떤 스님의 선기(禪機) 문답을 듣고서, 협산의 견해가 여전히 알음알이에 떨어져 투철하고 원만하게 깨닫지 못한 것에 대해 비웃음을 던졌다. 협산 역시 자신하지 못했으므로 도오에게 가르침을 청하였다.

> 협산이 곧 법좌에서 내려와 도오(道吾)에게 물었다.
> "내가 방금 그 스님에게 대답한 말에 반드시 잘못이 있어 상좌로 하여금 실소케 하였으니, 상좌는 자비의 가르침을 아끼지 마오."
> 도오가 말하였다.
> "스님이 일등으로 출세하였으니 스승이 없었겠습니까?"
> "나의 잘못이 무엇인지 말해 주시오."

---

49) 道吾後到京口, 遇夾山上堂, 僧問如何是法身? 山曰 法身無相. 曰 如何是法眼? 山曰 法眼無瑕. 道吾不覺失笑.

"저는 뭐라 말할 수 없습니다. 스님께서 화정 선자화상을 찾아가 보시지요."

"그 스님은 어떤가?"

"그 스님은 위로는 기와 한 조각 없고 아래로는 송곳 하나 꼽을 땅도 없습니다. 스님이 그를 찾아 가시려거든 반드시 옷을 갈아 입고 가셔야 합니다."

협산은 이에 대중을 흩어 보내고 행장을 꾸려 곧바로 화정으로 찾아 갔다. 선자는 그를 보자마자 물었다.

"대덕은 어느 절에 머무르시오?"

"절에 머물지 않고 머문다면 곧 같지 않습니다."

"같지 않다는 것은 무엇과 같지 않다는 것이오?"

"눈 앞에 보이는 법과 같지 않습니다."

"어디서 배웠는고?"

"이목으로 이를 곳이 아닙니다."

"한 언구(言句)의 합당한 말은 만겁에 나귀 매는 말뚝이다."

다시 이어서 말하였다.

"1천 자(尺)되는 낚싯줄을 드리운 뜻은 깊은 연못 바닥에 닿고자 함이다. 낚시와 겨우 세 치 떨어져 있는데 그대는 어찌하여 말하지 않는가?"

협산이 한참 생각한 뒤에 입을 벌리려 하다가 스님의 노에 맞아 물속으로 떨어졌다. 협산이 겨우 배에 오르자, 스님이 다시 다그쳤다.

"말해라! 말해."

협산이 다시 입을 벌리려 하자, 스님은 또 다시 후려쳤다. 이에 협산이 활연히 크게 깨치고 세 차례 고개를 끄덕거렸다.[50]

---

50) 山便下座, 請問道吾, 某甲適來祇對這僧, 話必有不是, 致令上座失笑, 望上座不吝慈悲. 吾曰 和尚一等是出世, 未有師在? 山曰 某甲甚處不是, 望爲說破. 吾曰 某甲終不說, 請和尙却往華亭船子處. 山曰 此人如何? 吾曰 此人上無片瓦, 下無卓錐, 和尙若去, 須易服而往, 山乃散衆束裝, 直造華亭. 船子才見便問 大德住甚麽寺? 山曰 寺卽不住, 住卽不似. 師曰 不似似箇甚麽? 山曰 不似目前法. 師曰 甚處學得來? 山曰 非耳目之所到. 師曰 一句合頭話, 萬劫繫

위의 이야기는 한편으론 구도에 대한 협산의 용맹심을 나타낸 것이다. 그 당시 협산은 이미 상당법문을 하는 방장스님이었음에도 도오의 지적을 받고서 곧장 마음을 다하여 스승을 찾아갔다. 또 한편으론 참선이란 깨우침을 중시할 뿐, 언어와 알음알이의 이해를 중시하지 않음을 나타낸 것이다. 협산이 크게 깨친 후 곧바로 세 차례 고개를 끄덕인 것은 이미 "말이 끊어지고 마음이 사라진〔言語道斷 心行處滅〕" 경지에 이르렀음을 뜻한다. 이에 선자화상은 협산을 인가한 후에 다시 부촉하기를 "네가 떠나가거든 곧장 몸을 숨기는 곳에 종적이 없어야 하고, 종적이 없는 곳에 몸을 숨겨서는 안 된다. 내가 약산의 회하에 20년 동안 있으면서 다만 이 일을 깨달았을 뿐이다〔汝向去 直須藏身處沒踪跡 沒踪跡處莫藏身 吾二十年在藥山 秖明此事〕"고 하였다. "몸을 숨기는 곳에 종적이 없어야 한다"는 것은 성위(聖位)에 들어가 종적을 찾을 수 없음을 말하고, "종적이 없는 곳에 몸을 숨겨서는 안 된다"는 것은 그렇기는 하지만 또한 성위에 머물지 말고 범부와 성인이라는 생각을 모두 없애야 함을 말한다. 이름이 전해오지 않는 어느 한 선사가 게송으로써 이 경지를 찬탄한 바 있다.

몸 감추어 자취 없고 또 감춤도 없으니
온통 의지함 없는 바로 그것일레
옛 거울 닦지 않아도 저절로 비춰 주고
가는 연기 이슬에 젖어 가을빛을 적신다

驢橛. 師又曰 垂絲千尺, 意在深潭, 離釣三寸, 子何不道? 山擬開口, 被師一橈打落水中. 山才上船, 師又道 道! 道. 山擬開口, 師又打, 山豁然大悟, 乃點頭三下.(위와 같음)

藏身無迹更無藏　脫體無依便厮當
古鏡不磨還自照　淡煙和露濕秋光
(《頌古聯珠通集》卷17)

범속한 감정에도 걸리지 않고 성자의 견해도 일으키지 않음이 곧 대해탈이요 대자재이다. 이것이 "몸 감추어 자취 없고 또 감춤도 없으니 / 온통 의지함 없는 바로 그것일레"라는 구절의 뜻이다. 옛 거울 닦지 않는다는 것은 자성의 작용이 드러나지 않음을 비유한 것이다. 그러나 자성을 깨친 이는 이미 그 일체의 작용을 밝게 아는 까닭에 "옛 거울 닦지 않아도 저절로 비춰 준다"고 말한 것이다. 이 경지에 이르면 유와 무가 하나이며 동과 정을 두루하여, 마치 이슬에 젖은 가느다란 연기가 가을빛 속에 스며들어 분별할 수 없으나, 가을 풍경은 이런 물상을 통하여 나타나는 것과 같다.

원극잠(圓極岑) 선사는 게송으로 그의 견해를 나타낸 바 있다.

종적 없는 곳에 몸 숨기지 말라는 건
살펴보니 분명 눈에 든 먼지여라
모든 기봉(機鋒)으로 나귀 맨 말뚝 타파하니
방망이로 옥기린을 두둘겨 낸다
　　沒踪跡處莫藏身　看來端是眼中塵
　　全機打破繫驢橛　棒頭敲出玉麒麟
　　(《頌古聯珠通集》卷17)

"종적 없는 곳에 몸 숨기지 말라"는 것은 여전히 성위(聖位)에 머무른 것을 의미한다. 아무리 황금가루일지라도 눈에 들어가면 티끌이 되는 것처럼 그것은 '법'이 아니요 한낱 티끌일 뿐이다. 자성을 철저히 깨쳐야 비로소 언어기해(言語機解 : 言語와 思量)에 떨어지지 않는다. 협산이 도를 깨닫기 이전에는 "한 마디 합당한 말이 만겁에 나귀 매는 말뚝[一句合頭話 萬劫繫驢橛]"이라는 혼미의 안개 속에 빠져 있었던 것과 같다. "방망이로 옥기린을 두둘겨 낸다"는 구절은 선자화상이 노를 휘둘러 협산의 정식(情識)과 의상(意想)을 모두 끊어, 협산으로 하여금 곧바로 깨달음의 경지로 들어가 마치 옥기린처럼 진귀한 상서로운 인물이 되었음을 말한다.

선자화상은 협산 한 사람에게만 법을 전하여, 널리 법륜(法輪)을 굴렸던 선문의 종사들과는 큰 차이점이 있는 것으로 보아 참으로 고고하게 독립특행(獨立特行)을 실현한 선사라 하겠다(68. 9. 7.《신생보(新生報)》부간(副刊)).

황벽의 안명

 황벽희운(黃檗希運) 선사는 위로는 백장회해(百丈懷海)를 계승하고 아래로는 임제의현(臨濟義玄)을 배출하였다. 당시의 재상 배휴(裵休)와 교유한 까닭에 명성이 일대를 진동했을 뿐 아니라, 또한 배휴에 의해 집록된 유명한 선문의 《전법심요(傳法心要)》를 남겼다. 희운은 복건(福建) 사람이며 속성은 자세하지 않다. 어린 나이에 출가하였으며 훗날 백장을 참방하여 '대사(大事)'를 밝혔다. 《경덕전등록》(권9)에 그 인연을 다음과 같이 기록하고 있다.

 스님은 훗날 도성(都城)에 갔다가 어떤 사람의 말을 듣고서 백장스님을 찾아갔다.
 "종상종승(從上宗乘:向上宗乘)을 어떻게 가르치십니까?"
 백장이 아무런 말이 없이 한참 동안 있자, 스님이 다시 말하였다.
 "가르치신 뒤에 끊어 버려서는 안 됩니다."
 "네가 그래도 사람인가 여겼더니만……"
 백장은 그 말을 마치기도 전에 곧바로 일어나 방장실로 가 버렸다. 스님이 뒤따라 들어가면서 말하였다.
 "제가 특별히 찾아왔습니다."
 백장이 말하였다.

"그렇다면 너는 훗날 나를 저버리지 말라."[51]

황벽희운은 한참 동안 말이 없었던 백장의 말 없는 가르침을 통하여 말로써 형용할 수 없는 경지를 크게 깨친 것이다. 백장 역시 곧장 아무런 말 없이 의발을 전수할 제자로 인정하고 비로소 말하기를 "훗날 나를 저버리지 말라"고 하였다.

훗날 배휴가 완릉(宛陵 : 현 安徽宣城) 고을 원님으로 왔을 때, 큰 선찰(禪刹)을 세우고 황벽을 청하여 주석하도록 하였다. 희운은 자신이 출가한 황벽산을 지극히 사랑한 나머지 황벽이라 이름지은 까닭에 황벽희운이라 불리웠다고 한다. 그러나 황벽희운의 《전법심요》에 쓴 배휴의 기문에 의하면, "배휴가 대중(大中) 2년, 완릉에 이르러 희운선사를 개원사(開元寺)로 맞이하였다. 희운은 원래 홍주(洪州 : 현 江西南昌)의 속현(屬縣)인 고안현(高安縣)에 주석하고 있었다. 이에 희운의 이름을 연유하여 황벽산으로 개명하였다" 하니, 《경덕전등록》의 기록이 잘못되었음을 알 수 있다. 배휴는 일찍이 시를 지어 희운을 칭송하였다.

대사에게 심인(心印)을 전수 받은 후로
이마엔 둥근 구슬, 훤칠한 7척 장신
주장자 걸어 놓고 십년 간 촉수에 머물다가
작은 배 타고 오늘 강 건너 오셨네

---

51) 師後遊京師, 因人啓發, 乃往參百丈, 問曰 從上宗乘, 如何指示? 百丈良久, 師云 不可教後斷絶去也. 百丈云 將謂汝是箇人, 乃起出方丈. 師隨後入云 某甲特來. 百丈云 若爾, 則他後不得孤負吾.

한 번 큰 스님 뵙고 높은 걸음 뒤따르니
만리에 향기로운 꽃 좋은 인연 맺었어라
스승으로 섬겨 제자 되고픈데
누구에게 법을 전하실지 알 수 없어라
      自從大士傳心印　額有圓珠七尺身
      掛錫十年棲蜀水　浮盃今日渡江濱
      一干龍象隨高步　萬里香華結勝因
      擬欲事師爲弟子　未知將法付何人
  (《景德傳燈錄》卷9와 《全唐詩》卷563)

희운은 배휴의 시를 보고서도 기쁜 빛이 전혀 없었다. 그 시기를 고찰하여 보면, 이는 배휴가 종릉(鍾陵) 원님으로 있을 때 희운을 맞이한 시이고, 회창법난(會昌法難) 이후 배휴가 다시 완릉으로 부임했을 때 또 다시 희운을 맞이하였는데,《전법심요》에 쓴 기문(記文)은 바로 이 때 기록된 것이다.《경덕전등록》에 "큰 선찰을 세웠다"는 것은 법난 이후 중건한 사원을 말한다.

황벽의《전법심요》는 두 가지 귀중한 내용을 담고 있다. 하나는 자성묘체(自性妙體)에 대한 분명한 계설(界說)이고, 또 다른 하나는 무심합도(無心合道)에 대한 천명이다.

   모든 부처와 일체 중생은 오직 하나의 마음일 뿐, 다시는 다른 법이 없다. 이 마음은 무시(無始) 이래로 일찍이 생(生)하지도 않고 멸(滅)하지도 않으며, 푸르지도 않고 노랗지도 않으며, 형체도 없고 모습도 없으며, 유와 무에 속하지 않고, 새로운 것과 해묵은 것으로 헤아릴 수 없으며, 길지도 않고 짧지도 않으며, 크지도 않고 작지도 않다. 일체의 한량(限量)과 명언(名言)과 자취와 상대를 초월한 것이다. 당체(當體)가 바로 그것이다. 생각이 움직이면 곧 어긋나 버린다. 마치 허공과 같아서 가장자리도 없으며 헤아릴 수도 없다.[52]

위의 자성, '하나의 마음'에 대한 계설(界說)은 선종의 본체론(本體論)을 밝혀준 것이다. 또한 황벽의 '무심(無心)'에 대한 요지를 아래와 같이 논하고 있다.

무심이란 여여(如如)한 체(體)이다. 안과 밖이 목석과 같아서 움직이지도, 구르지도 않으며, 안과 밖이 허공과 같아서 막히지도 않고 가리움도 없다. 능(能)도 없고 소(所)도 없으며 방위와 장소가 없고 형상과 모습이 없으며 득과 실이 없다. 나아가려는 자는, 감히 이 법에 들어가지 못하고 공(空)에 떨어져 머물 곳이 없을까 두려워한 까닭에 멀리서 바라보고서 물러나 버린다. 문수는 이(理)에 당하고 보현은 행(行)에 당하니, 이(理)는 진공무애(眞空無礙)의 이치요, 행(行)은 상(相)을 떠나 다함이 없는 행(行)이다.[53]

대체로 선종의 마조 법계(法系)의 "무심합도(無心合道)"는 황벽의 위와 같은 주장에서 적지 않은 계시를 얻을 수 있었다. 불교에서는

---

52) 諸佛與一切衆生, 唯是一心, 更無別法. 此心自無始已來, 不曾生, 不曾滅, 不青不黃, 無形無相, 不屬有無, 不計新舊, 非長非短, 非大非小, 超過一切限量 名言蹤跡對待. 當體便是, 動念卽差, 猶如虛空, 無有邊際, 不可測度.(《景德傳燈錄》卷9)
53) 無心者, 如如之體, 內外如木石, 不動不轉, 內外如虛空, 不塞不礙, 無能無所, 無方所, 無相貌, 無得失. 趣者不敢入此法, 恐落空, 無棲泊處, 故望涯而退. 文殊當理, 普賢當行, 理者眞空無礙之理, 行者離相無盡之行.(위와 같음)

이입(理入)과 행입(行入)을 주장하는데, 황벽은 "행이란 상을 떠나 다함이 없는 행〔行者離相無盡之行〕"이라고 해석하였다. 이는 하나의 독특한 해석이다. 그것은 교학에서의 '행'이란 수행〔修行〕을 가리킨 것이기 때문이다. 나는 이 장편의 《전법심요》가 선문의 정요(精要)로서, 《도덕경》과 짝할 만한 책이라고 생각한다. 하지만 애석하게도 아무도 깊이 연구하지 않은 까닭에 미력하나마 특별히 이를 천명하여 많은 사람들의 주의를 환기시킨 것이다. 희운과 배휴의 '안명(安名)' 공안은 아래와 같다.

> 배휴가 하루는 하나의 존불을 스님 앞에 그려 놓고서 꿇어앉아 말하였다.
> "스님께서 이름을 붙여 주십시오〔安名〕".
> 스님이 그의 이름을 불렀다.
> "배~휴!"
> 배휴가 대답하자, 스님이 말하였다.
> "너에게 이름을 붙여 주었노라."
> 배휴가 절을 올렸다.[54]

세속적인 안목으로 논하면, 배휴가 불상을 가지고 황벽에게 이름 붙여 주기를 청하였고, 그가 마침내 배휴라 명명한 것은 배휴를 부처로 인정한 것과 다름이 없다. 하나의 아첨이다. 그러나 참선인의 입장에서 말한다면 사람마다 모두 불성을 갖추고 있어 중생이 모두 미래의 부처이기에, 불상의 이름을 배휴라고 부르지 못할 것도 없

---

54) 公(裵休)一日, 拓一尊佛於師前, 跪曰 請師安名. 師召曰 裵休. 公應諾, 師曰 與汝安名竟. 公禮拜. (《頌古聯珠通集》卷15)

다. 사람마다 모두 불성을 가지고 있으나 감히 그 부처라는 이름을 붙이지 못한 것이 하나의 문제점이다. 그 부처라는 이름을 붙이지 못한 것은 부처는 '성자'라고 여기는 생각이 있기 때문이며, 이와 같이 하면 또한 화를 부르는 일이라고 생각하기 때문이다. 배휴에게 있어 범인과 성자의 분별심을 없애는 것 또한 중요한 일이다.
　이에 대한 불인원(佛印元) 선사의 게송은 아래와 같다.

　　배휴는 당시 제 이름 잊었는데
　　스님이 불러 주자 깨달았다네
　　포태(胞胎)에 생기지 않은 날에는
　　누가 감히 이 성령(性靈)을 호도(糊塗)했으랴
　　　　裴相當時忘却名　被人喚着又惺惺
　　　　不知未具胞胎日　誰敢塗糊此性靈
　　　　(위와 같음)

　"배휴는 당시 제 이름 잊었는데"라는 구절은 본래 가지고 있는 자성의 망각을 비유하고 있다. 황벽이 배휴의 이름으로 불상을 이름 붙인 것은 배휴의 본래 면목을 환기시킨 데 지나지 않는다. 배휴가 절을 올린 것은 그가 이미 이를 인식하고 있었던 것 같다. '성성(惺惺)'이란 깨달음을 뜻한다. 이 때문에 "스님이 불러 주자 깨달았다네"라고 한 것이다. '포태(胞胎)'에 들어가 사람으로 생겨나지 않았을 때, 아직 육체에 의해 막히지 않았을 적에는 자성이 원래 밝아 호도되지 않는다.
　또 초당청(草堂淸) 선사는 다음과 같은 게송을 남겼다.

마음도 아니요 부처도 아니다
황벽이 부른 것은 무엇일까
배휴는 이로써 헛이름 알았는데
천하 납승도 뛰어넘지 못하누나
    不是心兮不是佛　黃檗喚出是何物
    裴公從此認虛名　天下衲僧跳不出
    (위와 같음)

  황벽이 부른 것은 '마음'도 아니요 '부처'도 아니다. 그것은 "지극한 도"란 이름이 없다. 억지로 이름을 붙이면 '마음' 또는 '부처'라 하지만 모두 진실된 것이 아니기 때문이다. 안타깝게도 배휴는 깨닫지 못하고서 경건하게 절을 올렸다. 그가 인식한 것은 '부처'라는 하나의 성스런 이름으로, 향상일로(向上一路)와는 전혀 상관이 없는 것이다. 배휴만 이같을 뿐 아니라, 총림의 모든 선승 역시 이러한 성인이라는 견해의 속박에서 벗어나지 못하였다. 초당청 선사의 게송에 담긴 대의는 대체로 이와 같다.
  그러나 담당청(湛堂淸) 선사의 게송은 또 다른 경지를 가지고 있다.

배휴가 깨달은 곳 그릇됨 사라지고
한 자 깊이 도랑물에 만 길 파도 넘실댄다
번개 같은 기봉(機鋒) 속에 살아 있는 눈 번뜩이고
날카로운 언구(言句)는 창칼을 깨뜨린다
고봉정상 외길을 잠깐 사이 지나가니
푸른 나뭇가지에 한 점의 붉은 꽃

사람을 감동시키는 봄빛은 많을 필요 없어라
　　裴公悟處絶譊訛　尺水能翻萬丈波
　　霹靂機中反活眼　鋒芒句裏罷干戈
　　峯頭路 暫經過　濃綠萬枝紅一點
　　動人春色不須多
　　(위와 같음)

　담당청 선사는 배휴의 깨달음을 전제로 하여, 배휴가 절을 올린 것은 도를 얻었다는 무언의 표현으로 황벽의 가르침을 저버리지 않았다고 인식하였다. 이것이 "배휴가 깨달은 곳 그릇됨 사라지고"라고 말한 부분이다. "한 자 깊이 도랑물에 만 길 파도 넘실댄다"는 것은 이 공안이 대수롭지 않지만, 범부에서 성인으로 들어가는 길을 분명하게 보여 주어 만 길 파도를 일으키는 힘이 있음을 비유한 것이다. 천둥 번개 치는 가운데 "살아 있는 눈〔活眼〕"을 드러내어 꿈 속에 있는 사람을 일깨워 자신이 원래 부처임을 알도록 깨우쳐 주었다. 황벽의 말은 예리한 칼날이 번뜩이는 보검과 같아서 범정(凡情)과 속견(俗見)을 잘라 버리고 내심의 갈등을 잠재워 주었다. 하지만 '부처' 또한 "고봉정상" 위의 한 가닥 외길로서 지나가야 하는 길일 뿐, 그곳에 머물다가 '성위(聖位)' 속에 파묻혀 죽어서는 안 된다. 수많은 공안 가운데 황벽의 이 공안은 짙푸른 수많은 나뭇가지 가운데 한 떨기 붉게 핀 꽃과 같다. "사람을 감동시키는 봄빛은 많을 필요 없어라"는 것은 사람을 깨닫도록 감동시킬 수 있는 말은 원래 많지 않기 때문이다. 담당청 선사는 황벽의 공안을 분명하게 파악하여 또 한 겹의 진리를 설파한 것이다.

덕산의 방망이

　　만나자 마자 곧바로 방망이로 후려치고 '억' 소리를 내지르는 것은 크게 각성시키기 위함을 말한다. 방망이와 억소리는 임제종의 방편법문(方便法門)이다. 그 기원을 살펴보면, 덕산은 방망이를 사용하였고 임제에 이르러 방망이와 억 소리를 모두 사용하였다. 하지만 이를 처음 사용했던 사람은 마땅히 육조라 해야 할 것이다. 육조가 신회(神會)를 쳤을 때 방망이로 치지 않았겠는가. 그러나 이러한 기풍(氣風)은 덕산선감(德山宣鑒)에 의하여 진작되었다. 하지만 덕산의 종맥(宗脈)인 운문종(雲門宗)에서는 방망이를 썼으나 법안종(法眼宗)에서는 그다지 이를 쓰지 않았다. 이는 "종풍의 가르침[門庭設施]"이 각기 달랐기 때문이다.

　　덕산선감의 속성은 주(周)씨이며 검남(劍南 : 현 四川成都縣治) 사람이다. 어려서 출가하여 경율론(經律論) 삼장(三藏)을 깊이 연구한 뒤에 용담숭신(龍潭崇信) 선사를 친견하여 깨달음을 얻었다.

　　　덕산이 하루는 용담을 모시던 중에 밤이 깊었다. 용담이 말하였다.
　　　"밤이 깊었는데 왜 가지 않느냐?"
　　　스님이 조심조심 나가다가 다시 돌아와 말하였다.
　　　"밖이 깜깜합니다."

용담은 종이 등에 불을 붙여 주었다. 스님이 받으려는 즈음에 용담은 바람을 불어 불을 꺼 버렸다. 스님은 이에 크게 깨닫고 곧 절을 올리자, 용담이 말하였다.
"그대는 뭘 보았는고?"
"지금부터 다시는 천하 노스님의 말을 의심하지 않겠습니다."[55]

덕산의 깨달음은 이른바 "인연을 따른 깨달음"이다. 향엄(香嚴)이 대나무에 돌멩이 부딪히는 소리를 듣고서 또는 영운(靈雲)이 복사꽃 핀 것을 보고 깨달음을 얻은 것과 같은 유형에 속한다. 덕산은 "깊은 조예로 스스로 얻은" 후에 먼저 《금강경》의 소초(疏鈔)들을 불살랐는데, 그가 불을 지를 때 깊은 의미가 담긴 말을 몇 마디 하였다.
"현묘한 말씀을 궁구하는 것은 하나의 터럭을 허공에 두는 것과 같고, 세상의 추기(樞機 : 要務)를 다하려는 것은 깊은 골짜기에 물 한 방울을 던지는 것과 같다."
이는 자성의 오묘한 도는 언어와 지혜로 다할 수 있는 것이 아님을 나타낸 것이다. 그 후부터 기봉(機鋒)이 바람처럼 일어나 위산을 참방하였을 적에 위산은 "이 스님은 훗날 높은 봉우리 정상에다 암자를 짓고서 부처를 꾸짖고 조사를 욕하며 살 것이라"고 인정하였다. 그 후 덕산은 학인을 맞이할 때, 문에 들어오는 스님을 보면 곧바로 방망이로 후려쳤다. 그는 대중들에게 말하였다.
"말하여도 3십 방망이요 말하지 않아도 3십 방망이다."
잘 말하여도 여전히 방망이를 맞는다. 그것은 자성의 오묘함은 본

---

55) 德山一日侍龍潭抵夜, 潭曰 更深何不下去? 師珍重便出. 却回曰 外面黑. 潭點紙燈度與, 師擬接, 潭復吹滅, 師於此大悟, 便禮拜. 潭曰 子見箇甚麼? 師曰 從今向去, 更不疑天下老和尙舌頭.(《頌古聯珠通集》卷23)

래 말할 수 없기 때문에 그를 친 것이다. 틀리게 말하면 어리석기 때문에 또 그를 친 것이다. 하지만 때로는 이로써 참선인의 조예를 시험하기도 하였다. 이 때문에 말을 잘하여도 방망이요 잘못 말해도 방망이이다. 이는 삼산래(三山來) 선사의 말과 같다.

    학인이 찾아오면 큰스님은 곧 방망이로 쳤으며 혹 나아가 말을 하여도 큰스님은 방망이로 쳤다. 이것은 학인의 허실(虛實)을 시험하여 그에게 견해가 있는지 없는지를 보는 것이지, 또한 상벌의 의미가 있는 것은 아니다.[56]

그렇다면 덕산이 말을 하거나 못하거나 방망이로 쳤던 것은 이로써 참선인의 깨달음의 경지를 시험하려 한 것이다. 정식(情識)과 의상(意想)을 떨쳐 버린 정황에서 방망이가 비 오듯이 머리 위에 쏟아지면, 참선인은 자신의 깨달음의 경지를 나타낼 때 자연히 가슴 속에 간직한 바를 곧바로 내놓음으로써, 그의 깊고 옅은 경지가 이를 통해 드러나기 마련이다. 운개창(雲蓋昌) 선사는 이런 의의를 게송으로 읊었다.

덕산은 분명 크게 남다르다
방망이 휘둘러 미세한 것마저 끊었어라
호령을 내림에 부처 조사도 그냥 지날 수 없어
전륜왕(轉輪王)이 모든 기틀 움켜 쥔 것 같네

---

56) 如學人纔到, 宗師便打, 或進有言句, 宗師亦打, 此是辨驗學人虛實, 看他有見無見, 亦不在賞罰之列.(《五家宗旨纂要》卷上)

德嶠分明顯大奇　棒頭揮出絶離微
令行佛祖無空過　一似輪王握萬機
（《頌古聯珠通集》卷23）

첫 구절은 덕산의 방망이가 하나의 남다른 작용을 하여, 참선인의 깨달음을 변별하였음을 노래한 것이다. 방망이를 한 번 휘두를 때마다 사람으로 하여금 생각하고 헤아리게 하는 여지가 없게 만든다. 따라서, 거칠고 무례하다 생각하면 이는 원래 잘못된 것이고, 매를 들어 학인을 가르치는 것이라 생각해도 잘못된 것이다. 이러한 정황에서 말을 붙이면 그것은 그 스스로가 은미한 데 들어가는 현묘한 생각을 단절시킨 셈이다. "호령을 내림에 부처 조사도 그냥 지날 수 없어"라는 말은 이러한 방망이를 부처와 조사일지라도 무사히 지나갈 수 없다는 뜻이다. 전륜왕은 법륜(法輪)을 굴려 인도함에 있어, 모든 것을 위엄으로 굴복시키는 힘을 가지고 있다. "전륜왕이 모든 기틀 움켜 쥔 것 같네"라는 구절은 덕산이 방망이를 사용한 것은 전륜왕이 법륜을 굴려 모든 것을 항복시킨 것과 같다는 말이다.

그러나 보엽원(寶葉源) 선사는 덕산이 방망이를 쓰는 것이 성위(聖位)를 증득한 자에게는 아무런 작용이 없다고 생각하였다.

맑게 갠 하늘에 성난 우레 진동하니
만 겹 철산이 모두 놀라 열린다
비바람 고른 날 생각하면
어찌 이런 방법 들 수 있을까
　　皎潔晴天吼怒雷　鐵山萬疊盡驚開

因思塊雨條風日　安得全提有此來
(위와 같음)

덕산이 방망이를 쓴 것은 구름 한 점 없는 맑은 하늘에 갑자기 우레가 일어난 것과 같다. 그 우레의 위력은 대단하여 천겹 만겹 철위산(鐵圍山)도 깜짝 놀라 열릴 정도이다. 그러나 이미 오묘한 도를 깨친 참선인에 대하여 말한다면 모두 부질없는 일이다. 세번째 구절의 '괴우조풍(塊雨條風)'은 '괴풍조우(槐風條雨)'로 바꿔 써야 마땅하다. 우순풍조(雨順風調)의 태평시절을 비유한 말이다. 이미 깨달아 성위(聖位)에 들어갔으면 태평무사하여 단정히 거처할 뿐이라고 생각한 것이다. "안득전제유차래(安得全提有此來)"의 전제(全提)는 곧 '전제정령(全提正令 : 모두 바른 법을 들다)'으로 선종의 강령을 모두 들었다는 뜻이다. 이런 시절에 이르러 이러한 방망이를 쓰는 것으로 선종의 '전제정령(全提正令)'의 용(用)으로 삼을 필요가 어디 있을까라는 의아심이다. 이 구절은 그 밖에도 덕산이 방망이를 사용한 것은 선종의 '전제정령'에 부합되지 않으며 지난날의 전등사에 일찍이 없었던 일이라고도 해석할 수 있다. 그러나 이러한 해석은 그다지 좋지 않다. 왜냐하면 보엽선사는 결코 덕산이 방망이를 사용한 것을 부정하려는 뜻이 없기 때문이다.

　대홍달(大洪達) 선사 역시 덕산이 방망이를 쓴 것은 부질없는 일이라 생각하였다.

소낙비 내리고 우레치니
구름 일고 천둥 번개 뒤따른다

장군이 명령을 내려도
어찌 요임금 때만 하랴
  驟雨迅雷擊　雲興電影隨
  將軍雖有令　何似帝堯時
  (위와 같음)

"소낙비 내리고 우레치니"라는 말은 덕산이 방망이를 쓰는 것이 소낙비 쏟아지고 우레치듯 하여 조금도 피할 여지가 없음을 표현한 것이다. "구름 일고 천둥 번개 뒤따른다"는 것은 방망이를 쓸 때 아무렇게나 휘두르는 것이 아니라, 사람에 따라 베푸는 것을 의미한다. 구름이 일어날 때 천둥 번개가 뒤따라 이것으로 참선인의 경지를 분별하는 것이다. 하지만 이 또한 부질없는 일이었음을 면할 수 없다. "장군이 명령을 내려도"라는 것은 덕산은 임금이 아닌 한낱 장군으로서 왕명을 받들어 거행하는 것과 같다고 생각하였다. "어찌 요임금 때만 하랴"는 것은 요임금의 '무위정치(無爲政治)'만 못하다는 말이다. 진리의 도는 사람에게 멀리 있지 않으므로 근본적으로 방망이를 쓸 필요가 없다. 그러나 무착총(無着總) 비구니는 덕산이 방망이를 쓴 데에는 상과 벌이 있다고 생각하였다.

살리기도 하고 숙이기를 함께 하니
제호와 독약 같다
상을 내릴 것인지 벌을 줄 것인지를
하나같이 헤아리고 있다
  殺活並行　醍醐毒藥

是賞是罰　一任卜度
(위와 같음)

  덕산이 방망이를 쓴 것은 범견(凡見)을 없애 주는 '살(殺)'과 바른 견해를 인정하는 '활(活)'을 동시에 병행한 것이기에, 목숨을 구해 주는 제호이거나 또는 독약이 되는 것은 전적으로 학인의 지혜와 깨달음에 따라 정해지는 것이며, '상과 벌'은 전적으로 학인의 깨달음에 달려 있다.
  이른바 방망이에는 상과 벌이 있다는 데 대하여 삼산래(三山來) 선사는 아래와 같이 해석하였다.

  학인이 큰스님을 친견하러 오면, 오로지 기특한 일에만 힘을 써 현묘한 것에 의지하여 도리어 바른 이치를 상하기에, 큰스님은 곧바로 방망이로 때려 조금도 지나치지 않으니, 이 또한 벌을 내리는 방망이다.[57]

  방망이는 벌을 내려 어리석음을 물리치는 것 이외에도 또 다른 하나의 작용을 가지고 있는데, 그것은 곧 상을 내리는 방망이다.

  학인과 만나면 큰스님은 스님의 뜻을 들어 보였다. 그가 깨닫고서 상응한 답을 하면 큰스님은 곧 방망이로 때렸다. 이것은 내기(來機 : 答機)를 인증한 것으로 상을 내리는 방망이라 이름한다.[58]

---

57) 如學人來見宗師, 專務奇特造作, 依靠玄妙, 反傷正理, 宗師直下便打, 不肯放過, 此亦是罰棒.(《五家宗旨纂要》)
58) 如學人相見, 宗師拈示師旨, 彼能領會, 答得相應, 宗師便打, 此是印證來機, 名爲賞棒.(위와 같음)

덕산의 방망이에 상과 벌이 있다는 것은 여기에서 벗어나지 않는다. 그 후 임제종과 법안종에서 방망이를 쓰고 '억〔喝〕' 소리를 쓴 것 또한 덕산의 유법(遺法)이라 하겠다.

동산의 만리에 한 치 풀도 없다는 공안

　　동산양개(洞山良价)의 속성은 유(兪)씨이며 회계(會稽 : 현 浙江紹興) 사람이다. 그는 조동종의 건립자이다. 조동종은 지금까지 끊이지 않고 널리 전해 오고 있다. 어린 나이에 스님을 따라 불법을 배우다가 후일 오설산(五洩山) 예묵(禮默)선사에게 출가하였다. 남전(南泉)과 위산(潙山)선사를 친견하여 신임을 받았고 후일 위산의 소개로 운암(雲巖)을 참방하였다. 《경덕전등록》에 그 사제간의 만남을 아래와 같이 기록하고 있다.

　　위산이 말하였다.
　　"여기에서 석실과 연결된 곳으로 가면 운암도인이 있다. 만일 풀을 헤치고 찾아가 그의 도풍(道風)을 바라 볼 수만 있다면 반드시 그대에게 중요한 일이 될 것이다."
　　동산이 운암에 이르러 물었다.
　　"무정설법을 어떤 사람이 들을 수 있습니까?"
　　운암이 말하였다.
　　"무정설법은 무정한 자만이 들을 수 있다."
　　"스님은 들으셨습니까?"
　　"내가 만일 들었다면 너는 나의 설법을 듣지 못할 것이다."
　　"그렇다면 저(양개)는 스님의 법을 듣지 못했습니다."
　　"내가 말한 것도 네가 듣지 못하는데 하물며 무정설법이야!"

동산은 이에 게송을 지어 운암에게 올렸다

참으로 기이하고 기이하다
무정설법의 불가사의여
만일 귀 가지고 듣는다면 끝내 알기 어렵고
눈으로 소리를 들어야 비로소 알 수 있으리

이윽고 운암에게 작별을 고하자, 운암이 말하였다.
"어디로 가려는가?"
"스님 곁을 떠나지만 어디에 머물지 알 수 없습니다."
"호남으로는 가지 말라."
"그런 일은 없겠습니다."
"조만간 다시 돌아오라."
"스님께서 머물 곳이 생기면 오겠습니다."
"이제 한 번 가면 서로 만나기 어려울 것이다."
"서로 만나지 않기가 어려울 것입니다."
동산이 다시 물었다.
"스님께서 돌아가신 후 문득 어떤 사람이 '스님의 진영(眞影)을 그릴 수 있느냐'고 물으면 어떻게 대답할까요?"
"그에게 말하라. 그저 이런 것이라고……"
동산이 한참 동안 말이 없자, 운암이 말하였다.
"이 일을 마음에 담아 자세히 살펴보아야 한다."
동산은 여전히 의심이 있었는데 후일 물을 건너다가 자기의 그림자를 보고서 예전의 말뜻을 크게 깨치게 되어 이에 게송을 지었다

절대 남에게서 찾지 마라
아득히 나와 멀어진다
나 오늘 홀로 가는 길
가는 곳마다 그를 만난다
그가 이제 바로 나인데

나는 지금 그가 아니다
마땅히 이렇게 알아야
비로소 여여(如如)하게 깨치리라.[59]

여기에서 동산이 여러 스님을 많이 친견하였으나 도를 깨친 인연은 운암에게 있었으며, 따라서 깨달음이란 시절과 인연에 달려 있음을 볼 수 있다. 이른바 '무정설법'이란 곧 "산하와 대지에 모두 법왕의 몸이 드러난다〔河山並大地 齊露法王身〕"는 뜻이다. 하지만 지혜로써 알 수 있는 것이 아니다. 동산의 게송에서 "눈으로 소리를 들어야 비로소 알 수 있으리"라는 구절이 바로 이 뜻이다. 그러나 여전히 알음알이에 떨어진 것이다. 동산이 운암에게 "스님께서 머물 곳이 생기면 오겠다"는 대답은 운암의 법통을 잇겠다는 대답으로 운암이 산에 주석할 때 돌아온다는 뜻이다. "스님께서 돌아가신 후 어떤 사람이 '스님의 진영(眞影)을 그릴 수 있느냐'고 물으면 어떻게 대답할까요?"라는 동산의 물음에 대해 "그에게 말하라. 그저 이런 것이라고……" 한 운암의 대답은 자성의 묘체에 의해 융섭(融攝)된다는 것을 말한다.

---

59) 潙山曰 此去石室相連, 有雲巖道人, 若能撥草瞻風, 必爲子之所重. 旣到雲巖, 問 無情說法, 什麽人得聞? 雲巖曰 無情說法, 無情得聞! 師曰 和尙聞否? 雲巖曰 我若聞, 汝卽不得聞吾說法也. 曰 若恁麽, 卽良价不聞和尙法也. 雲巖曰 我說汝尙不聞, 何況無情說法也. 師乃述偈呈雲巖曰 也大奇, 也大奇, 無情說法不思議, 若將耳聽終離會, 眼處聞聲方可知. 遂辭雲巖, 雲巖曰 什麽處去? 師曰 雖離和尙, 未卜所止. 曰 莫湖南去. 師曰 無. 曰 早晩却來! 師曰 待和尙有住處卽來. 曰 自此一去難得相見. 師曰 難得不相見. 又問 師百年後, 忽有人問, 還貌得師眞不? 如何祗對! 雲巖曰 但向伊道, 只這箇是; 師良久. 雲巖曰 承當這個事, 大須審細. 師猶涉疑, 後因過水覩影, 大悟前旨. 因有一偈曰 切忌從他覓, 迢迢與我疎. 我今獨自往, 處處得逢渠. 渠今正是我, 我今不是渠. 應須恁麽會, 方得契如如.(권15)

나중에 동산이 깨닫고서 그 깨달음의 경지를 읊은 게송은 표면적으론 "물을 건너다 제 그림자를 보면서〔過水覩影〕"를 노래했지만 실제로는 마음을 밝혀 도를 깨닫는 것에 대한 뜻을 담고 있다. "절대 남에게서 찾지 마라 / 아득히 나와 멀어진다〔切忌從他覓 迢迢與我疎〕"는 것은 자기에게서 구하지 않고 바깥으로 치달려 구하면 오히려 도와는 날로 멀어짐을 말한다. "나 오늘 홀로 가는 길 / 가는 곳마다 그를 만난다〔我今獨自往 處處得逢渠〕"는 것은 혼자 외로이 자신을 향해 구하면 가는 곳마다 그 자성을 만난다는 것이다. "그가 이제 바로 나인데〔渠今正是我〕"라는 것은 도와 내가 하나라는 말이다. "나는 지금 그가 아니다〔我今不是渠〕"는 것은 여전히 형체의 한계에 의해 나〔自我〕라는 한계가 있음을 말한 것이다.

동산의 공안은 매우 많다. 그 중에서도 "만리에 한 치〔一寸〕 풀도 없다〔萬里無寸草〕"는 공안에는 깊은 뜻이 담겨 있다.

　　동산이 대중법문을 하였다.
　　"초가을 늦더위에 사형사제(師兄師弟)들이 어떤 스님은 동으로 어떤 스님은 서쪽으로 갈지라도 반드시 만리에 풀 한 포기 없는 곳으로 가야 비로소 깨달음을 얻을 수 있을 것이다."
　　또 말하였다.
　　"만일 만리에 한 치 풀도 없는 곳이라면 또 어떻게 갈 것인가?"
　　그 후 어떤 스님이 유양(瀏陽)에 이르러 석상(石霜)에게 이 법문을 들어 말하자 석상이 말하였다.
　　"문을 나서면 곧 풀밭이다."
　　그 스님이 돌아와 이 말을 동산에게 들어 말하니, 동산이 말하였다.
　　"이처럼 큰 당나라에 그런 사람이 몇이나 있을까?"[60]

---

60) 洞山示衆云 秋初夏末, 兄弟或東去西去, 直須向萬里無寸草處去始得. 又云

이는 동산의 하안거(夏安居) 때 해제법문(解制法門)이다. 이른바
"만리에 풀 한 포기 없는 곳으로 가야 비로소 깨달음을 얻을 수 있
을 것이다"라는 말은 자성의 오묘한 경계를 비유한 것이다. 자성은
그 크기가 끝이 없고 본래 청정하여 색계를 초월하므로, "만리에 한
치의 풀도 없는 곳"으로 비유한 것이다. 또 다시 대중들이 사구(死句
: 죽은 말)에 떨어질까 두려워하여 "만일 만리에 한 치 풀도 없는 이
라면 또 어떻게 갈 것인가?"라고 하여, 갈 곳을 아는 것이 중요한 것
이 아니라, 그 가야할 곳에 이르는 것이 중요하다는 점을 강조하고
있다. 석상제경(石霜諸慶) 선사가 "문을 나서면 곧 풀밭이다"라고 말
한 것은 색계와 공계가 하나임을 이른다. 그러나 문을 나서면 곧 풀
밭에 떨어지게 된다〔落草〕. 불혜천(佛慧泉) 선사는 두 사람의 견해에
반대하여 그들은 모두 치우쳐 한 곳에 떨어졌다고 생각하여 다음과
같은 게송을 읊었다.

문 나서면 너무 아득하여
만리 길 오지 않으니 원만하지 못하여라
산문으로 가는 길 알고자 하면
저녁 연기 가늘고 풀빛만 아득하다
  出門便是太忙然 萬里無來未得圓
  欲識山家門去路 暮烟輕鎖綠綿綿
  (위와 같음)

只如萬里無寸草處且作麽生去? 後有僧到瀏陽, 擧似石霜, 石霜云 出門便是
草. 僧回擧似師, 師曰 大唐國裏能有幾人.(《頌古聯珠通集》卷24)

"출문변시태망연(出門便是太忙然)"의 망(忙) 자는 아득할 망(茫) 자를 잘못 쓴 것이다. 문 나서면 온통 풀밭이어서 사람을 너무 아득하게 만든다는 뜻이다. 왜냐하면 참선인이 도를 구하는 이유는 본래 '색계'에 떨어져 있기 때문이다. 그러므로 명안(明安)선사는 "문 나서지 않더라도 또한 풀이 가득하다〔直得不出門 亦是草漫漫地〕"(《虛堂集》卷上)고 하였다.

그렇다면 석상제경의 말은 사람을 망연자실하게 만들 뿐이고, 동산의 "만리에 한 치 풀이 없는 곳이라면 또 어떻게 갈 것인가?"라는 문제는 이처럼 성스런 경지를 모르는 데 있는 것이 아니라 어떤 '방편(方便)'으로 그 성스런 경지에 이를 수 있는가 즉 어떻게 하면 갈 수 있느냐라는 어려움이 있다는 것이다. 동산도 이를 분명하게 말하지 않았고 또 분명하게 말할 수도 없다. 그 결과 또한 사람들을 만족시킬 수 없었으므로, "만리 길 오지 않으니 원만하지 못하여라"라고 하여 불만을 터뜨렸다. "산문으로 가는 길 알고자 하면 / 저녁 연기 가늘고 풀빛만 아득하다"는 구절은 성인의 경지로 들어가는 길이란 여전히 '색계'에 있다는 불혜천 선사의 인식을 나타낸다. 따라서 끝없이 풀이 널려 있는 가운데서 "만리에 한 치 풀도 없는 곳"으로 통하는 길을 찾지 않으면 안 된다. 저녁 연기가 나즈막히 깔려 있고 풀빛이 끝없이 펼쳐진 것이 바로 '색계'의 현상이다.

이에 대한 단하순(丹霞淳) 선사의 게송은 그 의경(意境)이 매우 아름답다.

집에 돌아 왔다고 어찌 구름 위에만 앉아 있으랴
문 나서도 풀밭으론 걷지 않는다
동서남북이 본디 자유롭다

그것은 향배(向背)가 없는데 무엇을 피하랴
  歸家豈坐碧雲床 出戶不行靑草地
  南北東西本自由 渠無向背那廻避
(《虛堂集》卷上)

"집에 돌아왔다"는 것은 성인의 경지로 깨달아 들어감을 비유함이다. 성인의 경지에 들어간 후에는 또한 오랫동안 푸른 구름 위에 앉아 있지 않는다. 세상을 벗어나지 않고 일을 처리하는 것이다. 문을 나선다는 것은 세상으로 나간다는 것인데 그 후에도 다시 현상계에 떨어지지 않는다. 그러므로 "풀밭으론 걷지 않는다"라고 비유한 것이다. "동서남북이 본디 자유롭다"는 것은 도를 깨달은 후의 경계이다. 그러나 도를 깨닫기 이전에도 동서와 이쪽 저쪽을 나눌 필요가 없다. 사람의 자유에 맡겨 소요하는 것이기에 "그것은 향배가 없는데 무엇을 피하랴"라고 말한 것이다. 여기서 말한 '그것'이란 자성의 묘체를 가리킨다. 그것은 삼라만상을 포괄하고 있기 때문에 회피할 수 없는데, 어떻게 푸른 풀밭과 만리에 한 치 풀도 없는 땅을 분별할 수 있겠는가. 소산여(疎山如) 선사의 뜻도 대체로 이와 같다.

문 나서지 않아도 끝없는 풀길 막히고
문 나서면 더욱 하늘 끝까지 막혔어라
기틀 돌려 하늘로 통하는 길 밟으니
청산 어느 곳인들 내 집이 아니겠는가
  不出漫漫草路遮 出門猶更隔天涯
  回機踏着通霄路 何處靑山不是家

(《頌古聯珠通集》卷24)

  문 밖을 나서지 않아도 또한 풀잎이 길을 뒤덮고, 문을 나간 후에는 만리에 한 치 풀도 없는 곳에 이르며 또한 하늘 끝 만큼이나 멀리 떨어져 있다. 그러므로 동산과 석상의 언구(言句)에 떨어져서는 안 된다. 만일 기틀을 돌려 작용을 일으킬 수 있다면 하늘로 통하는 길, 도로 들어갈 수 있는 길을 얻은 후에는 "청산 어느 곳인들 내 집이 아니며, 청산 어딘들 나의 도량이 아니겠는가〔何處靑山不是家 何處靑山不道場〕". 색계의 청산과 끝없는 풀밭 길이 모두가 성위(聖位)요 모두가 참선인이 돌아가야 할 집이다.
  동산은 균주(筠州 : 현 江西高安)의 동산에서 설법한 까닭에 동산양개(洞山良价)라 하였다. 동산사(洞山寺)는 또한 보리원(普利院)이라고도 한다. 일설에는 신풍현(新豊縣)에 있다 하며, 조동종의 발상지이기도 하다. 조동종은 남송 때 일본으로 전해져 그 세력이 매우 성하였으며 지금까지도 전해오고 있다.

앙산이 한 마디 말로써 산하대지를 모두 말하다

앙산혜적(仰山慧寂) 선사는 위산의 법통을 이어받은, 위앙종 건립자의 한 사람이다. 그는 굳은 의지로 법을 구한 참선인이었다. 그는 소주회화(韶州懷化 : 현 廣東番禺縣境) 사람이며 속성은 섭(葉)씨이다. 15세에 출가하여 승려가 되려 했으나 부모가 허락하지 않아 2년이 지나서도 여전히 원한 바를 이루지 못하자, 앙산은 스스로 손가락 두 개를 자르고서 부모님 앞에 꿇어앉아 "바른 법을 구하여, 낳고 길러 주신 은덕에 보답하기를 맹서합니다"라고 청하여 비로소 광주(廣州) 남화사(南華寺)에서 출가하였다. 그 후 여러 곳을 참방하다가 탐원(耽原)선사를 배알하여 깨친 바 있었고, 그 뒤에 위산을 친견하여 큰 법을 깨달았다. 《경덕전등록》(11권)에 그의 오도(悟道) 과정이 다음과 같이 기록되어 있다.

　　위산영우 선사가 앙산에게 물었다.
　　"그대는 주인이 있는 사미인가. 주인이 없는 사미인가?"
　　"주인이 있습니다."
　　"주인은 어디에 있는가?"
　　앙산이 서쪽에서 동쪽으로 가서 서자, 위산은 그가 남다른 인물임을 알고서 가르침을 내렸다. 앙산이 물었다.

"어떤 것이 참 부처가 머무는 곳입니까?"

"생각이 없는 생각의 오묘함으로써 신령스러운 무궁한 불꽃을 돌이켜 생각하다가 생각이 다하여 근원으로 돌아가면, 본성과 형상이 항상 머무르고 사물과 이치는 둘이 아니며 참 부처가 여여하다."

앙산은 그 말에 크게 깨달아 이 때부터 위산을 시봉하였다.[61]

이로 보아 앙산이 크게 깨달은 것은 위산영우의 가르침에 의한 것임을 알 수 있다. 영우가 앙산에게 "주인이 있는 사미인가 주인이 없는 사미인가"라고 물은 것은 곧 앙산의 경지를 헤아려 보고자 한 것이다. 앙산은 언어의 해설에 떨어지지 않고 행동으로 표시하였다. 서쪽에서 동쪽으로 옮겨 간 것은 그가 "주인 있는 사미"임을 상징한 것이다. 그것은 '공(空)'과 '유(有)' 두 경계에 모두 있음을 뜻한다. 그래서 영우는 다시 앙산의 묻는 말에 따라 가르침을 내린 것이다. 앙산은 참 부처, 곧 지극한 도가 어디에 있는가를 물은 것이다.

영우의 대답에는 두 가지 요점이 있다.

첫째, 수행으로써 도를 깨닫는 것이다. 그는 앙산에게 "생각이 없는 생각의 오묘한 비결을 가지고서 지극한 도, 즉 '신령스러운 무궁한 불꽃'을 돌이켜 생각하라" 하였다. 이른바 생각이 없는 생각이란 분석과 추리의 논리적 방법에 따라 마음으로 생각하고 억측하는 것이 아니다. 부지불식(不知不識)의 직감방법으로써 모든 것을 던져 "생각이 다하여 근원으로 돌아가는 것이다." 이러한 사려(思慮)의 공

---

61) 祐問(仰山) 汝是有主沙彌? 無主沙彌? 師曰 有主. 曰 主在什麼處? 師從西過東立. 祐知是異人, 便垂開示. 寂問 如何是眞佛住處? 祐曰 以思無思之妙, 返思靈燄之無窮, 思盡還源, 性相常住, 事理不二, 眞佛如如. 師於言下大悟, 自此執侍.

부가 극치에 이르렀을 때 비로소 본원으로 돌아갈 수 있음을 가리킨다.

둘째, 지극한 도, 즉 불법을 보여 준 것이다. 깨달은 후에야 비로소 "본성과 형상이 항상 머무는" 것을 알 수 있다. 형상은 "모든 존재의 형상〔諸法體狀〕"이라는 뜻이며, 본성은 자성 본체라는 뜻이다. 본성과 형상은 서로 의지하고 서로 보존하여 항상 머물러 변하지 않는다. 사물〔事〕과 이치〔理〕가 둘이 아니라 함은 이치는 사물 가운데 있고 사물은 이치와 합하여 있다는 의미이다. 불법은 이와 같은 데에서 벗어나지 않는다.

앙산은 영우의 가르침으로 깨달음을 얻고서 그의 시자가 되었으며, 스승과 제자가 뜻을 합하여 위앙종을 창립하였다. 그가 원주앙산(袁州仰山, 현 江西宜春縣)에서 설법한 까닭에 앙산으로 존칭되었다. 그의 "한 마디의 말로써 산하대지를 모두 말하였다"는 공안은 선림(禪林)에 널리 전해져 오고 있다.

> 앙산이 불 있는 곳으로 가고 있을 때 어떤 스님이 참배하며 가르침을 청하였다. 앙산이 그에게 말하였다.
> "한 마디의 말로써 산하대지를 모두 말하였다."
> "어떤 것이 한 마디 말입니까?"
> 앙산은 부젓가락을 화로 속에 꽂았다가 다시 예전에 있던 곳으로 옮겨 두었다.[62]

지극한 도는 말로써 설명할 수 없는 데도 앙산이 "한 마디 말로써

---

62) 仰山向火次, 有僧參, 師曰 一言說盡山河大地, 僧問 如何是一言? 師以火筋挿向爐中, 又移向舊處.(《頌古聯珠通集》卷25)

산하대지를 모두 말하였다"고 하자, 가르침을 청한 그 참선인은 오히려 정말이라 믿은 나머지, 말 밖에서 깊이 생각하지 않고 그 말에 사로잡혀, 마치 미친개가 흙덩이를 쫓아가듯이 필사적으로 "어떤 것이 한 마디 말입니까?"라고 캐물었다. 이 한 마디란 무엇일까? 선종에서는 현재의 처지, 또는 그 상황에서 적절하게 선기(禪機)를 보여 주는 것을 '촉경성기(觸境成機)'라 하는데, 앙산은 이런 촉경성기의 입장에서 부젓가락을 들어 화로 속에 꽂았다가 다시 예전에 있던 자리로 옮겨 놓았다. 여전히 말이 없는 말을 통하여 언어적인 해설에 떨어지지 않은 것이다. 그러나 이 가르침은 그 참선인에게는 아무런 작용도 낳지 못하였다. 다만 이 공안을 남겨 후인으로 하여금 참구하도록 만들었을 뿐이다. 앙산의 "한 마디 말로 산하대지를 모두 말하였다"는 것은 소동파가 동림총(東林摠) 장로에게 보낸 게송과 같은 경지이다.

시냇소리는 곧 여래의 장광설이니
산빛이 어찌 청정법신이 아니랴
간밤의 팔만사천 게송을
훗날 사람들에게 무엇으로 보여 줄까
   溪聲便是廣長舌　山色豈非淸淨身
   夜來八萬四千偈　他日如何擧示人
(《蘇東坡全集》前集 卷13)

이 산하대지는 본성과 형상을 함께 갖추고 있어서 실제 뭐라 말할 수 없다. 이 때문에 투자의청(投子義靑) 선사의 송고시(頌古詩)에서는 다음과 같이 말하였다.

> 한 구절 들자 만상이 분명하니
> 마갈이 중문을 닫는 것과 같으랴
> 석양 그림자에 풍파 급하여
> 배 옮기느라 나도 모르는 사이 아랫나루 황혼일레
> 　　一句稱提萬象分　肯同摩竭掩重門
> 　　夕陽影裏風濤急　不覺移舟下渡昏
> (《投子義靑禪師語錄》卷下,《頌古聯珠通集》卷25)

이 송고시의 구절은 선종 전적의 기록과 많은 차이가 있다.《만자속장경(卍字續藏經)》제124책,《투자의청어록(投子義靑語錄)》에는 이 게송의 위에 다음과 같은 주가 있다. "긍동(肯同) 이하 21자는 문집에서는 '마갈이 부질없이 스스로 중문을 닫는다 / 애당초 납승이 조금 눈을 떴으나 / 부젓가락 화로에 꽂자 불타 버렸다〔摩竭空自掩重門 當初衲子微開眼 揷筋爐邊當火焚〕'라고 하였다." 투자의청의 문집,《공곡집(空谷集)》의 원래 시구는 이와 같고 임천(林泉)노인이《공곡집》에서 인용하여 평창(評唱)한 것 또한 이와 같으며, 의경(意境)으로써 말해도《공곡집》의 원래 구절의 의미가 비교적 뛰어나다. 왜냐하면 《어록》과《송고련주(頌古聯珠)》에 실려 있는 "석양 그림자에 풍파가 급하여 / 배 옮기느라 모르는 사이 아랫나루 황혼일레"라는 구절은 문장의 의미가 분명하지 못할 뿐 아니라, 원래 공안의 뜻에도 부합되지 않는다. 여기에서는《공곡집》에 기록된 원래의 구절을 가지고 아래와 같이 해석하는 바이다.

"한 구절 들자 만상이 분명하다"라는 구절은 앙산의 "한 마디 말로써 산하대지를 모두 말하였다"는 데 대한 투자의청의 인식을 말한 것으로, 앙산이 이와 같이 들어 말한 후에는 이미 하나도 남김없이 말하여 삼라만상이 분명하기에 더 이상 해석할 필요가 없다고 생각한 것이다. 그러므로 임천노인은 착어(着語)에서 "대단히 명백하다"고 하였다. 크고 작은 삼라만상이 모두 불성에 갖춰져 있다. 한 구절을 들어 말한 것은 오직 이뿐이다.

이것이 앙산이 말한 "한 마디 말로써 산하대지를 모두 말하였다"는 말의 본래 뜻이다. 마치 뿌리를 가리킬 수 없는 것처럼 허튼 소리와 같다. '마갈(摩竭)'은 범어이다. 그 뜻은 고래, 물고기의 왕을 가리키는 것이다. 이로써 본체인 자성, 불성을 비유하였다. 본체는 거대한 고래왕과 같아서 아무리 바다 속 깊이 숨어도 머리만 감춰지고 꼬리가 드러나 보이기 마련이다. 자성의 본체가 드러나지 않을 수 없는 것은 고래가 자취를 감추려는 것처럼 불가능함에도 불구하고 부질없이 덧문을 닫는 격이다. 이는 사유(思惟)와 억측으로 깨달을 수 없다.

"애당초 납승이 조금 눈을 떴으나"라는 구절은 애당초 가르침을 청한 참선인이 이 뜻을 깨달을 수 있었음을 말한다. 눈이란 지혜의 눈을 가리킨다. "부젓가락 화로에 꽂자 불타 버렸다"는 것은 바로 앙산의 '촉경성기(觸境成機)'에 의한 가르침, 즉 부젓가락을 화로에 꽂았다가 다시 처음 있던 곳으로 옮긴 것에 대한 대답으로써 이에 상응한 행동을 통하여 앙산의 동작을 이해한 것이다. 이것은 요원의 불길처럼 극명한 것이다. 그것은 앙산이 부젓가락을 '이쪽'에서 '저쪽'으로, '저쪽'에서 다시 '이쪽'으로 옮겨 놓은 것은 범부로부터 성인으로, 성인으로부터 다시 범부로 돌아오는 것을 나타낸 것이기 때문이다.

그러므로 임천노인은 이 시를 평하여 "한 구절이 세 구절을 밝히고 세 구절은 한 구절을 밝혔지만, 셋과 하나는 서로 관련이 없는 향상일로(向上一路)가 분명하다. 이와 같이 들어 말할 수 있다면 명백하게 제창할 수 있다"고 하였다. '마갈'은 또한 '마갈타(摩竭陀)'로도 해석한다. 중인도국의 왕사성(王舍城)이 있는 곳을 가리킨다. 이 또한 통하는 말이다.

앙산은 그 후 관음사에서 설법하였고 선종의 저명한 선사가 되었다. 향년 77세에 소주(韶州) 동평산(東平山)에서 입적하니, 시호는 지통대사(知通大師)이다(69. 4. 1.《신생보(新生報)》부간(副刊)).

조산이 부자간의 사랑을 논하다

조동종은 선문 5종의 하나로서 동산양개와 조산본적(曹山本寂)에 의해 건립되었다. 선문 5종이 침체된 후 임제종만 홀로 성행하였는데 겨우 조동종만이 간신히 대항할 수 있었다. 그 후 일본에 전수되어서도 임제종과 조동종만이 우뚝하게 대치하였다.

조산본적 선사는 천주보전(泉州莆田, 현 福建莆田縣) 사람이며 속성은 황(黃)씨이다. 그는 유학을 익히다가 선문에 들어온 사람으로 19세에 출가하여 25세에 계를 받았다. 그는 동산의 문하로서 《경덕전등록》(17권)에 두 사람의 인연이 기록되어 있다.

함통(860~873) 초에 선종이 홍성하였다. 조산은 동산양개 선사가 도량에 앉아 있을 때 왕래하면서 가르침을 청하였다. 동산이 물었다.
"스님의 이름은 무엇인고?"
"본적(本寂)입니다."
"위로 다시 말해 보라."
"말할 수 없습니다."
"왜 말하지 못하는가?"
"본적이라 이름 붙일 수 없습니다."
동산은 그를 큰그릇으로 여겼다. 조산은 이로부터 입실하여 은밀하게 깨달음을 전해 받았으며, 여러 해 동안 곁에서 머물다가 마침내 동산을 작별하려 하자, 동산이 물었다.
"어디로 가려고 하는가?"
"변하지도 다르지도 않은 곳으로 갑니다."
"변하지도 다르지도 않다면 어찌 떠남이 있는가?"
"가는 것도 변하지 않습니다."
마침내 작별을 고하고 떠나 인연 따라 다니다가 처음으로 초청을 받아 무주조산(撫州曹山)에 머물렀다. 뒤에 하옥산(荷玉山)에 주석하였는데, 두 도량의 법회에는 학인들이 구름처럼 모여들었다.[63]

이는 조산본적의 일생에 대한 간략한 기록이다. 동산이 "스님의 이름은 무엇인고"라고 묻자 '본적'이라 대답한 것은 "세속적인 문답〔世諦流傳〕"으로 오늘날의 여느 인사말과 같으나 그 아래의 대화에 이르러 비로소 선기(禪機)의 날카로운 기봉(機鋒)이 번뜩인다. 동산이 본적에게 "위로 다시 말해 보라"라고 물은 것은 세속의 일〔世諦〕을 초월하여 향상일로에 대한 대답을 요구한 것이다. 조산의 "말할 수 없습니다"라는 대답은 향상일로란 대답할 수 없는 것임을 말한 것이다. 동산이 왜 말할 수 없느냐고 그 이유를 따져 묻자, 조산이 "본적이라 이름 붙일 수 없습니다"라고 대답한 것은 곧 말할 수 없고 이름 붙일 수 없다는 뜻이다. 하지만 여전히 동산의 물음에 대한 대답이다.

해답은 묻는 곳에 있다. 이 때문에 동산의 신임을 얻은 것이다. 나중에 조산이 동산의 법회를 떠날 때 동산이 그 가는 곳을 물은 것

---

63) 咸通初, 禪宗興盛, 會洞山良价禪師坐道場, 往來請益, 洞山問 闍黎名什麼? 對曰 本寂. 曰 向上更道. 師曰 不道. 曰 爲什麼不道? 師曰 不名本寂. 洞山深器之. 師自此入室, 密印所解, 盤桓數載, 乃辭洞山, 洞山問 什麼處去? 曰 不變異處去. 曰 不變異, 豈有去耶? 師曰 去亦不變異. 遂辭去. 隨緣放曠, 初受請, 止於撫州曹山, 後居荷玉山, 二處法席, 學者雲集.

또한 날카로운 기봉이 번뜩이고 있다. 조산의 "변하지도 다르지도 않은 곳으로 간다"는 대답은 성위(聖位)로 나아간다는 것을 의미한다. 성위를 깨달아 증득한 후에는 자성과 하나가 되어 변하지도 않고 차이도 없다. 동산이 여기에 한 걸음 더 나아가 따져 물었다.

자성이란 응당 머무를 곳이 없다. 때문에 "변하지도 다르지도 않다면 어찌 떠남이 있는가?"라고 물은 것이다. 조산은 이에 "가는 것도 변하지 않습니다"라고 답하였다. 성위에 깨달아 들어가는 것은 결코 형체와 자취가 없으며, 여전히 본래 면목이기에 변하거나 달라질 필요가 없다. 두 사람의 대화는 평상시 예삿말의 대화와 인삿말 가운데 선기가 감춰져 있을 뿐 아니라, 선의 경지 또한 이로 인해 드러난 것이다. 동산과 조산 두 사람은 스승과 제자로서 무시로 가르침을 주고받고 시험하였으며, 또 평소의 생활 속에서 한 마음으로 도를 지향하고 생각마다 도에 뜻을 두어, 도란 잠시도 떠날 수 없는 것임을 몸소 실천한 자라 하겠다. 조산의 "부자간의 사랑"이라는 공안 역시 은연중에 "도란 사람에게 멀리 있지 않다"는 깊은 뜻을 담고 있다.

어떤 승려가 조산에게 물었다.
"자식이 아버지에게 찾아갔는데도 왜 아버지는 전혀 돌아보지 않습니까?"
조산이 답하였다.
"이치가 그러하다."
"부자간의 사랑은 어디에 있습니까?"
"비로소 부자간의 사랑을 이루었다."
"어떤 것이 부자간의 사랑입니까?"
"칼과 도끼로도 자를 수 없다."[64]

이 공안은 본래 《조산어록》에 보이는데 후인들에 의해 제창되어 게송으로 형성되었다. 조동종에서 '오위(五位)'를 제창하고 있으나 일찍이 동산에게 군신(君臣) 오위(五位)가 있었다. 오위는 구도(求道)와 오도(悟道)를 다섯 단계로 나눈 것이다. 군신오위는 군(君)을 자성(自性)으로, 신(臣)을 참선인 또는 구도자로 표시하였다. 이 공안의 부자에 담긴 뜻도 이와 같은 것으로 아버지로서 자성을, 아들로서 구도자를 대표한다.

어떤 스님의 "자식이 아버지를 찾아 갔는데도 왜 아버지는 전혀 돌아보지 않습니까?"라는 물음은 참선인이 도를 구하고 도를 증득할 때 왜 이 지극한 도〔至道〕와 자성은 전혀 표현이 없으며 이끌어다가 이해시켜 줌이 없느냐는 것이다. 조산은 이치가 본래 이와 같다고 답하였다. 하지만 한편으론 도란 사람에게 멀리 있지 않다. 자성은 수많은 세계에 두루하므로 구태여 이끌어다가 이해시킬 필요가 없으며, 또 한편으론 지극한 도와 자성은 언어와 동작으로써 구도자를 깨우쳐 주거나 이끌어 들일 수 없다. 이 때문에 이 질문을 던진 스님은 부자간의 사랑, 즉 지극한 도와 구도자의 관계에 대해 의심을 품고서 "부자간의 사랑은 어디에 있습니까?"라고 물은 것이다.

조산이 "비로소 부자간의 사랑을 이루었다"고 대답한 것은 도가 사람에게서 멀리 있지 않으나, "사람이 도를 키워나가는 것이지 도가 사람을 키워나가는 것은 아니기〔人能弘道 非道弘人〕" 때문이다. 이 지극한 도와 자성은 결코 작위의 조처를 필요로 하지 않기에 그 스님이 다시 "어떤 것이 부자간의 사랑입니까?"라고 물은 것이다. '부

---

64) 曹山因僧問 子歸就父, 爲什麼父全不顧? 師曰 理合如是. 曰 父子之恩何在? 師曰 始成父子之恩. 如何是父子之恩? 師曰 刀斧斫不開.(《宗鑑法林》卷62)

자'간의 사랑은 결국 어디에 있는 것일까? 조산은 "칼과 도끼로도 자를 수 없다"고 답하였다. 그것은 '부자'간의 사랑이란 나눌 수도, 자를 수도 없으며 오직 구도자가 이 자성에 의해 섭수된다는 말이다. 후세의 참선인들이 각각 게송으로써 이 공안에 대한 체득과 견해를 나타냈는데, 퇴곡운(退谷雲) 선사의 게송은 아래와 같다.

    칼과 도끼로도 자를 수 없지만
    신령스런 기틀은 티끌 한 점 없어라
    맑은 바람이 잔설을 쓸어 버리고
    화사한 기운 봄과 함께 돌아온다
        刀斧斫不開　靈機絶點埃
        淸風掃殘雪　和氣帶春回
      (위와 같음)

자성과 구도인의 관계는 밀접하다. "칼과 도끼로도 자를 수 없지만 / 신령스런 기틀은 티끌 한 점 없어라"는 것은 자성이란 티끌 한 점도 전혀 물듦이 없어, 그 관계는 인간 세속의 아버지는 자애롭고 자식은 효성스런 것과 같을 수 없다. 하지만 구도자의 입장에서 말하면, 자성이 그 모습을 터럭끝 만큼도 보여 주지 않는다거나 터럭끝 만큼도 조짐이 없는 것은 결코 아니다. 맑은 바람이 잔설(殘雪)을 모두 쓸어 버리고 따사로운 햇살이 대지에 봄을 불러들인다는 것은, 본체란 작용에 의해 드러난다는 명백한 증거이다. 이 게송은 조산을 대신하여 "부자간의 사랑"을 해석한 것이나 다를 바 없다.
    영원지(寧遠地) 선사의 게송은 다음과 같다.

하나의 주렴 고요히 깊은 궁전 가리우니
옛 거울 침침하여 얼굴 보이지 않네
발길 돌려 돌아오니 전혀 분별할 수 없고
달은 안개에 잠겨 허공 속에 묻혀 있다
  一簾虛寂閉深宮 古鏡沉沉不露容
  轉步歸來渾不辨 月籠彩霧鎖長空
  (위와 같음)

 이 게송에서는 자성이란 그 형상을 볼 수 없고 그 모습을 엿볼 수 없다고 인식하였다. "하나의 주렴 고요히 깊은 궁전 가리우니"라는 것은 자성이란 실제 보이는 사물이 아니라, 마치 깊숙한 구중궁궐에 거주하는 제왕과 같다는 말이다. "옛 거울 침침하여 얼굴 보이지 않네"라는 것은 자성은 또한 침침하고 빛이 없는 낡은 거울과 같아서 그 얼굴이 보이지 않는다는 말이다. "발길 돌려 돌아오니 전혀 분별할 수 없고"라는 것은 설령 참선인이 성위(聖位)에 깨달아 들어가도 자성의 '모습'을 분별할 수 없다는 말이다. 그것은 "사사로운 지식으로 앎이 없어야" 비로소 "제왕의 법에 순응할 수 있기" 때문이다. 자성의 '모습'은 신비하고 고원(高遠)하고 아득하여 마치 달이 아름다운 안개에 감싸여 허공에 묻혀 있는 것과 같다. 그러나 산하대지는 오히려 달빛 속에 있다.
 여암하(侶巖荷) 선사의 게송은 다음과 같다.

곧 존엄하신 조부 모두 잊으니
어떻게 알음알이 가지고 친소(親疎)를 논하랴

따라서 여섯 나라로 하여금 전쟁 멈추고
온누리가 한 사람 명령 받듦을 믿어야 한다
　　直下渾忘祖父尊　肯將知解論疎親
　　從教六國烟塵靜　須信乾坤奉一人
　　(위와 같음)

이 게송은 어떻게 하면 "부자가 서로 사랑할 수 있을까"에 착상한 시이다. 지극한 도와 자성을 너무 존귀하게 봐서는 안 된다. 바로 받들 줄 알아야 한다. 어떻게 세속의 지식과 견해, 즉 부자간의 사랑을 가지고서 지극한 도와 자성, 그리고 사람의 관계를 논할 수 있겠는가. 여섯 나라는 육근(六根) 육진(六塵)을 비유한 말이다. 육근이 청정하여 진념(塵念)을 일으키지 않고 지극한 도와 자성이 일체의 근본임을 확실히 믿어야 비로소 도를 깨달을 수 있다. 이것이 "따라서 여섯 나라로 하여금 전쟁 멈추고 / 온누리가 한 사람 명령 받듦을 믿어야 한다"는 구절의 의미이다.

이상 선사들의 세 게송을 통하여 조산의 "부자간의 사랑"이란 공안이 가지는 의미가 대체로 밝혀진 셈이라 하겠다.

임제의현의 차별 없는 참사람[65]

 선종의 문호가 찬란하게 빛날 수 있었던 것은 육조혜능이 한 단계 올려 세웠고 임제의현(臨濟義玄)이 또 한 단계를 올려 세웠기 때문이다. 혜능대사가 전적으로 남방에서 전법활동을 했다면 임제는 북방에서 선교하였다. 더욱이 양송(兩宋) 시대에 들어선 후로는 천하의 총림이 대부분 임제의 '법계(法系)'로서 임제종이 선문을 독점하다시피 하였다. 그것은 임제가 수립한 준엄하면서도 생기 있는 종풍과 관계가 있다고 본다.
 임제선사의 속성은 형(邢)씨이며 조주남화(曹州南華 : 현 山東曹縣) 사람이다. 진주(鎭州) 임제선원(臨濟禪苑 : 현 河北正定)에서 설법한 까닭에 그를 임제의현이라 부르게 되었다. 임제종을 창립한 종주로서 당(唐) 의종(懿宗) 함통(咸通) 7년(866)에 입적하였으며 시호는 혜조대사(慧照大師)이다. 그리고 그의 《어록》이 전해 오고 있다. 《경덕전등록》(12권)에 그의 깨달음의 과정을 다음과 같이 기록하고 있다.

---

65) 本則의 無位眞人의 일차적인 해석은 "지위 없는 참사람"이다. 그러나 이처럼 의역한 것은 前宗正 西翁禪師의 演義刊行本《臨濟錄》(1974, 東西文化院)을 참조한 것이다. 따라서 아래 인용문의 국역 역시 서옹선사의 演義本을 참조한 것이다. 아울러 임제에 대해 보다 깊은 연구를 필요로 한 이에게 演義本을 권하는 바이다. 譯者註.

처음, 황벽 문하에 있으면서 대중을 따라 황벽스님을 모시고 있었다. 그 가운데 수좌가 임제에게 질문을 하도록 강권(强勸)하였다. 임제가 이에 황벽선사에게 물었다.

"조사가 서쪽에서 온 적적(的的)한 뜻은 무엇입니까?"

황벽은 바로 방망이로 때렸다.

이와 같이 세 번 묻고 세 차례 맞았다. 이에 수좌에게 작별을 고하였다.

"시키는 대로 물었다가 방망이만 맞았다. 어리석고 노둔한 것이 한스럽다. 여러 곳을 행각하러 떠나갈 것이다."

상좌가 이 사실을 황벽에게 고하면서 말하였다.

"임제는 후학이지만 매우 기특한 인물이니 작별인사를 드리러 오면 스님께서 다시 한 번 이끌어 주십시오."

다음날 임제가 황벽에게 작별인사를 드리자, 황벽은 대우(大愚)선사를 찾아가도록 가르쳐 주었다. 임제가 대우를 찾아가자 그가 물었다.

"어디에서 왔는가?"

"황벽회하에서 왔습니다."

"황벽이 무슨 말로 가르치던가?"

"제가 달마가 서쪽에서 온 적적(的的)한 뜻을 여쭸다가 스님에게 방망이만 맞았습니다. 이와 같이 세 번 묻고 세 차례 맞았지만 잘못이 어디에 있는지 모르겠습니다."

"황벽이 이렇게 노파심으로 너를 위해 피곤함을 무릅쓰고 가르쳐 줬는데도 오히려 잘못이 어디 있는지를 찾는가?"

임제는 그 말에 크게 깨닫고서 "불법도 별 게 없구나!" 하니, 대우가 곧바로 임제의 멱살을 움켜쥐고서 "좀 전에는 나에게 모르겠다고 하더니 이제는 또 별 게 아니라니……. 언제 왔는고, 언제……?"라고 하였다.

임제가 대우의 갈빗대를 주먹으로 한 차례 갈기자, 대우는 그를 놓아주면서 말하였다.

"너의 스승은 황벽이니, 나를 스승이라 하지 말라."

임제가 돌아오자 황벽이 물었다.
"너는 어찌 이리 빨리 돌아왔는가?"
"노파심이 간절하신 때문입니다."
"대우 이 영감쟁이……! 만나기만 하면 한 방 갈겨 줄 테다."
"만날 게 뭐 있습니까? 지금 치면 되지요."
마침내 황벽의 한 손바닥을 치자 황벽이 껄껄거리며 큰 소리로 웃었다.[66]

황벽은 곧 황벽희운(黃檗希運)이며 대우는 고안대우(高安大愚)를 말하니, 모두 남악(南嶽)의 법계이다. 위의 인용문은 《경덕전등록》의 부록, 송본(宋本) 임제의현사장(臨濟義玄師章)에 보인다. 여러 전등사의 기록은 모두 대동소이하다. 이 공안에서는 선이란 스스로 깨닫는 것을 귀중하게 여기고 말로써 설명할 수 없다는 점을 보여준 것이다. 이 때문에 의현은 세 번 법을 물었다가 세 차례 얻어 맞은 것이다. 의현은 세 차례 방망이로 얻어 맞고서 처음에는 자신의 어리석음을 꾸짖는 체벌로 생각하였다가 대우의 가르침을 통해서 황벽

---

66) 初在黃檗, 隨衆參侍, 時堂中第一座勉令問話, 師(臨濟)乃問 如何是祖師西來的的意? 黃檗便打, 如是三問三遭打, 遂告辭第一座云 早承激勸問話, 唯蒙和尙賜棒, 所恨愚魯, 且往諸方行脚去! 上座遂告黃檗云, 義玄雖是後生, 却甚奇特, 來辭時, 願和尙更垂提誘. 來日, 師(臨濟)辭黃檗, 黃檗指往大愚. 師遂參大愚, 愚問 什麽處來? 曰 黃檗來! 愚曰 黃檗有何言敎? 曰 義玄親問西來的的意, 蒙和尙便打, 如是三問三遭被打, 不知過在什麽處? 愚曰 黃檗恁麽老婆, 爲汝得徹困, 猶覓過在? 師於是大悟. 云 佛法也無多子! 愚乃搊師衣領云 適來道我不會, 而今又道無多子, 是多少來! 是多少來! 師向愚肋下打一拳, 愚托開道 汝師黃檗, 非干我師! 師却回黃檗, 黃檗問云 汝回太速生? 師云 只爲老婆心切. 黃檗云 遮(這)大愚, 老漢待見, 與打一頓! 師曰 說什麽待見, 卽今便打. 遂鼓黃檗一掌. 黃檗吟吟大笑.(《鎭州臨濟慧照禪師語錄》)

의 뜻을 깨닫게 되었다. 무한경지의 지극한 도는 언어에 의해 깨달을 수 없고 이에 곧바로 깨달아 들어가야 하는 까닭에 "불법도 별게 없구나!"라고 말한 것이다. 선종에 있어서 위대한 큰스님, 임제의현은 원래 "계율에 정통하고 경론에 해박한〔精空毘尼 博贖經論〕"인물이었으나, 투철하게 깨친 후에는 명상(名相)에 대한 이념과 경론에 대한 우상을 과감하게 떨쳐버렸다. 그것은 '도안(道眼)'에 장애가 되기 때문이다. 임제는 이에 대해 다음과 같이 말하였다.

 도를 배우는 사람이 깨닫지 못하고 명제와 언구[名句]에 사로잡혀 범부와 성인이라는 이름에 의해 걸림이 되기 때문에 그 도안(道眼)에 장애가 되어 진정한 견해가 분명하지 못한 것이다. 단 12분교, 흔히 말하는 팔만대장경과 같은 것은 모두가 차별 없는 참사람을 표현한 학문이다. 도를 배우는 사람들이 이를 알지 못하고서 곧 표현한 명제와 언구상에서 알음알이를 내니, 모두 껍데기에 의지한 것에 지나지 않는다. 인과에 떨어져 삼계의 생사윤회를 면치 못할 것이다.[67]

이 단락은 선종에서 문자를 세우지 않는 정신을 잘 말해 주고 있다. 12분교는 모두 밖으로 드러나고 나타난 학문이기에 이는 수단이지 근본이 아니다. "곧 표현한 명제와 언구상에서 알음알이를" 낸다는 것은 모두 밖에서 구하는 것이므로, 그에 의해 얻어지는 것은 명제와 형상에 대한 이념에 지나지 않을 것이다. 그것에 집착하면 '도안'을 가리우게 된다. 이 때문에 다시 말하였다.

---

67) 學人不了, 爲執名句, 被他凡聖名礙, 所以障其道眼, 不得分明, 秖如十二分敎, 皆是表顯之學, 學者不會, 便向表顯名句上生解, 皆是依倚, 落在因果, 未免三界生死.(《鎭州臨濟慧照禪師語錄》)

3승 12분교 - 팔만대장경도 모두 똥닦는 휴지조각이다. 부처는 허깨비이다. 조사는 늙은 중이다. 너희들 또한 어머니가 낳지 않았는가? 그대가 부처를 구하면 부처 마군(魔軍)이한테 사로잡힐 것이요, 그대가 조사를 구하면 조사 마군이에게 결박당할 것이다. 네가 구하는 것이 있으면 다 괴롭게 된다. 하릴없는 것만 못하다.[68]

이는 교학와 선종의 최대 갈림길이다. 불교의 모든 종파에서는 다 불법승(佛法僧)을 삼보(三寶)로 떠받들고 있다. 이 때문에 불교인들을 삼보의 제자라 말한다. 부처는 불교를 창립한 교주로서 자연히 신앙의 대상이 되었고, 부처가 입적한 후에 뜻 깊은 말과 오묘한 도는 모두 3승(三乘 : 聲聞, 緣覺, 菩薩乘)과 12분교(十二分敎 : 일체경전)에 의해 전해왔기에 이 또한 높이 받들어져 왔다. 그리고 경전을 해석하고 법을 설할 수 있는 자 또한 승려이므로 그들 역시 존경의 대상이다. 그러나 임제의 생각은 달랐다. 이런 유들은 모두 자아가 아닌 타(他)에 의하여 알음알이를 지어 바깥으로 치달리는 것이기에, 도를 깨닫는 데에는 도움이 되지 못한다. "부처를 구하면 부처 마군(魔軍)이한테 사로잡힐 것이요, 조사를 구하면 조사 마군이에게 결박당할 것이다"는 것은 도가 부처와 조사에게 있다고 생각한 나머지 그의 마음 속에 이러한 우상 또는 성인이라는 생각[聖念]을 두는 것이 모두 화를 자초하는 일이다. 따라서 3승과 12분교를 똥닦는 휴지조각으로 보면 문자와 이념의 장애가 없을 것이며, 부처를 허깨비로, 조사를 늙은 중으로 보면 우상의 가리움이 사라질 것이다. 이 때

---

68) 乃至三乘十二分敎, 皆是拭不淨故紙, 佛是幻化身, 祖是老比丘. 爾還娘生已否? 爾若求佛, 卽被佛魔攝; 爾若求祖, 卽被祖魔攝. 爾若有求皆苦, 不如無事.(위와 같음)

문에 임제는 한 걸음 더 나아가 주장하였는데, 이는 다음과 같다.

> 그대가 법다운 견해를 얻고자 하면 사람에 의해 미혹함을 받지 말고 속으로 향하든 밖으로 향하든 만나는 족족 바로 죽여라. 부처를 만나면 부처를, 조사를 만나면 조사를, 나한을 만나면 나한을, 부모를 만나면 부모를, 친척을 만나면 친척을 죽여야만 비로소 해탈하여 어떤 물건에도 구속되지 않고 벗어나 자유자재하게 된다.[69]

불교도는 살생하지 않은 것을 첫 계율로 삼고 있다. 임제가 말한 '죽인다'는 것은 칼을 들고 사람을 죽이는 것이 아니다. 더군다나 부처와 조사는 일찍이 열반한 후이기에 설령 죽이려고 해도 이미 죽일 대상도 없다. 이는 명제와 형상에의 집착, 곧 부처, 조사, 나한에 대한 성스러움〔聖諦〕의 관념을 없애는 것이다. 성스러움에 대한 관념을 마음에 간직하면 이른바 "구름 속에 설령 황금사자가 나타나도 / 바른 눈으로 보면 길상이 아니다〔雲中縱有金毛現 正眼觀時非吉祥〕." 부모와 친척은 세속적인 관념〔世諦〕이다. 나의 부모와 처자를 사랑한다는 것은 사람에게 있어 당연한 일이지만, 구도자의 입장에서 말하면 사랑과 그리움으로 인하여 탐욕, 성냄, 어리석음, 거만함, 의심 등이 생기게 된다.

그러고서 어떻게 지극한 도를 깨달을 수 있겠는가? 그러므로 성스러움에 대한, 그리고 세속적인 관념을 모두 버려야 명제와 형상에 얽매이지 않게 되고, 세속의 인연에의 집착을 버려야 도를 구할 수

---

69) 爾如欲得如法見解, 但莫受人惑. 向裏向外, 逢着便殺, 逢佛殺佛, 逢祖殺祖, 逢羅漢殺羅漢, 逢父母殺父母, 逢親眷殺親眷, 始得解脫, 不與物拘, 透脫自在.(위와 같음)

있다. 이로 논하면, 임제는 '이입(理入)'에 의존하지 말 것을 주장하였지만, '행입(行入)' 역시 의존하지 말 것을 주장하였다. 그의 주장은 "수행도 없고 깨달음도 없는〔無修無證〕" 데에 있다. 따라서 그는 학인을 가르칠 적에 그 나름대로의 방법을 제시하였다. '삼구(三句)', '삼현삼요(三玄三要)', '사료간(四料簡)', '사할(四喝)', '사조용(四照用)', '사빈주(四賓主)'가 바로 그것이다. 그 후 문도들에게는 또 다른 방편 법문들이 있다. "경론에 해박한" 큰스님, 임제는 결코 아무렇게나 정신없이 지껄여대는 것이 아니라, 그 기본사상은 곧 '무위진인(無位眞人)'에 있었다. 그것은 마조의 "평상심이 도이다"는 데에서 환골탈태(換骨奪胎)된 것이다.

임제가 상당법문에서 이를 설하였다.

"이 빨간 몸덩어리 위에 하나의 '차별 없는 참사람'이 있어서 항상 여러분의 면전 - 눈, 귀, 코, 입 등을 통해 출입하고 있다. 이를 똑똑히 보지 못한 자는 보아라! 보아라!"
그 때 어떤 스님이 나와서 물었다.
"어떤 것이 '차별 없는 참사람'입니까?"
임제스님이 선상(禪床)에서 내려와 그 스님의 멱살을 움켜잡고 "말하라 말하라!" 하였다. 그 스님이 다시 뭔가를 말하려 하자 임제가 밀치면서 "'차별 없는 참사람'은 그 무슨 똥닦는 막대기냐"라고 하였다.[70]

사람의 육체는 모두가 하나의 "붉은 고깃덩이"이다. 이 붉은 고깃

---

70) 赤肉團上有一位無位眞人, 常從汝等諸人面前出入, 未證據者看看. 時有僧出問 如何是無位眞人? 師下禪床把住云 道! 道! 其僧擬議, 師托開云 無位眞人, 是什麽乾屎橛!(《鎭州臨濟慧照禪師語錄》)

덩이 위에 하나의 '차별 없는 참사람'이 있어서 항상 여러분의 면전에서 출입한다는 것은 사람마다 불성이 있다는 뜻이다. 이 공안에서 임제는 '차별 없는 참사람'이 무엇인가를 말하지는 않았다. 어떤 스님이 '차별 없는 참사람'을 생각하여 말하려 할 때 그를 밀쳤을 뿐 아니라, 또 "'차별 없는 참사람'이 무슨 놈의 똥막대기냐"고 한 것은 사람들이 정식(情識)과 의상(意想) 그리고 언어와 논설의 함정에 빠질까를 염려한 것이다. 하지만 그 후 이 '차별 없는 참사람'에 관련된 뜻에 대해서는 여전히 적지 않은 암시가 있었다.

만일 진정한 도인이라면 절대로 이와 같지 않다. 오로지 인연 따라 과거에 지은 업을 없애어 마음대로 자유자재하게 옷을 걸쳐 입고 가고 싶으면 바로 가고 앉고 싶으면 바로 앉아서 한 생각도 불과(佛果)를 구하는 마음이 없다.
무엇 때문일까?
옛 사람이 말하기를 "만일 업을 지으면서 부처를 구하려는 것은 생사 윤회의 큰 조짐이다"라고 하였다.
스님들이여! 세월을 아껴라. 다만 밖으로 허둥대며 선을 배우고 도를 배우고 명제와 자구에 집착하고 부처와 조사를 구하고 선지식을 구하여 사량(思量)과 복탁(卜度)을 하고 있다.
잘못하면 안 된다. 도를 배우는 여러분이여! 너희들에게는 다만 하나의 부모가 있을 뿐이다. 다시 무엇을 구하려 하는가. 네, 자신을 스스로 반조해 보라.[71]

---

71) 若是眞正道人, 終不如是, 但能隨緣消舊業, 任運著衣裳, 要行卽行, 要坐卽坐, 無一念心, 希求佛果. 緣何如此? 古人云 若欲作業求佛, 是生死大兆. 大德! 時光可惜, 秖擬傍家波波地學禪學道, 認名認句, 求佛求祖, 求善知識意度, 莫錯. 道流! 爾秖有一箇父母, 更求何物, 爾自返照看.

구도자 - 참선인이 만일 범부와 성인을 생각하고 부처와 조사를 구하고 선과 도를 배운다면 곧 분별심이 일어나 계급(階級)의 과위(果位)에 떨어지게 된다. '차별 없는 참사람'의 뜻은 분별심을 없애고 성인과 범부라는 계급의 과위에 대한 관념을 떨쳐버리는 데 있다. 석두희천(石頭希遷)의 "성제(聖諦, 참된 진리)도 추구하지 않는데 무슨 계급에 떨어지겠는가〔聖諦亦不爲 落何階級〕"라는 말과 마조의 "성인의 마음에는 본래 지위, 인과, 계급이 없음을 알지 못하는가〔不知聖心本無地位因果階級〕"라는 말뜻과 일치된다. 무위(無位)란 곧 지위, 인과, 계급이 없다는 뜻이다. 임제는 또 말하였다.

도를 배우는 여러분이여! 불법은 힘을 써서 조작(造作)할 것이 없다. 다만 평상시처럼 하릴없이 똥 누고 오줌 누고 옷 입고 밥 먹고 피곤하면 누워 자는 것이다. 어리석은 사람은 알지 못하고 비웃지만 지혜로운 사람은 잘 안다. 옛사람이 말하기를 "밖을 향하여 힘쓰는 공부는 모두 어리석은 사람이다"라고 했다. 그대들이 어느 곳에서든지 주인공이 되면 그 서 있는 곳은 모두 진실하여 어떠한 경계에 부딪쳐도 이끌리지 않는다.[72]

이 단락의 어록은 임제 자신이 '차별 없는 참사람'에 이르렀던 방법을 은연중에 자술한 것이다. 사람마다 불성을 가지고 있기에 바깥으로 치달려 구할 필요가 없다. 다만 자성이 항상 숨겨져 드러나지 않은 것은 더럽혀졌기 때문이다. 만일 참으로 알음알이가 사라지고

---

72) 道流! 佛法無用功處, 祇是平常無事, 屎送尿, 著衣喫飯, 困來卽臥, 愚人笑我, 智乃知焉, 古人云 向外作功夫, 總是癡頑漢. 爾且隨處作主, 立處皆眞, 境來換不得.……(위와 같음)

아무 생각이 없이 평상시처럼 하릴없으면 도리어 "어느 곳에서든지 주인공"이 되고 "서 있는 곳은 모두 진실하여 어떠한 경계에 부딪쳐도 이끌리지 않을 것이다". 이른바 "평상시처럼 하릴없다〔平常無事〕"는 것은 마조의 "무엇을 평상심이라 하는가? 조작도 없고 옳고 그름도 없고 취하고 버림도 없고 단멸과 영원도 없고 범부와 성인도 없다"는 말과 언어의 표현은 다르지만 이면의 뜻은 같다. 이와 같이 해야 비로소 곧바로 깨달음을 얻을 수 있다. 이로 보면 이러한 수행 없는 수행과 깨달음 없는 깨달음이 진정한 수행이요 깨달음이다. 보령용(保寧勇) 선사는 그 경지를 다음과 같이 노래하였다.

흙 뿌리고 먼지 날려도 숨길 곳 없어
면전의 출입이 너무 요란스럽다
똥 누고 오줌 싸는 것도 모두 부질없는 일이다
드넓은데 누가 악취와 향기를 분별하랴
  播土揚塵沒處藏 面門出入太郞當
  撒屎撒尿渾閑事 浩浩誰分臭與香
(《頌古聯珠通集》卷21)

앞의 두 구절은 임제의 '차별 없는 참사람'을 노래한 것이다. 도란 어느 곳이든 없는 데가 없다. 《장자(莊子)》에서 말했던 것처럼 잡초의 알갱이, 기와 부스러기, 먼지와 흙덩이, 똥과 오줌 속에도 도가 있다. 이 때문에 "흙 뿌리고 먼지 날려도 숨길 곳 없어"라고 하였다. 사람마다 불성을 가지고 있는데 그 불성의 대표가 바로 '차별 없는 참사람'이다. 그것은 또한 항상 사람의 면전에서 출입하고 있으나 그

것을 아는 자가 드물다. 겉으로 보면, 도를 구하는 것은 지극히 장엄한 일이다. 불경을 외우고 염불을 하고 좌선을 하고 수행을 해도 오히려 성불하지 못할까 걱정스러운 일이다. 그러나 임제가 보기에는 이러한 것은 모두 억지로 하는, 작위(作爲)의 유위법(有爲法)이다. 평상시처럼 아무런 하릴없이 수행도 깨달음도 없이 똥 누고 오줌 누고 아무 생각도 없어야, 바로 이미 범부와 성인에 대한 관념도 없고 또한 계급의 구분도 없으나 도리어 보이지 않게 부합되고 말 없이 깨달을 수 있다. 이것이 "똥 누고 오줌 싸는 것도 모두 부질없는 일이다 / 드넓은데 누가 악취와 향기를 분별하랴"라는 말뜻이다. 또 불인원(佛印元) 선사의 게송 역시 문장과 의미가 모두 빼어난 작품이다.

변씨 구슬 티 없어 태양조차 빛 잃는데
진왕은 사랑하면서도 기봉을 드러내지 못했다
가엾어라! 다시 인상여 손아귀에 들어가
한바탕 맑은 바람 길 가득히 돌아오네
  卞璧無瑕奪日輝 秦王雖愛不輸機
  可憐又入相如手 一陣淸風滿路歸
 (《頌古聯珠通集》卷21)

앞의 두 구절은 임제의 '차별 없는 참사람'에 관한 문답의 정경을 게송으로 읊고 있다. 임제가 '차별 없는 참사람'의 공안을 내놓은 것은 변화(卞和)의 구슬이 아름답고 하자가 없어 그 광채가 눈부신 것과 같고, 당시 대꾸하는 스님이 이 '차별 없는 참사람'에 대하여 곧

바로 들어가지 못하고 생각으로 헤아려 말하려고 한 것은, 진왕반(秦王般)이 그 아름다운 옥을 사랑하면서도 기봉(機鋒)을 보내지 못한 것 – 기봉에 들어가지도 내지도 못한 것과 같다. 그 결과 임제는 "차별 없는 참사람이 무슨 놈의 똥막대기냐"고 함으로써 기봉을 마감해 버렸다. 그것은 진왕이 구슬을 다시 인상여(藺相如)의 손에 들여 조나라로 돌려보낸 것처럼 한바탕 맑은 바람이 종적도 없이 사라지듯이 임제의 고심을 저버린 것이다. 이 때문에 "가엾어라! 다시 인상여 손아귀에 들어가 / 한바탕 맑은 바람 길 가득히 돌아오네"라고 하였다.

그러나 눌당사(訥堂思) 선사는 이를 달리 이해하였다.

봄눈이 하늘 가득 내려
곳곳에 흰 꽃이 피었다
화원 나뭇가지에
어느 것이 참 매화인지 알 수 없어라
  春雪滿空來 觸處是花開
  不知園裏樹 那個是眞梅
  (위와 같음)

눌딩사 선사는 봄눈으로써 자성 또는 대전(大全)을 묘시히였디. "봄눈이 하늘 가득 내려"라는 것은 자성 또는 대전이 없는 곳이 없음을 비유한 말이다. "곳곳에 흰 꽃이 피었다"는 것은 '봄눈'의 작용으로써 곳곳마다 흰 꽃이 만발한 것을 비유한 말이다. 하지만 매화와 흰 눈은 같은 색깔이요 자성 또는 대전과 현상계는 구분이 없다. 사람마다 불성을 가지고 있으나 사람마다 부처가 되지 못한 것은 "화원의 나뭇가지에 어느 것이 참 매화인지 알 수 없는" 것과 같다. 즉 색계로부터 진공을 깨닫는 자가 드물다는 뜻이다.

임제의 공안에 대해 적지 않은 게송이 있고, 또 참구하는 사람도 많았지만 깨닫는 이는 적었다.

총림의 독보로 더 이상 적수 없어
임제의 날카로운 기봉 당할 수 없어라
여태껏 4백 년 지난 일을
또 다시 후학들이 들춰내누나
　　叢林獨步更無雙　臨濟機鋒不可當
　　至今四百年來事　亦有兒孫再擧揚
　　(道場如 禪師, 위와 같음)

을씨년스런 가을 바람 뜰에 가득 차가운데
울 밑에 향기로운 국화 반쯤 서리맞았네
가엾어라! 손 내밀어 꽃가지 꺾는 이 없어
흐드러진 가지 얼마나 향기로운지
　　颯颯秋風滿院凉　芬芳籬菊半經霜
　　可憐不遇攀花手　狼藉枝頭多少香
　　(高峰妙 禪師,《宗鑑法林》卷20)

도량여(道場如) 선사의 게송에서는 임제의 공안이란 기봉을 헤아리기 어려워 선림에 독보적이며 오늘날까지도 후인들에 의해 선양되고 있음을 밝히고 있다. 그러나 고봉묘(高峰妙) 선사는 이 공안을 참구한 사람은 많지만 깨달은 자는 드물다고 인식하였다. "을씨년스런 가을 바람 뜰에 가득 차가운데 / 울 밑에 향기로운 국화 반쯤 서리맞았네"라는 것은 이 공안이 완벽함을 노래한 것이다. "가엾어라! 손 내밀어 꽃가지 꺾는 이 없어"라는 것은 아무도 이 공안을 깨달은 자 없다는 말이다. 이 공안이 선림에 널리 퍼졌지만, 국화가지 끝에 흐드러지게 꽃피어 아무리 향기를 뿜어도 손 내밀어 꺾는 이 없는 것과 같다. 이상에서 볼 때 '차별 없는 참사람'은 임제 선학의 중심사상의 하나라는 점을 알 수 있다(68. 10. 24~25.《신생보(新生報)》부간(副刊)).

향엄의 공안 - 나무에 오르는 것과 같다

위앙종 가운데 총림에 이름을 떨친 큰스님 한 분이 있다. 그가 바로 향엄지한(香嚴智閑) 선사이다. 그의 깨달음의 과정은 지극히 신비롭다. "나무에 오르는 것과 같다〔上樹〕"는 공안은 선문에 널리 전파되었을 뿐 아니라, 그 당시의 시인 사공도(司空圖)에게 큰 영향을 끼쳐 그의 시집에 〈향엄장노찬(香嚴長老贊)〉 1수가 있다. 그것은 곧 사공도의 향엄에 대한 존경과 신심을 증명하는 것이다. 애석하게도 여태껏 사공도와 그의 유명한 24시품(詩品)을 연구한 사람들은, 모두가 향엄이 어떤 인물인지 몰랐던 까닭에 이 찬(贊)을 통하여 사공도의 사상을 거슬러 올라가지 못하였다.

필자〔杜松柏〕는 《선학(禪學)과 당송시학(唐宋詩學)》에서 특별히 이 점을 천명하여 사공도 및 그 작품에 대한 연구를 환기시킨 바 있다. 이 때문에 특별히 향엄지한의 이 공안을 소급하여 서술하게 된 것이다. 따라서 그 모체인 향엄을 통하여 그 아들격인 사공도를 알아나간다면 그의 사상을 이해하는 데 도움이 되리라 믿는다.

향엄지한의 출가 이전 경력은 자세하지 않다. 겨우 청주(青州 : 현 山東廣饒) 사람이라는 사실만이 밝혀져 있다. 그는 훗날 등주(鄧州 : 현 河南鄧縣) 향엄사(香嚴寺)에서 설법하였다. 《경덕전등록》에는 그의 오도(悟道) 과정이 다음과 같이 기록되어 있다.

지한이 위산의 문하에 있을 때, 위산은 그의 법기(法器)를 알아보고 지혜의 빛을 일깨워 주고자 하루는 그에게 말하였다.
"나는 너에게 지금까지 배워서 아는 것과 경전 등에서 외운 것들을 묻지 않을 것이다. 네가 어머니 뱃속에서 나오기 이전, 동서를 분별하지 못했을 때의 본분사(本分事)를 한 마디 일러 보라. 나는 너를 기억하고자 한다."
지한은 멍하니 대답하지 못하고 한참 동안 망설이다가 몇 마디 그의 견해를 말하자, 위산은 모두 허락하지 않았다.
"그렇다면 스님께서 말씀해 주십시오."
"내가 말한 것은 나의 견해일 뿐이다. 너의 안목에 무슨 도움이 되겠는가?"
지한은 방으로 돌아가 모아 둔 여러 스님들의 어구들을 두루 살펴보았지만 대답이 될 만한 말은 한 마디도 없었다. 이에 스스로 탄식하여 "그림의 떡은 주린 배를 채울 수 없다" 하고서 모조리 경전을 불태우면서 말하였다.
"금생(今生)에도 불법을 배우지 못하겠다. 차라리 길이 공양주나 되어 마음 고생이나 면하리라."
마침내 지한은 눈물을 흘리면서 위산을 작별하고 떠났다.[73]

위산영우가 물은 것은 정식(情識)에 의한 분별사량(分別思量)의 학

---

73) (智閑)依潙山禪會, 祐和尙知其法器, 欲激發智光, 一日謂之曰 吾不問汝平生學解及經卷冊子上記得者, 汝未出胞胎未辨東西時本分事試道一句來? 吾要記汝. 師懵然無對, 沉吟久之, 進數語, 陳其所解, 祐皆不許. 師曰 却請和尙爲說. 祐曰 吾說得是吾之見解, 於汝眼目又何益乎? 師遂歸堂, 徧檢所集諸方語句, 無一言可將酬對, 乃自嘆曰 畵餠不可充飢. 於是盡焚之曰 此生不學佛法也, 且作箇長行粥飯僧, 免役心神, 遂泣辭潙山而去.(卷11)

문이 아니라, 수행의 깨달음에 의해 얻은 것을 말한다. 지한은 언어와 문자에서 해답을 찾으려 바깥으로 치달려 구한 결과 오묘한 도를 얻을 수 없었으므로 대답할 말이 하나도 없었다. 영우는 그를 위해 한 마디도 설파해 주지 않았다. 그것은 도우려다가 도리어 해를 끼쳐 그의 도안(道眼)을 가릴까 염려했기 때문이다. 그러나 마침내 인연을 만나 향엄의 천부적 기틀이 촉발되면서 스스로 툭트인 깨달음을 얻었다.

지한이 남양에 이르러 충국사(忠國師)의 유적을 보고서 그곳에 쉬려고 머물렀다. 어느 날 산중에서 풀과 나무를 베다가, 기와조각이 대나무에 부딪혀 울려나오는 소리를 듣고서 잠깐 실소하는 사이 툭트이게 깨달았다. 급히 돌아와 목욕하고 향을 피워 멀리 위산에게 절을 올리고서 찬탄하였다.
"스님의 큰 자비시여, 그 은혜가 부모보다도 크십니다. 그 때 나를 위해 말해 주었더라면 어떻게 오늘 일이 있을 수 있었겠습니까?"
이에 하나의 게송을 지었다.

    부딪치는 한 소리에 알았던 것 모두 잊고
    다시는 수행하지 않는다
    동작과 용모는 옛 도를 드날려
    쓸쓸한 기틀에 떨어지지 않는다
    곳곳마다 종적이 없으니
    소리와 빛 밖의 위의(威儀)여라
    제방(諸方)에 깨달은 자들이
    높고 높은 기틀을 모두 이야기한다[74]

---

74) (智閑)抵南陽, 覩忠國師遺迹, 遂憩止焉. 一日因山中芟除草木, 以瓦礫擊作聲,

지한이 불경과 주설(註說)들을 모두 불태워 버리고 길이 공양주나 되려고 준비한 것도, 바깥으로 치달려 구하고 타력에 의존하여 해석하려는 길을 놓아 버린 것이다. 그 결과 무심무사(無心無思)로써 오히려 신령스런 빛이 나타나 바깥 대상의 촉발에 의해 내면의 기틀이 보이지 않게 응함에 따라 깨달음을 얻게 된 것이다. "부딪치는 한 소리에 알았던 것 모두 잊고 / 다시는 수행하지 않는다"는 것은 대나무에 부딪치는 기왓장소리를 듣고서 깨달았을 때, 어리석고 노둔한 것처럼 정식(情識)의 견해를 모두 잊고서 깨달음이란 수행 공부에 의해 얻어지는 것이 아님을 깨친 것이다.

"동작과 용모는 옛 도를 드날려"라는 것은 이미 깨달음이 마음에 있어 환하게 드러나 '옛 도[古道]', 즉 마음을 밝히고 불성을 보는 데[明心見性]에 계합된 것을 말한다. "쓸쓸한 기틀에 떨어지지 않는다"는 것은 '공적(空寂)'의 경계에 떨어지지 않음을 말한다. "곳곳마다 종적이 없으니 / 소리와 빛 밖의 위의(威儀)여라"에서 앞 구절은 도가 자취를 찾을 수 없음을 비유한 것이고 뒤 구절은 도를 깨달은 후에는 소리와 빛 밖에서 도의 '위의(威儀)'를 볼 수 있음을 비유한 것이다. "제방에 깨달은 자들이 / 높고 높은 기틀을 모두 이야기한다"는 것은 나의 깨달음이 이와 같고 제방에 깨달은 자 역시 이와 같이 모두 진공의 현묘한 도를 인식한다는 것이다. 그의 "나무에 오른다"는 공안은 다음과 같다.

俄失笑間, 廓然省悟, 遽歸沐浴焚香遙禮潙山贊曰 和尙大慈, 恩踰父母, 當時若爲我說却, 何有今日事耶? 乃述一偈云 一擊忘所知, 更不假修持, 動容揚古道, 不墮悄然機. 處處無踪迹, 聲色外威儀. 諸方達道者, 咸言上上機(위와 같음)

스님이 상당법문에서 경계하였다.

"만일 이 일을 논한다면 나무에 오르는 것과 같다. 입으로 나뭇가지를 문 채, 발로는 가지를 밟지 않고 손으로는 가지를 잡지도 않았는데 나무 아래에서 갑자기 어떤 사람이 '조사가 서쪽에서 온 뜻이 무엇이냐'고 물었을 때, 그에게 대답하지 않으면 그의 물음에 어긋나고 만일 그에게 대답한다면 또 떨어져 죽을 것이다. 이러한 때 어떻게 해야 되는가?"

그 때, 호두초(虎頭招) 상좌가 대중 가운데서 나와 물었다.

"나무 위에 대해서는 물을 것이 없고 나무에 오르지 않았을 때를 스님께서 말씀해 주십시오."

스님이 이에 껄껄대며 웃었다.[75]

나무에 오른다는 것은 마음을 밝히고 불성을 보아 이미 '저쪽'에 이른 것을 비유한다. 나무에 오르지 않은 것은 혼미를 말한 것으로 '이쪽'에 있는 것과 같다. '저쪽'에 있는 절대경지에서는 헤아리거나 말할 수 없다. 그렇지 않으면 깨달은 뒤 다시 혼미해지는 상태에 떨어지므로 "떨어져 죽을 것이다"라고 하였다. 호두초 상좌가 "나무에 오르지 않았을 때를 스님께서 말씀해 주십시오"라고 말한 것은 향엄에게 도를 깨치지 못한 자를 위하여 법문을 열어 보여 주기를 청한 것인데, 향엄은 껄껄대며 크게 웃었다. 이는 첫째는 말로써 이야기하면 목숨을 잃을까 두려워한 것이며, 둘째는 자신의 경험에 근거하는 것이지 결국 남을 위해 설파할 수 없다는 것이다.

분양소(汾陽昭) 선사의 게송은 다음과 같다.

---

75) 師戒上堂 若論此事, 如人上樹, 口銜樹枝, 脚不蹋枝, 手不攀枝, 樹下忽有人問 如何是祖師西來意? 不對他, 又違他所問, 若對他, 又喪身失命, 當恁麼時作麼生卽得, 時有虎頭招上座出衆云 樹上卽不問, 未上樹時請和尚道, 師乃呵呵大笑.(《五燈會元》卷9)

향엄이 나뭇가지 물고 사람들에게 보여 줌은
형제를 본래 참된 세계로 이끌고자 함이다
헤아려 의논하면 언구를 취함이니
목숨을 잃을 자 티끌처럼 많다
분양이 그대 위해 어둠의 길 밝혀 주니
하늘에 구름 걷혀 해와 달이 새로워라
    香嚴銜樹示多人 要引同袍達本眞
    擬議卽從言下取 喪身失命數如塵
    汾陽爲你開迷路 雲散長天日月新
(《頌古聯珠通集》卷25)

"향엄이 나뭇가지 물고 사람들에게 보여 줌은 / 형제를 본래 참된 세계로 이끌고자 함이다"는 구절은 향엄의 '상수(上樹)' 공안이 오랫동안 널리 전해져 많은 사람들을 계도해 주었음을 말하고 있다. 그 목적은 사람들로 하여금 본래의 참된 세계로 돌아가 도를 투철하게 깨치도록 이끌려는 데 있다. "헤아려 의논하면 언구를 취함이니 / 목숨을 잃을 자 티끌처럼 많다"는 것은 만일 참선인이 곧바로 깨달아 들어가지 못하고 헤아리고 추측하여 남들의 말을 따라 깨달음을 구한다면 곧 목숨을 잃게 되며, 그 수효가 마치 티끌처럼 많다는 말이다. 분양선사가 '혼미의 길'을 밝혀 준 방법은 "하늘에 구름 걷혀 해와 달이 새롭게 빛난다"는 것이다. 이는 가슴 속의 욕망의 마음과 잘못된 견해를 말끔히 쓸어 버려야 비로소 영대(靈臺 : 마음)가 텅 비고 밝을 수 있다는 말이다. 그것은 곧 하늘에 구름이 걷히는 것과 같다. 이렇게 되면 본성이 저절로 드러나게 된다. 마치 해와 달이 새로이 드러나는 것처럼…….
　이에 대한 상방익(上方益) 선사의 게송은 말쑥한 시풍을 자랑하고 있다.

　　비좁은 길 몸 돌리기도 어려운데
　　동서가 모두 산이어라
　　행인이 찾지 않은 곳에
　　바람 자니 떨어진 꽃잎 한가롭다
　　　　狹路轉身難　東西盡是山
　　　　行人不到處　風定落花閒
　　　（《頌古聯珠通集》卷25）

　도에로 깨달아 들어가는 길은 너무 비좁아서 몸 하나 돌리기도 매우 어렵다. 참선인들은 대체로 부처를 향하여 구하고 경전을 향하여 구하고 스승을 향하여 구할 뿐, 몸을 돌려 자신을 향해 구할 줄 모른다. 또한 참선인들이 공(空)과 유(有)를 나누어 '이쪽', '저쪽'이라 말한다. 이 모두가 쉽게 넘지 못할 산이기에 "비좁은 길 몸 돌리기도 어려운데 / 동서가 모두 산이다"라고 말하였다. "행인이 찾지 않은 곳"이란 구도자가 '제 집'에 이르지 못하여 "바람 자니 떨어진 꽃잎 한가롭다"한 고요와 허령(虛靈)의 경지를 알지 못한다는 것이다.
　응암화(應菴華) 선사의 게송 또한 뜻이 깊고 격조도 높다.

　　고향 봄빛은 나뭇가지 끝에 있는데
　　어지러운 봄바람 끝내 그치질 않네

하릴없이 저녁 강 바라보니
고기잡이 배 두어 척씩 짝지어 있다
　　故園春色在枝頭　惱亂春風卒未休
　　無事晚來江上望　三三兩兩釣魚舟
　(《頌古聯珠通集》卷25)

"고향 봄빛은 나뭇가지 끝에 있는데"라는 것은 도가 이미 색계로부터 드러남을 말한다. 향엄의 '상수' 공안이 이미 드러났는데도, 구도의 참선인들은 상(相)에 집착하여 선을 구하기에 그 공안은 오히려 번뇌이다. "하릴없이 저녁 강 바라보니 / 고기잡이 배 두어 척씩 짝지어 있다"는 것은 보이는 것이라곤 모두 다 바깥으로 치달려 추구하는 '낚시꾼'들이라는 말이다.

보령용(保寧勇) 선사의 게송은 다음과 같다.

많은 방편 베푸신 노스님이여
어이해 가지 위에 다시 가지를 돋아내십니까
천리마는 채찍 그림자만 봐도 달리고
흙덩이 쫓아가는 건 사자가 아닙니다
　　曲設多方老古錐　那堪枝上更生枝
　　好如良馬窺鞭影　逐塊且非獅子兒
　(위와 같음)

앞의 두 구절은 향엄의 '상수' 공안은 "많은 방편을 베풀어" 사람을 가르쳤으나 가지 위에 또 다시 가지를 돋아내는 격이어서 번거로움을 면할 수 없다. 타고난 자질이 고매한 사람은 채찍 그림자만 보고서도 달리는 천리마와 같아서 채찍이 필요하지 않다. 그렇지 않으면 미친개가 흙덩이를 쫓아가는 것과 같다. 그것은 사자가 아니다. 이로 보아 향엄의 이 공안이 매우 중시되어 왔음을 알 수 있다(68. 11. 28. 《신생보(新生報)》부간(副刊)).

운문의 하늘과 땅 사이에 하나의 보배

 운문문언(雲門文偃)은 고소 가흥(姑蘇嘉興) 사람이며 속성은 장(張)씨이다. 《경덕전등록》에 의하면 "처음 목주(睦州) 진존숙(陳尊宿)을 친견하여 종지를 밝혔고 그 후 설봉(雪峰)에게 찾아가 더욱 선지(禪旨)를 깨친 바 있다." 진존숙은 황벽희운의 제자이다. 그는 일찍이 짚신을 삼으며 은둔생활을 하였다. 설봉은 덕산선감(德山宣鑒)의 법사(法嗣)이다. 그 후 운문문언이 설봉을 스승으로 삼아 그 법계(法系)에 들어간 것은 자신이 깨달음을 얻기까지는 설봉의 가르침이 가장 컸고 가장 중요했다고 생각했기 때문이다.
 운문문언은 오종 가운데 운문종(雲門宗)을 창립한 스님이다. 소주(韶州 : 현 廣東韶州)의 운문산 운문사에서 설법한 까닭에 운문문언으로 일컫게 되었다. 운문종의 가풍은 준엄하여 선종의 불교화를 강력히 반대한 나머지 선사들이 화두와 어록을 보는 것도 주장하지 않았다. 운문은 다음과 같이 말하였다.

 이 일〔此事 : 大事, 깨달음〕이 만일 언어상에 있다면 3승 12분교가 어찌 언어가 없다고 말할 수 있겠는가. 무엇 때문에 다시 교외별전(敎外別傳)이라 말하였을까? 만일 학해(學解)와 기지(機智)에 의해 얻어지는 것이라면 십지성인(十地聖人)이 구름처럼, 소낙비 퍼붓듯이 설법을 하여도 오히려 꾸지람을 입을 것이며, 견성은 명주 한 꺼풀이 가려진 것과 같을 것이다. 이 때문에 일체유심은 하늘과 땅처럼 현격함을 알 수 있다.[76]

그는 또한 유랑형태의 행각도 반대하였다. "다만 뜻에 있는 것이니, 부질없이 이 고을 저 고을을 떠돌아다니면서 주장자를 비껴지고 1천리 2천리를 쏘다니며, 이쪽으로 가서 동안거를 지내고 저쪽으로 가서 하안거를 지내면서 좋은 산수를 즐기고, 재와 공양이 많아 쉽게 의발을 얻을 수 있는 곳을 찾는다면 괴로운 일이다. 그 한 톨의 쌀을 도모하면 반년 식량을 잃게 된다."(위와 같음) 이 때문에 전력투구하여 사람으로 하여금 대사를 밝히도록 하였다. 그러나 그는 임제의현처럼 "자세히 많은 방편을 베풀어" 방망이와 '억' 소리를 사용하지도 않았고, 또 조동종처럼 이입(理入)으로써 군신 오위(五位)를 수립하지도 않았다. 그는 격렬한 말로써 혼미한 자를 가르쳐 정식(情識)과 생각을 끊어 주면서도, 그의 말은 현미(玄微)한 경지에 이르고 있다. 그의 '건곤일보(乾坤一寶)'의 공안은 그의 종풍을 말해 주는 가장 좋은 예증이다.

상당법문을 하였다.
"하늘과 땅 사이, 우주의 안에 그 가운데 하나의 보배가 있는데 형체의 산[形山]에 숨겨져 있다. 등롱을 가져다가 법당 안에 두고 삼문(三門)을 가져다가 등롱 위에 얹어 놓는다면 어떻겠는가."
스스로 대신 답하였다.

---

76) 此箇事, 若在言語上, 三乘十二分敎, 豈是無言語, 因什麽更道敎外別傳, 若從學解機智得, 只如十地聖人說法如雲如雨, 猶被呵責, 見性如隔羅縠, 以此故知一切有心, 天地懸殊.(《景德傳燈錄》卷19)

"물건을 따라 생각이 옮겨간 것이다."
또 다시 말하였다.
"구름이 피어나고 우레가 친다."[77]

운문문언의 이 단락의 말은 실제로 유래가 있다. 남북조 때, 승조(僧肇)의 《보장론(寶藏論)》에 의하면 "하늘과 땅 사이, 우주 가운데 하나의 보배가 있는데 형체의 산〔形山〕에 숨겨져 있다. 그 물건을 알고 허심으로 비추어 안팎이 텅 비어 고요하여 견해를 여의면 그 작용이 현현(玄玄)하다〔天地之內 宇宙之間 中有一寶 秘在形山 識物虛照 內外空然 寂寞離見 其用玄玄〕"고 하였다. 여느 보물이란 산 속에 숨겨 놓으면 사람들은 이를 알아보지 못하며 그 작용을 발휘할 수 없다. 하지만 대전(大全)과 자성(自性)은 '형체의 산〔形山〕'인 만유의 현상 속에 깊숙이 숨겨져 있으나, "그 물건을 알고서 허심으로 비추면 그 작용이 현현하다." 그러나 운문의 법문은 사람들에게 이 보배를 알게 하는 데 있는 것이 아니라, 그들로 하여금 그 보물을 얻도록 하는 데 있다. 운문은 일반 승려들이 부처를 향하여 구하는 것도 반대하였다. 그는 부처를 향하여 구한 결과는 "등롱을 가져다가 법당 안에 두고 삼문을 가져다가 등롱 위에 얹어놓은 격이다"라고 인식하였다. 그 목적은 바깥으로 치달리는 마음을 끊으려는 데 있다. 이 때문에 부처를 향하여 구한 자들을 위하여 운문은 그들을 대신하여 대답하였다. "물건을 따라 생각이 옮겨간 것이다." 이 보배는 마치 구름이 피어 오르고 우레가 친 것처럼 본체는 작용에 감춰져 있다.

---

77) 上堂 乾坤之內, 宇宙之間, 中有一寶, 秘在形山, 拈燈籠向佛殿裏, 將三門來燈籠上, 作麼生?, 自代曰 逐物意移, 又曰 雲起雷興.(《五燈會元》卷15)

백운단(白雲端) 선사의 게송은 다음과 같다.

잿마루 흰구름 흩어졌다 다시 모여들고
하늘 가 하얀 달 흘러갔다 다시 온다
고개 떨군 채 집으로 돌아와
나도 모르게 얼마나 껄껄댔는지
  嶺上白雲舒復卷 天邊皓月去還來
  低頭却入茅簷下 不覺呵呵笑幾回
 (《頌古聯珠通集》卷32)

현상계에 있어서의 기기묘묘(奇奇妙妙)한 각종 형상은 마치 "흰구름의 푸른 개〔白雲蒼狗〕"[78]와 같고 상전벽해(桑田碧海)는 흰구름이 종횡으로 나타났다 사라져 걷잡을 수 없는 것과 같다. 하지만 이와 같은 변화는 아득한 저 하늘의 주재자, 상제(上帝)의 작용에 의한 것이다. 이 때문에 "잿마루 흰구름 흩어졌다 다시 모여든다"라고 하여 현상계란 그 '하나의 보배'가 비장한 '형체의 산'에 관계됨을 비유한 것이다. "하늘 가 하얀 달 흘러갔다 다시 온다"는 것은 본체 또는 자성을 비유한 말이다. 하얀 달은 흩어졌다가 다시 모여드는 흰구름 때문에 때론 나타났다가 때론 보이지 않는다. 그러나 숨겨진 달은 오히려 다시 나타나기도 한다. 이로써 그 보배는 형체의 산 속 깊이 감춰져 있으나 무시로 나타나 그침이 없음을 비유한 것이다. 이 보배는 있지 않은 곳이 없으나 또한 일정한 곳에서 찾을 수 없고 일정하

---

78) 白雲蒼狗는 杜甫의 〈可嘆詩〉 "天上浮雲似白衣, 斯須改變如蒼狗."에서 유래한 것으로 세상사의 덧없는 변화를 말한다.

게 보배를 찾아낼 방법도 없다. 이 보배는 법당에 있는 것일까? 그렇지 않다. 부처에게 절을 하고 염불을 하는 데서 구할 수 있을까? 이 또한 그렇지 않다. 오직 자신을 돌이켜 구하는 것이 가장 직접적인 방법이다. 이 때문에 "고개 떨군 채 집으로 돌아와"라고 말한 것이다. 부처가 있는 법당에도 가지 않고 자신의 집에서 찾으면, 결과적으로 이 보배는 자신의 집 속에 있기에 "나도 모르게 얼마나 껄껄댔는지"처럼 보배를 얻은 이후의 기쁜 마음은 말로 표현할 수 없다. 이러한 경지는 어떤 비구니의 오도송(悟道頌)과 같다.

　　진종일 봄을 찾아 헤맸지만 찾지 못하고
　　짚신짝 끌며 잿마루 구름을 두루 밟았네
　　집에 돌아와 우연찮게 매화가지 맡아보니
　　봄은 매화가지 끝에 이미 또렷이 있는 것을……
　　　　盡日尋春不見春　芒鞋踏破嶺頭雲
　　　　歸來偶把梅花嗅　春在枝頭已十分
　　　　(《鶴林玉露》)

여러 게송 가운데 쉽게 찾아볼 수 없는 것은 천동정각(天童正覺) 선사의 게송이다.

　　거둬들인 넉넉한 마음 번거로운 일 싫어
　　돌아오니 어느 곳이 나의 생애일까
　　도끼자루 썩은 나무꾼은 길 없는 걸 의심하고
　　나무에 걸린 호공은 오묘하게 집이 있네

달빛어린 황금 물결에 달 그림자 조촐하고
갈바람 눈벌판은 갈대꽃 안고 있다
추위에 놀란 고기 밑바닥에 움츠려 미끼 물지 않으니
흥이 다한 맑은 노래에 뱃머리 돌린다
   收卷餘懷厭事華 歸來何處是生涯
   爛柯樵子疑無路 掛樹壺公妙有家
   夜水金波浮桂影 秋風雪陣擁蘆花
   寒魚着底不吞餌 興盡淸歌却轉槎
(《宏智正覺禪師廣錄》卷2)

천동선사의 게송은 정교한 7언 율시로서 고사를 인용하여 시제(詩題)의 취지와 일치시킨 것으로 송고시(頌古詩)에서 찾아보기 드문 작품이다. 그것은 율시의 정형에 의한 한계로 이처럼 쉽게 표현할 수 없기 때문이다. "거둬들인 넉넉한 마음 번거로운 일 싫어"라는 것은 이 보배의 성질이 "쓰면 행하고 놓아 두면 보이지 않는다〔用之則行舍之則藏〕"는 것을 게송으로 밝힌 것이다. 이 구절〔用之……則藏〕은 《논어》에서 나왔다. "거둬들인다〔收卷〕"는 것은 쓰지 않으면 은밀한 곳으로 간직, 저장된다〔退藏於密〕는 뜻이다. 자성이란 사람이 번화한 일을 싫어하는 것처럼 하여야 겨우 은밀한 곳에 간직, 저장될 수 있다. 이것이 바로 자성이라는 그 보물이 형체의 산에 비장되어 있다는 운문의 뜻이다. "돌아오니 어느 곳이 나의 생애일까"라는 구절은 자성의 묘체를 거둬들여 간직, 저장한 후에는 그 작용이 어디에 있을까? 그 성질은 어떨까? 어떻게 탐구해야 할까? 운문의 말에 비록 가르쳐 준 바 있으나 결국은 어떻게 구해야 할까?라는 말이다. "도끼자루 썩은 나무꾼은 길 없는 걸 의심하고"라는 것은 길을 찾을 수 없다는 뜻이다. 도끼자루가 썩은 일은 《왕씨신선전(王氏神仙傳)》에 나타나 있다.

진(晉) 융안(隆安 : 397~401) 년간에 신안현(信安縣) 왕질(王質)이 나무하러 갔다가 현실판(眩室坂)에 이르러 석실(石室)을 보니 네 명의 동자가 바둑을 두고 있었다. 왕질에게 대추와 같은 과일을 주었는데 이를 먹으니 배가 고프지 않았다. 바둑판이 끝났을 때 허리춤에 차고 있던 도끼자루가 썩었다. 소맷자락에 바람을 휘날리며 저물녘에 집에 돌아오니 벌써 몇 십 년이 지난 후였다.[79]

법당에서 도를 구한다면 도끼자루 썩은 나무꾼처럼 갈 길이 없을까 두렵다. 그러나 구도의 길은 "나무에 걸린 호공은 오묘하게 집이 있네"라는 것과 같다. 호공의 고사는 《동한방술전(東漢方術傳)》에 나타나 있다.

비장방(費長房)은 여남(汝南) 사람이다.⋯⋯ 호공이 약을 팔 때, 약값을 두 번 다시 흥정하지 않으며 나무 위에 병을 매달아 놓고 있다가 훌쩍 뛰어 병 속으로 들어가 버렸다. 비장방이 누각 위에서 이를 보고서 평범한 사람이 아님을 알고는 그날로 청소를 하고 떡을 올리자 사양하지 않았다. 이와 같이 오랜 시간이 흐른 뒤에야 독실한 마음이 있는 것을 알고서 말하였다.
"해가 저물어 사람이 없을 때 찾아 오라."
비장방에게 나를 따라 뛰어 들어오라고 말하자, 비장방은 그의 말에

---

79) 晉隆安時, 信安縣王質採薪, 至眩室坂, 見石室, 四童子奕棋, 與質物如棗子, 食之不饑. 棋終斧柯爛於腰間, 衣袂隨風. 抵暮還家, 已數十年矣.

따라 그 또한 뛰자 곧바로 병 속으로 들어갈 수 있었다. 그 속에는 5색 누각이 있고 좌우로 겹겹이 문이 있고 시자가 수십 명이나 있었다.[80]

운문이 말한 나무 위에 매달아 놓은 병과 같다는 것은 출입이 여기에 있음을 가리킨 것이다.

"달빛어린 황금 물결에 달 그림자 조촐하다"는 것은 승조의 《보장론》에서 밝은 달이 강물에 비춰 사람으로 하여금 달의 존재를 알도록 한 것처럼, 다시 말하면 천지 우주의 사이에 이 하나의 보배가 있음을 알려 주는 것과 같음을 비유한 것이다. "갈바람 눈벌판은 갈대꽃 안고 있다"는 것은 흰눈의 색깔과 갈대 빛깔은 모두 한 빛이므로, "본체와 작용이 하나임〔體用一如〕"과 "사물과 진리가 함께함〔事理兼帶〕"을 비유한 것이다. 이 보배는 깊이 숨겨져 눈에 보이지 않는 것이 아니다.

운문의 말에는 을씨년스러운 가을 바람이 흰눈과 갈대숲에 불어, 이미 "추위에 놀란 고기 밑바닥에 움츠려 미끼 물지 않는" 소식을 드러내 보여 준 것과 같다. 그러나 운문의 가르침은 구도란 여전히 쉬운 일이 아니라는 것이다. 마치 "추위에 놀란 고기 밑바닥에 움츠려 미끼 물지 않은" 것처럼 낚시에 물리지 않는다. 이는 뱃사공스님 덕성(德誠)의 "밤 깊어 물 차가운데 고기 물지 않는다〔夜深水寒魚不食〕"는 구절과 같은 뜻이다. 참선인의 구도는 어부가 낚시를 하는 것과

---

80) 費長房, 汝南人,. 見壺公賣藥, 不二價, 懸壺樹上, 輒跳入壺, 長房樓上見之, 知非常人, 乃日掃除進餌, 不謝, 積久知篤信, 語曰 日暮無人時來. 語房, 隨我跳入, 房承其言亦跳, 卽入壺矣. 見有樓五色, 重門左右,〔侍者數十人.(《從容錄》卷下에서 인용)

같고, 자성묘체는 물 속 깊이 잠겨 있는 물고기와 같다.

아울러 물고기가 미끼를 물지 않으면 부질없이 어부의 마음만 헛고생 한 것이다. "흥이 다한 맑은 노래에 뱃머리 돌린다"는 것은 이젠 어부가 낚시를 드리울 생각이 다하여 물고기를 잡으려는 마음과 수단을 쓰지 않고, 뱃노래 크게 부르며 뱃머리를 돌려 곧장 집으로 돌아와 도로 들어갈 수 있는 희망이 있다는 말이다. 이는 운문의 말이란 이미 한 가닥 돌아올 길을 가르쳐 주었으므로, 자기의 마음을 향하여 추구한다면 보배를 얻을 가능성이 있음을 비유한 것이다.

운문의 '건곤일보' 공안은 두 게송을 통하여 그 '맑은 빛〔淸光〕'이 모두 드러나 있다. 이 두 게송은 우회적으로 선을 말하여〔繞路說禪〕 "말이 천하에 가득하여도 잘못된 말이 없다." 이는 운문이 말한 것처럼 "하루종일 말하여도 일찍이 입에 담지 않았고 일찍이 한 글자도 말하지 않았다. 하루종일 옷 입고 밥 먹어도 일찍이 한 톨의 쌀도 씹지 않았으며 한 올의 실오라기도 걸치지 않은 것이다." 말을 하면서도 말이 없는 것 또한 선문 게송의 특수한 부분이다(68. 12. 18.《신생보(新生報)》부간(副刊)).

법안문익의 털끝만큼의 차이

　법안종(法眼宗)은 법안문익(法眼文益)에 의해 건립되었으며 오종 가운데 가장 늦게 세워진 종파이다. 법안문익의 속성은 노(魯)씨이며 여항(餘杭 : 현 浙江杭州) 사람이다. 법안문익(法眼文益)은 5대 말엽 주(周) 현덕(顯德) 5년(958)에 열반하였다. 법안은 사후에 내린 시호인데 마침내 그 종파의 이름이 되었다.
　법안문익은 두루 여러 스승에게 수업하였다. 그는 먼저 신정(新定) 지통원(智通院)의 전위(全偉)선사에게 삭발하였고, 다시 율장(律匠) 희각(希覺)스님에게 귀의하여 도를 깨쳤으며, 일찍이 석두(石頭)의 〈참동계(參同契)〉를 연구하였고 또 행각을 하면서 장경(長慶)선사를 친견하였으나 결국 나한계침(羅漢桂琛)의 법을 이었다. 또한, 그는 일찍이 유학의 경전을 두루 섭렵하여 문학이 뛰어난 공자의 제자 자유(子游)와 자하(子夏)에 비유되기도 하였다. 법안의 선학은 오종 가운데에서 남다른 풍격을 지니고 있진 않다. 그는 선종과 교학을 융합하여 두루 여러 종파를 취하였다. 그는 《종문십규론(宗門十規論)》에서 다음과 같이 말하고 있다.

　　종승(宗乘 : 宗門)을 거량하고자 한다면 교법(敎法 : 敎學)을 원용하되

반드시 먼저 부처의 뜻을 밝히고 그 다음에 조사의 마음에 계합되어야
한다. 그러한 후에 이를 들어 행하면서 엉성한 것과 정밀한 것을 헤아려
보아야 한다. 만일 의리를 알지 못하고서 문풍만을 고수한다면, 예컨대
부질없는 인증으로 스스로 비난과 견책을 취하는 것과 같다.[81]

그는 선종과 교학의 대립의 갈등을 없애려는 생각이 뚜렷하였고,
각 종파 또한 상통하는 부분이 있다고 인식하여 다음과 같이 말한
바 있다. "조동종의 가풍에는 편(偏)과 정(正), 명(明)과 암(暗), 주
(主)와 빈(賓), 체(體)와 용(用)이 있다. 그러나 가르침을 베푼 것이
같지는 않지만 또한 서로 상통한 부분이 있다." 그는 각 종파가 서로
다투고 시비하는 것은 모두 부질없는 일이라고 말하였다.

그 덕산·임제·위앙·조동·뇌봉·운문 등에 이르러서는, 각기 문정
을 베풀고 고하의 등급을 매겨 자손들이 제 종파를 옹호하고 제 조사를
편당지어 진제(眞際)에 근원하지 않음으로써, 마침내 많은 갈림길이 나
타나 모순된 의견으로 서로를 공격하여 흑백의 시비를 분별하지 못하게
되었다. 아! 슬프다. 대도는 여러 갈래의 길이 있으나 법의 흐름은 한
가지임을 모르기 때문이다.[82]

법안의 말에 따르면 6조혜능 이후, 남종은 또 다시 각자의 다른
종지에 따라 제각기 종파를 세워 서로 공격하여 다섯 종파로 형성되

---

81) 凡欲擧揚宗乘, 授引教法, 須是先明佛意, 次契祖心, 然後可擧而行, 較量疏密.
    儻或不識義理, 只當專守門風. 如輒妄有引證, 自取譏誚……
82) 逮其德山·臨濟·潙仰·曹洞·雷峯·雲門等, 各有門庭設施, 高下品提, 子
    孫護宗黨祖, 不原眞際, 竟出多岐, 予盾相攻, 緇白不辨, 嗚呼! 殊不知大道多
    方, 法流同味.(위와 같음)

었다. 법안은 이들을 조화시키려는 뜻이 있었으나 당시의 정황하에
서 또한 불가능한 일이었다. 만일 각 종파가 각자의 특색을 상실한
다면 선종은 근본적으로 성립될 수 없으며 다시 교학에 포용되고 말
기 때문이다. 사실 송대(宋代) 이후 선학은 그 빛을 잃고 교학으로
귀결되어 가는 부분이 없지 않았으며, 그 실마리를 제공한 것은 법
안이라고 할 수 있다. 법안은 나한계침(羅漢桂琛)과 사제지간으로서
의기투합하여 심법을 전승한 바 있다.

 법안스님이 현기(玄機)를 한 번 깨치자, 잡된 일을 모두 버리고 주장
자를 떨치고 남쪽으로 행각을 하여 복주 장경선사의 법회에 이르렀다.
비록 인연 마음은 쉬지 못하였으나 많은 대중들이 그를 추앙하였다. 얼
마 후 또 다시 도반과 함께 호외(湖外)로 행각하고자 길을 떠나는데 갑
자기 비가 내려 시냇물이 불어나 잠시 성 서쪽 지장원에 머물게 되었다.
이를 계기로 계침선사를 친견하자 계침선사가 그에게 물었다.
 "상좌는 어디로 가려고 하는가?"
 "빙 둘러 행각하러 갑니다."
 "행각은 어떤 것인가?"
 "알 수 없습니다."
 "알지 못한 것이 가장 친절하다."
 법안스님은 그 말에 크게 깨달음을 얻었다.[83]

 "알지 못한 것이 가장 친절하다"는 계침의 말은 알음알이가 없고

---

83) 師(法眼)以玄機一發, 雜務俱捐, 振錫南遊, 抵福州長慶法會, 雖緣心未息, 而
海衆推之, 尋更結侶, 擬之湖外, 旣行, 值天雨忽作, 溪流暴漲, 暫寓城西地藏
院, 因參琛和尙, 琛問 上座何往? 師曰 邐迤行脚去. 曰 行脚事作麽生? 師曰
不知. 曰 不知最親切. 師豁然開悟.(《景德傳燈錄》卷24)

생각이 없는 것이 도를 얻고 깨달음을 얻는데 가장 좋은 첩경이라는 뜻이다. 법안스님은 곧바로 이를 깨달아 기연이 계합되어 툭 트이게 깨침을 얻은 것이다. 그의 '호리유차(豪釐有差)'의 공안에는 깊은 선리(禪理)가 담겨져 있다.

    법안이 수산주에게 물었다.
    "털끝만큼이라도 차이가 있으면 하늘과 땅처럼 현격하다는 것을 어떻게 이해해야 하는가?"
    "털끝만큼이라도 차이가 있으면 하늘과 땅처럼 현격합니다."
    "그렇다면 또한 뭐라고 말해야 하는가?"
    "나는 오직 이와 같은데 사형은 어떻다고 생각합니까?"
    "털끝만큼이라도 차이가 있으면 하늘과 땅처럼 현격하다."
    수산주가 마침내 절을 올렸다.[84]

3조의 《신심명》에 의하면 "지극한 도는 어려움이 없다 / 오직 간택(揀擇)을 혐의로 생각한다 / 다만 사랑하지도 미워하지도 않고 / 툭 트이게 명백해야 한다 / 털끝만큼이라도 차이가 있으면 / 하늘과 땅처럼 현격하다"고 하였다. 법산과 수산주의 선기문답은 바로 이 몇 구의 게송을 읊은 것이지만, 특이한 것이라면 법안의 묻는 말이 수산주의 답으로 주객이 전도되었고, 법안의 대답이 바로 수산주가 묻는 말로 더욱 전도되어 "털끝만큼이라도 차이가 있으면 / 하늘과 땅처럼 현격히다"고 말했을 뿐이다. 이러한 정황은 수산주가 언어와 사

---

84) 法眼問修山主, 毫釐有差, 天地懸隔, 只作麼生會? 修曰 毫釐有差, 天地懸隔. 師曰 與麼道又爭得? 曰 某甲只與麼, 師兄作麼生? 師曰 毫釐有差, 天地懸隔. 修遂禮拜.(《頌古聯珠通集》卷36)

려(思慮)에서 이해하였기 때문이며, 당시에 법안이 대답한 그 정신과 그 정경은 수산주의 집착된 정식(情識)과 의념(意念)을 끊어 곧바로 깨달음을 얻게 하려는 것이었다. 법안과 보은현칙(報恩玄則) 선사와의 문답은 이 단락의 문답과 "곡조는 다르지만 한 사람 솜씨〔異曲同工〕"의 오묘함을 지니고 있다.

    금릉의 보은현칙 선사가 있었는데 법안이 그에게 물었다.
    "일찍이 어떤 사람을 친견하였는가?"
    보은선사가 말하였다.
    "청봉(靑峰)화상을 친견하였습니다."
    "무슨 언구가 있었는가?"
    "내가 일찍이 '어떤 것이 학인 자기입니까?'라고 묻자, 청봉스님이 '병정동자(丙丁童子)가 불을 구하러 왔구나!'라고 하였습니다."
    "상좌는 어떻게 이해하는가?"
    "병정(丙丁)은 〈남쪽을 가리키는 천간(天干)으로〉 불에 속하니 불을 가지고서 불을 구한다는 것은 마치 자기를 가지고 자기를 구하는 격입니다."
    "그렇게 이해하면 어떻게 깨달을 수 있겠는가?"
    "저는 다만 이와 같을 뿐인데 스님의 뜻은 어떠하신지?"
    "네가 나에게 물어라. 내, 너에게 말해 주리라."
    "어떤 것이 학인 자기입니까?"
    "병정동자가 불을 구하러 왔구나!"
    보은선사는 그 말을 듣고서 단번에 깨달음을 얻었다.[85]

---

85) 金陵報恩玄則禪師, 法眼問 曾見什麼人來? 恩云 見靑峰和尙. 眼云 有什麼言句? 恩云 某甲曾問 如何是學人自己? 峯云 丙丁童子來求火. 眼云 上座作麼生會? 恩云 丙丁屬火, 將火求火, 如將自己求自己. 眼云 如麼會, 又爭得, 恩云 某甲只如此, 未知和尙尊意如何? 眼云 爾問我, 我與爾道! 恩云 如何是學

《종용록》의 기록에 의하면 이는《경덕전등록》(권25)에서 나온 것으로 문장에 약간의 차이가 있다. 보은현칙은 "병정동자가 불을 구하러 왔구나!"라는 뜻을 알지 못한 것이 아니며, 법안 또한 이 언구에 대해 해석을 가하지 않았다. 여기에서 현칙의 깨달음은 언구와 사량에 있지 않음을 볼 수 있다. 수산주의 깨달음과 같은 유형이다. 천동각(天童覺) 선사의 게송은 다음과 같다.

저울 끝에 파리 한 마리 앉자 곧 기운다
만고의 저울은 공평하지 못한 것을 비춰 준다
한 근 한 냥 한 푼 한 치 분명히 나타나나
결국 나의 정반성만 못하누나
  秤頭蠅坐便欹傾 萬世權衡照不平
  斤兩錙銖見端的 終歸輸我定盤星
(《頌古聯珠通集》卷36)

파리 한 마리가 저울 끝에 앉아도 곧바로 한쪽으로 기우는 현상이 나타나게 된다. 이는 "털끝만큼이라도 차이가 있으면 하늘과 땅처럼 현격하다"는 말의 의의를 밝혀 준 것이다. 저울은 무게를 가늠해 주는 형기(衡器)로서 공평하지 못한 것을 밝혀 주는 것이다. 이는 "털끝만큼의 차이가 하늘과 땅처럼 현격"한 것임을 비유한 것이다. 이로써 만고의 구도자들의 깨달음의 경지를 분별하여 털끝만큼의 차이가 있는가 없는가에 따라서 하늘과 땅처럼 성인과 범인이라는 현격한

  人自己? 眼云 丙丁童子來求火. 恩於言下頓悟.(《從容錄》卷上)

차이가 벌어지는 것이다. 그러나 저울은 한 근, 한 냥으로부터 한 푼, 한 치에 이르기까지 분별할 수 있는 것은 모두 분별할 수 있다. 만일 사량으로써 이를 이해한다면 털끝만큼의 차이가 하늘과 땅처럼 현격해질 것이다. 아울러 이는 이해하기 어려운, 그 어떤 것도 아니다. 수산주가 깨달음을 얻기 이전에는 이와 같이 이해하였다. 저울로 한 푼, 한 치를 분별할 수 있는 것은 저울대의 높낮이에 있는 것이 아니라, 정반성(定盤星)[86]에 있다. 참선인의 오도는 곧바로 직절(直截)하게 들어가는 데 있다. 이것이 "결국 나의 정반성만 못하누나"라는 구절에 담긴 뜻이다. 엄실개칙(掩室開則) 선사는 법안의 가르침을 잊지 못하였다.

> 활시위처럼 곧은 하나의 길이여
> 장안 소식 이미 통하였네
> 만방에서 모두 공물 바치니
> 온누리 전화(戰火) 사라졌어라
> 一道如弦直 長安信已通
> 萬邦皆入貢 四海息狼煙
> (위와 같음)

수산주는 법안의 가르침을 얻어 도에 들어설 수 있었다. "장안 소식 이미 통하였다" 함은 저쪽의 소식을 이미 통하였다는 말이다. 장안은 황제가 있는 곳으로 이를 빌어 성인의 경지를 비유한 것이다.

---

86) 정반성(定盤星)은 저울의 눈금이 처음 시작되는 곳으로 본원의 자리라는 의미로 쓰인다.

"만방에서 모두 공물 바치니 / 온누리 전화 사라졌다"는 것은 이로부터 수산주는 이쪽 저쪽을 헤매지 않고 칼과 무기가 사라진 태평연월을 지내게 되었다는 뜻이다. 시의 뜻은 매우 얕고, 더욱이 나중의 두 구절은 아주 미흡하다.

  법안은 주로 남방 강절(江浙)지구에서 활동했으나, 그의 법연(法緣)은 금릉(金陵)지방에 있었다. 많은 학인을 접하여 공안과 화두를 들어 보여준 바 많은데, 죽은 뱀을 살려 학인으로 하여금 기연(機緣)에 따라 깨달음으로 들어가게 한 까닭에 하나의 종파를 세울 수 있었다. 하지만 그가 세운 법안종(法眼宗)은 다른 종파와 구별되는, 별다른 특징이 없던 탓에 송조에 들어 먼저 쇠퇴하게 되었다.

양기의 세 발 달린 당나귀

 임제종은 다시 황룡파(黃龍派)와 양기파(楊岐派) 두 종파로 나누어졌다. 후인들은 양기선사를 마조의 후신으로 보았다. 그것은 양기의 "세 발 달린 당나귀"가 천하 사람들을 밟아 죽인 '망아지〔馬駒 : 마조의 비유〕'처럼 지대한 영향을 일으켰기 때문이다. 양기와 황룡선사는 모두 석상초원(石霜楚圓)의 문하이다. 석상은 임제처럼 부처를 욕하고 조사를 꾸짖는, 그런 가풍이 있었다. 그는 여러 큰스님과 여러 종파에 대해 다음과 같이 논하였다.

 마조의 "마음이 곧 부처"란 것은 사람들이 깨닫지 못했다고 생각한 것이고, 반산의 "마음도 아니요 부처도 아니라"는 것은 다만 쓸데없는 이야기이고, 설령의 "공을 굴리는 것"은 어린아이를 속이는 짓거리이고, 운문이 "거울을 돌아본 것"은 옆 사람을 크게 웃기는 일이며, 소실이 '자해(自害)'한 것은 한바탕 큰 잘못이며, 덕산이 문을 들어서면서 곧 방망이질을 한 것은 기인을 만나지 못한 때문이며, 임제가 문을 들어서면서 곧 '억[喝]'을 한 것은 너무 경박한 것이며, 황매가 게송을 올린 것은 나와 남을 잊지 못함이다. 다시 말하면 조사와 조사가 서로 전한 것을 서로가 비방한 것이다.[87]

---
87) 馬大師卽心卽佛, 當人未悟. 盤山非心非佛, 只成戲論. 雪嶺輥球, 誑誘小兒之作. 雲門顧鑑, 笑煞傍觀. 少室自傷, 一場大錯. 德山入門便棒, 未遇奇人. 臨

그의 어록에서 알 수 있는 것은 그는 운문 등 여러 종파에 대해 깊이 연구하였으며 그런 바탕 위에서 어느 것도 모방하지 않았고, 그 결과 그의 문하에서 양대 종파가 나오게 되었다는 사실이다.

양기방회(楊岐方會) 선사의 속성은 냉(冷)씨이며 원주 의춘(袁州宜春 : 현 江西盧陵) 사람이다. 그는 일찍이 세금 걷는 관리였으나 그 직책이 적성에 맞지 않아서 몰래 도망하여 서주 구봉(瑞州九峰 : 현 江西高安)에 이르렀는데, 마치 옛날에 노닐었던 곳과 같았다. 마침내 미련을 버리지 못하고 그곳에서 삭발, 출가하였는데, 경전을 열람함에 그 뜻을 마음으로 이해할 수 있었다. 그 후 석상을 가까이하여 그의 상좌가 되었다. 그가 깨달음을 얻을 수 있었던 것은 그의 강압에 의한 결과였다.

석상에게 의탁한 지 오래되었으나 깨달음을 얻지 못하였다. 매번 불법을 물을 때마다 명(석상)선사는 "곳간 일이 바쁠 테니 가보거라"라고 말하였다. 그 이튿날 또 물으면 명선사는 "감사(監寺)여, 뒤에 말하라. 자손이 천하에 가득 있는데 어떻게 그처럼 서두르는가."

하루는 명선사가 나갔을 때 마침 갑자기 비가 내렸다. 스님이 명선사를 찾아 나섰다. 좁은 길에서 그를 만나자, 멱살을 움켜잡고서 "이 영감쟁이! 오늘은 나에게 말해 줘야지, 그렇지 않으면 쳐버릴 것이다"라고 다그치자, 명선사가 말하였다.

"감사는 이런 일을 알게 되면 곧 쉬겠지."

그 말을 마치기도 전에 스님은 크게 깨닫고 곧장 진흙길에 엎드려 절을 올리고서 물었다.

"좁은 길에서 만났을 때는 어찌합니까?"

濟入門便喝, 太煞輕薄. 黃梅呈頌, 人我未忘. 更言祖祖相傳, 遞相誹謗.(《石霜楚圓禪師語錄》)

"그대 또한 피하고 나는 저쪽으로 가련다."
스님이 돌아와 스스로 위의를 갖추고 방장실에 나아가 절을 올리자, 명선사가 꾸짖었다.
"아직 깨닫지 못하였구나."[88]

위의 인용문에서 양기방회의 깨달음이 특이했음을 알 수 있다. 그것은 한결 같은 마음으로 도를 추구하여 여러 차례 간청하였으나 거절을 당한 나머지 '무력'을 통하여 협박하였기 때문이다. 석상은 다만 "이런 일을 알게 되면 곧 쉬겠지"라고 말하였는데, '이런 일'이란 불법을 깨닫는 것이며, "이런 일을 알게 되면 곧 쉬겠지"라는 말의 뜻은 항상 도를 얻으려는 마음을 간직하면서도 이말 저말 생각하거나 헤아리지 않고 때가 이르기를 기다린다는 뜻이다.

양기가 크게 깨달은 후에 "좁은 길에서 만났을 때는 어찌합니까?"라고 물은 뜻은 도를 깨달은 후에는 어떻게 해야 하는가에 대한 말이다. 석상의 "그대 또한 피하고"라는 말에는 두 가지 뜻이 있다. 하나는 반어법으로서 그에게 성스런 경계〔聖境〕 가운데 머물러야 이를 피해서는 안 된다는 것이며, 또 다른 하나는 그가 성스런 과위〔聖位〕에 머물지 말고 피해야 한다는 것이다. 양기가 설법한 이후 "세 발 달린 당나귀" 공안은 한 때 크게 유행하였다.

---

88) 依之雖久, 然未有省發, 每咨參, 明曰 司庫事繁且去. 他日又問, 明曰 監寺異時, 兒孫遍天下在, 何用忙爲. 一日明適出, 雨忽作, 師偵之, 小徑旣見, 扭住曰 這老漢, 今日須與我說, 不說打你去. 明日 監寺, 知是這般事便休. 語未卒, 師大悟, 卽拜於泥途. 問曰 狹路相逢時如何? 明曰 你且躱避, 我要去那裏去. 師歸來, 自具威儀, 詣方丈禮謝. 明呵曰 未在.(《五燈會元》卷19)

"어떤 것이 부처입니까?"
양기스님이 말하였다.
"세 발 달린 당나귀가 발굽 소리 요란하게 달려 간다."
"이것 말고는 곧 무엇입니까?"
"호주의 노스님이다."[89]

이른바 '세 발 달린 당나귀'란 세상에서 찾아 볼 수 없는, 상징적으로 '형상화(形象化)'된 말이다. 대개 세 발 달린 당나귀란 유(有)와 공(空), 그리고 공이면서도 유를 비유한 말이다. 본체와 대용(大用)은 이를 통해 행하여지는 것이다. 그것은 양기선사가 공(空)과 유(有)가 한 가지임을 주장하기 때문이다.

하나가 곧 일체요 일체가 곧 하나이다. 대용(大用)을 크게 일으켜 걸음마다 모두 진리이다. 곧 서 있는 것을 진리라 이름하니, 진리를 떠나서 있는 것이 아니다. 서 있는 곳이 곧 진리이다. 여기에서 반드시 알아야 한다. 그 자리에서 깨달으면 어느 곳에서나 해탈이다.[90]

자성묘체로 말미암아 큰 작용이 일어나는 것이 곧 "완전한 당나귀"이다. 그러나 체용은 반드시 공과 유에 의하여 드러나고 자성 또한 공이면서 유이므로 이 '당나귀'는 세 발의 발굽 소리를 내며 달려간다. 당시 참선인들은 그가 세 발 달린 당나귀를 타고서 천하 사람들을 짓밟아 죽였다고 말하였다.

---

89) 問如何是佛? 師曰 三脚驢子弄蹄行. 曰 莫祇這便是麽? 師曰 湖長老.(위와 같음)
90) 一卽一切, 一切卽一. 繁興大用, 擧步全眞, 卽立名眞, 非離眞而立 ; 立處卽眞, 者裏須會, 當處發生, 隨處解脫.(《古尊宿語錄》卷19)

불성태(佛性泰) 선사의 게송은 아래와 같다.

세 발 달린 당나귀 경쾌한 발걸음이여
걸음마다 발 아래 연꽃이 피어난다
우습다. 풀숲에서 찾는 이여
꽃 핀 나무에 봄 꾀꼬리 지저귄 줄 모르누나
  三脚驢子弄蹄行　步步蓮花襯足生
  堪笑草中尋覓者　不知芳樹囀春鶯
 (《頌古聯珠通集》卷39)

앞 두 구절에서 세 발 달린 당나귀는 특이한 동물이어서, 지나는 곳 걸음마다 연꽃이 피어난다고 읊고 있다. 그러나 만일 이를 잘못 이해하고 세 발 달린 당나귀를 실존의 대상으로 생각하여 실제 현상계에서 찾는다면 웃음거리가 될 것이다. 이것이 "우습다. 풀숲에서 찾는 이여"라는 구절의 뜻이다. "꽃 핀 나무에 봄 꾀꼬리 지저귄 줄 모르누나"는 구절의 '꽃 핀 나무'란 현란하여 볼 수 있는 것이지만, 꽃 핀 나무숲에 숨어있는 '봄 꾀꼬리'란 보이지 않는 존재이다. 그러나 귀를 즐겁게 해 주는 새소리는 끝없이 나무숲으로부터 들려온다. 이는 자성이란 형체와 색상이 없지만 많은 묘용이 있어 색계를 통하여 하나하나 드러남을 비유하였다. 도는 실로 사람에게 멀리 있지 않은데, 사람들은 이러한 이치를 모른 채 형상에 집착하지 않으면 갈피를 못 잡고서 그림자를 희롱한다.

 백운단(白雲端) 선사의 게송은 아래와 같다.

세 발 달린 당나귀 발굽 소리 요란하게 달리니
행인이여 눈여겨보기를 권하는 바이요
풀 속에서 그를 보면 반드시 목숨 잃는다
짓밟힘이 있으리라 가장 분명하다
  三脚驢子弄蹄行 奉勸行人著眼睛
  草裏見他須喪命 只緣踢踏最分明
  （白雲端 禪師）

앞의 두 구절은 참선인들이 양기의 '세 발 달린 당나귀' 공안에 주의하여 지혜의 눈으로 체득하기를 요구하는 말이다. 여기에서 말하는 '행인'이란 구도행각의 참선인을 말하며, '풀 속〔草裏〕'이란 낙초(落草)의 뜻이다. 만일 현상계 또는 실제에서 답을 찾아 세 발 달린 당나귀 공안을 탐구한다면, 그것은 곧 몸과 목숨을 잃게 될 것이다. 세 발 달린 당나귀에게 짓밟힌다는 것이란 분별의식이자 사량의의(思量擬議)에 집착함을 말한다. 이러한 뜻을 "풀 속에서 그를 보면 반드시 목숨 잃는다 / 짓밟힘이 있으리라 가장 분명하다"는 두 구절에 함축하고 있다.

전우유(典牛游) 선사의 게송은 위와는 다른 견해를 가지고 있다.

절름발이 세 발 당나귀 걸음 걸을 때
몸소 타보지 않으면 알 수 없을레라
금동 불상 실어도 꼼짝하지 않으니
죽비는 분명 냉엄한 철퇴보다 나으리
  蹇驢三脚弄蹄時 若不親騎也不知

紫磨金容駄不動　竹篦端勝冷鉗鎚
(위와 같음)

　세 발 달린 당나귀는 겉보기엔 절름발이 당나귀이지만 실제로는 성스런 경계〔聖境〕를 대표한다. 당나귀를 탄 사람이 아니라면 그 훌륭한 점을 알지 못하듯이 깨달은 자가 아니면 이를 체득할 수 없다. "금동 불상 실어도 꼼짝하지 않으니"라는 구절은 성인이라는 견해〔聖解〕를 일으켜 마치 금동 불상처럼 생각한다면 세 발 달린 당나귀는 그를 태워 꼼짝하지 않을 것임을 비유하였다. 이 세 발 달린 당나귀 공안은 백태(白苔)낀 흐린 눈을 깎아 없애주는 죽비(竹篦)로서, 식어버린 무쇠에 매서운 쇠망치〔鉗鎚〕 맛을 본 것보다 훨씬 낫다. 위의 게송들은 대체로 세 발 달린 당나귀 화두에 담긴 의의를 밝힌 것들이다.

황룡의 세 관문

 송대에 들어선 이후 선종의 여러 종파의 형세는 크게 달라져, 위앙종의 법맥은 거의 끊기었고 네 종파 가운데 임제종만이 가장 성행하였으나 조동종은 여전히 상당한 세력을 가지고 있었다. 임제종은 또 다시 황룡혜남과 양기방회 두 파로 나누어졌는데, 남송시대에 이르러서는 양기 일파가 매우 두드러졌다. 그러나 한 송이 꽃에 다섯 꽃잎이 성황을 이루던 시대와 비교해 보면 크게 미치지 못하였다. 송조가 멸망한 후 선종은 겨우 실오라기처럼 그 명맥을 유지하면서 교학과 점차 융합되기에 이르렀다.
 임제종은 송대에 이르러 큰 선사들이 사라져 인물과 불법을 모두 잃어버리게 되었다. 따라서 법맥이 전승되기는 했지만, 병폐가 날로 드러나 방망이나 '억(喝)' 소리는 점차 어지럽게 되었다. 또 조동종의 정편회호(正偏回互)와 군신오위(君臣五位)는 이해(理解)에 떨어지므로 이에 공안을 참구하고 화두를 보면서 좌선하는 풍조가 형성되었다. 황룡사심(黃龍死心) 선사는 이 점을 질책하였다.

  내(死心)가 들으니 선으로 인하여 병을 얻는 선승 납자들이 매우 많다고 한다.
  귀와 눈에 병이 있는 이는 눈썹을 치켜 뜨고 눈알을 부라리거나 귀를 기울이고 머리를 끄덕이는 것을 선이라 생각하고, 입과 혀에 병이 있는 이는 전도된 언어와 어지러운 억 소리를 선이라 생각하고, 손과 발에 병이 있는 이는 앞으로 나가고 뒤로 물러나며 동쪽을 가리키고 서쪽을 가리키는 것을 선이라 생각하고, 마음과 배에 병이 있는 이는 현묘한 것을 궁구하여 정식(情識)과 견해(見解)를 떠나는 것을 선이라 생각한다. 실제에 근거하여 논하면 병 아닌 것들이 없다.[91]

이 말은 임제의 방망이와 억 소리는 요란을 떠는 것이며, 위앙이 일원상(一圓相)을 그린 것은 손짓 발짓을 하는 데 지나지 않고, 조동종의 종지는 현묘한 굴 속에 떨어졌음을 질책한 것이다. 그것은 견성하지 못한 경지에서, 지난날 종사들이 접인하던 그 수단들을 후인들이 그대로 모방하여 웃음거리와 소란을 피웠기 때문이다. 황룡혜남은 이러한 배경 아래 크게 선풍을 세울 수 있었다. 그러므로 선문의 중흥인물이 되기에 조금도 모자람이 없었다.

혜남선사의 속성은 장(章)씨이며 신주(信州 : 현 江西上饒) 사람이다. 그는 본래 늑담징(泐潭澄) 선사에게 의탁하여 그와 분좌(分座)하여 학인을 제접하다가, 운봉열(雲峰悅) 선사의 영향으로 석상초원(石霜楚圓)의 문하로 다시 들어가 임제의 법계가 되었다. 혜남이 석상을 찾아갔을 때 석상은 당시 주지가 아니었다. 이에 형악(衡嶽)에 머물면서 복엄현(福嚴賢) 선사에게 귀의하여 그의 서기가 되었는데, 얼마 후 현선사가 죽자, 군수는 석상선사를 초청하여 주지로 삼았다. 《오

---

91) 心聞曰 衲子因禪致病者多, 有病在耳目者, 以瞠眉努目, 側耳點頭爲禪, 有病在口舌者, 以顚言倒語, 胡喝亂喝爲禪, 有病在手足者, 以進前退後, 指東劃西爲禪, 有病在心腹者, 以窮玄究妙, 超情離見爲禪, 據實而論, 無非是病.……(《禪門寶訓》卷下)

등회원》(권17)에는 두 사람의 인연을 다음과 같이 기록하고 있다.

 갑자기 현선사가 죽자, 군수는 자명(慈明 : 石霜)을 후임으로 삼았다. 그가 이르렀을 때, 여러 총림에서 사악한 견해를 가지고 서로 깎아내리는 것을 자주 목격하였다. 이에 황룡은 기가 막혔다. 마침내 석상의 방장실을 찾아가자, 석상이 말하였다.
 "서기가 무리를 거느리고 여러 총림을 행각했으니, 만일 의심이 있다면 앉아서 논의해 볼 만하다."
 황룡의 슬피 간청하는 마음이 더욱 절실하자, 석상이 말하였다.
 "그대는 운문선을 배웠으니, 반드시 그 종지를 잘 알고 있을 것이다. 일례를 들면 동산에게 세 차례 방망이를 친 것은 그가 방망이를 맞을 일을 하였을까? 그렇지 않을까?"
 황룡이 말하였다.
 "방망이를 맞을 일입니다."
 석상이 정색을 하면서 말하였다.
 "아침 나절부터 저녁까지 까치나 까마귀처럼 재잘대는 것도 모두 방망이를 맞아야겠구나."
 자명(석상)은 곧 단정히 앉아 황룡이 향을 피우고 절을 올리는 것을 받고서 다시 물었다.
 "조주스님이 말하기를 '내가 그대를 위해 대산 할멈을 감파하리라'고 하니, 그렇다면 어떤 것이 그가 할멈을 감파한 곳인가?"
 황룡은 진땀을 흘리며 대답하지 못하였다.
 그 이튿날 또 다시 찾아가자, 자명의 꾸짖음은 끝이 없었다. 황룡이 말하였다.
 "꾸짖는 것을 자비법시라 할 수 있습니까?"
 "너는 꾸짖을 줄이나 아는가?"
 황룡은 그 말에 크게 깨닫고 게송을 지었다.

걸출한 총림 조주시여
노파를 감파할 유래 있어라
오늘날 온누리 거울처럼 평온하니
행인은 길을 원수로 삼지 말라.

이 게송을 자명에게 올리자, 자명은 고개를 끄덕였다.[92]

황룡의 깨달음은 조주스님의 오대산 노파를 감파했던 공안에서 비롯되었다. 그의 '세 관문' 공안은 당시 사람들을 놀라게 하였으며 그에 대한 게송이 많다.

스님(황룡)은 방장실을 찾는 스님이 있으면 으레 물었다.
"사람마다 모두 태어난 인연이 있는데, 스님의 태어난 인연은 어디에 있는가?"
선기문답이 막 벌어질 때면 다시 손을 내밀면서 말하였다.
"내 손은 어찌하여 부처님 손 같은가?"
또 여러 총림의 큰스님들을 친견하여 무엇을 얻었는가를 물어오면 갑자기 다리를 드리워 보이면서 말하였다.
"내 발은 어찌하여 당나귀 다리 같은가?"
30여 년 동안 이 세 가지 질문을 하였는데 그 뜻을 깨달은 스님이 없었으며 어쩌다 대답한 스님이 있더라도 스님은 가타부타를 말하지 않았

---

92) 俄賢卒, 郡守以慈明補之(卽石霜). 旣至, 目其貶剝諸方, 屢屢數爲邪解, 師爲之氣索. 遂造其室, 明日 書記領徒遊方, 借使有疑, 可坐而商略. 師哀懇愈切, 明日 公學雲門禪, 必善其旨, 如云放洞山三頓棒, 是有喫棒分, 無喫棒分? 師曰 有喫棒分. 明色莊曰 從朝至暮, 鵲噪鴉鳴, 皆應喫棒. 明卽端坐, 受師炷香作禮. 明復問 趙州道 臺山婆子, 我爲汝堪破了也野. 且那裡是他堪破婆子處? 師汗出不能加答. 次日又詣, 明詬罵不已. 師曰 罵豈慈悲法施邪? 明曰 你作罵會那? 師於言下大悟, 作頌曰 傑出叢林是趙州, 老婆堪破有來由. 而今四海平如鏡, 行人莫與路爲讐. 呈慈明, 明頷之.

다. 총림에서는 그것을 바로 '황룡삼관(黃龍三關)'이라 하였다. 스님(황룡)이 스스로 게송(4수)을 읊었다.

    태어난 인연을 모두가 알지만
    해파린 언제 새우를 떠난 적이 있는가
    동녘에 떠오르는 태양을 볼 뿐
    누가 다시 조주의 차를 마실지

    나의 손, 부처님 손 함께 드니
    참선인은 곧바로 깨닫누나
    창과 방패 쓰지 않고 말하여
    그 자리[當處]에서 부처와 조사를 뛰어 넘는다
    (《林間錄》에서는 當處를 自然으로 썼음)

    나의 발, 당나귀 다리 함께 걸으니
    걸음걸음 무생(無生)을 밟누나
    구름 걷히고 해 비치는 걸 알아야
    비로소 이 도가 걸림 없음을 알리라

    (총괄한 게송)
    태어난 인연 끊어진 곳 당나귀 다리 뻗고
    당나귀 다리 뻗을 때 부처님 손 펼쳐진다
    온누리 학인에게 보답키 위해
    세 관문 하나하나 꿰뚫어 가다[93]

---

93) 師室中常問僧曰 人人盡有生緣, 上座生緣在何處? 正當問答交鋒, 却復伸手曰 我手何似佛手? 又問諸方參請宗師所得, 却復垂脚曰 我脚何似驢脚? 三十餘年, 示此三問學者, 莫有契旨, 脫有酬者, 師未嘗可否, 叢林目之爲黃龍三關. 師自頌曰 生緣有語人皆識, 水母何曾離得鰕, 但見日頭東畔上, 誰能更吃趙州

참선인의 송고시는 모두 앞사람의 공안을 게송으로 밝힘과 아울러 이로써 자기의 경지를 표현한 것이다. 그러나 황룡혜남은 스스로 자기의 공안을 게송으로 밝혔으며, 나아가 삼관을 하나하나 나누어 읊은 분송(分頌)과 이를 전체적으로 총괄한 게송, 곧 총송(總頌)이 있다. 이는 실로 여느 참선인과 또 다른 하나의 격을 갖춘 것이다. 만일 황룡삼관에 위의 게송 4수가 없었다면 아무런 자취도 찾아 볼 수 없었을 터인데, 이를 통해 그 뜻을 헤아려 볼 수 있게 된 것이다. 선종에서 말한 세 관문은 초관(初關), 중관(重關), 뇌관(牢關)이다. 총괄한 게송을 강령으로 삼아 각각의 분송(分頌)을 탐색, 연구하면 그 의의를 명백히 알 수 있다.

"태어난 인연(生緣)"은 첫 관문이다. 태어난 바(所生)와 인연이 된 바(所緣)는 곧 색계의 일이다. 그러나 색과 공이 한 가지이므로 색계를 통하여 공계를 알아야 하고 가유(假有), 즉 가상적 존재를 통하여 묘유(妙有), 참된 존재를 알아야 한다. 태어난 바와 인연 맺는 바의 '유'는 모든 사람이 다 알고 이해한 것이기에 "태어난 인연을 모두가 알지만"이라고 하였다. 가상적 존재를 통하여 '묘유'에 이르고, 자성(自性)은 일체를 포괄하기에 해파리는 본체를, 새우는 작용을 비유하여 둘은 서로 떨어질 수 없음을 말하였다. "동녘에 떠오르는 태양을 볼 뿐"이라는 것은 이미 자성묘체를 알았음을 비유한 것이다. 그것은 여전히 한쪽에 떨어진 것이나, 유는 묘유이며 세속적 일 가운

茶. 我手佛手兼擧, 禪人直下薦取. 不動干戈道出, 當處超佛超祖.(林間錄當處作自然)

我脚驢脚並行, 步步踏着無生. 會得雲收日現, 方知此道縱橫.

(總頌) 生緣斷處伸驢脚, 驢脚伸時佛手開. 爲報五湖參學者, 三關一一透將來.

데 참된 진리가 있음을 알면, 무지한 참선인처럼 벌로 내리는 조주의 차를 억울하게 마시지는 않을 것이다. 이 관문을 지나면 첫 관문을 통과한 것으로, 총송(總頌)에서 말한 "태어난 인연 끊어진 곳 당나귀 다리 뻗고"라는 것이다.

"나의 발, 당나귀 다리"는 둘째 관문, 중관(重關)이다. 이는 첫 관문에서 둘째 관문에 이르렀음을 비유한 것으로 '실유(實有)'에서 '진공(眞空)'에 이른 것을 말한다. 그것은 걸어서 이른 것으로 걸음걸음마다 "나지 않음〔無生〕"을 밟은 것이다. 마치 구름이 걷히고 해가 지는 것처럼 어떤 것에도 걸림이 없고, 상하 좌우가 모두 도에 이르는 기관(機關)이다. 이 때문에 총송에서 비로소 "당나귀 다리 뻗을 때 부처님 손 펼쳐진다"고 하였다.

"나의 손, 부처님 손"이란 셋째 관문, 뇌관(牢關)이다. 도를 이룬 뒤에 손을 뻗어 사람을 구하는 것을 비유하였기에, 나의 손을 뻗는 것은 부처님의 손을 뻗고 옷자락을 펄럭거리며 설법하고 중생을 위하여 자비의 배가 된 것과 같다. 이 때문에 비로소 "참선인은 곧 바로 깨달아" 기연(機緣)을 놓쳐서는 안 된다. 만일 헤아림과 생각을 가지지 않으면, 창과 방패를 쓰지 않는 것처럼 상처를 입지 않고 도와 하나가 되어 곧 부처나 조사와 다름이 없을 것이다.

조각총(照覺總) 선사의 게송은 황룡선사의 원래 뜻을 가장 잘 인식하고 있다.

부처님 손 펼치자 옛 거울 밝아
삼라만상 털끝만큼도 형체 숨길 수 없네
아침마다 태양은 동녘에서 떠 오르는데

숱한 행인들은 병정(丙丁)을 묻는다
  佛手纔開古鑑明　森羅無得隱纖形
  朝朝日日東邊出　多少行人問丙丁
（《頌古聯珠通集》卷38）

"부처님 손 펼치자 옛 거울 밝아"라는 것은 부처와 조사가 자비의 손을 펼쳐 중생을 제도할 때, 자성은 마치 옛 거울처럼 밝아 삼라만상을 비추어 털끝만한 형체도 숨길 수 없음을 말한다. 태양이 매일 동녘에서 솟는다는 것은 지극한 도가 색계에 의해 드러나는 것을 말하며, 그럼에도 불구하고 구도자들은 마치 길가는 행인들이 불이 어디 있는가를 묻는 것처럼 '도'가 어디 있는지를 묻곤 한다.

경복순(景福順) 선사의 게송은 보다 고상한 문장과 깊은 뜻을 가지고 있다.

양자강에 구름 흩날리고 물결은 도도한데
갑자기 광풍 불어 파도가 솟구친다
자신의 현묘한 뜻 알지 못하고
물결에 휩쓸려 풍파에 나부낀다
  長江雲散水滔滔　忽爾狂風浪便高
  不識自家玄妙意　偏於浪裏颭風濤
   （위와 같음）

위 전체 시는 황룡삼관의 총송에 대해 밝히고 있다. 그는 황룡의 세 관문 경지는 매우 명백하기에, 가리워진 장애를 없앤 뒤에야 나

의 자성이 양자강의 도도한 물결처럼 눈앞에 드러난다고 인식하였
다. 황룡삼관의 공안은 바람에 의해 일어난 물결에 지나지 않는다.
구도의 참선인은 어부의 참 뜻, 그 목적이 고기 잡이를 하는 데 있
음을 모르고 있다. 물고기는 물결 속 깊이 숨어 있다. 황룡의 공안은
이로써 도를 보여 주려는 것임에도 불구하고 굳이 풍랑 속 파도에
치우칠 뿐, 물고기의 존재를 잊어버린 것이다.

　황룡의 문하에서는 많은 고승들이 배출되었다. 황룡조심(黃龍祖心), 동림상총(東林常總), 보봉극문(寶峰克文), 운거원우(雲居元祐) 등 무려 30여 명이나 된다. 그들은 모두 한 지방의 방장스님이 되어 황룡선사의 법계를 빛냈다.

지문광조와 그의 공안 연꽃이 물 위에 나오다

 지문광조(智門光祚) 선사의 출가 이전의 행적은 자세하지 않다. 절강 사람이라는 사실만 알 수 있다. 그는 향림원(香林遠) 선사의 법사(法嗣)이며 운문종(雲門宗) 계열이다. 송대에 들어 운문종이 성행했지만 큰스님이 많이 배출되지 않아 임제종과 자리다툼을 하기에는 역부족이었다. 하지만 광조선사의 법계 아래 설두중현(雪竇重顯)이 배출되어 그 이름이 한 때를 떨쳤으며, 《설두사집(雪竇四集)》은 《사부총간(四部叢刊)》에 수록되어 운문종을 중흥시켰다. 광조는 호북수주(湖北隨州)의 지문사(智門寺)에서 설법한 것을 계기로 그 명성을 얻게 되었으며, 당시 법회는 매우 성대하였다. 그의 "연꽃이 물 위로 나오다"라는 공안은 지극히 현묘한 뜻을 가지고 있다.

　　어떤 스님이 물었다.
　　"연꽃이 물에서 나오지 않았을 때는 어떠합니까?"
　　스님이 답하였다.
　　"연꽃이다."
　　어떤 스님이 다시 물었다.
　　"물에서 나온 후에는 어떠합니까?"
　　"연잎이다."[94]

---

94) 僧問 蓮花未出水如何? 師曰 蓮花. 曰 出水後如何? 曰 荷葉.(《五燈會元》卷

연꽃이 물 위로 나오기 이전에 보이는 것은 연잎인데도 광조선사가 연꽃이라 대답한 데에는 매우 깊은 뜻이 있다. 그것은 물 밖으로 피어나지는 않았지만 연꽃의 성질은 이미 완전히 갖추고 있으며, 훗날 물 위로 피어나 연꽃이 보이는 것은 그 잠재적 성질의 발로에 지나지 않기 때문이다. 그것은 자성묘체의 작용이 일어나 전에 이미 일체 묘용이 존재하고 있다가, 나중에 본체로부터 작용이 일어나면 현상계의 일체는 모두 자성묘체의 작용임을 비유한 것이다.

연꽃이 물 밖에 나온 후에 보이는 것은 연꽃인데도 광조는 연잎으로 답하였다. 연잎은 근본이요 원형(圓形)이다. 선종에서는 항상 일원상(一圓相 : ○)으로써 자성묘체를 대변하는데, 이로써 연꽃이 곧 연잎을 근본으로 삼고 있음을 비유하였다. 다시 말하면 현상계의 일체 변화는 여전히 하나의 자성묘체에 의해 포괄됨을 말한다.

단하순(丹霞淳) 선사의 게송은 다음과 같다.

흰 연뿌리 싹트지 않아도 숨겨진 게 아니요
붉은 꽃 물 밖에 나와도 밝지 않다
구경하는 사람 소식 전할 필요 없으니
맑은 바람에 향기 절로 멀리 전해진다
  白藕未萌非隱的　紅花出水不當陽
  遊人莫用傳消息　自有淸風遞遠香
 (《頌古聯珠通集》卷37)

---

15)

"흰 연뿌리 싹트지 않아도 숨겨진 게 아니요"라는 것은 흰 연뿌리가 생겨나기 이전에도 결코 원래 있던 성질이 숨겨진 게 아니라는 말이다. 이 때문에 임천노인(林泉老人)의 착어(著語)에 이르기를, "숨겨져 있지만 더욱 빛난다〔隱而彌彰〕", "진여는 변함없기에 인연을 따름에 무슨 걸림이 있겠는가. 당체가 본래 공이라, 일을 이루는 데 무슨 방해가 되겠는가. 싹트지 않았을 때 원래 숨겨진 것이 아니다〔眞如不變 何礙隨緣 當體本空 何妨成事 未萌時元非隱的〕"(《虛堂集》卷下 참조)라고 하여, 이미 단하순 선사의 게송의 뜻을 밝혀 주었다.

"연꽃이 물 밖에 나오지 않았을 때 어떠한가"에 대한 물음에 '연꽃'으로 대답한 광조선사의 본뜻도 이와 같다. "붉은 꽃 물 밖에 나와도 밝지 않다"는 것은 연꽃이 물위에 나온 후에도 결코 일체 변화의 원인이 명백하게 드러나는 것은 아니라는 뜻이다. 이 때문에 임천노인의 착어에 이르기를, "뚜렷하지만 드러나지 않는다〔顯而不露〕", "물 위로 나와도 어찌 밝겠는가. 눈으로 보면 살필 수 없다〔出水處那肯當陽 緣觀不審〕"라고 하였다.

"구경하는 사람 소식 전할 필요 없으니"라는 말은 꽃놀이하는 사람들은 꽃이 핀 것을 보고서 부질없이 소식을 전할 필요가 없듯이, 참선인이 깨달은 후 이런 말 저런 말을 함부로 떠벌릴 게 없다는 뜻이다. 그것은 자성묘체란 결코 사람에게서 멀리 있는 것이 아니라, 항상 그 소식을 드러내 보여 주고 있기 때문이다.

"맑은 바람결에 향기가 절로 멀리 전해진다"는 구절은 맑은 바람이 불어서 보이지 않은 가운데 연꽃 향기가 멀리멀리 전해지기 때문이다. 깨달음은 원래 본인에게 있는 것이다. 그렇지 않으면 "화려한 배 위에서 연캐는 노래를 불러도 / 난초 노 가르는 새 물결이 차갑다

〔畵船雖唱採蓮歌 蘭棹撥殘新水泠〕"는 말처럼 괜스레 헛심만 켜서 '그 일(깨달음)'에는 아무런 도움도 되지 않는다.

자수심(慈受深) 선사의 게송은 보다 뜻이 깊고 시구가 오묘하다.

안개는 난간 밖 올망졸망 얽힌 풀숲에 얽히고
바람은 연못 위 송이송이 향기로운 꽃봉우리 뒤흔든다
고맙게도 비단 씻는 여인들 꺾질 않아서
빗속에 원앙 덮어 줄 연잎 남아 있어라
  烟籠檻外差差綠 風撼池中柄柄香
  多謝浣沙人不折 雨中留得蓋鴛鴦
 (《頌古聯珠通集》卷37)

연잎은 가느다란 연기 낀 아래 난간 밖 연못에 겹겹이 푸르고, 송이송이 연꽃은 맑은 바람에 흔들려 가지가지 맑은 향기를 내뿜는다. 이는 작용이 본체로부터 발생하고 본체는 작용을 통해 드러나, 도의 존재를 눈으로 확인할 수 있음을 비유한 것이다. "다사완사인불절(多謝浣沙人不折)"의 모래 사(沙) 자는 비단 사(紗) 자를 잘못 쓴 글자이다. "비단 씻는 여인〔浣紗人〕"이 이처럼 아름다운 풍경 속에서 연꽃과 연잎을 꺾지 않은 데 대해 고마움을 표한 것이다. 이는 지문광조 선사의 대답을 찬미하고 있는 것이다. 또한 진심으로 직절한 말을 하지 못했더라면 "말길이 끊어지고, 마음 쓸 곳이 없는〔言語道斷 心行處滅〕"데 범하지 않을 경우, 이에 저촉되는 경계에 몰입하게 되었을 것이다. 때문에 묻는 곳에서 능란하게 대답하고 우회적으로 선지(禪旨)를 말하여 어긋나지도 않고 저촉하지도 않았음을 찬미한 것이다.

"빗속에 원앙 덮어 줄 연잎 남아 있어라"라는 것은 안개비 내리는 호수에 연잎을 남겨 두어 원앙새가 장마비를 맞지 않도록 덮어 주었다는 말이다. "원앙새가 홀로 잠들지 않는다"는 것은 도가 현상과 분리될 수 없음을 비유한 것으로, 자성묘체가 '유'와 '공'으로 나눠지지만 그것은 짝지은 원앙새를 떼어 놓을 수가 없는 것처럼 분리될 수 없다는 말이다. 광조선사의 "연꽃이 물 위에 나오지 않았다"는 공안은 결코 '공'과 '유'를 말하지도 않았고, '공'과 '유'를 나누지도 않았다. '공'과 '유'는 하나로서 연잎의 덮개처럼 완전하여 원융무결하고, '공'과 '유'를 모두 포괄하여 한 쌍의 '원앙'을 덮어 주었다.

불감근(佛鑑懃) 선사의 게송은 위의 게송과 시어는 다르지만 그 뜻은 한 가지이다.

꽃봉오리 차갑게 물 속의 달을 꿰뚫고
푸른 연잎 가볍게 수면 바람에 흔들린다
그대는 보라, 나오든 안 나오든
모두 하나의 연못에 있을 뿐이다
  香苞冷透波心月　綠葉輕搖水面風
  出未出時君看取　都盧只在一池中
  (위와 같음)

"꽃봉오리 차갑게 물 속의 달을 꿰뚫고"라는 것은 향기를 머금은 연꽃송이가 밝은 달빛 아래 찬 물결을 꿰뚫고 나온다는 말이다. 이는 광조선사의 공안을 노래한 것이다. 연꽃이 물 밖에 나와도 여전히 연꽃이라는 것은 한 층 더 깊은 뜻을 담고 있다. 연꽃 송이가 '물

속의 달'을 꿰뚫고 나온다 함은 색계의 모든 것이 모두 자성묘체에 근원하고 있음을 말한다. "푸른 연잎 가볍게 수면 바람에 흔들린다"는 것은 연잎이 여기저기 수면의 바람에 흔들리는 것을 말한 것으로 연꽃이 물 위로 나온 후의 모습이다. 이는 색계의 실제 정황을 비유한 것이다. "그대는 보라, 나오든 안 나오든"이라는 것은 연꽃이 물 위로 나왔는가 안 나왔는가를 주의하여 관찰해야 한다는 것으로, 그 뜻은 공안을 참구하는 참선인이란 이 공안에 유의해야 함을 환기시킨 것이다. "모두 하나의 연못에 있을 뿐이다"는 것은 연꽃이 물 위에 나왔거나 나오지 않았거나 또는 연꽃이든 연잎이든 관계 없이, 총괄하여 말하면 결국은 모두 하나의 연못 속에 있다는 말이다. 이를 자성묘체에 비유하면 색계와 공계, 범속과 성경(聖境)을 막론하고 모두 여기에 포함된다. 불감근 선사의 게송은 참으로 시어와 의미가 모두 아름답다.

불등순(佛燈珣) 선사의 게송은 깨달음의 중요성을 밝히고 있다.

진흙과 물 구분 없는데 붉은 연꽃송이
비갠 뒤 푸른 물결 뚫고 향기 먼저 내뿜는다
아무리 생각해도 알기 어렵다
한번 뿌리로 돌아가야 곧 타당하리라
 泥水未分紅菡萏 雨餘先透碧波香
 千般意路終難會 一著歸根便厮當
 (위와 같음)

"진흙과 물 구분 없는데 붉은 연꽃송이"라는 말은 연꽃이 물 위로 나오기 이전에 진흙과 물이 나눠지지 않았을 때, 붉은 연꽃송이, 즉 연꽃의 성질이 이미 정해졌음을 가리킨다. 자성묘체는 본래 원만하게 이루어져 있음을 비유한 것이다. "비갠 뒤 푸른 물결 뚫고 향기 먼저 내뿜는다"는 것은 빗물의 재촉으로 바야흐로 연꽃이 물결을 뚫고 피어나 맑은 향기가 멀리 퍼진다는 것으로, 작용이 발생한 후 묘유의 일체가 뚜렷이 드러남을 비유하였다. 이 두 구절은 여전히 광조선사의 공안에 떨어져 있다. "한 마디 합당한 말은 천 년 동안 나귀 매는 말뚝이다." 도를 깨닫는 것은 결코 언어나 생각에 있는 것이 아니므로 그 근본의 뜻은 이 공안에 있지 않다. 때문에 "아무리 생각해도 알기 어렵다"고 하였다. 진정 깨달음을 얻었을 때 그것이 비로소 근본이다. 이 때문에 "한번 뿌리로 돌아가야 곧 타당하다"고 하였다.

장무진(張無盡)의 게송 또한 그 뜻이 매우 아름답다.

연꽃과 연잎이 연못 속에 함께 어울려
해마다 푸른 연잎 사이에 연꽃이 붉다
잔잔한 봄 물결 바닥까지 맑은데
오경의 새벽바람에 지저귀는 새소리
　　蓮花荷葉共池中　花葉年年綠間紅
　　春水漣漪淸澈底　一聲啼鳥五更風
　　(위와 같음)

"연꽃과 연잎이 연못 속에 함께 어울려"라는 구절은 광조선사가 이 공안으로써 연꽃이나 연잎을 막론하고 결국은 모두가 연못 가운데 있음을 송하였다는 말이다. 즉 자성묘체에서 벗어날 수 없음을 말한다. "해마다 푸른 연잎 사이에 연꽃이 붉다"는 것은 해마다 변함 없이 언제나 푸른 잎과 붉은 꽃이 서로 어우러지는 것처럼 자성묘체는 공과 유에 의해 나타나고 존재함을 말한다. 따라서 쉽게 볼 수 있고 쉽게 알 수 있기에 "잔잔한 봄 물결 바닥까지 맑은데"라고 표현했다. 그러나 자성묘체는 또한 알기 어렵고 헤아리기 어려운 것이어서, 곧 "오경의 새벽바람에 지저귀는 새소리"처럼 파악할 수 없다.

이상의 게송들은 선리(禪理)를 담고 있으면서도 품격을 갖추고 있어, 조잡하거나 세련되지 못한 병폐는 찾아볼 수 없으며, 따라서 시인들의 명작에 비하여 조금도 손색이 없다.

낙포와 양산의 조사의 뜻과 교학의 뜻

"경전 밖에 따로 전하며 문자를 세우지 않고 바로 마음을 가리켜 본성을 보고 부처를 이룬다〔敎外別傳 不立文字 直指人心 見性成佛〕"는 이 몇 마디는 선종의 특성을 잘 말해 주고 있다. 이 말들은 선종이 "교외별전(敎外別傳)" 즉 불교의 종파 안에 있지 않고 그 외의 '별전(別傳)'임을 인정한 것이다. 그러나 선종과 불교의 관계는 어떠하며, 선종과 불교의 교의는 같은가 다른가라는 문제는 후일 참선인들의 연구대상으로 대두되었다. 여기에서는 특별히 낙포현안(洛浦玄安)과 양산연관(梁山緣觀)의 토론을 통해 나타난 그 동이점(同異點)을 서술하고자 한다. 그것은 참선인 그들 자신의 의견이므로 가장 진실하기 때문이다.

낙포현안 선사의 속성은 담(淡)씨이며 봉상인유(鳳翔麟遊 : 현 陝西 鳳翔縣) 사람이다. 처음 우율(祐律)스님의 문하에서 계를 받았고 뒤에 임제를 참방, 그 시자가 되었다. 임제의현은 그를 칭찬하여 "임제 문하 하나의 화살을 누가 감히 당할 수 있겠는가〔臨濟門下一隻箭 誰敢當鋒〕"라고 하였다. 그러나 낙포는 오히려 협산선회의 문하에서 깨달음을 얻고 호남 예주(澧州)의 낙포산(洛浦山)에서 설법한 까닭에 낙포현안(洛浦玄安), 또는 낙보(樂普)라 하였다. 그의 "조사의 뜻과 교학의 뜻〔祖意敎意〕"에 대한 공안의 내용은 다음과 같다.

어떤 스님이 낙포에게 물었다.
"조사의 뜻과 교학의 뜻은 같습니까? 다릅니까?"
낙포가 답하였다.
"해와 달이 돌아가면서 빛나지만 누가 다른 길이 있다고 말하던가?"
"그렇다면 어두움과 밝음이 다르지만 시비는 한 가지입니까?"
"스스로 양을 잃지 않으면 두 갈래 길에서 울어야 할 까닭이 있겠는가."[95]

낙포는 교학과 선종은 해와 달처럼 번갈아 운행하면서 온누리를 밝히는 것과 같아서 도에 들어가는 길이 따로 없다고 생각하였다. 이 때문에 "해와 달이 돌아가면서 빛나지만 누가 다른 길이 있다고 말하던가?"라고 답하였다. 어떤 스님이 "그렇다면 어두움과 밝음이 다르지만 시비는 한 가지입니까?"라고 물은 뜻은 두 종파가 하나는 밝음으로써, 또 다른 하나는 드러나지 않은 것이기에 도에 들어가는 길은 다르지만 시비는 한 가지이다. 때문에 도는 둘이 없고 오직 하나의 이치로 돌아간다는 말이다. 낙포의 "스스로 양을 잃지 않으면 두 갈래 길에서 울어야 할 까닭이 있겠는가"라는 대답에서 말한 "두 갈래 길에서 양을 잃어버렸다"는 고사는 《열자(列子)》〈설부편(說符篇)〉에 나온다.

양자의 이웃집 사람이 양을 잃고 그 무리를 이끌고 찾으러 가면서 다시 양자의 하인들에게도 함께 찾아주기를 청하자 양자가 말하였다.
"한 마리 양을 찾는데 왠 사람들이 이리 많은가?"
"갈래길이 많아서 그렇습니다."

---

95) 僧問洛浦 祖意教意是同是別? 浦云 日月並輪輝, 誰言別有路; 僧云 恁麼則顯晦殊途, 是非一揆. 浦云 但自不亡羊, 何須泣歧路.(《五燈會元》卷6)

그들이 돌아왔을 때, 양자가 양을 찾았는지를 물었다.
"못 찾았습니다."
"왜 못 찾았는가?"
"갈래길 가운데 또 갈래길이 있었기 때문입니다."

자기집의 양을 잃지 않았다면 갈래길이 많은지 적은지를 물을 필요가 없다. 만일 깨달음을 얻었다면 교학과 선종의 분별을 물을 필요가 어디에 있겠는가. 낙포의 뜻을 자세히 살펴보면 그는 교학과 선종은 목적이 서로 같고 지위도 대등하다고 여겼다.

이에 대해 단하순 선사는 다음과 같이 게송을 읊었다.

달은 솔 그림자 높고 낮은 가지 까불어대고
해는 연못 속 위 아래 하늘을 비춘다
빛나고 빛난 뜨거운 하늘 정오가 아니고
둥글고 둥근 가을 밤 둥근 달을 모를레라
  月篩松影高低樹　日照池心上下天
  赫赫炎空非卓午　團團秋夜不知圓
 (《頌古聯珠通集》卷27)

"달은 솔 그림자 높고 낮은 가지 까불어대고 / 해는 연못 속 위 아래 하늘을 비춘다"는 것은 낙포의 "조사의 뜻과 교학의 뜻"에 대한 공안을 노래한 것이다. 달빛이 쏟아져 소나무의 높낮이에 따라 각기 다른 그림자가 생기고, 햇빛이 연못에 비치자 하늘 위에 하나의 하늘이 있고 연못 속에 또 다른 하나의 하늘이 있다. 여기서 달 그림자를 만들어 내는 나무와 햇빛과 하늘 그림자를 비추는 '연못'은 모두 선종과 교학을 의미한다. 이 때문에 임천노인은 "달이 소나무 그림자를 체질하여 두루 높낮이에 응하니, 뜻은 말에 있지 않고, 말은 뜻을 가지고 있지 않다. 해가 연못에 비추니, 똑같이 위 아래로 나뉘고, 물결은 물을 떠나지 않고, 물이 곧 물결이다〔月篩松影 普應高低 意不在言 言非有意 日照池心 權分上下 波不離水 水卽是波〕"(《虛堂集》卷上)라고 말했다. 이는 조사와 교학이 그 방법이 다르지만 목표는 한 가지라는 뜻이다.

"빛나고 빛난 뜨거운 하늘 정오가 아니고"라는 말은 빛나고 빛난 뜨거운 햇살은 정오가 아닐지라도 언제나 그와 같다는 뜻이다. 햇빛은 뜨겁지 않은 때가 없다는 것으로써 교학의 이입(理入)과 행입(行入)이 분명하게 사람들을 가르쳐 주지만, 또한 사람으로 하여금 쉽게 이해하지 못하게 만들었다는 점을 비유하였다. "둥글고 둥근 가을 밤 둥근 달을 모를레라"는 것은 만일 가을 밤 보름 달을 보지 않았다면 일그러짐이 없는 둥근 달을 알 수 없을 것이라는 의미이다. 곧 선종에서 우회적으로 비유하고 여러 방편으로 이끌어 주는 데에도 깨달음을 얻을 수 없다면, 그 또한 한가위 둥근 달이 있어도 원만한 달을 모르는 것과 같음을 비유한 것이다.

양산연관(梁山緣觀)의 출가 이전의 경력은 자세하지 않다. 송대 조동종의 동안관지(同安觀志)의 제자이다. 양산에서 설법한 까닭에 그와 같이 이름 부르게 되었다. 그의 "조사의 뜻과 교학의 뜻〔祖意敎意〕"에 대한 공안의 내용은 다음과 같다.

어떤 스님이 양산에게 물었다.
"조사의 뜻과 교학의 뜻은 같습니까 다릅니까?"

양산이 대답하였다.
"햇살이 동녘에서 오르니 사람들 모두 귀하고, 달이 서쪽으로 기우니 부처와 조사 혼미하여라."[96]

"햇살이 동녘에 오르니 사람들 모두 귀하다"라는 말은 불교의 경전에서 성불하는 길을 지적하여, 사람마다 모두 그 진귀함을 알고 있음을 비유한 것이다. "달이 서쪽으로 기우니 부처와 조사 혼미하여라"라는 말은 선종이 언구를 귀중하게 여기지 않기 때문에 이러한 말과 문구가 없을 때에는 부처와 조사라 할지라도 혼미하다는 것을 비유하고 있다. 임천노인은 이에 대해 다음과 같이 해석하였다.

양산스님의 "해와 달이 동녘에서 솟고 서쪽으로 진다"는 대답을 사람들이 모두 귀하게 여기지만 순간의 빛과 그림자일 뿐이다. 부처와 조사가 혼미하다는 것은 지극한 이치를 말한 것이다.[97]

그는 해를 윗 구절에 넣어 해석하고, 달이 서쪽으로 잠긴다는 것으로써 부처와 조사가 혼미하다는 것을 둘로 나누었다. 이에 전체 공안 중의 조사와 불교의 의의가 같은 것일까?라는 문제가 발붙일 곳이 없게 되었다. 이 때문에 아래의 단하순(丹霞淳) 선사의 게송만큼 양산의 뜻을 얻지는 못하였다.

영산법회에 말이 많으나

---

96) 僧問梁山, 祖意敎意, 是同是別? 山云 金烏東上人皆貴, 玉兎西沈佛祖迷. (《頌古聯珠通集》卷36)
97) 故梁山答以金烏玉兎, 東上西沈, 人雖皆貴, 暫時光影爾, 佛祖迷者, 理極之謂歟!(《虛堂集》卷下)

소실봉 앞에서는 말 한 마디도 못하네
상서로운 풀은 달빛 가득 머금고
차가운 소나무 무성하게 하늘 높이 솟았네
  靈山會上言雖普　少室峰前句未形
  瑞草蒙茸含月色　寒松蓊鬱出雲霄
 (《頌古聯珠通集》卷下)

"영산법회에 말이 많으나"라는 것은 부처님이 영산법회에서 비처럼 구름처럼 설법함으로써 불경이 이뤄져 온누리에 두루 유행하게 되었다는 의미이다. 이것이 불교의 특색이다. 그러나 선종은 달마에 의해 개종(開宗)되었는데, 달마는 숭산 소림사에서 9년간 면벽하였을 뿐 결코 많은 경전 가르침과 말씀으로 학인을 깨우친 바 없이 곧바로 마음을 가리키는 것을 귀중시하였다. 이 때문에 "소실봉 앞에서는 말 한 마디도 못하네"라고 하여, 선종의 불립문자(不立文字)의 특성을 노래하였다. 바로 불교와 선종에는 구별이 있다고 생각한 것이 단하순 선사의 인식이다. "상서로운 풀은 달빛 가득 머금고"라는 것은 불교의 일체 경전이 사람들에게 성불할 수 있는 길을 가르쳐 주고 있다는 말이다. 이는 상서로움을 상징하는 풀이 무성하게 돋아나 달빛에 비춰 사람마다 사랑하는 마음을 일으키게 하는 것과 같다. 그러나 선종에서는 범부와 성인을 구분하지 않은 까닭에 성인과 부처가 되는 도리로써 사람들을 끌어들이지 않는다. 따라서 "한 조각 흰구름이 골짜기를 가로질러 얼마나 많은 새들이 둥지를 잘못 찾아 들었던가"라는 병폐가 없어졌다. 이 때문에 차가운 소나무가 온갖 시련을 겪어 울창하게 하늘 높이 솟구쳐 있는 것과 같다. 단하순 선사는 선종의 성취는 불교보다 우위에 있다고 생각한 것이다.

임천노인은 조사의 뜻과 불교의 뜻이 같은지 다른지에 대하여 다음과 같이 논하였다.

> 교학의 뜻을 이해하면 그것이 곧 조사의 뜻이다. 실제로 조사와 교학의 뜻에는 본래 두 길이 없다. 정에 사로잡히면 곳곳에 걸려 막히게 되고 이치에 계합되면 묘용(妙用)이 걸림이 없다. 옛적에 병산(屛山)이 "달마의 별전설(別傳說)"에 대해 찬하기를 "어찌 우리 불교 밖에 다시 전할 것이 있겠는가. 특별히 이름과 형상에 얽매이지 않게 할 뿐이다. 참으로 전한 것은 부처의 가르침이지, 따로이 전한 것이 아니다. 여래께서 마지막으로 연꽃을 들어 대중들에게 보여 주고 다시 공(空)과 불공(不空)의 참된 진리와 유(有)와 불유(不有)의 오묘한 말로써 일체 중생으로 하여금 망상과 집착을 떠나 최고의 진리를 깨닫게 하였다. 만일 선종과 교학을 하나로 하고 진리에 관한 말이 막힘이 없어, 치우친 견해를 가진 사람으로 하여금 통달한 사람의 이론과 하나가 되어 강과 하천을 뚫어 모두 큰 바다로 돌아가고 울타리를 걷어 한 집안이 될 수 있다면, 어찌 오늘날의 모순이 있을 수 있겠는가.[98]

이와 같이 불교와 선종의 융합을 말한 것은 이론상으로 말하면 지극히 통달한 것 같으나 선종의 성취와 발전으로 말하면, 선종의 사상과 주장에 부합되지 않는다. 낙포는 교학으로부터 선종으로 들어

---

98) 若會教意, 卽是祖意, 其實祖意教意, 本無二歧, 情封則觸途成滯, 理契則妙用縱橫. 昔屛山贊達磨敎別傳之說云 豈吾佛敎外, 復有所傳乎? 特不泥於名相耳. 眞傳者敎者也, 非別傳也. 如來末後拈花示衆, 復以空不空之眞宗, 有不有之妙說, 令一切衆生, 離妄想執着, 而證無上正等菩提, 若能禪敎融通, 宗說無滯, 使僻見之流. 合達人之論, 抉江河同歸大海, 撤藩籬通爲一家, 何有今日之矛盾者也.(《虛堂集》卷下)

갔기에 '교학'과 '선종'을 혼융시킨 경향이 있으나, 연관과 단하순 선사는 근본적으로 이러한 경향이 없었다. 그 후 선종과 교학은 마침내 서서히 하나가 되어 선(禪)과 교(敎)는 큰 구별이 없어졌으며, 선종의 특성 또한 따라서 소실되었고 찬란한 광채 역시 서서히 사라지게 되었다.

부록 1

당송시에 나타난 선취

당송시에 나타난 선취의 형성

당송시는 중국시에 있어서 백미이다. 당송시에 선취가 담겨 있다는 사실은 모든 사람들이 익히 알고 자주 말해 오고 있다. 하지만, 선취의 형성에 대해서는 대부분 모호한 말들이며 또한 합리적인 해석을 내리지 못하고 있다. 예컨대 명 호응린(胡應麟)의 왕유(王維) 시에 대한 논평은 다음과 같다.

이태백의 5언 절구는 하늘 신선의 말이며, 왕우승(王維)은 선종에 몰입하였다. 예를 들면 "사람이 한가하니 계수나무 꽃 떨어지고 / 밤이 고요하니 봄 산이 비었어라 / 달이 솟으니 산새 놀라 / 때로 봄 시내에 울음 운다"(〈鳥鳴澗〉)라는 시구와 "나무 끝엔 부용화 피고 / 산중엔 붉은 가지 꽃피었네 / 시냇가 집, 고요하여 사람 없는데 / 어지러히 꽃피었다 떨어진다"(〈辛夷塢〉)라는 시를 읊노라면, 일신과 세상을 모두 잊고 온갖 생각들이 모두 고요하다. 성율(聲律, 詩)에 이처럼 오묘함이 있을 줄은 미처 생각지 못하였다.[1]

---

1) 太白五言絶, 自是天仙口語, 右丞却入禪宗. 如人閒桂花落, 夜靜春山空. 月出驚山鳥, 時鳴春澗中. 木末笑蓉花, 山中發紅萼. 澗戶寂無人, 紛紛開且落. 讀之

"왕우승이 선종에 몰입하였다"는 표현은 명확하지 못하다. 이는 그가 선종의 영향을 받았음을 말해 주고 있을 뿐이다. 왕유의 생애를 살펴보면 그의 모친은 대조(大照)선사를 스승으로 삼은 바 있다. 대조선사의 시호는 보적(普寂)이다. 북종 신수(神秀)의 문하지만 그는 남종에 귀의하여 육조혜능 선사의 비명을 지은 바 있다. 호응린이 말한 것은 곧 이를 가리킨 것이다. 위에서 인용한 두수의 시 〈조명간(鳥鳴澗)〉·〈신이오(辛夷塢)〉에는 선취(禪趣)와 선의(禪意)가 풍부한 것 또한 부인 못할 사실이다. 그러나 호씨가 말한 "이 시를 읊노라면 일신과 세상을 모두 잊고 온갖 생각들이 모두 고요하다. 성율(聲律, 詩)에 이처럼 오묘함이 있을 줄은 미처 생각지 못하였다"는 말은 이 두 수의 시를 불경과 대등한 위치에서 평가한 것이다. 그러나 이 또한 주관적 판단을 서술하고 있을 뿐 객관적인 해설을 가하지 못했으며, 시에 나타난 선취의 문제에 대해서도 밝힌 바 없다. 심덕잠(沈德潛)에 이르러 시에 이취(理趣)와 선리(禪理)의 부분이 있다는 점을 지적하였다. 심덕잠은 그의 《설시수어(說詩晬語)》에서 다음과 같이 말한 바 있다.

두보 시의 "강산은 그 누구를 기다린 듯 / 꽃과 버드나무는 스스로 사욕이 없다 / 물 깊으니 고기 떼가 즐겁고 / 숲이 짙으니 새들은 돌아갈 곳을 안다 / 물이 흐름에 마음 다투지 않고 / 구름 있음에 뜻이 모두 더디어라"는 구절은 모두 이취(理趣)에 들어간 것이다. 소강절(邵康節 : 邵雍)의 시 중에 "하나의 양(陽)이 처음 동한 곳 / 만물이 발생하지 않은 때이다"라는 구절은 이어(理語)로써 시를 이루고 있다. 왕우승의 시

身世兩忘, 萬念皆寂, 不謂聲律之中, 有此妙詮.(《詩藪 內編 下》絶句)

는 선어(禪語)를 쓰지 않으면서도 때로 선리(禪理)를 얻은 바 있다. 소동파의 "두 손으로 병 속의 참새를 가리고자 하고 / 네 가닥은 우물 속의 뱀을 매우 두려워한다"라는 시는 말 밖에 또 다른 뜻이 있는 것일까?[2]

심덕잠은 시에 나타난 이취와 선취 부분을 인정하여, 그가 예시한 두보시는 이취(理趣)를 이룬 예증이며 왕유시에 대해서는 선리(禪理)가 담겨 있다고 논평한 반면, 소옹의 시에 대해서는 이어(理語)로, 동파의 시는 선어(禪語)라 지칭하였다. 이는 이취와 선취가 이어(理語)와 선어(禪語)의 시보다 고차원이라는 점을 뚜렷이 인식한 것이지만, 자세히 논변하여 보면 그가 예시한 동파의 시에도 선리가 담겨 있기에 단순히 선어만을 사용하는 데 그치지 않는다. 그러나 소옹과 소동파의 시는 이취를 담아 시를 이루지 못한 까닭에 심덕잠에 의해 비난 받은 것이다. 예를 들면 소동파의 〈화자유민지회구(和子由澠池懷舊)〉1수는 선리(禪理)를 담고 있으면서도 시의 격조를 이루고 있다.

인생길 이르는 곳마다 그 무얼까
기러기 진펄을 밟는 것 같다
진흙 위에 우연히 발자국 남기고
기러기 날아 다시 어디로 갈까 생각하네
노승은 이미 열반하여 새 부도탑 세워졌고

---

2) 杜詩 江山如有待, 花柳自無私. 水深魚極樂, 林茂鳥知歸. 水流心不競, 雲在意俱遲. 俱入理趣 ; 邵子則云 一陽初動處, 萬物未生時. 以理語成詩矣 ; 王右丞詩, 弗用禪語, 時得禪理, 東坡則云 兩手欲遮瓶裏雀, 四條深怕井中蛇. 言外有餘味耶?

무너진 담벼락 옛날 써 놓은 시 찾아볼 수 없다
지난 날 기구하던 운명 또한 기억하는가
길 멀고 사람은 피곤한데 절름거리는 당나귀가 울음 운다
   人生到處知何似 應似飛鴻踏雪泥
   泥上偶然留指爪 鴻飛那復計東西
   老僧已死成新塔 壞壁無由見舊題
   往日崎嶇還記否 路長人困蹇驢嘶

사신행(査愼行)의 《소시보주(蘇詩補注)》에 근거하여 살펴보면, "기러기가 발자국을 남겼다"는 고사는 《전등록》에 기재된 천의회의(天衣懷義) 선사의 화두를 인용한 것이다.

 기러기가 허공을 날으니 그림자는 차가운 물에 떨어진다. 기러기는 발자국을 남기려는 마음이 없고 물은 그림자를 붙잡으려는 마음이 없다. 이와 같아야 바야흐로 이류(異類)의 행을 이해할 수 있다.[3]

사신행은 소동파시의 앞 부분 네 구절이 천의 회의선사의 화두를 인용하였음을 은연중에 지적하였다. 그러나 차이점을 찾는다면 천의선사의 화두에 담겨 있는 뜻은 "향상일로(向上一路)"의 선리이며 동파가 말한 뜻은 인생의 만남과 이별이 무상하다는 점이다. 하지만 동파는 선리(禪理)의 뜻으로 시를 쓰면서도 이어(理語)를 전혀 사용하지 않고 있다. 당송시에 있어서 사리(事理)와 선리(禪理)를 담고 있는 시는 매우 많다. 이는 쉽게 찾아볼 수 있기에 여기에서는 군더

---

3) 雁過長空, 影沈寒水. 雁無留跡之意, 水無留影之心. 若能如是, 方解異類中行.

더기의 말을 덧붙이지 않고자 한다. 서이암(徐而庵 : 徐增)의 시화(詩話)에 이르러 시의 선취 문제가 언급되어 있다.

    당나라 시인의 "갈가마귀 단풍잎 뒤적이니 석양빛 일렁이고 / 회오리 갈대꽃에 서 있으니 가을 물 맑다"라는 1연(聯)의 시구는 사람들이 모두 아름다운 시구임은 알고 있지만, 왜 그처럼 아름다운가에 대한 그 이유는 모르고 있다. 내가 생각하기에는, 이는 곧 왕마힐(왕유)의 '동쪽 집에서 흐르는 물 서쪽 이웃으로 들어간다'는 뜻이다. 갈가마귀가 단풍잎을 흔들매 움직이는 것은 도리어 석양빛이며, 흰 회오리가 갈대꽃에 서 있는데 밝은 것은 도리어 가을 물이다. 이는 선가(禪家) 삼매경(三昧境)의 오묘함을 얻은 것이다.[4]

    서증(徐增)은 "갈가마귀 단풍잎 뒤적이니 석양빛 일렁이고 / 회오리 갈대꽃에 서 있으니 가을 물 맑다 [鴉翻楓葉夕陽動 鷺立蘆花秋水明]"라는 두 구절은 눈앞에 보이는 경물(景物)을 묘사한 서경시인데, 형이상의 선리(禪理)를 담고 있다고 인식하였기에 "선가 삼매경의 오묘함"을 얻었다고 인정한 것이다. 그러나 어떻게 "선가 삼매경의 오묘함"을 얻었는가에 대한 설명은 찾아볼 수 없다. 이는 호응린이 왕유시를 평한 것과 매한가지이다. 그것은 전인들의 의식 속에 선취시(禪趣詩)란 말할 수 없는 것이라는 인식이 존재함을 의미한다.
    황자운(黃子雲)의 〈야홍시(野鴻詩)〉에 의하면 다음과 같다.

---

4) 唐人有鴉翻楓葉夕陽動, 鷺立蘆花秋水明一聯, 人但知其佳, 而不知其所以佳. 余曰 此卽王摩詰 東家流水入西隣意, 夫鴉翻楓葉, 而動者却是夕陽, 鷺立蘆花, 而明者却是秋水, 妙得禪家三昧.

시에는 선리가 있는데 이는 말할 수 없다. 그 의미는 학자 스스로가 깨쳐야 할 것이다. 한번 필설(筆舌)을 거치면 촉(觸) 아니면 곧 배(背)이다. 시(詩)에 주를 붙일 수는 있으나 해석할 수 없는 것은 이 때문이다.[5]

선(禪)에서 깨달음의 최고 경지는 "한번 필설(筆舌)을 거치면 촉(觸) 아니면 곧 배(背)"라는 금기를 가지고 있다. 그러나 선리 또한 말로 표현하지 못할 것도 아니다. 선종의 전등사(傳燈史)와 조사의 어록에 기재된 절대 부분에서 선리를 해석하여 이를 말한 부분을 찾아볼 수 있다.

이 때문에 선리시(禪理詩)는 깨달음을 필요로 하지만 또한 해설할 수 있는 부분도 있다. 따라서 "시(詩)란 주석을 붙일 수는 있으나 그 뜻을 해석할 수 없다"는 말로써 선취의 오묘한 경지로 생각한 것은 더욱 사람을 속이는 말이라 할 수 있다.

이중화(李重華)의 《정일재시화(貞一齋詩話)》에 의하면 다음과 같다.

시를 해석하느냐 못하느냐로 오묘한 경지처럼 생각한 것은 모두가 허깨비로써 사람을 현혹시키는 이야기들이다. 시에 감정을 말하고 이치를 말하지 않은 것은 감정이 맞으면 이치는 그 가운데 있기 때문이다. 이는 곧 본체를 작용에 감춰두는 것이다. 그러므로 시가 지극하여 오묘한 경지에 이르면 언구(言句)를 모두 나타내지 않아도 그 내면의 감정이 뚜렷이 나타나기 때문에, 해설에 능한 평자(評者)가 시인을 대신하여 지적할 수 있으며 사람들에게 큰 감동을 주게 된다. 큰 솥에 담긴 음식을 보고서 입을 벌리게 되는 것이 바로 그것이다.

만일 한결같이 모호하게 말한다면 무슨 오묘한 경지가 있겠으며, 또

---

5) 詩有禪理, 不可道破, 箇中消息, 學者當自領悟, 一經筆舌, 不觸則背, 詩可註而不可解者, 以此也.

한 시에서 무엇을 취할 수 있겠는가.[6]

이중화의 평론은 선취시만을 지적한 것이 아니다. 단 선취시란 "이해하면서도 이해할 수 없는" 그런 모호한 허깨비가 아니라, "이해할 수 없으나 이해할 수 있는" 그런 고도의 정신세계를 가지고 있다. 따라서 깊이 탐구하여 옛 사람이 밝히지 못한 것을 밝혀 시를 논하고, 그 뜻을 밝혀 도움을 삼고자 하기에 제현의 질책을 바라마지 않는다.

선과 시의 융합

당대(唐代)는 선의 황금시대였으며 송대(宋代)에 이르러 보편적으로 발전하였다. 뿐만 아니라 당대는 시 또한 황금시대였으며, 송대에 이르러 끊임없이 계승, 발전과 변화를 거쳐 성황을 이루었다. 그러나 선은 종교요 시는 문학이므로 각기 다른 영역에 속한다. 그러나 결국 하나가 될 수 있었던 것은 아래에 서술한 원인과 과정이 있었기 때문이다.

① 선종의 간사(簡史)

전래되는 말에 의하면, 석가 세존이 영산회상에서 한 송이 연꽃을 들어 대중에게 보이자, 대중들은 모두 말이 없었는데 가섭존자만이

---

6) 有以可解不可解爲詩中妙境者, 此皆影響惑人之談. 夫詩言情不言理者, 情愜則理在其中, 乃正藏體於用耳, 故詩至入妙, 有言下未嘗畢露, 其情則已躍然者, 使善說者代爲指點, 無不娓娓動人, 卽匡鼎解頤是已. 如果一味糢糊 有何妙境? 抑亦何取於詩.

미소를 지으니, 세존이 이르기를 "나에게 정법안장(正法眼藏)과 열반묘심(涅槃妙心)과 실상무상(實相無相)의 미묘한 법문이 있는데 너에게 부촉하노니 너는 이를 잘 보호하여 끊이지 않도록 하라"고 말하였다 한다. 이를 곧 선종 전심(傳心)의 기원이라 한다. 그후 조사들이 서로 전수하여 달마에 이르러 천축(天竺) 28조(祖)가 되었다. 그가 중국으로 건너와 법을 전하여 2조혜가, 3조승찬, 4조도신, 5조홍인 그리고 다시 6조혜능에 이르러 종풍이 크게 번창하여 천하에 널리 유행하였다. 그후 임제(臨濟), 조동(曹洞), 운문(雲門), 위앙(潙仰), 법안(法眼)의 5종(五宗)으로 나뉘었으며, 송대에 이르러 임제종은 또 다시 황룡(黃龍), 양기(楊岐) 두 파로 나뉘어 교학의 모든 지위를 빼앗아 마침내 중국불교의 주류를 형성하였으며, 불교를 교학(敎學), 선종은 종문(宗門)이라 하였다.

② 선과 시의 차이점

선과 시는 같은 면이 없지 않으나 또한 큰 차이점을 가지고 있다. 시의 발생으로 말하면 선종이 발생하기 이전에 시는 이미 크게 발전하였고, 범위로 말하면 선은 종교에, 시는 문학에 속한다. 내용으로 말하면 선종에서는 진여(眞如) 법성(法性)을 깨달아 이치를 밝히는 데 있지만, 시에서 밝히고자 한 것은 인간의 성정(性情)과 사물의 감정이다. 작용면에서 말하면 선이란 성불(成佛)과 조사(祖師)가 되어 자신을 제도하고 타인을 제도하는 데 있으나, 시는 성정(性情)을 기쁘게 하여 인심과 세도(世道)를 돕는 데 있다. 감수면에서 말하면 선이란 스스로 자기만 알 뿐 타인에게 보여줄 수 없다. 다시 말하면 "소년의 풍류란 그대만이 알 뿐 〔少年一段風流事 只許佳人獨自知〕"이라는 시구가 의미하는 것이 바로 그것이다. 그러나 시인은 자신 스스로 즐길 뿐 아니라, 타인에게 보여 주어 타인을 감동시키는 것이다. 그 차이점은 대체로 위와 같다.

③ 선과 시의 융합 가능성

시는 본디 감정을 말하는 것이며 또한 도를 싣고 있다. 선은 종교에 속하지만 탐구한 바는 도리어 철학면의 '자성(自性)' '대전(大全)' '본체(本體)'라는 형이상의 도이며, 그것은 형이하에 의해 나타나게 된다. 이는《담예록(談藝錄)》에서 말한 바와 같다. "그저 이치를 말하지 않고 물태(物態)를 빌어 이치를 밝히며, 부질없이 도를 말하지 않고 기용(器用)을 묘사하여 도를 싣고 있다. 이는 형이하를 들어 형이상을 밝혀 형상이 없는 것을 어떤 사물에 가탁하여 일으킴으로써, 조짐마저 없던 것을 그 자취를 드러내 나타내 주는 것이다." 이 때문에 왕유의 시에 나오는 "가다가 물이 다한 곳에 이르러 / 우두커니 앉아 피어 오르는 구름을 본다〔行到水窮處 坐看雲起時〕"라는 구절은 어느 곳이든 만나는 처지가 모두 도임을 말한 것이다. 도란 어느 곳에나 있기 때문에 모든 곳에서 깨달음을 얻을 수 있다.

그러므로 시는 본질적으로 도를 담을 수 있는 것이다. 더욱이 선종에서 탐구한 것은 '자성'과 '대전'이다. 인식면에 있어선 생각에 의해 일어나지만 결국은 마음의 길이 끊어진, 생각과 지혜를 초월한 경지에서 보이지 않게 진리와 하나가 되는 것이다. 선사들은 이처럼 "마음의 생각이 끊어진〔心行路絶〕" 정황에서 감각으로 느낄 수 없는 것과 생각으로 표현할 수 없는 것들을 감각적인 것으로 표현하고자 눈썹을 깜박거리거나 주먹을 곧추세우는 유를 사용하여 왔지만, 무엇보다도 시를 사용하는 것을 가장 아름다운 표현방법으로 삼아 왔으며, 더더욱 시의 비흥체(比興體)를 응용한 경우가 많다.

  그것을 시로써 표현할 수 있는 부분을 말하면, "말을 다하였지만 그 뜻이 무궁하여" 이러한 '자성'과 '대전'에 저버린 바 없기 때문이다. 시란 함축과 생략으로써 표현할 수 없는 부분은 "한 글자를 쓰지 않고서도 모두 풍류를 얻을 수 있다." 때문에 '자성'과 '대전'에 저촉되지 않는다. 이처럼 등지거나 저촉되지도 않으며, 말하면서도 말이 없기에 선의 경지와 시의 뜻이 마침내 서로 융합될 수 있었다. 예를 들면, 정원(貞元)은 《육서신지(六書新知)》의 시를 논하는 장에서 다음과 같이 말하고 있다.

  도의 경지로 나아간 시에는 반드시 표현한 바가 있다. 그 뜻은 그 말한 바에 그치지 않는다. 그 원하는 바에 이르도록 한 것은 또한 말할 수 없다. 그 말할 수 없는 것은 이른바 "형상을 초월한 것이다〔超以象外〕."(《詩品》) 그 말할 수 없는 것으로 말하면 그것은 "말은 다하여도 그 뜻은 무궁한 것이다〔言有盡而意無窮〕."(《滄浪詩話》) 도의 경지로 나아간 시는 사람으로 하여금 그 표현한 것을 알게 해 줄 뿐 아니라, 그 표현한 것을 알게끔 해 준 후에 그런 말들이 이른바 "통발과 발자국〔筌蹄〕"에 지나지 않음을 알려 주는 것이다. 고기를 잡으면 통발을 버리고, 뜻을 얻으면 말은 별것이 아니다.

  위의 논지는 도와 시가 합해질 수 있는 근본적인 원인을 말해 주고 있다. 선종에서는 또한 시란 "일체의 언어를 총괄하여 하나의 구절로 만들고 대천세계(大千世界)를 하나의 티끌에 포괄할 수 있다"고 인식하였다. 이는 도와 시를 융합하기에 충분한 까닭이 되므로, 시와 선은 융합될 수 있었다.

④ 선과 시의 융합과정

선과 시의 융합은 먼저 선가에서 시의 형식을 빌어 선적(禪的) 의미를 나타난 데에서 비롯되었다. 신수(神秀)의 "몸은 보리 나무와 같다"라는 게송과 6조의 "보리는 본디 나무가 없다"는 게송이 세상에 널리 전해져 큰 파란을 일으킨 바 있다. 선종의 불립문자(不立文字)는 한면으론 말할 수 없는 것이며 또 다른 한면으론 감히 말할 수 있다. 도를 깨달은 후에는 자성을 밝혀 본체와 계합되므로 그 크기로는 바깥이 없고 작기로는 안이 없으니, 하나의 물건이라 말하여도 그것은 곧 잘못된 것이다. 이 때문에 말할 수 없다. 만일 말하고자 하면 지혜와 생각이 일어나고 망상이 일어나 주객과 능소(能所)의 대립이 발생하게 된다. 이 때문에 영산회상에서 어떤 것이 지극히 무상(無上)의 경지인가를 물었을 때, 세존은 다만 "말할 수 없다" 하여 한 송이 연꽃을 들어 미소를 지었을 뿐이다. 그렇다면 왜 감히 말해서는 안 되는 것일까? 본체계는 본디 서술하여 말할 수 없는 것이다. 그러나 구태여 이를 말하면 부질없이 마음과 생각이 일어나고 분별심이 일어나 깨달았던 경지를 잃어버리기 쉽기 때문이다. 이른바 깨달은 후에 다시 혼미해지는 위험을 말한다. 바꿔 말하면 "깨진 거울은 다시 비출 수 없고 / 떨어진 꽃잎은 다시 나무 위에 필 수 없다〔破鏡不重照 落花難上枝〕." 그러나 중생을 제도해야 하는 이유에서 말하지 않을 수 없을 때에 어떤 방편과 시어(詩語)로 표현한다면, 이는 말을 하되 말이 없는 것이요 말이 없는데 말이 있어, "이 세상에 말이 가득하여도 잘못된 말이 없는 것이다."

그 다음으로는 시인이 선의 정신세계를 시의 형식에 도입한 것이다. 당송 시인들은 참선하는 풍조가 있었으며, 그들이 얻은 것과 깨달은 것들을 시에 도입하였다. 당송 시인들은 대체로 선의 오묘한 경지를 묘사하여, 자신들의 시에 선리(禪理)를 담고 있다. 이에 시는 선의 도움을 받아 그 내용이 풍부해져 시의 경지가 향상되었으며, 그 표현방법이 증대되었다. 왕유는 그 중에 가장 뚜렷한 작가라 말할 수 있다. 그 후에는 선리(禪理)를 인용하여 시를 설명하였다.

예를 들면 교연(皎然)의 《시식(詩式)》과 사공도(司空圖)의 《시품(詩品)》·《창랑시화(滄浪詩話)》에서 말한 것처럼 "영양(羚羊)이 나무에 뿔을 걸고 있으면 그 자취를 찾을 수 없다. 이 때문에 그 오묘한 곳은 투철하고 영롱하여 머물 곳이 없다. 이는 천상(天上)의 음악, 형상의 빛, 물 속에 잠긴 달, 거울 속의 형상과 같은 것이다." 이는 모두 선리(禪理)를 빌어서 시리(詩理)를, 선학(禪學)으로써 시학(詩學)을 논술한 것이다. 이를 종합하여 말하면 시학이 극히 융성하던 때 참선인들은 시로써 선을 묘사하였고, 선종이 극히 유행한 이후에 시인들은 선의 정신을 시에 도입하여 선리(禪理)와 시론(詩論)이 점차 융합되면서 모두 찬란하게 빛나, 마침내 시는 참선객의 금상첨화를 이뤄 주었고 선은 시인들의 옥을 자르는 보도(寶刀)가 되기에 이르렀다.

당송 선취시의 형성

선취시를 들어 논한다는 것은 매우 어려운 점이다. 그것은 시에 선어(禪語)는 없지만 선취가 있다거나, 선리(禪理)를 담고 있지만 그 자취가 없어 종종 직감으로 느낄 수 있으나 말로 표현할 수 없기 때문이다. 따라서 선취시는 보는 사람에 따라 달라지기 쉬우며 일정한 원칙을 갖기 어렵다. 아래에 세 유형으로 나누어 논하도록 한다.

① 천취(天趣)와 선취시(禪趣詩)

증공(曾鞏 : 당송팔대가의 하나)은 고체시(古體詩)와 근체시(近體詩)를 초록하면서 '신기(神機)'라는 하나의 유형을 세웠다. 그리고 신기의 의의에 대해 다음과 같이 해석하였다. "기(機)란 무심으로 만나고 우연히 접촉하는 것이다." 최근에 이르러 심팽령(沈彭齡)은 그 뜻을 다음과 같이 풀이하였다.

    신(神)이란 인간의 노력과 천기(天機)가 서로 어울린 것이다. 복서(卜筮)에 주사(繇辭)가 있고《좌전(左傳)》등 여러 역사서에 동요가 있고 불서(佛書)에 게송이 있는 것과 같다. 그 뜻은 이해할 듯 말 듯 모호하다. 옛 사람들은 이에 빗대어 풍자하는 작품이 있다. 완사종(阮嗣宗)의 유와 같다. 그러므로 신어(神語)를 지어 그 문장을 어지럽게 하였다. 당나라 시인, 예를 들어 이태백의 호탕함, 두보의 웅장함, 용표(龍標)의 빼어남, 창곡(昌谷)의 기발함, 원백장왕(元白張王)의 악부 등 간혹 신기(神機)를 발휘한 말들이 많다. 송대 명가의 시 또한 모두 인간의 기교가 극에 이르러 천연의 오묘함이 드러나고, 길은 끊어지고 바람과 구름만이 통할 수 있다. 그것은 반드시 더불어 기틀을 말할 수 있고 더불어 신묘함을 말할 수 있어야 시로서의 능사(能事)를 다할 수 있다(《怡園詩話》,〈東北叢刊〉제2기 참조).

심팽령이 논평한 신기(神機)란 시 가운데 원래 하나의 격식이었다. 그러나 신기(神機)에 이르러 무심으로 만나고 우연히 접촉한 것으로 그 어느 것이 뜻에 머물지 않고, 작용이 기틀에 머물지 않은 선사의 공안 어록의 말씀씨만한 것(《談藝錄》)이 있겠는가? 예컨대 동산양개(洞山良价)가 물을 건너다가 그림자를 보고, 향엄지한(香嚴智閑)이 기왓조각이 대나무에 부딪치는 소리를 듣고, 영운(靈雲)이 복사꽃을 보고 깨달았던 등등의 유형들을 하나하나 열거할 수가 없다. 동산이 물을 건너다가 그림자를 보고서 깨달음을 얻은 뒤 지은 시는 아래와 같다.

> 결코 다른 데서 찾지 말라
> 나와 더욱 멀어져 간다
> 내, 이제 홀로 가니
> 곳곳에서 그를 만나네
> 그가 지금 바로 나이고
> 나는 이제 그가 아니다
> 마땅히 이처럼 이해하여야
> 비로소 여여함을 깨닫는다
> 　　切忌從他見　迢迢與我疎
> 　　我今獨自往　處處得逢渠
> 　　渠今正是我　我今不是渠
> 　　應須恁麽會　方得契如如
> 　　(宋 釋普濟,《五燈會元》卷13)

이는 동산이 깨친 후 신기에 이르러 지은 것이다. 그는 몸으로써 구도의 개체를, 그림자로써 '자성' '대전'을 비유하여 참선인의 깨달음은 바깥에서 구할 필요가 없으며, '자성'은 본래 구족하여 생각과 헤아림으로써 얻을 수 없음을 보여 주었다. 신기에 이른 시는 혼성

(渾成)으로서 새기거나 쪼갠 흔적이 없어, "인간의 기교가 극에 이르러 천연의 오묘함이 드러나고 길은 끊어지고 바람과 구름만이 통하여" 사람으로 하여금 천취(天趣)가 넘쳐 흐름을 느끼게 한다. 작자의 입장에서 말하면 모든 생각과 재예와 기교를 다하여 흔적을 찾을 수 없이 천연으로 이뤄진 것이며, 감상자의 입장에서 말하면 그 아름다움을 깨달을 수 있을 뿐 그 아름다움을 말로 표현거나 뭐라고 가리킬 수 없다. 왕유의 시 "가다가 물이 다한 곳에 이르러 / 우두커니 앉아 피어 오르는 구름을 본다"는 것과 같다. 관휴(貫休)의 "바람이 아름다운 꽃 스치니 비단무늬 떨어지고 / 섬돌에 흐르는 물 가로지르니 거문고 비껴 있다〔風觸好花文錦落 砌橫流水玉琴斜〕"는 시는 작자의 입장에서 말하면 "인간의 기교가 극에 이르러 천연의 오묘함이 드러나", 인간의 기교와 자연의 조화가 모두 극치에 이른 결과이며, 독자의 입장에서 말하면 "길이 끊어져 바람과 구름만이 통하는" 감각이 있기에, 생각과 분석의 방법으로 시구의 아름다움을 분석하여 말하기 어려우므로 "길이 끊어졌다"고 말한다. 하지만 직감(直感)으로써 그 아름다움을 깨달을 수 있기에 "바람과 구름이 통한다"고 말한다. 그리고 이러한 시는 여러 방면으로 이해할 수 있는데, "형이하의 것을 들추어 형이상을 밝힌" 도를 싣고 있는 작품임을 알 수 있다. 이 때문에 선사들이 자주 인용하였으나, 또한 "깨닫지 못하면 세속적인 면으로 흐르게 된다." 서경시를 일례로 들어 감상하면 장사(長沙)의 〈산놀이〔遊山〕〉 공안에서 이러한 유형의 다중적 의의를 설명할 수 있다.

(장사선사가) 하루는 산놀이 갔다가 산문에 돌아오자, 수좌가 물었다.

"스님께서는 어디 다녀오십니까?"
"산놀이 갔다 온다."
"어디로 다녀 오셨습니까?"
"처음에 아름다운 꽃을 따라 갔다가 또 떨어진 꽃잎을 따라 돌아왔다."
"봄의 정취가 물씬합니다."
"가을 이슬이 연꽃을 적시는 것보다 낫다."[7]

장사는 녹원초현(鹿苑招賢) 선사로서 남전보원 선사의 제자이다. 그의 대답은 대상을 빌어 선의 경지를 나타낸 것이다. "처음에 아름다운 꽃을 따라 갔다"는 것은 '색(色)'을 통하여 '공(空)'을 깨닫고 범부의 세계에서 성스런 경지로 들어감을 비유한 것이며, "또 떨어진 꽃잎을 따라 돌아왔다"는 것은 성스런 경지에 영원히 머물지 않고 다시 인간세상으로 돌아와 기틀을 발휘하고 작용을 일으킴을 나타낸 것이다. 수좌의 "봄의 정취가 물씬하다"라는 착어(着語)는 들고 놓으며 누르고 높임이 있는 것으로 생기(生氣)가 드러남이 춘의(春意)가 넘쳐흐르는 것과 같다는 말로서 모든 존재를 공(空)으로 여기지 못하여 여전히 현상계에 떨어진 것처럼 느껴진다. 때문에 장사는 "가을 이슬이 연꽃을 적시는 것보다 낫다"고 하였다. 가을 이슬이 연꽃을 적신다는 것은 이미 화려한 꽃잎이 떨어져 진제(眞諦)를 깨달았음을 비유한 것이다. 그가 이미 이 경계에서 벗어났음을 말한다. 그 상황(경계)에 따라 기틀을 발휘하는, 이러한 대답과 시구는 참으로 천취

---

7) (長沙)一日遊山, 歸至門首, 首座問 和尙什麼處去來? 沙曰 遊山來. 首座云 到什麼處來? 沙云 始隨芳草去, 又逐落花回. 座云 大似春意. 沙云 也勝秋露滴芙蕖.(《傳燈錄》과 《碧巖錄》 참조)

(天趣)가 넘쳐흐르고 있다. 시인들에게도 이러한 작품이 있다.
　장설(張說)의 〈옹호산사시(灉湖山寺詩)〉는 가장 좋은 예이다.

　빈 산이 고요하니 도심이 생기고
　빈 골짜기 아득하니 들새 지저귄다
　선방은 예부터 진속 밖에서 감상하는데
　향대는 어찌 세속의 정이랴
　구름 사이 동쪽 재는 천 길이나 솟고
　숲 속 남녘 호수 한 조각 빛난다
　만일 소부·허유가 이 뜻을 알았더라면
　칡넝쿨 아래 은둔 생활을 벼슬살이와 바꾸지 않았으리라
　　　空山寂歷道心生　虛谷迢遙野鳥聲
　　　禪室從來塵外賞　香臺豈是世中情
　　　雲間東嶺千尋出　樹裏南湖一片明
　　　若使巢由知此意　不將蘿薛易簪纓
　　(《全唐詩》卷88)

김성탄(金聖嘆)은 위의 시를 다음과 같이 해석하였다.

　고요함으로 인하지 않으면 도심이 생기지 않는다. 그러나 고요함이 곧 도심은 아니다. 아득함으로 인하지 않으면 새소리가 전해지지 않는다. 그러나 아득함에 곧 새소리는 없다. 방거사가 말하기를 "다만 모든 존재를 공(空)으로 하기를 원한다" 하니, 이는 고요함으로써 도심이 생긴다는 뜻이며, "삼가 모든 무(無)의 상태를 실(實)하다고 여기지 말라"는 것은 아득함으로써 새소리가 들린다는 뜻이다.[8]

장설의 시에 있어서 앞의 두 구절은 김성탄의 해석에 따르는 것이 좋다. "선방은 예부터 진속 밖에서 감상하는데 / 향대는 어찌 세속의 정이랴"라는 구절은 선종에로의 귀의를 표현함이며, "구름 사이 동쪽 재는 천 길이나 솟고 / 숲 속 남녘 호수 한 조각 빛난다"는 구절은 표면적으로 말하면 옹호산사에 올라 바라보는 경관을 묘사하고 있다. 그러나 현묘한 지도(至道)는 물상에 의하여 밝혀지는 것이다. 천 길이나 솟은 동쪽 고갯마루는 구름 사이로 보이고 맑은 남녘 호수는 나무 속에 가려져 있다. 이는 곧 색과 공이 한 가지라는 뜻을 담고 있다. '자성'과 '대전'은 현상계에 의해 뚜렷이 드러나게 된다. 이치를 깨달으면 속세 또한 도량이요, 관복을 입고 벼슬하는 것이나 산중에 은거하는 것이 차이가 없기에 "만일 소부·허유가 이 뜻을 알았더라면 / 칡넝쿨 아래 은둔 생활을 벼슬살이와 바꾸지 않았으리라"라는 구절로 귀결짓고 있다. 만일 위의 두 구절을 단순히 아름다운 경관을 묘사한 것으로 이해한다면 구름 사이로 보이는 동쪽 잿마루와 나무숲 사이의 맑은 호수는 은자들이 산림에 묻혀 사는 낙원이다. 소부, 허유 등의 은자들은 산림의 칡넝쿨 아래에서의 은둔 생활을 청산하고 벼슬살이와 바꾸어야 비로소 바른 도리이다. 그렇다면 "칡넝쿨 아래 은둔 생활을 벼슬살이와 바꾸지 않는다"는 것은 정신 없는 이야기가 되어 버린다.

또한 이고(李翶)의 〈증약산유엄시(贈藥山惟儼詩)〉는 아래와 같다.

---

8) 不因寂歷不生道心, 然而寂歷非道心也; 不因迢遙不傳鳥聲, 然而迢遙無鳥聲也. 龐居士曰 但願空諸所有, 是寂歷道心生義也; 愼勿實諸所無, 是迢遙野鳥聲義也.(金聖嘆《選批唐詩一千首》)

수련한 몸 학처럼 고고하고
천 그루 소나무 아래 두 상자 경전
내, 찾아와 도 물으니 쓸모 없는 말 없고
구름은 하늘에, 물은 병 속에 있다
조용한 곳 가려 자연 정취 즐기니
한 해 다하도록 가고 오는 이 없다
때로 곧장 외로운 봉우리 올라
달 아래 구름 헤치고 긴 휘파람 불어본다
  練得身形似鶴形　千株松下兩函經
  我來問道無餘說　雲在靑霄水在瓶
  選得幽居愜野情　終年無送亦無迎
  有時直上孤峯頂　月下披雲嘯一聲
 (《唐詩紀事》卷35,《傳燈錄》卷14 참조)

《전등록》의 기록에 의거하면, 이고가 "어떤 것이 도입니까?"라고 물으니, 약산유엄은 "구름은 하늘에, 물은 병에 있다"고 답하였다. 구름이 하늘에 있다는 것은 드러나 보기 쉽고, 물이 병에 있다는 것은 보이지 않아서 알기 어렵다. 구름과 물의 모습〔形狀〕은 다르지만 그 성질은 하나이다. 이로써 색과 공, 현상과 본체는 둘로 나눌 수 있으나 나눌 수 없으며 도는 어느 곳에나 있음을 비유하였다.

《전등록》은 또한 다음과 같이 기록하였다. "유엄선사는 어느 날 밤, 산에 올라 크게 웃음을 웃자 이고가 다시 시를 지어 올렸다. "때로 곧장 외로운 봉우리에 올라 / 달 아래 구름 헤치고 긴 휘파람 분다〔有時直上孤峯頂 月下披雲嘯一聲〕" "외로운 봉우리〔孤峰頂〕"이란 참선인들의 "외로운 봉우리에 홀로 잠잔다〔孤峰獨宿〕"는 화두이다. 이는 이미 '절대경지'의 깨달음을 비유한 것이다. "달 아래 구름 헤치고 긴 휘파람 분다"는 것은 유엄이 동정(動靜)에 얽매이지 않고 공적(空寂)에 빠지지 않음으로써 "죽은 물 속에 잠기지 않았음〔死水裏浸殺〕"을 칭찬한 것이다. 위의 2수 시는 우리에게 참으로 길이 이미 끊어져 버린〔徑路已絶〕 느낌을 갖게 한다. 하지만 그 아름다운 경지와 심오한 뜻을 깨달을 수 있기에 "바람과 구름이 통하는 〔風雲通〕" 길을 느낄 수 있다.

앞의 3수 시의 천취(天趣)와 선의 경계는 오히려 그 자취와 형상을 찾아볼 수 있다. 장설은 시의 첫 구절에서 "도심이 생긴다" 말하였고, 이고의 시는 유엄선사에게 올린다는 시임을 분명하게 말하였으며, 또한《전등록》에서 그 배경을 분명히 밝히고 있기에 그래도 이해하기 쉽다. 호응린은 왕유의 2수 시에 더욱 천취가 혼연하여 이치를 담고 있으면서도 자취를 찾아볼 수 없다고 평하였다.

조명간(鳥鳴澗)
사람이 한가하니 계수나무 꽃 떨어지고
밤이 고요하니 봄산이 비었어라
달이 솟으니 산새 놀라
때로 봄 시내에 울음 운다
  人閒桂花落　夜靜春山空
  月出驚山鳥　時鳴春澗中
 (《王右丞集》卷13)

신이오(辛夷塢)
나무 끝엔 부용화 피고
산중엔 붉은 꽃 피었네
시냇가 집 고요하여 사람 없는데
어지러히 꽃 피었다 떨어진다
    木末芙蓉花　山中發紅萼
    澗戶寂無人　紛紛開且落
(위와 같음)

앞의 1수(〈鳥鳴澗〉)는 마음이 지극히 고요해야 비로소 계수나무 꽃이 바람에 날려 떨어지는 것을 깨달을 수 있고, 내면의 마음과 외부의 경계가 일치되었을 때 비로소 봄산이 고적함을 알 수 있다는 것이다. 이 고요의 경계에는 또한 약동하는 기틀이 담겨 있다. "달이 솟으니 산새 놀라 우는 것"은 고요함으로부터 움직임으로 나아감이다. 도와 사람은 거리가 없어 달이 산새를 놀라게 하는 것과 같다. 왜냐하면 보통 사람은 움직일 수는 있으나 고요하지 못하고 참선인은 고요함을 좋아한 나머지 움직이는 것을 좋아하지 않음으로써 모두 한쪽에 치우치게 된다. 오직 고요할 줄도 알고 움직일 줄도 알아서 동정(動靜)을 모두 포괄해야 비로소 최고의 경지이기 때문이다.

뒤의 시(〈辛夷塢〉)는 기용(機用)이 정체되지 않음을 나타낸 것이다. 왜냐하면 선사들은 자성묘체란 절대경계여서 공(空)도 아니요 유(有)도 아니며, 공이면서도 유로서 모든 것을 포괄한다고 인식하기 때문이다. 부용화가 붉은 꽃을 피우는 것은 일상적인 일이며, 외적 환경으로 인해 전이(轉移)되지 않는다. "시냇가 집 고요하여 사람 없어도"라는 것은 도는 어느 곳에나 있음을 말하며, "어지러이 꽃 피었다 떨어지는" 것은 기용(機用)이 멈추지 않음을 묘사하고 있다. 호응린이 "성율(聲律)에 이처럼 오묘한 경지가 있을 줄은 미처 알지 못했다"고 말한 것 또한 이러한 점을 이해하고서 비로소 말한 것이다. 아래 세 시인의 시 역시 이러한 관점에서 감상해야 이해할 수 있다.

원미지(元微之)의 〈유서(幽棲)〉
야인은 한적한 곳 스스로 사랑하여
가까이는 장송을, 멀리는 산을 안다
진종일 구름 바라봐도 마음 얽매이질 않고
때로 달을 보니 밤이 한가하다
호리병 속의 천지는 건곤 밖에 있고
꿈 속의 몸과 명예는 한 순간인 걸
생각하니 머언 바다 천년 학은
저자를 남겨 두고 날아 돌아갈 줄 안다
  野人自愛幽棲所 近對長松遠是山
  盡日望雲心不繫 有時看月夜方閒
  壺中天地乾坤外 夢裏身名旦暮間
  遼海若思千歲鶴 且留城市會飛還
 (《元氏長慶集》卷16)

왕안석(王安石)의 〈독와유회(獨臥有懷)〉
낮 비둘기 봄 그늘에 울고
홀로 누우니 골짜기 숲 고요하다

옅은 구름에 한 차례 비 지나가고
바람 소리 저물녘 들리누나
붉은 꽃 푸른 잎 어지러이 눈앞에 널려 있고
흐르는 물 피어난 꽃은 때로 다툰다
감회 있어도 더불어 말할 사람 없어
우두커니 서 있으니 종산이 어둑하다
   午鳩鳴春陰 獨臥林壑靜
   微雲過一雨 淅瀝生晚聽
   紅綠紛在眼 流芳與時競
   有懷無與言 佇立鐘山暝
  (《臨川先生集》 卷2)

대병(戴昺)의 〈유서(幽棲)〉
조용히 은거하니 시끄러움 멀리하여 기쁘고
찾아오는 이 없어 종일 사립문 닫혀 있다
물 길어 꽃에 뿌리니 사사로운 비 이슬 되고
연못가 돌 쌓으니 산과 계곡 이뤄진다
계절따라 경치 있어 항상 즐길 수 있는데
세상에 한가로운 사람 없어라
작은 정자에 말쑥히 앉아 온갖 기묘함 보노라니
녹음 사이로 꾀꼬리 소리 들려 온다
   幽棲頗喜隔囂喧 無客柴門盡日關
   汲水灌花私雨露 臨池疊石幻溪山
   四時有景常能好 一世無人放得閑

淸坐小亭觀衆妙　數聲黃鳥綠蔭間
(《東野農歌集》卷4)

　　위 3수 시에서 시어로 표현한 것도 하나의 정신세계이고, 내면의 의미 역시 또 다른 하나의 정신세계를 가지고 있다. "진종일 구름 바라봐도 마음 얽매이질 않고 / 때로 달을 보니 밤이 한가하다〔盡日望雲心不繫 有時看月夜方閒〕"는 것은 두보의 "물은 흘러도 마음 다투지 않고 / 구름 떠 있으매 마음 모두 한가롭다〔水流心不競 雲在意俱遲〕"는 것과 같은 경지이며, 왕안석의 "감회 있어도 더불어 말할 사람 없어 / 우두커니 서 있으니 종산이 어둑하다〔有懷無與言 佇立鐘山暝〕"는 것은 눈길 닿는 곳마다 모두 도가 존재하여 말 없이 깨닫는 느낌이 있고, 대병의 "작은 정자에 말쑥히 앉아 온갖 기묘함 보노라니 / 녹음 사이로 꾀꼬리 소리 들려온다〔淸坐小亭觀衆妙 數聲黃鳥綠蔭間〕"는 것 또한 "도는 사람에게서 멀리 있지 않다〔道不遠人〕"는 것으로 "산하와 대지가 모두 법왕의 몸을 드러낸다"는 현묘한 경지를 말하고 있다. 이것은 나의 천착된 말이 아니다. 심괄(沈括)의《몽계필담(夢溪筆談)》에도 다음과 같은 예문이 있다.

　　옛 사람의 시에 "바람 그쳐도 꽃은 여전히 떨어진다〔風定花猶落〕"라는 명구(名句)가 있다. 아무도 이에 대한 대구를 쓰지 못하리라고 생각해 왔었는데, 왕안석이 "새가 우니 산은 더욱 고요하다〔鳥鳴山更幽〕"라는 대구를 지었다. "새가 우니 산은 더욱 고요하다"는 구절은 본래 송(宋) 왕적(王籍)의 시이다. 원래는 "매미 소리 시끄러우니 숲 그림자 더욱 고요하다〔蟬噪影逾靜〕"의 대구로서 위 아래 구절이 모두 한가지 뜻이다. 그러나 "바람 그쳐도 꽃은 여전히 떨어지고 / 새가 우니 산은 더욱 고요하다"는 구절의 윗 구절은 고요함 속에 움직임이 있고, 아래 구절은 움직임 속에 고요함이 있다."

심괄의 "고요함 속에 움직임이 있고 움직임 속에 고요함이 있다"는 해설 또한 이 시에 담긴 제2의 내면 정신세계를 이해한 것이다. 오자량(吳子良)의 《임하우담(林下偶談)》에서는 다음과 같이 말하고 있다.

"섭수심(葉水心)의 시의 의미는 두보를 능가한다. '꽃은 봄빛을 전하여 가지마다 이르고 / 비는 가을 소리 대신하여 방울방울 떨어진다〔花傳春色枝枝到 雨遞秋聲點點分〕'는 구절은 도량이 남다르게 커서 끝이 없다. '강은 넓은 곳에 이르러 새롭게 물결 번지고 / 봄이 다하면 꽃은 곱절이나 피어난다〔江當闊處水新漲 春到極頭花倍添〕'는 구절은 이 경지에 이미 이르렀음에도 공부를 곱절이나 더한 것이다. '온갖 꽃은 봄 햇살 따뜻한 뒤에 정 있고 / 외로운 지팡이는 밝은 달빛 가에 짝이 없어라〔萬卉有情春暖後 一筇無伴月明邊〕'는 구절은 유하혜(柳下惠)처럼 화기롭고 백이(伯夷)처럼 청백한 기상이다. '꽃과 대나무 감싸안으니 봄은 골짜기에 남아 있고 / 연꽃과 갯버들 시드니 흰 눈은 물가에 가득하다〔包容花竹春留巷 謝遣荷蒲雪滿涯〕'는 구절은 음양(계절)의 운행법칙이다."

이 또한 문장 밖의 뜻을 이해한 것으로써 "길은 끊어져 바람과 구름만이 통하는" 절묘한 방법이다. 이러한 유형의 천취시는 "사람의

---

9) 古人詩有風定花猶落之句, 以謂無人能對, 王荊公對以鳥鳴山更幽, 鳥鳴山更幽本宋王籍詩, 元對蟬噪影逾靜, 上下句只是一意, 風定花猶落, 鳥鳴山更幽, 則上句乃靜中有動, 下句動中有靜.

기교가 지극하여 하늘의 조화가 드러나는" 것이다.

왕창회(王昌會)의 《시화유편(詩話類編)》에서는 신기(神機) 혼성(渾成)에 대한 경지를 잘 말 해주고 있다.

> 편법(篇法)의 오묘함은 구법(句法)에서 볼 수 없는 것이 있고, 구법의 오묘함은 자법(字法)에서 볼 수 없는 것이 있다. 이는 법이 극치에 이르러 자취가 없는 것이다. 사람의 능력이 지극한 데 이르면 그 경지는 하늘과 만나는데 쉽게 구할 수 없다. 모두 상(象)에 속하면서도 절묘함이 있고 모두 뜻에 속하면서도 절묘함이 있고 모두 고조(高調)를 이루면서도 절묘함이 있고 대구(對句)를 쓰지 않으면서도 절묘함이 있다. 모두 흥취(興趣)에 나아가고 신명에 합하고 기상이 완비되어 그렇게 된 것이다.[10]

이는 "사람의 기교가 극에 이르러 하늘의 조화가 드러나는" 천연의 경계를 말해 주는 것으로, 흥취(興趣)에 나아가고 신명에 합하고 기상이 완비되었다는 것은 천취시(天趣詩)의 신기(神機)에 대한 의미를 잘 말해 주고 있다.

② 기취(奇趣)와 선취시(禪趣詩)

시는 기발한 정취[奇趣]가 있음을 귀하게 여긴다. 고매한 시에는 선취(禪趣)가 있는데, 여기에서 중시하는 것은 선(禪) 그 자체에 있지 않고 그 정취에 있다. 청(淸) 오교(吳喬)는 이에 대해 다음과 같이 논하고 있다.

---

10) 篇法之妙, 有不見句法者, 句法之妙, 有不見字法者, 此是法極無跡, 人能之至, 境與天會, 未易求也, 有俱屬象而妙者, 有俱屬意而妙者, 有俱作高調而妙者, 有直不下偶對而妙者, 皆興詣神合氣完使之然.(卷2)

동파가 말하기를 "시는 기취(奇趣)를 으뜸으로 삼고 상식에 반하면서 도리에 부합되는 것〔反常合道〕을 귀취(歸趣)로 삼는다" 하니, 그 말이 가장 적절하다. 기취가 없으면 어떻게 시라 말할 수 있겠는가. 상식에 반하면서도 도리에 부합되지 않으면 이는 정신 없는 이야기〔亂談〕이며, 상식에 반하지 않고 오로지 도리에 부합하면 그것은 곧 문장이다. 황산곡의 시에 "쌍환의 여동생 복사꽃처럼 어여쁜데 / 어린 나이 나에게 시집와 둘째 첩이 되었다"는 시구는 난담이다. 소요부의 〈삼황음(三皇吟)〉따위는 문장이지 시랄 수 없다.[11]

소동파는 시에 조예가 깊고 기발한 정취와 상식에 반하면서 도리에 부합되는 것으로 시를 논하여 선취시의 삼매를 얻었다고 할 만하다. 기발한 정취의 구성은 상식에 반하면서 도리에 부합되는 것을 원칙으로 한다.

그렇다면 상식에 반하면서 도리에 부합되는 것이란 무엇일까? 선종의 공안이 아니고서는 이를 설명할 수 없다.

(단하선사가) 그 후 혜림사에 있을 무렵 몹시 추운 날씨에 목불을 가져다가 불을 지펴 불을 쬐고 있었다. 원주스님이 "어째서 우리 목불을 불태우는가"라고 꾸짖자, 단하는 지팡이로 재를 뒤적이면서 말하였다.
"나는 사리를 얻으려고 한다."
"목불에 무슨 사리가 있겠는가?"
"사리가 없다면 다시 양존불을 가져다 태워야겠다."[12]

---

11) 子瞻曰 詩以奇趣爲宗, 反常合道爲趣. 此語最善, 無奇趣何以爲詩? 反常而不合道, 是謂亂談, 不反常而合道, 則文章也. 山谷云 雙鬟女娣如桃李, 早年歸我第二雛. 亂談也. 堯夫三皇等吟, 文章也.(《圍爐詩話》卷1)
12) (丹霞) 後於慧林寺遇天大寒, 取木佛燒火向. 院主訶曰 何得燒我木佛? 師以杖子撥灰曰 吾燒取舍利. 主曰 木佛何有舍利? 師曰 旣無舍利, 更取兩尊燒

옛적에 어떤 도인이 법당 앞에서 부처를 등지고 앉자, 스님이 말하였다.
"도사는 부처님을 등지지 마시오."
"스님! 우리 도교에서는 '불신(佛身)이 법계에 가득하다'고 말하는데, 어느 곳을 향해 앉아야 됩니까?"
이 말에 그 스님은 대답하지 못하였다.[13]

어떤 행자가 법사를 따라 법당에 들어왔는데 행자가 부처를 향하여 침을 뱉자, 법사가 말하였다.
"행자는 버릇이 없다. 어떻게 부처님께 침을 뱉을 수 있는가?"
"부처님이 없는 곳이 있다면 거기에 침을 뱉지요."[14]

위의 세 공안은 모두 상식에 반하면서 도리에 부합되는 기발한 정취를 가지고 있다. 목불을 불태운 것은 상식에 반하는 일이며, 목불을 태워 사리를 얻으려는 것은 더욱 상식에 반하는 것이다. 그러나 목불을 불태운 결과 사리가 없는 것으로 보아 목불은 부처가 아니라 한낱 나무조각에 지나지 않는다. 그러므로 다시 양존불을 가져다가 불태우겠다는 것이다. 이는 상식에 반하지만 도리에 부합되는 말이다. 부처를 등지고 앉지 않는다는 것은 불가의 상식이다. 도사가 부처를 등지고 앉은 것은 상식적인 의례를 저버린 것이지만 불신은 법계에 충만하다. 그렇다면 부처를 등지지 않고서 앉을 수 있는 곳이

(《五燈會元》卷5)
13) 昔有道流在佛殿前背佛而坐, 僧曰 道士莫背佛, 道流曰 大德! 本敎中道 佛身充滿於法界. 向甚麽處坐得? 僧無對.(《五燈會元》卷6)
14) 有一行者, 隨法師入佛殿, 行者向佛而唾. 師曰 行者少去就, 何以唾佛? 行者曰 將無佛處來與某甲唾.(위와 같음)

없다. 부처를 등지고 앉을 수 없다면 그 어디에도 앉을 곳은 없다. 부처에게 침을 뱉지 않는다는 것은 떳떳한 도리이다. 그러나 부처님은 법계에 충만하므로 부처에게 침을 뱉지 않으려면 침을 뱉을 곳이 없기에 "부처님이 없는 곳이 있다면 거기에 침을 뱉겠다"고 하였다. 이 세 공안은 상식에 반하면서 도리에 부합되는 바를 충분히 설명하였으며, 또한 반상합도(反常合道)의 기본구성이 되는 기발한 정취를 잘 밝혀 주고 있다. 시 역시 이러한 유형을 가지고 있다.

보리는 본래 나무가 없고
밝은 거울 또한 대가 아니다
본래 한 물건도 없는데
어느 곳에 티끌과 먼지가 일겠는가
　　菩提本無樹　明鏡亦非臺
　　本來無一物　何處惹塵埃
　(《傳燈錄》卷5)

보리수라는 나무가 있는데 여기에서 6조는 도리어 나무가 없다 하였고, 거울에는 대가 있는데 도리어 대가 없다고 하였다. 이는 상식에 반하는 말이다. 그러나 보리수는 곧 가명이고 명경대(明鏡臺)는 인연의 화합, 즉 여러 조건이 모여 이뤄진 것이다. 또한 신수(神秀)는 보리로써 선의 뿌리를, 명경대로써 광명자성(光明自性)을 비유하였다. 무릇 '대전(大全)'에는 본래 선악의 구분이 없으며 자성은 본래 청정하여 한 물건이라 하여도 곧 잘못된 것이다. 그러므로 6조는 "보리는 본래 나무가 없고 / 밝은 거울 또한 대가 아니다"라고 하였다.

이는 상식에 반하면서도 도리에 부합된 것이다. 또 조산본적(曹山本寂)의 시는 다음과 같다.

화염 속에 차가운 얼음 맺히고
버들꽃은 구월에 휘날린다
진흙 소는 수면에서 울고
나무 말은 바람 따라 울부짖는다
    焰裏寒氷結　楊花九月飛
    泥牛吼水面　木馬逐風嘶
(《曹山本寂禪師語錄》)

이는 조동종을 개종(開宗)한 조산본적의 시로서 깨달음을 얻은 후의 신통과 신기함을 나타낸 것이다. "화염 속에 차가운 얼음 맺히고 / 9월에 버들꽃이 날리고 / 진흙 소가 수면에서 울고 / 나무 말은 바람 따라 울부짖는 것"은 모두 상식과 세속에 반하는 일들이다. 그러나 '자성', '대전'을 투철히 깨달은 후에는 이처럼 기이한 일들이 나올 수 있다. 바로 대혜종고(大慧宗杲)가 말한 "다리는 흘러도 물은 흐르지 않는다[橋流水不流]"는 구절과 같은 뜻으로 상식에 반하면서 도리에 부합된 것이다.

두보시는 다음과 같다.

물은 흘러도 마음은 다투지 않고
구름이 떠 있으매 뜻도 함께 더디어라
    水流心不競　雲在意俱遲

공자는 시내 위에 서서 "흘러가는 것이 이와 같아 낮과 밤을 멈추지 않는다"는 말은 흐르는 시냇물을 보고서 감회를 일으킨 것이다. 《문심조룡》〈물색편(物色篇)〉의 "감정은 사물에 의해 옮겨 가고 문장은 감정에 의해 나타난다[情以物遷 辭以情發]"는 구절과 같은 뜻이다. 그러나 두보가 잔잔히 도도하게 흐르는 물을 보고서도 마음이 따라 움직이지 않는 것은 상식에 반하는 일이다. 사람의 마음은 사물에 따라 감정이 변하는 것이지만, 후천적인 수행에 의하여 마음이 사물을 따라 옮겨 가지 않고 사물 밖에 초연하게 된다. 흐르는 물은 그 스스로 잔잔히 도도하게 흘러도 나는 나대로 사물을 초월하여 마음이 고요할 뿐이다. 상식에 반하면서도 도리에 부합된 것이다. 또 송대 어떤 시인의 시는 아래와 같다.

뜰 가득히 꽃빛 좋다 말하지만
한 가지에 붉게 피면 가지 하나 비게 된 걸……
　　長說滿庭花色好　一枝紅是一枝空
　　(《竹莊詩話》)

앞서 "뜰 가득히 꽃빛 좋다"는 것은 붉은 꽃이 가지마다 가득한 것으로 꽃빛이 아름다운 현상이다. 그러나 "한 가지에 붉게 피면 가지 하나 비게 된 걸……"이라는 말은 상식에 반하는 것이다. 하지만 꽃이 피면 떨어지고 무성하면 쇠퇴하는 것이기에 꽃이 붉게 피면 또한 시들어지는 때가 이르게 된다. 법안문익(法眼文益) 선사의 〈간목단시(看牧丹詩)〉와 같은 뜻이다.

아침 이슬에 아름답게 단장하고
저녁 바람에 향기를 내뿜지만
어찌 시들어 떨어진 후에야
비로소 공임을 알겠는가
  艶冶隨朝露　馨香逐晚風
  何須待零落　然後始知空
 (《五燈會元》卷10)

이 역시 상식에 반하면서도 도리에 부합된 것이다. 왕유(王維)의 시는 아래와 같다.

그대, 고향에서 왔으니
고향 일을 알고 있겠지
내일쯤 비단창 앞에
붉은 매화 꽃피울지
  君自故鄉來　應知故鄉事
  來日綺窗前　紅梅著花未
 (《王右丞集》卷13)

왕유는 앞서 "그대, 고향에서 왔으니 / 고향 일을 알고 있겠지"라고 말한 것으로 본다면 왕유가 뒤이어 물을 것은 당연히 고향의 일일 것이다. 그러나 친지 및 고향소식은 전혀 묻지 않고 오직 창 앞의 붉은 매화가 꽃필만 하던가를 물었다. 더욱이 붉은 매화가 꽃이 필지 않을지는 하찮은 것으로 고향에서 온 길손으로서 아는 것이 아닐

가능성이 매우 크기에 상식적인 정서와 너무나 거리가 멀다. 하지만 창 앞의 붉은 매화에까지 관심을 가지고 안부를 물을 대상이라면 반드시 고향의 모든 일에 관심을 가지고 묻는 그 범위 안에 모두 들어 있게 마련이다. 그리고 왕유의 창 앞에 선 붉은 매화까지 알 수 있는 사람이라면 그 관계와 정의가 반드시 몹시 가까워야 비로소 이를 물을 수 있을 것이다. 그렇지 않다면 무리한 일로써 상식에 어긋나 도리에 부합되지 않을 것이다. 고보영(高步瀛)의 《당송시거요(唐宋詩擧要)》에서는 조송곡(趙松谷)의 시론(詩論)을 인용하여 왕유의 이 시와 왕안석의 시가 같은 의미임을 언급하고 있다. 왕안석의 시는 아래와 같다.

    도인이 북산에서 왔기에
    내 고향, 동쪽 산등성이 소나무를 물었더니
    손 들어 용마루 가리키며
    지금은 저만큼 컸다고……
        道人北山來　問松我東岡
        擧手指屋脊　云今如許長

《당송시거요》에서 왕안석의 이 시는 왕유의 시와 같다고 인식하여 다음과 같이 말하였다. "같은 형식으로써 모두 정이 지극한 문장이다. 이는 꾸밈을 빌리지 않고 스스로 이뤄진 것이다"라고 인식하였다. 위 2수의 작법은 모두 같다. 왕안석이 의도적으로 모방했을 가능성이 있지만 왕안석의 시는 아무런 꾸밈없이 담백하게 썼으며 왕유의 시는 상식에 어긋나지만 도리에 부합되는 깊은 의미를 더하고 있다. 또한 김창서(金昌緖)의 시는 아래와 같다.

꾀꼬리를 야단쳐
나뭇가지 위에 울지 못하게 하오
꾀꼬리 소리에 제 꿈을 깨면
요서 땅님 곁에 찾아가지 못하리니
  打起黃鶯兒 莫教枝上啼
  啼時驚妾夢 不得到遼西

 꾀꼬리는 야단쳐야 할 대상이 아니며 나뭇가지 위에서 잠을 자는 꾀꼬리는 더욱 쫓아낼 대상이 아니다. 이는 상식에 반하는 일이다. 그러나 작자는 꾀꼬리 울음소리 때문에 요서땅에 남편 또는 사랑하는 님을 찾아가 상봉하는 단꿈을 깰까 두려워하고 있다. 꾀꼬리 또한 봄이 오면 울기 시작하니, 더욱이 그 좋은 계절임에도 사람으로 하여금 슬픈 감정을 일으키게 한 까닭에 상식에 반하지만 도리에 부합된 것이다.
 위에서 서술한 것은 참선인과 시인들에게는 모두 상식에 반하면서 도리에 부합되는 사실이 있다. 상식을 반함에 있어서는 반드시 도리에 부합됨을 전제로 할 때, 비로소 기발한 정취를 구성할 수 있다. 선가의 '반상합도'는 사리에 깊이 일치됨으로써 여느 사람들에 비하여 한층 깊이 들어가고, 시인의 '반상합도'는 상상을 통해 기발한 정취에 몰입하여 사람으로 하여금 '간곡한' 감정을 가지게 하므로 재삼 음미하여도 여전히 여운을 남기게 한다. 소동파가 기발한 정취로써 시를 논한 의의는 대체로 이와 같다. 《냉재야화(冷齋夜話)》, 《죽파시

화(竹坡詩話)》,《시인옥설(詩人玉屑)》에서 모두 소동파의 '반상합도
론'을 인용하여 유종원의 〈어옹(漁翁)〉시를 예로 들었다.《시인옥
설》(권10)에서 아래와 같이 말하고 있다.

 유자후의 시에 "늙은 어부, 밤에는 서쪽 바위에 잠자고 / 이른 새벽
 청상(淸湘)에서 물 긷고 싸릿대 불지핀다 / 연기 사라지고 해 돋자 사람
 보이지 않고 / 뱃노래 한 가락에 산수가 푸르러라 / 하늘가 돌아보며 중
 류로 내려가니 / 바위 위에 무심한 구름 뒤따라 온다"고 하였다. 소동파
 는 "기발한 정취를 으뜸으로 삼고 상식에 반하면서도 도리에 부합된 것
 을 정취로 삼는다"고 하였는데, 이를 깊이 음미하여 보면 이 시에 기발
 한 정취가 담겨 있다.[15]

유종원의 이 시에 기발한 정취가 있느냐 없느냐는 별개의 문제이
다. 그의 시는 도리에는 부합되지만 상식에 반하지 않음으로써, 결
코 소동파가 말한 것처럼 상식에 반하면서도 도리에 부합되어 기발
한 정취로 구성된 시라고 할 수는 없다. 그러므로 당송시에 있어서
의 선취(禪趣)는 반상합도에 의해 구성된 기발한 정취를 가진 작품
이란 그 중에 일부분이 있을 뿐이다.

③ 이취(理趣)와 선취시(禪趣詩)

시는 본질적으로 감정을 표현하고 있다. 인간의 감정과 정신에 감
동을 주는 것이 시의 주된 목표이다. 그러나《시경》을 비롯하여 모
든 시들은 모두 이성에 하소연하는 우리시(寓理詩)가 내재되어 있으

---

15) 柳子厚詩曰 漁翁夜傍西巖宿, 曉汲淸湘燃楚竹, 烟消日出不見人, 疑乃一聲山
 水綠. 回看天際下中流, 巖上無心雲相逐. 東坡云 以奇趣爲宗, 反常合道爲趣,
 熟味之, 此詩有奇趣.

며 남북조에 이르러서는 "시에는 반드시 노자(老子)의 지취(旨趣)가 담겨 있고 부(賦)에는 장자(莊子)의 뜻이 스며 있다"는 감탄이 있었지만 문학문평가들에게 중시되지 못하였다. 이성을 담고 있는 우리 시(寓理詩)는 시에 있어서의 또 다른 작품〔別調〕처럼 느껴지지만 당송시대 참선인의 시는 거의 모두 이성을 담고 있는 '우리시'이다. 불교의 경전과 어록에 묻혀 있는 작품은 최소한 1만 수 이상이며 단행본으로 간행된 교연(皎然), 한산(寒山), 제기(齊己), 관휴(貫休) 등의 시집은 그 속에 포함되지 않았다. 이러한 시들은 이념을 담으면서도 시의 정취를 이룸으로써 사물로 표현하여 이치를, 사물을 빌어 이면의 뜻을, 유한(有限)으로써 무한(無限)을, 형이하(形而下)로써 형이상(形而上)을 표현하였다. 이는 논리적으로 분석하여 사람을 감동시키는 것이 아니라, 이성의 정취〔理趣〕로써 사람을 감동시키는 것이다.

이에 대해 《담예록》에서 다음과 같이 말하였다. "고요하여 형상이 없는 것은 사물에 가탁하여 감흥을 일으키고, 황홀하여 조짐이 없는 것은 자취에 붙여 보인 듯이 나타내 주었다. 이를 비유하면 무극과 태극이 결합하여 양의(兩儀)와 사상(四象)이 되고 새의 지저귐과 꽃향기로써 호탕한 봄을 담고 눈썹과 눈초리에 아름다운 연정을 전하는 것이다. 삼라만상 가운데 하나의 다른 사물을 들어 일관(一貫)으로써 모든 것을 관통하고 있음을 나타내었다. 이른바 이취(理趣)란 바로 이런 것이다." 이취시(理趣詩)로서 하나의 시를 구성할 수 있는 것은 논리적인 미세한 부분, 깊이 있는 분석, 자세한 설명, 명백한 맥락에 있는 것이 아니다. 하나로써 많은 것을 보여 주고 작은 것으로써 큰 것을 나타내어 사람으로 하여금 이를 이해하고 감동 받아 시구 밖에 오묘한 이치를 깨닫게 하는 데 있다. 이 때문에 이치가 담겨 있을 뿐 아니라, 정취를 가지고 있는 것이 고귀하다. 이치를 가지고 있으면서도 정취를 갖추지 못하면 이른바 '태극권아(太極圈兒)', '선생모자(先生帽子)', '수제격언(修齊格言)'이다. 그러나 이취시는 불가의 선사에게서 비롯된 것은 아니다. 시가 담고 있는 이성의 정취의 용도가 선사를 능가할 수 없다는 것이다. 시인들이 이를 원용하여 시에 도입함으로써 시의 내용이 풍부해졌다.

이 때문에 심덕잠(沈德潛)의 말에 의하면 "시는 선리(禪理)와 선취(禪趣)가 있는 것을 귀중시하는 것이지 선어(禪語)의 인용을 귀중시하는 것 아니라" 하여 선의 이념을 담고 있으면서도 여운이 넘치는 시야말로 선취시를 구성할 수 있는 중요 부분인 것이다. 비교적 쉽게 이해할 수 있는 것은 선사의 시로써 논할 수 있다. 혜능과 신수의 게송은 모두 익히 알고 있는 것이기에 다시 열거할 게 없다. 이러한 류(類)의 시를 흔히 찾아볼 수 있다. 앙산혜적(仰山慧寂)의 게송을 예시하면 다음과 같다.

도도하면 계율을 가질 수 없고
우뚝하게 앉아도 좌선이 아니다
차 두세 잔 마시고
마음은 호미 끝에 있노라
　　滔滔不持戒　兀兀不坐禪
　　釅茶三兩椀　意在钁頭邊
　　(《仰山慧寂語錄》)

앙산은 위앙종을 창립한 스님이다. 이 시는 그의 선리(禪理)를 나타낸 것이다. 마음이 물결처럼 도도하여 안정되지 않아서 세속의 생각이 끊이지 않으면 아무리 계율을 지켜도 실로 계율을 지키지 못하며 고목처럼 우뚝한 형체와 식어 버린 재처럼 마음을 지닌다 할지라도 한번 참선의 자리를 떠나면 마음은 환경에 따라 변하기에 이 또한 좌선이라 일컬을 수 없다. 앙산 그 자신은 평범하고 담담하게 두세 잔의 차를 마시고 마음은 항상 호미 끝, 예컨대 농부들이 사용하는 호미 끝에 있다. 더러운 것은 물론 청정한 것마저 모두 버리어 세속의 잡사를 모조리 없애는 것이다. 그러므로 계율을 가지지 않아도 일찍이 계율을 지키지 않음이 없고 좌선을 하지 않아도 일찍이 좌선 아닌 것이 없다. 선의 이념이 담겨 있으면서도 시의 정취를 모두 갖추고 있다. 또 조산본적(曹山本寂)의 게송을 예시하면 다음과 같다.

    백의로 정승에 임명되어도
    이 일은 기특할 게 없다
    대대로 벼슬한 후손들은
    뜻 이루지 못한 때를 말하지 말라
        白衣須拜相　此事不爲奇
        積代簪纓者　休言落魄時
    (《曹山本寂語錄》)

이는 조산본적의 〈오상송(五相頌)〉 가운데 제1수이다. 사람마다 불성을 가지고 있기에 모두 성불할 수 있는 가능성을 가지고 있다. 이는 공명(功名)이 없던 백의(白衣 : 賤民)가 과거급제를 통하여 벼슬한 까닭에 정승에 오를 수 있는 것과 같은 일로써 기특한 일이랄 수 없다. 정승에 임명되기 이전, 즉 성불하기 이전의 참선인은 낙백(落魄)의 백의와 같다. 그러나 스스로 원한을 품어서는 안 된다. 그는 본래 대대로 벼슬한 후예이다. 수도인은 본래 미래세계의 부처님이다. 현재 범부라 하지만 수도와 공부를 필요로 한다. 이 게송은 이치가 담겨 있으면서도 의미가 있다. 또한 도광(韜光)선사의 〈사백락천초시(謝白樂天招詩)〉는 아래와 같다.

산승의 거치른 천성 임천을 좋아하여
매양 골짜기 향하여 토굴에 의지하네
소나무 심어 귀한 분 모실 줄 모르고
오로지 물을 끌어 연꽃을 심노라
흰구름 잠깐 푸른 산 찾았지만
밝은 달 하늘에서 내려오기 어렵네
저자거리에 주장자 날리지 않은 것은
청루 앞에 우는 꾀꼬리 방해될까 두려워서
  山僧野性好林泉 每向巖阿倚石眼
  不解栽松陪玉勒 惟能引水種金蓮
  白雲乍可來青嶂 明月難教下碧天
  城市不能飛錫去 恐妨鶯囀翠樓前
 (《全唐詩》卷823)

이 시는 선의 정신을 담으면서도 시의 정취를 이뤘을 뿐 아니라, 문장 또한 화려하다. 이는 잘 정돈된 7율 응수시(應酬詩)이다. "소나무 심어 귀한 분 모실 줄 모르고 / 오로지 물을 끌어 연꽃을 심노라"

는 구절은 부귀인과 결탁할 것이 아니라, 불법을 전하고 학인을 맞을 것이라는 말이다. 이 시에서는 물로써 불법을, 연꽃으로써 부처에게 향하는 사람을 비유한 것이다. "흰구름 잠깐 푸른 산을 찾았다"는 것은 백낙천의 산사 방문을 말하며, "밝은 달 하늘에서 내려오기 어렵다"는 것은 선사는 여여부동(如如不動)하여 하늘 높이 달려 있는 달을 우러러 볼 뿐, 끌어내릴 수 없듯이 백낙천의 초청에 응할 수 없음을 비유한 것이다. "저자거리에 주장자 날리지 않은" 까닭은 푸른 누각 앞에 우는 꾀꼬리의 생활, 즉 성색(聲色)에 찌든 백낙천의 세속생활에 방해될까를 두려워한 때문이다. 꾀꼬리의 지저귐이란 오랑캐의 생활을 가리킨 것인즉 여기에는 풍자와 권유의 뜻을 담고 있다. 송인(宋人)의 《학림옥로(鶴林玉露)》에 어떤 비구니의 〈오도시(悟道詩)〉가 기재되어 있는데 아래와 같다.

    진종일 봄 찾아 헤맸지만 찾지 못하고
    짚신짝 끌며 잿마루 구름을 두루 밟았네
    집에 돌아와 우연찮게 매화가지 맡아보니
    봄은 매화가지 끝에 이미 또렷이 있는 것을……
       盡日尋春不見春　芒鞋踏遍嶺頭雲
       歸來偶把梅花嗅　春在枝頭已十分

자성은 본래 스스로 구족(具足)하여 몸 밖에 추구함을 필요로 하지 않으며 몸 밖에서 구한다 할지라도 얻을 수 없다. 머리 돌려 우연찮게 매화가지 위에 핀 꽃을 맡아 보았다. 이는 도란 곧 자신의 화원에 있다는 것을 말하고 있는데, 이 오도송은 시의 정취가 넘쳐 흐른다. 또한 소각극근(昭覺克勤) 선사의 오도송은 아래와 같다.

   금압향이 비단 휘장에 사라질 때
   피리가락 속에 취한 몸 붙잡고 돌아오네
   젊은이의 풍류 일을
   그대만이 홀로 알리라
      金鴨香銷錦繡幃　笙歌叢裏醉扶歸
      少年一段風流事　只許佳人獨自知
   (《五燈會元》卷19)

  소각극근은 5조법연의 제자로서 북송 선문(禪門)의 큰스님이다. 이 시는 표면적으론 화려한 시구이지만 실제론 깨달음의 경지를 나타내고 있다. "금압향이 비단 휘장에 사라질 때 / 피리가락 속에 취한 몸 붙잡고 돌아온다"는 구절은 노래하고 춤추는 데 열중하는 풍류객을 비유로 들어 금압향 날리고 비단 휘장에서 꽃을 찾는다는 것으로 이는 어지러운 색계에서의 구도를 말하며, 풍류객이 꽃을 찾아 술 취한 몸을 붙잡고 돌아온다는 것은 자신이 참선으로써 깨달음을 얻은 것이다. 이런 경지는 몸소 도달할 수 있으나 말로써 표현할 수 없다. 예를 들면 소년의 풍류 공안은 그대[佳人]만이 알 수 있는 것이지, 다른 사람으로선 그 비밀을 들을 수조차 없다. 그 게송은 선리(禪理)가 담겨 있으면서도 시의 정취를 이뤘을 뿐 아니라 또한 연정(緣情)이 넘치고 있다.

  당송 시인 가운데 선리를 시에 도입하고 또한 선의 이취(理趣)를 담아 선리를 이룬 작품이 그 얼마나 많은지 헤아릴 수 없다. 왕유,

백거이, 소동파 등 대시인은 굳이 말할 것 없고, 언제나 밥을 먹으면서도 임금을 잊지 못한다는, 전형적인 유가사상을 대변하는 두보의 시에서도 선적(禪的) 의미를 찾아볼 수 있다.

　　우두에서 학림을 바라보니
　　사닥다리 길 깊은 숲에 둘러있다
　　봄빛은 산 밖에 떠 있고
　　은하수는 법당 뒷편에 잠 들었다
　　전등은 백일이 없고
　　땅에 폄에 황금이 있네
　　미치광이처럼 즐기는 노인이 되지 말고
　　부주심(不住心)을 뒤돌아 보오
　　　　牛頭見鶴林　梯逕繞幽林
　　　　春色浮山外　天河宿殿陰
　　　　傳燈無白日　布地有黃金
　　　　休作狂歡老　回看不住心
　　　(《九家集注杜甫詩》卷2)

이는 두보의 〈망우두사시(望牛頭寺詩)〉이다. 뒤의 4구절은 선리가 있을 뿐 아니라, 선어(禪語)를 사용한 것으로 보아 시대 풍조의 영향에 의한 것임을 찾아볼 수 있다. 노순미(路洵美) 〈야좌시(夜坐詩)〉의 의경(意境)은 더욱 아름답다.

　　주렴 걷으니 죽헌이 말쑥하고

사방 이웃에 말 소리 없다
물시계는 읊조리는 소리 따라 구르고
달은 앉은 자리에 밝아 온다
초목에 이슬 적시고
의복에 차가운 기운 일어나네
지기 만나기 어려운데도
부질없이 이 때 마음 즐기어라
  簾捲竹軒淸 四隣無語聲
  漏從吟裏轉 月自坐來明
  草木露華濕 衣裳寒氣生
  難逢知鑑者 空悅此時情
  (《竹莊詩話》卷13)

"초목에 이슬 적시고 / 의복에 차가운 기운 일어난다"는 것은 자성이란 현상계에 의하여 나타나며 자신의 깨달음과 도(道)가 하나되는 경지를 비유한 것이다. 이런 경지가 아니라면 "지기 만나기 어려운데도 / 부질없이 이 때 마음 즐기어라"는 구절은 아무런 조리와 맥락이 없는 정신 없는 이야기일 뿐이며, "초목에 이슬 적시고 / 의복에 차가운 기운 일어난다"는 것 또한 이처럼 기뻐해야 할 정도가 없었을 것이다. 또한 범성대(范成大)의 〈수기시(睡起詩)〉는 아래와 같다.

어리석게 세상 따라 어린아이와 장난하니
우뚝 앉은 참선객 사람 따라 내 어리석음 비웃는다
여유 속에 일 바삐 햇살에 약초 말리고

고요 속에 마음 동해 밤새껏 바둑 겨룬다
깊은 잠 깨어보니 무슨 일 할까
전근향 부드러운데 밥톨이 수저에서 흘러 내린다
  憨憨與世共兒嬉　兀兀從人笑我癡
  閒裏事忙晴晒藥　靜中機動夜爭棋
  熟睡覺來何所事　氈根香軟飯流匙
  (《石湖居士詩集》卷28)

"여유 속에 일이 바쁘다"는 것은 참으로 일이 바쁜 것이 아니며, "고요 속에 마음이 동했다"는 것은 참으로 싸움을 겨룬 것이 아니라, 다투는 것은 바둑이다. "깊은 잠 깨어보니 무슨 일 할까 / 전근향 부드러운데 밥톨이 수저에서 흘러 내린다"는 것 또한 임제스님이 말한 것처럼 "다만 평상시처럼 하릴없이 똥 눌 때 똥 누고 오줌 눌 때 오줌 누고 옷 입고 밥 먹고 피곤하면 눕는 것이다. 어리석은 사람은 나를 비웃지만 지혜로운 이는 나를 알 것이다"는 경지이다. 또 이석(李石)의 〈설시(雪詩)〉는 아래와 같다.

대지든 터럭끝이든 모든 색이 공이라
고요한 하늘 아득히 바라봄에 하나의 홍몽(鴻濛 : 混沌) 세계
밤 추위는 매화 달을 휘감고
아침 햇살은 흰 비단에 바람 안고 돌아온다
몸과 세상은 은밀히 진경(塵境) 밖에 옮겨 두고
천지는 옥호(玉壺) 속에 거둬들이네
빈 집의 상서로운 풀 경림(瓊林)과 어울려

봉래산 제일봉을 압권했어라
  大地纖毫色色空 寥天望極一鴻濛
  夜凝冷浸梅魂月 朝拂朝回縞帶風
  身世密移塵境外 乾坤收入玉壺中
  虛堂瑞草瓊林合 壓盡蓬萊第一峯
(《方舟集》卷4)

 위 시는 분명히 흰눈을 빌어 선의 경지를 묘사하고 있다. 다시 말하면 자성이 어느 곳에나 있으며 모든 것을 포괄하고 있음을 비유한 까닭에 "대지든 터럭끝이든 모든 색이 공이라 / 고요한 하늘 아득히 바라봄에 하나의 홍몽(혼돈)세계"라 하였다. 추위가 다하면 따뜻한 날씨가 돌아오고 낙엽이 지면 꽃이 핌으로써 서로 번갈아 운행한 때문에 "밤 추위는 매화 달을 휘감고 / 아침 햇살은 흰 비단에 바람 안고 돌아온다" 하였다. 진제(眞諦)를 깨달으면 멀리 세속을 떠나 사물과 이치를 모두 수반할 수 있기에 "몸과 세상은 은밀히 진경(塵境) 밖에 옮겨 두고 / 천지는 옥호(玉壺) 속에 거둬들인다"고 말하였다. "빈 집의 상서로운 풀 경림(瓊林)과 어울린다"는 것은 참선인이 성위(聖位)에 머무는 '서상(瑞像)'의 의의가 있어야 비로소 "봉래산 제일봉을 압권했다"고 말할 수 있다. 봉래산은 신선이 산다는 선경(仙境)으로, 깨달음의 성스러운 경지는 신선이 머무는 선경보다 훨씬 훌륭한 것이다. 전편의 시에 담긴 뜻은 분명 이와 같다. 여본중(呂本中)의 〈수시(睡詩)〉는 아래와 같다.

  진종일 시를 써도 시 한 수 못 이루어

깊은 낮잠 꿈 속에서도 자주 놀라 잠깬다
잠 깨보니 마음에 모두 하릴없는데
담장 밖에 꾀꼬리 울음소리 한두 차례 전해 온다
  終日題詩詩不成 融融午睡夢頻驚
  覺來心緖都無事 牆外啼鶯一兩聲
  (《東萊先生詩集》卷1)

위 시의 전 2구는 참선구도의 의미를 담고, 후 2구는 무심으로 얻은 정취를 묘사하여 도란 어느 곳에나 있지 않은 곳이 없음을 표현하였다. "담장 밖에 꾀꼬리 울음소리 한두 차례 전해 온다"는 것은 곧 도가 나타남을 말한다. 이 때문에 〈송유학안(宋儒學案)〉에서 "여본중은 선열(禪悅)을 탐닉했다"고 말한 데에는 그만한 원인이 없지 않다. 또《유정시화(柳亭詩話)》에서는 주자(朱子)의〈심춘시(尋春詩)〉에 대한 육상산의 논평을 싣고 있다.

  주자가 일찍이 7언 절구 1수를 지었다. "시냇가 언덕 붉고 푸르러 일시에 새로운데 / 저녁 비 아침 햇살 더욱 아름다워라 / 책에 몰두하지만 어느 날 깨달을까 / 모두 던져 버리고 봄놀이하는 것만 못하여라." 육상산은 이 시를 전해듣고서 기뻐하여 "원회(元晦 : 주자의 字)가 이에 이르러서 깨달았다"고 하였다.[16]

육상산은 주자의 〈심춘시〉를 오도시로 인정하였다. 즉 주자의 깨달음으로 인식한 것이다. 진리의 도는 책에 있는 것이 아니다. 그는

---

16) 朱紫陽嘗作一絶曰 "川原紅綠一時新, 暮雨朝晴更可人. 書冊埋頭何日了, 不如抛却去尋春." 陸象山 聞而喜曰 "元晦 至此覺矣."

주자의 깨달음을 인정할 뿐, 결코 그 깨달음은 선(禪)이 아니다. 이 상의 수많은 시의 해설은 나의 억측이 아니다. 선리와 선취시 중엔 뚜렷이 그 뜻을 이해할 수 있는 것이 있는가 하면 애매하여 알기 어려운 작품도 있다. 따라서 이를 인용하여 증명으로 삼은 것은 모두 당송시의 일부분으로써, 지극히 아름다운 부분이 적지 않다는 점을 말하고자 한 것이다. .

결 론

천취시(天趣詩)는 선의 의미를 담으면서도 그 자취가 없으므로 "형상의 밖을 초월하여 그 환중(寰中)을 얻어" 다방면으로 이해할 수 있고 해석을 할 수도 있다. 기취시(奇趣詩)는 상식에 반하지만 도리에 부합되는 것으로 취향을 삼는데, 그 법은 참선인에게서 전래된 것이다. 시인은 이로써 시를 지어, 부분적으로 선리(禪理)와 관련을 맺고 있으며 무관한 것 또한 선의 의식을 갖추고 있으며 이취시(理趣詩) 또는 직접적으로 선의 이치를 말한다거나 또는 제목을 세워 그 뜻을 나타내기도 한다. 또는 선어(禪語)로 쓴 것을 잘 살펴보아야 할 것이다.

당송 시인의 시에 나타난 선취(禪趣)의 구성은 대체로 위와 같다. 위의 문장에서 양면으로 모두 서술한 예증과 해설은 본원을 탐구하여 말류를 알고, 시업을 버리고 근본을 찾아야 할 것이다. 선취시는 말할 수 없으나 말할 수 있다. 원호문(元好文)의 〈답준서기학시(答俊書記學詩)〉 7언 절구에서 말한 것처럼 "시는 선객을 위하여 금상첨화의 격을 이루어 주었고 / 선은 시인의 옥을 끓는 보도가 되었다〔詩爲

禪客添花錦 禪是詩家切玉刀〕."

  선의 본질에서 말하면 시는 선의 금상첨화일 수 없다. 그러나 시의 형식에 선의 의미를 담은 결과 선학이 크게 유행하여 선은 인도의 명상(名相)을 사용하지 않고, 눈썹과 눈을 끔뻑거리거나 주먹을 곧추세우거나 주장자를 드는 이외에 고상한 표현방법으로 거친 일면을 보완해 줄 수 있었다.

  시인은 선의 정신을 시에 도입하는 데 그치지 않고 선리(禪理)로써 시를 논하였다. 교연(皎然), 사공도(司空圖), 소동파, 엄창랑(嚴滄浪)이 가장 뚜렷한 예이다. "옥을 끊는 보도(寶刀)"란 옥을 재단하여 그릇을 만들며 부스러기를 없애고 단련한 것으로 이는 시학이 선의 도움을 받았다. 이는 시의 그 자체에 그치지 않는다.[17] 태허(太虛)법사의 말에 의하면 "중국 불교의 특질은 선에 있다"고 한다. 이를 상투적인 말로 바꾸어 말하면 "당송시의 특질은 선취(禪趣)에 있다"고 말할 수 있다. 선학은 당송시로 하여금 시의 체제와 작법 등, 여러 방면에서 육조(六朝) 이전의 시와 다른 점을 가지게 하였고, 이밖에도 내용과 의경(意境)면에 있어서 또 다른 별취(別趣)와 별조(別操)를 가지고 있기에 선(禪) 또한 시인에게 금상첨화의 격을 이뤄 주어 옥을 자르는 보도(寶刀)에 그치지 않았다.

  (이는 제1차 한중문학회의(韓中文學會議)에 발표하기 위해 쓰여진 논문으로, 68년 7월 24~27일 《신생보(新生報)》〈부간(副刊)〉에 게재되었고 그 후 《담강주간(淡江週刊)》에 전재하였다).

---

17) 이에 대한 자세한 설명은 두송백(杜松柏)의 《선학(禪學)과 당송시학(唐宋詩學)》을 참고하기 바란다.

부록 2

선가종파와 강서시파

시가의 종파 형성은 강서시파에서 비롯되었다. 그 풍조가 널리 전파되어 송대의 시단(詩壇)을 거의 다 뒤덮었고 시의 창작과 비평에 대한 그 영향은 명청대까지 이르렀으며 그 여파는 현대까지도 미치고 있다. 참으로 이는 시단의 일대사(一大事)에 속한 것이다. 강서시파의 발생을 소급하면 그 근원은 선종에 두고 있다.

선종의 건립이 강서시파의 형성에 끼친 영향

선종은 달마에 의해 창립된 뒤, 육조혜능에 이르러 동문인 신수대사와 더불어 남능북수(南能北秀)로서 모두 필적할만한 형세를 이루었다. 더욱이 혜능이 입적한 후, 법의의 전수가 중단됨으로써 선종에서는 영도자(宗主)를 잃어버렸다. 그 결과 혜능의 제자 신회(神會)와 신수의 세사 보석(普寂)은 송통(宗統)의 정통(正統)과 방계(傍系)에 관한 논쟁이 격렬한 나머지 두 계파는 마치 물과 불처럼 대립되어 적지 않은 조정의 관료와 문인들까지도 그 소용돌이에 휘말렸다. 그에 대한 개황은 《송고승전(宋高僧傳)》에서 말한 바와 같다.

신회는 낙양 하택사에 혜능의 영정을 봉안할 진당(眞堂)을 세우고, 병부시랑 송정(宋鼎)이 비문을 썼다. 신회는 종통(宗統)의 법맥을 서술하여 석가여래로부터 서역의 조사들 외에도, 중국의 6조까지 모두 그 영정을 그렸고, 태위 방관(房琯)은 〈육엽도서(六葉圖序)〉를 지었다.[18]

그 때, 신회는 도첩을 팔아 군량을 대어 곽자의(郭子儀)에게 큰 도움을 주었다. 따라서 안록산 난이 평정된 후, 당나라 왕실의 정치적인 지지를 얻어 마침내 "숭산(嵩山)에 비석을 세우고, 일곱 채의 조사당을 세워 종법과 기율을 정리하고 7대 조사의 숫자를 배열했던" 북종 보적(普寂)을 대신하여 종주의 지위를 독차지하게 되었다. 이에 혜능의 남종은 비로소 선종의 정통이 되었고 북종의 신수는 방계로 폄하(貶下)되기에 이르렀다. 이와 같은 종통의 정통에 대한 논쟁은 대략 개원(開元) 20년(733)에 비롯하여 신회가 숙종(肅宗)의 어명으로 대궐에 초빙되어 공양을 받고 이어 조칙으로 하택사를 선찰(禪刹)로 만들었을 무렵, 대략 지덕(至德) 2년(757)에 이르러 막을 내렸다.

그 논쟁에 개입한 주요 인물에는 송정(宋鼎), 방관(房琯), 왕거(王琚), 왕유(王維), 곽자의(郭子儀), 위리견(韋利見) 등이 있다. 그 시대를 지나 조금 뒤에 태어난 당송팔대가의 한 사람인 한유(韓愈)는 선종의 종파가 서로 다툰 사실을 자연스럽게 알 수밖에 없었을 것이다. 그의 〈원도(原道)〉는 남북 양종이 조사를 배열하고 종지를 정한 선종의 방법을 답습하여 유가의 도통(道統)을 수립한 것이다. 그의

---

18) 會(神會) 於洛陽荷澤寺, 樹崇能(慧能)之眞堂, 兵部侍郎宋鼎爲碑焉. 會序宗脈, 從如來下西域諸祖外, 震旦凡六祖, 盡圖繢其影, 太尉房琯作六葉圖序.

〈원도〉는 아래와 같다.

"이 도는 어떤 도인가?"
"내가 도라고 말한 것은 종전의 이른바 노장과 부처의 도가 아니다. 요(堯)는 이로써 순(舜)에게, 순은 이로써 우(禹)에게, 우는 이로써 탕(湯)에게, 탕은 이로써 문무(文武) 주공(周公)에게, 문무 주공은 공자(孔子)에게, 공자는 맹자(孟子)에게 전하였는데, 맹자가 죽자 전해지지 못했다……"[19]

이는 선종에서 7대 조사를 배열한 것과 다를 바 없다. 차이점이 있다면 한유는 도통(道統)이란 격세(隔世)로 전해질 수 있다고 생각했으며 또한 그것을 가지고 노불(老佛)을 배척했을 뿐이다. 그 후 주자(朱子)에 이르러 처음으로 도통이라는 명제를 세웠다. 그는 《중용장구(中庸章句)》의 서문에서 다음과 같이 말하였다.

요, 순, 우는 이 세상에서 가장 위대한 성인들이다. …… 이로부터 성인과 성인이 서로 계승하여 성탕, 문왕, 무왕과 같은 군주와 고요, 이윤, 부열, 주공, 소공과 같은 신하들이 모두 이로써 도통의 전수를 이어 받았다.[20]

그 이전에는 도통설이 없었다. 있었다면 고작 《맹자》에 "5백 년이

---

19) 曰 斯道也, 何道也? 曰 斯吾所謂道也, 非向所謂老與佛之道也. 堯以是傳之舜, 舜以是傳之禹, 禹以是傳之湯, 湯以是傳之文武周公, 文武周公傳之孔子, 孔子傳之孟軻, 軻之死, 不得其傳矣……
20) 夫堯舜禹, 天下之大聖也……自是以來, 聖聖相承, 若成湯文武之爲君, 皐陶伊傅周召之爲臣, 皆旣以此而接夫道統之傳.

지나면 반드시 왕이 될 성자가 나오게 된다"는 말이 있었을 뿐이다. 유가의 도통이라는 단어는 선종의 종맥(宗脈), 종통(宗統)의 뜻에 견주어 그 명제를 취한 것이다. 주자를 뒤이어 이원강(李元綱)이 이를 바탕으로 〈도통상전도(道統相傳圖)〉를 만들었다.[21]

이원강은 위로 한유를 계승하였지만 실제로는 북종 보적의 7대 조사의 배열과 신회의 종맥의 차례를 본받은 것이다. 이처럼 도통설의 성립은 한유에 의해 비롯되었으나 주자 및 이원강의 손에 의해 완성되었으며, 선종의 전법(傳法) 체계를 모방하였음은 꽤 뚜렷한 일이다. 도학가들이 도통설을 정립할 무렵, 시인 역시 시인의 종파를 정립하였다. 강서시파는 선학의 번성기라는 시대배경에 의해 형성된 것으로 여본중(呂本中)은 주자와 이원강보다 그 이전에 〈강서시사종파도(江西詩社宗派圖)〉를 만들었다. 조언(趙彦)의 《운록만초(雲麓漫鈔)》에 여본중의 서문이 실려 있다.

고문(古文)은 한대 말엽에 쇠퇴하였다. 선진(先秦)의 고서 가운데 남아 있는 것은 사대부들이 표절하는 자료가 되었다. 5언 절구의 오묘함은 《시경》《이소경》과 우열을 다툴 만하다. 이태백과 두보가 나온 이후로는 후대 시인들은 그 누구도 미칠 수 없었다. 한유, 유종원, 맹교, 장적 등은 스스로 일가를 이루었다. 원화(元和) 말엽에는 논할 만한 시인이 없었으며, 당말에 이르러서는 그 쇠퇴가 극에 이르렀다. 그러나 악부의 장단구는 일창삼탄(一唱三嘆)의 극치가 있었다. 본조〔宋〕에 이르러 문물

---

21) 伏羲-神農-黃帝-堯-舜-禹-湯-文·武-周公-孔子-顔子·曾子-子思-孟子-周子-程子·張子-朱子.

이 잘 갖추어져 목백장(穆伯長)과 윤사노(尹師魯)가 처음으로 고문을 짓기 시작하였다. 구양수에 이르러 융성하게 되었고, 시가(詩歌)는 예장(豫章)에 이르러 비로소 확대되어 그가 나와 힘껏 진흥시킴으로써 후학들이 모두 일어나 서로 화답하여 천고의 비밀을 남김없이 밝히기에 이르렀다. 그들의 이름을 기록하여 강서종파라 했는데, 그 원류는 모두 예장에게서 나온 것이다.

여본중은 황산곡을 추앙한 나머지 송시(宋詩)의 대표로 인식하여 선종을 창립한 달마에 비유하였고 그 자신을 황산곡의 제자로 자처하였다. 이 때문에 호존(胡存)은 《초계어은총화(苕溪漁隱叢話)》에서 "여본중은 최근에 시인이라는 명성을 얻은 인물로서 그 스스로 '강서의 의발을 전수받았다' 하고 일찍이 〈종파도(宗派圖)〉를 지었는데, 예장으로부터 진사도(陳師道)와 반대림(潘大臨) 등 25 시인을 나열하여 법제자를 삼았다. 그 원류는 모두 예장에게서 나온 것이라" 하였다.

여본중이 〈강서시사종파도〉를 지은 것은 젊은 시절에 장난 삼아 지은 것이었기에 그의 문집에는 〈강서시사종파도서〉를 싣지 않았다. 그의 《자미시화(紫薇詩話)》에 겨우 "강서제인시(江西諸人詩)"라는 한 항목이 있을 뿐, 〈강서종파도〉에 대해서는 한 마디도 언급하지 않았다. 그가 황산곡의 시를 논한 부분도 많이 보이지 않으며, 또한 강서시파의 시인을 전적으로 논평하여 추앙한 것도 아니고, 또한 다른 사람을 배척하거나 깎아내리지도 않았다. 이 때문에 《사고전서총목(四庫全書總目)》에서는 그의 시화를 다음과 같이 논평하였다.

여본중은 예장에게 법을 전해 받았지만 이 책에서 황정견(황산곡)을 서술한 부분은 오직 범원실(范元實) 1조, 반빈노(潘邠老) 2조, 조무구(晁无咎) 1조뿐인데, 그것도 모두 타인의 말을 인용하여 언급한 것이다. 전적으로 황정견의 시를 논한 것은 구양계묵(歐陽季默) 1조가 있을 뿐이다. 나머지 부분은 모두 그가 집안 선대로부터 옛날에 들었던 것과 벗들이 새로 지은 것들을 서술하고 있다. 장횡거, 정이천과 같은 사람들도 모두 다 기재한 것으로 보아 실로 어떤 한 시파를 주로 한 것이 아니다. 또 이상은(李商隱)을 몹시 칭찬하였지만……또한 하나의 격식을 주로 말한 것도 아니다.[22]

《자미시화》를 살펴보면 《사고전서총목》에서 말한 것과 일치하며, 아울러 강서시파의 명성을 부추긴 곳도 없다. 또 범계수(范季隨)의 《능양실중어(陵陽室中語)》에 의하면 "여본중이 하루는 나의 서실을 찾아왔다가 우연히 책상 위에 놓인 책을 들춰 보았는데 그 책이 바로 〈강서종파도〉였다. 여본중이 '어떻게 이 책을 가지고 있는가. 절대 남들에게 보이지 말라. 이것은 젊은 시절 장난 삼아 지은 것이라'고 말하였다" 한다. 이로 보면 《자미시화》와 《사고전서총목》의 논평은 매우 믿을 만한 말임을 알 수 있다. 여본중이 한 때 장난 삼아 지었다는 것은 《사고전서총목》에서 말한 것처럼 송시의 분파가 나누어지는 시초였을 뿐 아니라, 또한 그 이후의 시단에까지 영향을 끼쳤다. 강서시파의 성립은 선학의 자극을 받아 여본중에 의해 첫 빗장이 열려졌을 뿐이다.

---

22) 本中雖得法於豫章, 而是編稱述庭堅者惟范元實一條, 潘邠老二條, 晁无咎一條, 皆因他人而及之, 其專論庭堅詩者, 惟歐陽季默一條而已. 餘皆述其家世舊聞, 朋友新作, 如橫渠張子, 伊川程子之類, 亦備載之, 實不主於一家, 又極稱李商隱…… 亦不主於一格.

강서시파의 종지에 끼친 선학의 영향

시가에 종파가 있다는 것은 강서시파에서 비롯되었다. 그 이전에도 전원시파, 산수시파, 변새시파(邊塞詩派) 또는 사회시파(社會詩派) 따위의 명칭이 있었지만 그것은 모두 후인들에 의한 분류일 뿐, 당시의 시인 그들 스스로가 내세운 시파의 깃발은 아니다. 강서시파는 여본중이 처음 이름 붙인 것이다. 그는 선학의 영향을 깊이 받아왔던 인물이다. 《송원학안(宋元學案)》의 〈자미학안(紫薇學案)〉에서는 다음과 같이 말하였다.

전조망(全祖望)은 삼가 살펴보건대 대동래 선생은 형양(滎陽)의 적장자(嫡長子)로서 어느 한 스승에 얽매이지 않았는데 이 또한 가풍이다. 원우(元祐) 연간 이후 유원성(劉元城), 양구산(楊龜山), 천산(廌山), 위료옹(魏了翁), 윤화정(尹和靖) 및 왕백신(王伯信) 등 수많은 명사들과 교유하면서 선현의 언행을 많이 알고 이로써 덕을 쌓았지만 선학에 빠졌다. 이 또한 그 가문의 유폐(流弊)였다.[23]

여본중의 시를 살펴보면 많은 부분에서 선종의 전적과 선어(禪語)를 쓰고 있다. 그가 선학에 빠졌다는 전조망의 말은 적절한 표현이다. 여본중 또한 으레 선리(禪理)로 시를 평하였다. 《시인옥설》(권5)에서 다음과 같이 말하였다.

문장을 쓸 때는 반드시 깨달음이 있어야 한다. 깨달음은 반드시 공부

---

23) 祖望謹案 大東萊先生爲滎陽冢嫡, 其不名一師, 亦家風也. 自元祐後諸名宿如元城, 龜山, 廌山, 了翁, 和靖, 以及王伯信之徒, 皆嘗從遊, 多識前言往行, 以畜其德, 而溺於禪, 則又家門之流弊乎!

에서 나오는 것이지 요행으로 얻어지는 것이 아니다. 예를 들면 노소(老蘇)의 문장과 황노직(黃魯直)의 시는 이 도리를 다하였다.[24]

깨달음이 있으면 자연히 제자(諸子)를 넘어설 수 있다. 깨달음이란 공부를 얼마나 부지런히 하느냐 않느냐에 달려 있다. 장장사(張長史)와 같은 사람은 공손대랑(公孫大娘)이 칼춤 추는 것을 보고서 문득 필법을 깨쳤다. 그것은 장장사가 오로지 그 일에 뜻을 두어 잠시도 잊은 적이 없었기에 우연한 계기를 통하여 마침내 신묘한 경지를 이룰 수 있었다. 만일 다른 사람이 그 칼춤을 보았을지라도 그와 무슨 상관이 있겠는가. 이는 글을 짓고 배우는 것만이 그러한 것은 아니다.[25]

선종의 깨달음을 인용하여 시 짓는 법을 추구하고 있음을 알 수 있다. 그는 강서시파를 창립하면서 황산곡을 선종의 달마에 비유하였다. 그는 분명히 말하진 않았지만 유극장(劉克莊)은 이 점을 분명히 말하고 있다.

나는 앞서 여자미(呂紫薇 : 여본중)를 종파에 따라 그를 붙인 바 있었는데, 혹자가 물었다.
"시파는 여기에서 그치는 것입니까?"
나는 말하였다.
"그렇지 않다. 증다산(曾茶山)은 공(贛) 땅 사람이며, 양성재(楊誠齋)는 길(吉) 땅 사람이다. 모두 중흥을 이룩한 대가들이다. 선종에 비유하면, 황산곡은 초조 달마이고 여자미와 증다산은 남북 이종(二宗)이며 양성재는 조금 뒤에 나온 인물로서 임제와 덕산스님에 비교된다. 초조 달마 이하는 연구

---

24) 作文必要悟入處, 悟入必自功夫中來, 非僥倖可得也. 如老蘇之於文, 魯直之於詩, 蓋盡此理矣.(《呂氏童夢訓》)
25) 須令有所悟入, 則自然度越諸子. 悟入之理, 正在功夫勤惰間耳. 如張長史見公孫大娘舞劍, 頓悟筆法, 如張者, 專意此事, 未嘗少忘胸中, 故能遇事有得, 遂造神妙, 使他人觀舞劍, 有何干涉, 非獨作文學書而然也.(呂居仁)

(言句)에 그쳤는데 방할(棒喝)이 나온 후로는 더욱 거리가 멀어지게 되었다. 이 때문에 이가(二家)로 이어지게 된 것이다.[26]

여본중은 〈강서시파종사도〉를 만들면서 그 자신은 그 안에 넣지 않았는데, 유극장이 그를 뒤에 덧붙인 것이다. 그는 황산곡을 달마에 비유했을 뿐 아니라, 여본중과 증기(曾幾 : 曾茶山)를 남종의 혜능과 북종의 신수에 비유하였고, 양성재를 임제와 덕산스님에 비유했으며, 또한 강서시파는 양성재에 이르러 다시 한번 변하였다고 생각하였다. 유극장의 말은 자신이 새로 만들어 낸 것이 아니라, 여본중의 뜻을 미루어 천명한 것이다. 또한 선종에서 각기 다른 종파를 형성한 이유는 자신의 종지를 수립하려는 데 그 목적이 있다. 이른바 "가풍에 따라 가르침"을 각기 달리하여 학인들을 맞이하였다. 달마의 선종 창시는 기존 불교와 달랐고 혜능은 신수와 구별되었는데, 그 후 다섯 종파가 각기 다른 종지를 수립한 것도 모두 이러한 데에서 벗어나지 않는다. 송대 유학자들은 더욱 이를 본받아 각기 학파가 다름에 따라서 각기 다른 종지가 있었다. 이는 황종희(黃宗羲)의 말과 같다. "이에 본원과 지류가 나뉘어 종지가 분명하게 되었다. 이를 따라 나아가는 것이 원래 성인의 이목이다." 강서시파의 성립도 그들의 종지와 특색을 수립하기 위한 것이다. 여본중은 황산곡을 평하면서, 그는 "억양이 반복되고 모든 체들을 다 겸하였고" "천고의 비밀을 남김없이 모두 밝혔다"고 추앙하였다. 황산곡의 이러한 특색을 중

---

26) 余旣以呂紫薇附宗派之後, 或曰 詩派止此乎? 余曰 非也. 曾茶山贛人, 楊誠齋吉人, 皆中興大家數, 比之禪學, 山谷初祖也, 呂曾南北二宗也, 誠齋稍後出, 臨濟德山也. 初祖而下, 止是言句, 至棒喝出, 尤徑庭矣, 故又以二家續.(《後村先生大全集》卷97.〈茶山誠齋詩選〉)

시한 것은 모든 강서시파의 표본이 되었다. 유극장은 황산곡의 시에 대해 다음과 같이 논하였다.

> 송대 초기의 시인으로서 반낭위야(潘閬魏野)와 같은 사람은 만당(晚唐)의 격조를 고수하여 여기에서 한 걸음도 벗어나지 못했으며, 양(楊)·유(劉) 또한 오로지 서곤체(西崑體)에 매달렸으므로 후인들에게 의산(義山)을 표절했다는 비난이 있어 왔다. 소노천(蘇老泉)·매성유(梅聖兪) 두 선생은 조금 변하여 평담하고 호준하였지만 화답하는 사람이 오히려 적었다. 구양수(歐陽脩)와 소동파에 이르러서는 드높은 대가로서 학자들의 존숭을 받았다. 그러나 두 분 또한 각자 천재적인 필력을 극대화하였을 뿐이지, 단련하고 노력한 결과로 이뤄진 것은 아니다. 예장(豫章)이 조금 뒤에 나와서 백가의 시율(詩律)의 장점을 모으고 역대 체제(體制)의 변화를 탐구하고 기서(奇書)들을 수집하고 이문(異聞)을 깊이 파헤쳐 고율(古律)을 지음으로써 스스로 일가를 이루었다. 한 글자 반 구절이라도 가볍게 쓰지 않아 마침내 송조(宋朝) 시가(詩家)의 종조(宗祖)가 되었다. 선종의 달마에 비교된다. 이는 바뀔 수 없는 정론이다.[27]

유극장은 강서시파에 대해 논하면서 황산곡의 개창은 달마의 선종 성립과 같다고 생각하였다. 달마를 선종의 초조(初祖)로 받드는 이유는 "교종 밖에 따로 전하여 문자를 세우지 않고 곧바로 사람의 마음을 가리켜 본성을 보아 부처를 이루는" 종풍을 창립했기 때문이다.

---

27) 國初詩人, 如潘閬魏野, 規守晚唐格調, 寸步不敢走失, 楊劉則又專爲崑體, 故後人有掎摭義山之誚. 蘇梅二子, 稍變以平淡豪俊, 而和之者尙寡. 至六一坡公, 巍然爲大家數, 學者宗焉. 然二公亦各極天才筆力之所至而已, 非必鍛鍊勤苦而成也. 豫章稍後出, 會萃百家句律之長, 究極歷代體制之變, 蒐獵奇書, 穿穴異聞, 作爲古律, 自成一家, 雖隻字半句不輕出, 遂爲本朝詩家宗祖, 在禪學中比得達磨, 此不易之論也.(《後村詩話》〈江西詩派小序〉)

황산곡이 강서시파의 '조사(祖師)'가 될 수밖에 없는 이유는 그가 시를 창작하면서 "백가의 시율(詩律)의 장점을 모으고 역대 체제(體制)의 변화를 탐구하고 기서(奇書)들을 수집하고 이문(異聞)을 깊이 파헤쳐 고율(古律)을 지음으로써 스스로 일가를 이루었다. 한 글자 반 구절이라도 가볍게 쓰지 않았기" 때문이다. 그래서 구양수와 소동파의 천부적인 시재(詩才)로써도 황산곡과 어깨를 견줄 수 없다. 그것은 두 사람이 천재적인 필력을 발휘했을 뿐, 시의 창작에 대한 종지를 세우지 못했기 때문이다. 다시 깊이 탐구해 보면, 강서시파는 황산곡을 선종 조사의 지위에, 그리고 그의 창작 방법을 선종의 종지에 비유하였다. 그러므로 유극장은 〈제하수재시선방장(題何秀才詩禪方丈)〉에서 아래와 같이 말하였다.

> 시인들은 두보를 초조(初祖)로 삼는다. 두보의 시에 의하면 "남들을 깜짝 놀라게 하지 못하면 죽어도 그만두지 않는다"고 한다. 선종에서는 달마를 초조로 삼는다. 달마의 말에 의하면 "문자를 세우지 않는다……"고 한다.[28]

여기에서는 시의 창작에 관한 논지로써 선종의 종지에 비유하였음을 뚜렷이 볼 수 있다. 선종은 6조혜능에게 전해진 후에 오종이 뒤이어 일어나 각기 다른 규모와 면모를 갖추게 되었다. 예를 들면 조동종의 오위도(五位圖), 위앙종의 일원상(圓相), 운문종의 삼구(三句), 법안종의 사료간(四料簡) 등 각기 다른 가풍을 지니고 있다. 강

---

28) 詩家以少陵爲初祖, 其說曰 語不驚人死不休; 禪家以達磨爲祖, 其說曰 不立文字……

서시파 역시 이에 비유된다.

　　강서종파는 시가 강서 시풍(詩風)이지 사람은 모두 강서 출신이 아니다. 사람들이 모두 강서 출신이 아닌데 시를 강서시파라 하는 것은 무엇 때문인가. 하나의 성격으로 묶은 것이다. 묶는다는 것은 무엇인가. 의미로써 말한 것이지 형식으로써 말한 것이 아니다.…… 고자면(高子勉)은 이사(二謝)와 다르고 이사는 삼홍(三洪)과 다르고 삼홍은 진후산(陳後山)과 다른데 하물며 황산곡과 같겠는가. 의미로 묶었을 뿐이다. 시고 짠 음식은 그 맛이 다르고, 산에서 생산되는 나물과 바다에서 나오는 생선은 각기 다른 진미들이지만 조리하는 솜씨는 하나의 손에서 나온다. 같느냐 다르느냐는 추구해도 괜찮고 버려 두어도 관계 없다.[29]

　　양만리는 "강서시파의 사람들이 서로 답습하지 않고 각기 다른 것 또한 오종의 가풍이 달마와 육조에게서 나왔지만 종지가 각기 다른 것과 같다"고 하였다. 그러나 강서시파를 하나로 묶는 것은 오직 공동의 풍격과 풍미(風味)에 관계되기 때문이다. 이 또한 선문의 오종이 교학과 다른 점은 공동의 본질, 즉 선(禪)을 가지고 있기 때문이라는 점과 같다. 이상에서 서술한 바를 종합하면, 강서시파의 성립은 선종의 영향을 받았음을 분명히 알 수 있다.

---

29) 江西宗派者, 詩江西也, 人非皆江西也, 人非皆江西, 而詩曰江西者何? 繫之也. 繫之者何? 以味不以形也.…… 高子勉不似二謝, 二謝不似三洪, 三洪不似陳後山, 而況似山谷乎? 味焉而已矣, 酸鹹異味, 山海異珍, 而調腩之妙, 出乎一手也. 似與不似, 求之可也, 遺之亦可也.(《誠齋集》卷78)

강서시파의 창작이론에 대한 선학의 영향

선학은 참으로 광대하다. 하지만 그 요체를 논한다면 하나의 '깨달음[悟]'에 있을 뿐이다. 혼미하면 범부에 머물지만 깨달으면 성인의 경지에 들어가기 때문이다. 그러나 도에로 들어가는 문 역시 매우 많은 길이 있다. 예를 들면, 2조는 마음을 편안하게 하는 법을 물었다가 깨달음을 얻었고, 3조는 잘못을 참회하다가 도를 깨쳤고, 4조는 얽매임이 없는 것을 통하여 단번에 깨쳤고, 6조는《금강경》구절을 듣고 깨달음을 얻었다.

그 밖의 선사 역시 북소리를 듣고 도를 깨닫기도 하고, 복사꽃을 보고 마음을 깨치기도 하고, 물을 건너다가 깨달음을 얻기도 하고, 물 속에 떨어졌다가 도를 얻기도 하고, 이름을 부르는 소리에 견성하기도 하고, 햇살을 보고 깨치기도 하고, 한 번 손뼉을 치고 크게 깨닫기도 하고, 입을 가리고 단번에 도를 깨치기도 하였다. 산하 대지에 형상이 있는 것과 없는 것, 말과 침묵, 움직임과 고요함이 모두 도(道)에로 들어가는 법문이다. 심지어 우레소리를 듣거나, 개구리가 물에 뛰어드는 소리를 듣거나, 강가에서 길을 비키라는 고함을 듣거나, 계수나무 향기를 맡거나, 변소의 구린내를 맡고도 마음을 밝히고 본성을 깨칠 수 있다. 옛 스님이 말한 "온누리가 모두 해탈의 문이다[盡大地是解脫門]." 이와 같이 마음을 깨닫는 것은 염불과 독경, 그리고 좌선과 입정(入定)의 행입(行入)에 의하지 않고, 또한 경전을 붙들고 해석하고 원인과 이치를 밝히는 이입(理入)도 아니다.

이러한 직감(直感)과 직관(直觀)은 신비적인 색채가 농후하지만 선종의 전등사를 종합해 보면 분명 믿을 만하다고 말할 수 있다. 그것은 스스로의 본성을 깨치고 우주의 대본(大本) 또는 대전(大全)을 깨닫는 것은 지력(智力)으로 알 수 있는 것이 아니다. 오직 직감과 직관이 있어야 하기 때문이다. 이른바 "스스로 물을 마셔야 차가운지 뜨거운지 스스로 알 수 있다"는 고사는 깨달음을 얻을 때에 대한 가장 적절한 설명이다. 시인들은 선학의 이러한 진리를 빌어 시를 배웠는데, 그 중에서도 강서시파가 가장 심하였다. 참선의 방법으로써 시를 배워야 한다고 가장 먼저 주장한 사람은 소동파인 것 같다. 위경지(魏慶之)의 《시인옥설》(권6)에서 그에 관해 기록하고 있다.

> 소동파는 이단숙(李端叔)의 시집 발문에 "잠시 좋은 시를 빌리고자 긴 밤 지새고 / 언제나 아름다운 곳을 만나면 곧 참선한다"고 하였다. 이는 이단숙이 시를 짓는데 너무 지나치게 마음을 쓴 까닭에 참선이라는 말을 가지고 그를 경계한 것이다.[30]

소동파의 말에 의하면 참선하는 법으로써 시를 감상하는 것은 구절 밖의 아름다운 정취를 얻으려는 것이지, 이를 통하여 시를 배우려는 것은 아니다. 한구(韓駒), 여본중에 이르러 바야흐로 참선하는 법으로 시를 배워야 한다고 말하였다. 《시인옥설》(권6)에서는 다음과 같이 말하였다.

> "꾀꼬리를 쫓아내어 / 나뭇가지에 울지 못하게 하라 / 몇 번이고 나의

---

30) 東坡跋李端叔詩卷云 暫借好詩消永夜 每逢佳處輒參禪. 蓋端叔詩用意太過, 參禪之語, 所以警之云.

꿈을 깨워 / 님 계신 요서 땅에 이르지 못하누나." 이는 당나라 사람의 시이다. 어떤 사람이 한자창(韓子蒼 : 韓駒)에게 시법(詩法)을 묻자, 한자창은 이 시를 참구하여 법받도록 하였다.

"변수 강물은 하루 3백리 흐르는데 / 쪽배 타고 동쪽으로 내려가며 다시 돛대 펼친다 / 아침에 기국(杞國) 떠나니 바람은 약간 북쪽에서 불고 / 깊은 밤 영릉(寧陵)에 정박하니 달은 바로 남쪽에 있다 / 고목에 서리 덮여 추적추적 소리 나고 / 찬 바람 이슬 받아 뚝뚝 떨어진다 / 망망하여 내 어디에 있는지 알 수 없는데 / 물빛과 하늘빛 모두 짙푸르다." 이는 한자창의 시이다. 어떤 사람이 여본중에게 시법(詩法)을 묻자, 여본중은 이 시를 참구하여 법받도록 하였다. 후세에 시를 배우는 사람들이 이 2편의 시를 숙독하면 절반 이상은 깨달은 것이다.[31]

위경지가 말한 "후세에 시를 배우는 사람들이 이 2편의 시를 숙독하면 절반 이상은 깨달은 것이다"라는 것은 여본중과 한구가 말했던 이른바 '참선'을 숙독하여 정밀하게 생각하고 해석하면 진정 큰 잘못이 없을 것이라는 말이다. 두 사람이 말한 깊은 뜻을 곰곰이 음미하면 공안을 참구하는 선사들의 참선방법으로써 시를 배우라는 것이다. 북송 이후의 선사들은 옛 조사들이 깨달음을 얻은 경로와 수시(垂示)의 기봉(機鋒)들을 공안(화두)으로 만들어 하나의 공안을 붙들고서 밤낮으로 참구하여 이로써 "죽은 뱀이 다시 살아나기"를 기약하였다.

---

31) 打起黃鶯兒, 莫敎枝上啼. 幾回驚妾夢, 不得到遼西. 此唐人詩也. 人問詩法於韓公子蒼, 子蒼令參此詩以爲法. 汴水日馳三百里, 扁舟東下更開帆. 旦辭杞國風微北, 夜泊寧陵月正南. 老樹挾霜鳴窣窣, 寒風承露落毿毿. 茫然不悟身何處, 水色天光共蔚藍. 此韓子蒼詩也. 人問詩法於呂公居仁, 居仁令參此詩以爲法. 後之學詩者, 熟讀此二篇, 思過半矣.

다른 사람의 깨달음으로 인하여 자신의 깨달음을 얻으며 하나의 화두를 깨달으면 모든 화두를 깨칠 수 있다. 여본중과 한구 두 사람은 사람들에게 하나의 시만을 참구하도록 할 뿐, 1천 수, 1백 수의 많은 시를 숙지시키지 않은 것은 바로 이 때문이다. 다시 말하면 참구에 의해 오묘한 깨달음을 얻으라는 말이다. 여본중과 한구는 모두 강서시파의 걸출한 인물들이다. 한구는 시를 논평한 또 다른 시에서 더욱 명백하게 참구를 통하여 깨달음을 얻는 도리를 말하였다.

시를 배움은 처음 선을 배우는 것과 같다
깨닫기 전에는 제방을 두루 찾아 보아야 한다
하루 아침에 바른 법안을 깨달으면
손닿는 대로 집어도 모두 문장을 이루리라
  學詩當如初學禪　未悟且遍參諸方
  一朝悟罷正法眼　信手拈出皆成章
 (《陵陽集》)

한구는 총림을 행각하는 참선인이 고승을 두루 참방하여 그 가르침을 받아 돈오자득하는 것처럼 시인 역시 그들을 본받아야 한다고 여겼다. 참선인은 정수리(頂門)의 정법안장을 얻은 후에는 "현현(玄玄)하고 요료(了了)하여 마음도 아니요 생각도 아니며 지껄이는 대로 말하여도 모두 사리에 맞게 된다." 시인은 타인의 시를 통하여 시법을 깨달은 후에는 본체로부터 작용을 일으킬 수 있어 성률, 규범, 형식을 초월하여 읊조리고 쓰는 족족 원하는 대로 문장이 이뤄진다. 이 때문에 "하루 아침에 바른 법안을 깨달으면 / 손닿는 대로 모두 문장이 된다〔一朝悟罷正法眼 信手拈出皆成章〕"고 하였다.

여기에서 말한 '바른 법안(正法眼)'이란 금강혜안(金剛慧眼)으로 정수리〔頂門〕에 있다. 한자창이 여기에서 사람들에게 두루 참방하도록 가르친 것과 《시인옥설》(권6)에서 오로지 한 수의 시를 참구하도록 가르쳤던 것은 약간의 차이가 있다. 하지만 종합하여 살펴보면 그가 참선하는 방법으로써 시를 참구하도록 가르쳤던 뜻은 그들로 하여금 시의 모든 것을 오묘하게 깨닫도록 하려는 데 있다. 여본중 역시 사람들에게 시를 참구하도록 가르친 것도 그들로 하여금 깨달음을 얻도록 하려는 것으로 이미 위에서 서술한 바와 같으므로 다시 말하지 않는다. 오묘한 깨달음은 자취를 찾을 수 없어 항상 허공에 떨어져 있다. 아래 인용한 황정견의 문장은 환골탈태에 대한 실용법문(實用法門)이다.

> 황산곡이 말하였다.
> 시의 의미는 무궁하지만 사람의 재능에는 한계가 있다. 한계가 있는 재주를 가지고서 무궁한 의미를 따르려 한다면 아무리 도연명과 두보라 할지라도 그 기교를 발휘할 수 없다. 그 의미를 바꾸지 않고 그 말을 바꾸어 쓰는 것을 환골법이라 하고 그 의미를 묘사〔規摹〕하여 표현하는 것을 탈태법이라 한다.[32]

환골탈태는 송나라 사람들이 많이 논급하여 왔다. 이밖에 《시인옥설》에도 보인다. 이를 총괄적으로 말하면 표절에 능란하기 그지없는 '교활한 도적'에 지나지 않는다. 다만 시를 배우고 짓는데 일조를 제

---

32) 山谷言詩意無窮而人才有限, 以有限之才, 追無窮之意, 雖淵明少陵不得工也. 不易其意而造其語, 謂之換骨法, 規摹其意形容之, 謂之奪胎法.(《冷齋夜話》)

공할 뿐이다. 황정견이 환골탈태를 말한 것은 도가사상과 관련이 있을 뿐, 선가와는 아무런 상관이 없다. 참선법으로써 시를 배우는 것에 대해 조장천(趙章泉)도 말한 바 있다. 조장천은 강서시파 후기의 한 사람으로서, 그는 한자창과 여본중의 영향을 받아 참선으로써 시를 논하였다.

시를 배움은 참선을 배우는 것과 너무 닮았다
초년과 말년을 알라
빼어난 장인인들 썩은 나무에 조각할 수 있으며
요원의 불길이 어찌 꺼진 재를 다시 불사르랴
  學詩渾似學參禪 識取初年與暮年
  巧匠曷能雕朽木 燎原寧復死灰燃

시를 배움은 참선을 배우는 것과 너무 닮았다
마음으로 귀로 전한 것을 간직하라
가을 국화 봄 난초의 자리를 바꿀 수야
청풍과 명월은 본래 한 하늘에 있다
  學詩渾似學參禪 要保心傳與耳傳
  秋菊春蘭寧易地 清風明月本同天

시를 배움은 참선을 배우는 것과 너무 닮았다
속박되면 어떻게 일 구 일 연인들 논하랴
사해구주는 어찌 그리도 분명할까
천추 만세에 영원히 전해지리

學詩渾似學參禪　束縛寧論句與聯
四海九州何歷歷　千秋萬歲永傳傳
(明 都穆,《南濠詩話》)

"초년과 말년을 알라"는 것은 참선인이 처음 깨닫기 이전과 후일 깨달음을 얻고 보임을 거친 후에 생기는 차이점을 알고서 시를 쓰라는 것을 말한다. 참선인이 처음 선방에 들어가 일대사를 깨치지 못하였을 때에는 경전에 의지하지 않으면 남들의 말을 따르고, 혼미하여 그림자를 따르지 않으면 공(空)과 유(有)에 집착하게 된다. 이른바 "언구에 사로잡혀 죽는다"는 것이 바로 이것이다. 시인이 처음 시를 배우는 것도 이와 같다. 시를 외고 읊으면서 오로지 시라는 한 가지 일에만 몰두하게 된다. 그러나 때론 격률(格律)에 어려움을 겪거나 구법에 미혹되거나 예전의 대가들에게 현혹되어 벗어나지 못하게 된다. 이 또한 참선인이 언구에 사로잡혀 죽는 것과 같다. "빼어난 장인인들 썩은 나무에 조각할 수 있을까"라는 구절은 시인이란 천부적 재능을 중시한다. 참선인이 근기를 중시하는 것처럼……. 참선인의 깨달음은 큰 스님의 교화와 인도를 필요로 한다. 그러나 더욱 중요한 것은 근기의 우열에 달려 있다. 이른바 "견해가 스승과 같으면 스승의 덕을 반으로 감소시킨다. 견해가 스승을 넘어서야 겨우 전수할 만하다〔見與師齊 減師半德 見過於師 差堪傳授〕"는 것이다.

　시인 역시 천부적 재능을 중시하지만 썩은 나무와 다를 바 없다면 아무리 솜씨좋은 장인인들 어떻게 조각하여 그릇을 만들 수 있겠는가. "요원의 불길이 어찌 꺼진 재를 다시 불사르랴"라는 구절은 시인이란 구태여 참선인처럼 "크게 한 번 죽고" "죽은 후에 다시 회생하는" 신비적 경험을 갖출 필요가 없다는 말이다. 참선인의 깨달음은 으레 죽은 후에 다시 살아나고 고목에 다시 봄이 오고 꺼진 재에 다시 불씨를 붙이는 데 비유한다. 이는 말끔히 정식(情識)을 없애어 자아도 불법도 없고 더러움도 청정함도 없음을 말한다. 자성을 밝게 깨친 후에는 전혀 그 이전의 경계가 아니다. 하지만 조장천은 시인이란 굳이 이와 같을 필요가 없다. 초원을 태우는 불길과 같기에 꺼진 재를 다시 불태울 필요가 없다고 말한 것으로 여겨진다.

둘째 시의 "마음으로 귀로 전한 것을 간직하라"는 구절은 시인이 전수를 귀중시하는 것 또한 참선인이 법맥의 전수를 귀중시한 것과 같다는 뜻이다. 참선인이 큰스님을 두루 참방할 때 조사의 가르침에는 이치로 이해할 수 있는, 의미 있는 말이 있다. 그것은 귀로 전해 들을 수 있는 이전(耳傳)이다. 이밖에도 불가사의(不可思議)하여 의미를 알 수 없는 말이 있다. 예컨대 "뜰 앞의 잣나무" "삼 세 근" 또는 방망이를 쓰거나 억소리를 내지르는 것과 같이 마음으로 깨달을 수 있을 뿐이다. 선사들이 법을 전할 때 마음으로써 마음을 전하여 말없이 깨달음을 얻는 것이다. 이것이 마음으로 전한다는 심전이다.

시인이 시를 배우는 것 또한 이와 같다. 입과 귀로 서로 전하는 이전(耳傳)이 있는가 하면 언어를 초월하여 마음으로 깨닫는 심전(心傳)이 있다. 옛 시인의 시에 대한 이해는 더욱 심전에 의존한다. "가을 국화 봄 난초의 자리를 바꿀수야"라는 구절은 시를 성취하려면 시절과 인연을 필요로 한다는 말이다. 참선인의 깨달음은 시절과 인연을 중시한다. 참선인은 똑같이 조사의 가르침을 받아도 듣는 사람에 따라 깨달은 자와 깨닫지 못한 자의 구별이 있으며, 또한 그 당시엔 깨닫지 못했을지라도 훗날 어떤 계기에 의해 깨달음을 얻기도 한다. 예를 들면 동산양개는 시냇물을 건너다가, 향엄지한은 기왓조각이 대나무에 부딪치는 소리를 듣고 깨달음을 얻은 것과 같다. 시인이 시를 배우는 것도 이와 유사하다.

예를 들면 난초가 봄에, 국화가 가을에 꽃 피는 것은 시절이 다르기 때문이지 토양의 차이가 아니다. 이 때문에 시를 배우는 것도 때가 되어야 완성되는 것이다. 더욱이 시대에 따라 그 시대의 시가 있다. "청풍과 명월은 본래 한 하늘에 있다"는 구절은 시리(詩理)와 시법(詩法)이 선문에서 공(空)과 유(有)를 논한 것처럼 본래 하나라는 뜻이다. 자성(自性)의 체용이 나타난 부분으로 말하면 형이상의 공(空)과 형이하의 유(有)가 있으나 공과 유는 하나요 원래 다른 것이 아니다. 조장천은 청풍으로 공을, 명월로써 유를, 하늘로써 자성 또는 대전을 비유하였다. 공과 유는 모두 대전에 속한다는 뜻이다. 시 또한 이와 같이 형이상의 시리(詩理)와 형이하의 시법(詩法)이 있으나 모두 시의 영역에 속하기에 시를 배우는 자들은 그 이치를 밝게 알아 헛된 분별심을 내서는 안 된다.

셋째 시의 "속박되면 어떻게 일 구 일 연인들 논하랴"는 것은 시인은 속박을 버린 참선인처럼 일 연 일 구에 속박을 받아서는 안 된다는 뜻이다. 참선하여 깨달음을 구할 때는 유에 대한 집착을 없앨 뿐 아니라, 공에 대한 집착도 버려야 하며, 다시 한 걸음 더 나아가 "유도 아니요 공도 아니며" "유 아닌 것도 아니요 공 아닌 것도 아닌" 것에 대한 집착까지 모두 버림으로써 원만한 밝은 지혜를 얻어야 한다. 마치 외로운 달이 허공에 빛난 것처럼 가리움과 견해가 없으며, 성인의 경지에 들어간 후에는 다시 성스런 견해와 그에 대한 집착도 없어야 바야흐로 크게 쉴 수 있다. 그렇지 못하면 하나의 티끌이 날아 하늘을 가리게 된다. 시인이 시를 배우는 것도 집착을 버려 일 구 일 연의 속박에 얽매여서는 안 된다. 이와 같이 하면 그의 시는 천추만대에 전해질 수 있다. 사해구주의 시인들이 이처럼 또렷하지 않음이 없다. 참선의 이치로 시를 평론한 것은 여본중과 조장천이 논한 바 이미 상세하고 명백하므로 특별히 위와 같이 추론한 것이다.

강서시파 또한 시의 활법(活法)을 문제 삼았다. 그것은 여본중에 의해 창조되고 조장천이 밝혀 강서시파가 시를 평론하는 중요 이론이 되기에 이르렀다. 증계리(曾季貍)의 《정재시화(艇齋詩話)》에서는 다음과 같이 말하였다.

> 후산은 시를 논하면서 환골을, 동호는 적중을, 자창은 포참입처(飽參入處)를 말하였다. 그러나 그 실상은 모두 하나의 중요한 핵심이다. 깨닫지 않고서는 안 된다.[33]

여본중이 시의 활법을 논한 것으로 보아 당시 시가에 의해 중시되었음을 알 수 있다. 하지만 시의 활법이란 결코 깨달음이 아닌데, 증계리가 이를 혼동하여 논하므로 오히려 여본중의 뜻을 상실한 것이다. 여본중은 활법의 의의에 대해 다음과 같이 말하였다.

> 자미공이 〈하균부집서〉를 지으면서 말하였다.
> "시를 배우려면 활법을 알아야 한다. 이른바 활법이란 규칙을 갖추고서도 규칙을 벗어나며 변화무쌍하면서도 규칙에 어긋나서는 안 된다."
> 이 도는 일정한 법칙이 있으면서도 일정한 법칙이 없어야 하고, 일정

---

33) 後山論詩說換骨, 東湖論詩說中的, 子蒼論詩說飽參入處, 然其實皆一關振, 非悟入不可.

한 법칙이 없으면서도 일정한 법칙이 있어야 한다. 이를 아는 자와 더불어 시의 활법을 이야기할 수 있다. 사원휘(謝元暉)가 말하기를 "좋은 시는 막힘이 없이 탄환처럼 원만하고 아름답다"고 하니, 이것이 참된 활법이다.[34]

활법(活法)과 사법(死法)이란 대칭되는 명제이다. 그에 관한 깊은 의의 역시 선학(禪學)에서 구해야 한다. 선종에서는 모든 법을 모두 가명(假名)이라고 생각하였다. 6조혜능은 "자성을 깨달으면 보리열반도 세우지 않고 해탈지견도 세우지 않는다. 하나의 법도 얻을 것이 없어야 비로소 모든 법을 세울 수 있다" 하였고, 또한 "자성을 스스로 깨쳐 단번에 깨닫고 단번에 닦으니, 또한 점차(漸次)가 없다. 이 때문에 일체 법을 세우지 않고 모든 법이 적멸(寂滅)한데 무슨 차례가 있겠는가"라고 하였다. 자성의 돈오(頓悟)는 일체 법을 세울 필요가 없을 뿐 아니라, 또한 법이 있으면 집착이 되기에 모든 법도 반드시 고요해야 한다.

곡은(谷隱)선사는 다음과 같이 말하였다.

우리 선종에는 말이 없으며 또한 하나의 법도 전해 줄 것이 없다. 하나의 법이라도 전해 줄 수 있다면 또한 단멸(斷滅)과 상주(常住)의 법을 이루게 되니, 바른 법이 아니다. 예로부터 부처와 부처가 전수하고 조사와 조사가 전수한 것은 다만 얻은 바와 깨달은 바 툭 트이고 막힘이 없이 본원을 철지히 보는 것을 귀하게 여겼다. 이래야 바야흐로 바른 지견

---

34) 紫薇公作夏均父集序云, 學詩當識活法, 所謂活法, 規矩備具, 而能出於規矩之外, 變化不測, 而亦不背於規矩, 是道也, 蓋有定法而無定法, 無定法而有定法, 知是者, 則可與語活法矣. 謝元暉有言, 好詩流轉. 圓美如彈丸. 此眞活法也.
(劉克莊《江西詩派小序》)

이라 한다. 모든 것에 준칙이 있고 모든 법을 원만하게 통하여 혹자는 12분교(分敎)에서 밝게 얻은 자가 있고, 혹자는 교학 밖에서 밝게 얻은 자가 있으며, 혹자는 들어 말하지 않아도 먼저 깨달은 자가 있으며, 혹자는 스승 없이도 스스로 깨닫는 자가 있다.……[35]

이른바 "하나의 법도 전해 줄 것이 없다"는 것은 일정한 법이 있으면 그것은 곧 죽은 법이라는 말이다. 일정한 법이 없어야 모든 법을 원만하게 통할 수 있고 자성을 밝게 깨칠 수 있다. 이것이 원통(圓通)의 활법이다. 여본중은 선리(禪理)를 시리(詩理)에 적용하고 선법(禪法)으로 시법(詩法)을 논한 것이다. 시인이 말한 시법은 격조(格調), 성율(聲律), 대우(對偶), 편법(篇法), 구법(句法), 자법(字法) 등에서 벗어나지 않는다. 시를 배울 적에는 이로부터 비롯하며 시를 짓는 법 또한 이를 어겨서는 안 된다. 오로지 하나의 법을 고수한 나머지 그 법에 속박되면 생기를 잃게 된다. 그러므로 법을 따르되 하나의 법만을 고수하지 않아야 한다. 따라서 "일정한 법칙이 있으면서도 일정한 법칙이 없고, 일정한 법칙이 없으면서도 일정한 법칙이 있어야 한다." 여본중이 말한 "활법이란 규칙을 갖추고서도 규칙을 벗어나며 변화무쌍하면서도 규칙에 어긋나서는 안 된다"는 뜻이다. 그러나 당시 사람들은 여씨의 논지에 대해 오해가 있어 왔다. 이 때문에 유극장(劉克莊)은 다음과 같이 말하였다.

---

35) 我宗無語句, 亦無一法與人, 若有一法與人, 亦成斷常之法, 非正法也. 從上佛佛授予, 祖祖有傳, 只貴所得所證, 廓然蕩豁, 徹見本源, 方謂之正知正見, 繩繩有準, 法法融通, 或於十二分敎明得者, 或於敎外明得者, 或有未擧先知, 未言先領者, 或有無師自悟者.……(《兀庵和尙語錄》〈示松島圓海長老書〉)

위에서 인용한 사선성(謝宣城 : 謝元暉)의 "좋은 시는 막힘이 없이 탄환처럼 원만하고 아름답다"는 말을 가지고서 나는 사선성의 시를 살펴보았다. 마치 비단 짜는 여인이 아름다운 비단을 짜고, 옥을 가공하는 장인이 옥을 다듬은 것처럼 이 세상의 정교함을 지극히 다하였다. 이와 같은 후에야 원만하고 아름답다고 할 수 있다. 최근의 학자들은 탄환의 비유를 잘못 인식하여 쉽게 지으려고만 한다. 이 때문에 육방옹의 시에 "탄환 같다는 논지는 사람들을 오도했다"고 말하였다.[36]

당시 사람들은 결과와 원인을 잘못 이해한 나머지, "막힘이 없이 탄환처럼 원만하고 아름답다"는 것은 시인이 활법을 운용한 결과임을 알지 못한 채, 시를 가볍게 쉽게 지으라는 말로 생각하였다. 이 때문에 후학을 오도하여 육방옹의 질타를 받은 것이다. 여본중이 말한 활법의 뜻은 서증(徐增)이 잘 밝혀 주고 있다.

나는 30년 동안 시를 논하면서 하나의 법(法) 자를 알았을 뿐이다. 그러나 근래에 들어 처음으로 하나의 탈(脫) 자를 알게 되었다. 시에는 일정한 법칙이 있다. 이를 떠나서도 안 되고 그렇다고 너무 집착해서도 안 된다. 법칙을 떠나면 시체(詩體)를 잃게 되고, 집착하면 기상을 잃게 된다. 그러므로 시를 지으려면 먼저 일정한 법칙을 따라 들어갔다가 나중에는 법칙에서 벗어나야 일정한 법칙이 없음으로써 일정한 법칙을 삼을 수 있다. 이것을 탈(脫)이라 한다.[37]

---

36) 所引謝宣城好詩流轉圓美如彈丸之語, 余以宣城詩考之, 如錦工織錦, 玉人琢玉, 極天下巧妙, 窮巧極妙, 然後能流轉圓美, 近時學者, 誤認彈丸之喩, 而趨於易, 故放翁詩云 彈丸之論方誤人.(〈江西詩派小序〉)
37) 余三十年論詩, 祇識得一法字, 近來方識得一脫字, 詩蓋有法, 離不得, 却又卽他不得, 離則傷體, 卽則傷氣, 故作詩者, 先要從法入, 後從法出, 能以無法爲有法, 斯之謂脫也.(《徐而庵詩話》)

서증이 논급한 탈(脫)이란 여본중이 말한 활법의 뜻이다. 그의 말은 너무 차원이 높기에 왕부지(王夫之)의 논증을 보충하여야 여본중의 활법에 대한 뜻이 더욱 분명해질 것이다.

 기승전결(起承轉結)은 하나의 법칙이다. 초당(初唐)과 성당(盛唐)의 시를 취하여 시험해 보면 누가 이 법칙을 고수하였는가. 법칙이란 문장을 이루는 것보다 중요하지 않다. 이 네 가지의 법칙을 세우면 문장을 이룰 수 없다. 더욱이 노가소부(盧家少婦)를 어떻게 해석할 것인가. 이것이 무슨 문장인가. 또한 "불나무에 은빛꽃이 하나이다"는 구절의 경우 하나의 혼연(渾然)한 기운이다. 또한 "수자리에서 돌아오지 못할 줄 알고 있다"는 것은 곡절이 있어 실마리를 찾을 수 없다. 그 밖에 혹은 여섯 구절을 평범하게 서술하다가 두 구절로써 총괄하기도 하고, 혹 6, 7구의 뜻에 여운이 없다가 끝 구에서 비백법(飛白法)을 펼치기도 한다. 정취가 초탈하고 고원하여 첫 구절을 일으키되 굳이 일으키지 않고 끝 구절에서 끝맺어 거둬들이되 굳이 거둬들이지 않음으로써 영통(靈通)한 생기를 가지고 문장을 이루고 있다.[38]

"영통(靈通)한 생기를 가지고 문장을 이룬다"는 것은 시인의 시법에 대한 요령을 말한 것이다. 참선인에게 일정한 법칙이 없으나 돈오를 추구하는 데에는 남김이 없듯이, 시인은 일정한 법칙 없이 오로지 문장을 이루어 의미의 전달만을 추구하는 것이다. 일정한 법칙을 지키는 것은 처음 배우는 이가 배워가는 법이고 일정한 법칙이

---

38) 起承轉收一法也, 試取初盛唐詩律驗之, 誰株守此法者? 法莫要於成章, 立此四法, 則不成章矣. 且道盧家少婦作何解? 是何章法? 又如火樹銀花合, 渾然一氣. 亦知戍不返, 曲折無端. 其他或平鋪六句, 以二語括之. 或六七句意已無餘, 末句用飛白法颺開. 義趣超遠, 起不必起, 收不必收, 乃使生氣靈通, 成章而已.……(《夕堂永日緖論》)

없는 것은 원만한 깨달음을 추구하여 변화의 자취가 없음을 추구한 것이다. 심덕잠(沈德潛)은 이에 대해 보다 더 자세히 논술하고 있다.

> 시는 성정(性情)을 귀중시하지만 또한 반드시 법을 논해야 한다. 난잡하여 무질서하면 시가 아니다. 그러나 이른바 법이란 행하지 않을 수 없는 것을 행하고, 그치지 않을 수 없는 것을 그치되 기복(起伏)이 상응하고 문맥이 전환하여 그 가운데 신명의 변화가 있어야 한다. 만일 이런 곳은 반드시 어떻게 해야 하고 저런 곳에서는 어떻게 해야 한다라는 데 얽매여서 마음으로써 법을 운용하지 못하고 도리어 마음으로써 법을 따른다면 그것은 곧 죽은 법이다. 하늘과 땅에 강물이 흐르고 구름이 머물고 달이 뜨고 바람이 부는 것을 보라, 그 어디에 죽은 법을 따르고 있는가.[39]

이른바 법이란 기복(起伏)의 상응과 문맥의 전환이며, 이른바 활법이란 그 사이에 신묘한 변화로써 시 전체의 뜻을 총괄하는 것이다. 이는 여본중의 뜻을 보완해 줌과 아울러 왕선산(왕부지)의 논지를 밝혀 주는 부분이다. 활법과 사법은 참선인에게 근원을 두고서 시론에 활용한 것이다. 이는 위의 논술로써 그 대개를 알 수 있다. 참선으로써 시를 배우고 활법으로써 시를 논한 것은 강서시파의 시학에 끼친 그 영향력에 있어서 황산곡의 환골탈태법의 영향을 제외하고는 가장 큰 것이었다. 따라서 선학에서 이를 밝히지 못하여 그 원류를 모른다면 그 진의가 어디 있는지 알 수 없을 것이다.

---

39) 詩貴性情, 亦須論法, 亂雜無章非詩也. 然所謂法者, 行所不得不行, 止所不得不止, 而起伏照應, 承接轉換, 自神明變化於其中, 若泥定此處應如何, 彼處應如何? 不以意運法, 轉以意從法, 則死法矣! 試看天地間, 水流雲在, 月到風來, 何處着得死法.(《說詩晬語》)

강서시파의 비평에 대한 선학의 영향

　선종의 종파가 여러 갈래로 나뉘어진 것은 오가(五家)의 각기 다른 종지에 의해 가르침이 똑같지 않음으로 인해 모두 그 나름대로 특색 있는 문호를 세운 것이다. 하지만 그 기본정신은 불법을 구하는 데 있는 것이지 종파의 차이에 있지 않으며, 목적의 의의는 깨달음에 있는 것이지 우열을 밝히려는 데 있지 않다. 이 때문에 종파를 초월해서 두루 참방하여 기봉(機鋒)을 겨뤄 서로 일치하면 동참하고 그렇지 않으면 곧바로 떠나가는 것이다. 일치하느냐 않느냐는 도에 있는 것이지 종파에 있지 않다. 그러나 황룡, 양기선사에 이르러 조동종과의 간화선과 묵조선의 논쟁이 형성되었다. 강서시파에서 시를 논평한 그 처음에는 그들 역시 이러한 정신을 갖추고 있었다. 그러므로 그들의 계파 형성은 "의미의 차이에 의한 것이지 정신의 차이에 의한 것이 아니다." 이 때문에 똑같이 황산곡을 스승으로 삼으면서도 각기 수립한 바는 달랐다. 이는 양만리(楊萬里)의 말과 같다.

　강서종파는 시가 강서 시풍(詩風)이지 사람이 모두 강서 출신이 아니다. 사람들이 모두 강서 출신이 아닌데 시를 강서시파라 하는 것은 무엇 때문인가. 하나의 성격으로 묶은 것이다. 묶는다는 것은 무엇인가. 의미로 말한 것이지 형식으로 말한 것이 아니다.…… 고자면(高子勉)은 이사(二謝)와 다르고 이사는 삼홍(三洪)과 다르고 삼홍은 진후산(陳後山)과 다른데 하물며 황산곡과 같겠는가. 의미로 묶었을 뿐이다.[40]

---

40) 江西宗派者, 詩江西也, 人非皆江西也, 人非皆江西, 而詩曰江西者何? 繫之也. 繫之者何? 以味不以形也.…… 高子勉不似二謝, 二謝不似三洪, 三洪不似陳後山, 而況似山谷乎? 味焉而已矣,(《誠齋集》卷78)

위의 인용문은 여본중의 《자미시화》에서는 겨우 하나의 항목에서
강서시인의 시를 논하였고, 황산곡의 시를 논한 부분도 많지 않으
며, 또한 강서시파에 속한 여러 시인의 시를 전문적으로 논술하여
존숭하지도 않았고 강서시파 이외의 시인들을 폄하하지도 않았음을
논증하고 있다. 강서시파의 시인들은 서로 표방한 점도 있으나 의기
가 상통하여 서로 추숭하지는 않았다. 그러나 후일에 이르러서는 점
차 새로운 변화가 있었다. 예를 들면 유극장의 〈강서시파소서〉에서
모두 강서시파의 시를 높여 칭찬만 할 뿐, 폄하하지 않기에 이르렀
다. 그는 황산곡을 추앙하여 아래와 같이 말하였다.

　　예장(豫章)이 조금 뒤에 나와서 백가의 시율(詩律)의 장점을 모으고 역
　대 체제(體制)의 변화를 탐구하고 기서(奇書)들을 수집하고 이문(異聞)을
　깊이 파헤쳐 고율(古律)을 지음으로써 스스로 일가를 이루었다. 한 글자
　반 구절이라도 가볍게 쓰지 않아 마침내 송조(宋朝) 시가(詩家)의 종조(宗
　祖)가 되었다. 선종의 달마에 비교된다. 이는 바뀔 수 없는 정론이다.[41]

유극장은 황산곡을 추앙한 나머지 그의 지위는 소동파에 비해 보
다 더 우위에 있다고 생각하였고, 아울러 선종의 조사에 비유하였
다. 진후산에 대해 다음과 같이 말하였다.

　　진후산이 수립한 바 매우 높다. 그의 의논은 남에게 한 글자도 빌리
　지 않았다. 그러나 그의 시는 예장공을 스승으로 삼았다고 스스로 말하

---

41) 豫章稍後出, 會萃百家句律之長, 究極歷代體制之變, 蒐獵奇書, 穿穴異聞, 作
　　爲古律, 自成一家, 雖隻字半句不輕出, 遂爲本朝詩家宗祖, 在禪學中比得達
　　磨, 此不易之論也.(《後村詩話》〈江西詩派小序〉)

였다.

 혹자는 "황산곡과 진후산의 명성이 똑같은데, 어떻게 스승으로 삼았 겠는가"라고 하였다. 나는 그에 대해 말하기를 "활쏘기는 하나의 화살 로, 바둑은 한 수로 승부를 겨룬다. 시 또한 그와 같다. 진후산의 지위가 예장과 멀지 않으므로 스승으로 삼은 것이다. 만일 동시대의 진조(秦晁) 와 같은 이들이라면 이런 말을 하지 못했을 것이다. 이는 시에 조예가 깊은 자만이 안다"고 하였다.[42]

 이는 진후산이 진조(秦晁)보다 우위에 있음을 추앙한 말이다. 강서 시파의 사람들이 지극히 추앙하는 것을 능사로 삼고 있다. 그들은 다른 시파(詩派)를 공격하지는 않았지만 이미 한 패거리라는 혐의가 없지 않다. 예를 들면 증계리(曾季貍)의 《정재시화(艇齋詩話)》에서는 여본중 및 강서시파의 주요 인물들의 시와 그들의 사적을 밝히는 데 온 힘을 기울인 결과, 시인의 문호와 파벌을 형성하였고 따라서 그 에 대한 격렬한 반동을 일으켰다. 이는 우무(尤袤)의 말과 같다.

 근세의 문사들이 강서시파에 대해 말하기를 좋아한다. 하지만 범지능 (范至能)처럼 온화한 시풍을 가진 시인이 있는가. 양정수(楊廷秀)처럼 통 쾌한 시풍을 가진 시인이 있는가. 소동부(蕭東夫)처럼 고고한 시풍을 가 진 시인과 육무관(陸務觀)처럼 빼어난 시풍을 가진 시인이 있는가. 이들 은 모두 스스로 아름다운 문장으로 참으로 눈여겨 볼 만한 작품들이다. 그들 또한 강서시파라 할 수 있는가.[43]

---

42) 後山樹立甚高, 其議論不以一字假人, 然自言其詩師豫章公, 或曰黃陳齊名, 何 師之有? 余曰 射較一鏃, 奕角一著, 惟詩亦然, 後山地位去豫章不遠, 故能師 之, 若同時秦晁諸人, 則不能爲此言矣, 此惟深於詩者知之.……
43) 近世文士, 喜言江西, 溫潤有如范至能者乎? 痛快有如楊廷秀者乎? 高古有如 蕭東夫, 俊逸有如陸務觀者乎? 是皆自出機杼, 亶有可觀者, 又奚以江西爲?

이미 강서시파에 대한 곱지 않은 비평이 있었으며, 그 후 사령(四靈)시파와 강호시파가 뒤이어 생겨난 것 또한 강서시파의 시평(詩評)에 자극받은 것이다. 시를 평론함에 있어 강서시파를 표본으로 삼은 결과 오로지 강서 일파의 시에 눈이 가리워져 그 밖의 다른 작품을 모르기에 이르렀다. 양만리(楊萬里)는 이러한 잘못을 지적하고 있다.

  근세에 융성한 시를 들어 말한다면 강서시파보다 더 융성한 것은 없었다. 그러나 강서시파를 아는 사람은 당나라 시인이 있는 줄을 모르고, 혹자는 당나라 시인을 깎아내리고 강서시파를 높인다. 이는 당나라 시인을 모를 뿐 아니라, 강서시파를 아는 사람이라 할 수도 없다. 그러나 당나라 시인을 모르면서도 오히려 강서시파는 안다고 하지만 그렇게 되면 강서시파의 시 역시 알 수 없다. 한탄스러운 일이다.[44]

강서시파의 시인들은 당나라 시인들의 시를 모르게 되었고, 혹자는 당나라 시인을 깎아내림으로써 강서시파를 편드는 것으로 보아 그들의 폐단을 알 수 있다. 사령시파와 강호시파가 일어난 것 또한 강서시파의 잘못을 바로잡고자 한 데에서 비롯된 것이다. 그러나 두 시파의 문호가 이미 세워졌지만 편파적인 면이 없지 않았고 그들의 힘 또한 강서시파와 비교될 수도 없었다. 이에 방회(方回) 등은 다시 강서시파의 편에 서서 사령과 강호시파를 공격하였다. 이 때문에 원호문(元好問)은 "시를 논하면서 황산곡에게 절을 할지언정 / 강서시

  (《梁谿遺稿》〈白石詩稿序〉)
44) 近世此道之盛者, 莫盛於江西, 然知有江西者, 不知有唐人, 或者左唐人以右江西, 是不惟不知唐人, 亦不可謂知江西者. 雖然不知唐人, 猶知江西, 江西之道, 亦莫之知焉, 可嘆也.(《誠齋集》卷78,〈雙桂老人詩集後序〉)

파의 사람은 되지 않을 것이다〔論詩寧下涪翁拜 不作江西社裏人〕"고 하였다. 그것은 황산곡을 인정하면서도 강서시파를 달갑게 여기지 않은 것이다. 종파의 형성에 따른 잘못이 생기기 마련이기 때문이다.

육상산(陸象山)은 다음과 같이 말하였다.

> 후세의 학문은 반드시 먼저 문호를 세우고 있다. 이치가 편안한 곳이라면 어떻게 문호를 찾을 수 있겠는가. 학자들이 각기 문호를 비호하는 것은 더욱 비루한 일이다.[45]

이는 병의 근원을 잘 파헤친 말이다. 강서시인들이 종파를 세운 그 시초는 그들의 종지를 드러내어 그들만의 독특한 가르침을 알리는 데 있었다. 마치 참선인들이 종파를 세운 것과 같았다. 그러나 문호의 파벌에 의한 유폐(流弊)를 피하기 어려웠다. 그것은 왕부지(王夫之)의 말과 같다.

> 일단 문호를 세우면 그들은 한정된 틀을 가지게 됨으로써 더 이상 개성이 없고 새로운 생각을 하지 않게 되어 자신도 얽어매고 남들까지 얽어매니, 누가 그 속박을 풀어 줄 것인가. ……문호를 세우는 자는 반드시 온갖 것을 늘어놓는다. 온갖 것을 늘어놓는다는 것은 문호를 세울 수 없는 것이 아니다. 마음은 사람마다 스스로 가지고 있는 것이기에 서로 빌려 주는 것이 아니다. 따라서 방편법문이 없으면 천박한 사람들이 마음대로 끌어다 쓰게 된다. …… 용사(用事)를 하든 하지 않든 모두 마음을 자세히 묘사함으로써 사람들에게 선한 마음을 일으키게 하고 정사를 살펴보게 하고 많은 사람들이 함께 하게 만들고 은근히 원망할 줄 알게

---

45) 後世問學, 先須立箇門戶. 此理所安, 安有門戶可尋. 學者各護門戶, 此尤可鄙.(《象山集》卷34)

함으로써 천박한 사람들이 끌어다 쓰지 못하게 한다. 그처럼 끌어다 쓰지 못한 까닭에 문호를 세운 자가 없어서 홀로 4백 년의 쇠퇴기를 일으킨 것이다.[46)]

왕부지의 논(論)은 강서시파와 그 후 시파들의 잘못에 대해 정곡을 찌른 것이다. 강서시파의 형성 이후로 시인들은 종파에 대해 즐겨 말하지 않은 이가 없었다.

강서시파가 극도로 융성한 후, 명대에 이르러 송시(宋詩)를 버리고 당시(唐詩)를 높이기에 이르렀다. 이는 엄우(嚴羽)의 《창랑시화》에 의해 비롯된 것이다. 그의 시화는 강서시파를 폄하하여 시의 바른 도를 회복하려는 데 있다. 명(明) 칠자(七子)의 "시는 반드시 성당(盛唐)과 같아야 한다"는 제창은 엄창랑의 주장을 밝힌 것이다. 그러나 청(淸) 동광(同光) 년간 이후에 송시가 다시 존중됨으로써 강서시파의 실마리를 계승하였다. 이는 곧 강서시파의 영향을 말해 주는 것이다. 홍매(洪邁)는 이에 대해 다음과 같이 말하였다.

시를 짓는 데 내력을 가지려 하면 곧 연원 종파가 이뤄진다. 그러나 글자마다 얽매이면 또한 난삽하게 된다.[47)]

---

46) 才一立門庭, 則但有其局格, 更無性情, 更無思致, 自縛縛人, 誰爲之解者…… 立門庭者必餖飣, 餖飣非不可以立門庭, 蓋心靈人所自有, 而不相貸, 從無方便法門, 任陋人支借. ……用事不用事, 總以曲寫心靈, 動人興觀羣怨, 却使鄙人無從支借, 惟其不可支借, 故無有推建門庭者, 而獨起四百年之衰.(〈夕堂永日緖論〉)
47) 作詩要有來歷, 則爲淵源宗派; 然字字執泥, 又爲拘澁.(《空齋詩話》)

이를 종합하여 보면, 이를 통하여 강서시파의 긍정적인 영향을 보고 그 잘못된 폐해를 피할 수만 있다면 시를 이해하고 시를 논평하는 데 큰 도움이 될 것이다.

결 론

일찍이 강서시파에 대해 논한 사람들은 매우 많았다. 하지만 그 득실과 영향면에서 비교, 논술했을 뿐, 시파성립의 유래에 대해서는 탐구하지 않았다. 그것은 선학의 영향을 깊이 받았다는 점을 밝히지 못함으로써 대부분 피상적인 논을 하는 데 그친 것이다. 예를 들면 장태래(張泰來)의 〈강서시사종파도록(江西詩社宗派圖錄)〉에 쓴 청(淸) 송낙(宋犖)의 서문에서는 아래와 같이 말하였다.

시에는 계통과 파벌이 있다. 나의 벗 유자산울(劉子山蔚)이 말하기를 "계통이란 물이 땅 위에 흘러 웅덩이로 모여 드는 것과 같다. 그러나 모두 하늘의 물에서 나온 것이지, 어떤 하나의 지류에 의거하여 이름 삼은 것이 아니다. 사방의 큰 강줄기와 수많은 하천으로 나눠지고 물줄기가 나뉘어 넘치고 물이 넘쳐 그 원류를 소급한 후에 유파(流派)를 칭하여 구별짓는 것은 한 물줄기의 여분이다. 여거인이 황산곡을 명명한 것은 하나의 지류로써 왜소하게 만든 것이지, 그를 드높인 것이 아니다. 그럼에도 하나의 지류에 덧붙이니 또한 스스로를 왜소케 함이 심하다."[48]

---

48) 詩有統有派, 余友劉子山蔚曰 統猶水行於地, 匯於歸墟, 而總爲天一之所生, 非支流別汊之所得偏據以爲名, 至於四瀆百川之旣分, 分而溢, 溢而溯其所由出, 然後稱派以別之者, 蓋一流之餘地, 居仁之名山谷, 殆以一流小之, 非尊之也, 而附於一流, 抑又自小之甚矣.

이는 실로 강서시파를 잘 이해하지 못한 말이다. 여본중이 종파를 내세운 것은 황산곡을 왜소화시키려는 것이 아니라, 황산곡을 높혀 종파를 세우려는 것이다. 달마가 선종을 창립하여 교학의 자리를 빼앗은 것과 같다. 강서시파의 영향 가운데 가장 큰 것은 선학으로써 시학을 세운 데 있다. 이는 《담예록》에서 말한 것과 같다.

    엄창랑은 강력히 강서시파를 배척하면서도 그의 시에 대한 논은 첫째 시어를 쓸 때는 반드시 원만해야 하고, 둘째 반드시 활구를 참구해야 한다는 것이다. 강서시파 도록의 저자 여동래(呂東萊)의 말과 차이가 없다. 육방옹의 〈증응수재시(贈應秀才詩)〉에서도 "나는 다산에게서 하나의 화두를 얻었다 / 문장은 절대 사구(死句)를 참구해서는 안 된다는 것을……"이라 하였다. 이로써 원활(圓活)이라는 것은 시인들이 지향하는 공공의 말이지, 일가일파의 사적인 말이 아님을 알 수 있다.[49]

그 사실을 규명하면 시를 참구하는 것과 활법을 제창한 것은 실로 강서시파이다. 그것은 시에 깊은 조예가 있었기에 다른 시파에 의해 공인된 것이다. 그 원류를 추구하여 보면 그것은 곧 선학에서 유출된 것이다(67년 6월,《중흥대학문사학보(中興大學文史學報)》제8기).

---

49) 嚴滄浪力排江西, 而其論詩, 一則曰造語須圓, 再則曰須參活句, 與江西派圖作者呂東萊之說無以異, 放翁贈應秀才詩亦謂 我得茶山一轉語, 文章切忌參死句. 故知圓活也者, 詩家斬嚳之公, 而非一家一派之私言也.

역 자 후 기
(禪과 詩의 同異點)

두송백의 저서 가운데 본서와 《선학과 당송시학(禪學與唐宋詩學)》[1] 은 유구한 세월 속에 빛을 감춘 채 묻혀있던 선시(禪詩)를 당당하게 문학의 궤도에 올려놓은 희대(稀代)의 역작(力作)이다. 1982년 삼각산 진각선원(眞覺禪院)에서 전 종정(宗正)이신 서옹(西翁) 큰스님을 잠시 모시고 있었을 때, 종성(宗成)스님으로부터 《선학과 당송시학》을 얻게 되었고 그 후로 선시(禪詩)에 관심을 기울이게 되었다. 이것이 선학에 관심을 가지게 된 나의 원인(遠因)이 되었다. 물론 그 이전에도 불서에 전혀 관심이 없었던 것은 아니지만 두송백의 문학에서 본 선시의 분류와 해설은 나에게 적지 않은 흥미를 자아내게 하였고 나아가 선(禪)에 관심을 가지게 만들었다. 바꿔 말하면 선에 대한 입문이라 이야기할 수 없으나 문학을 통해서 선을 이해해 나가는, 이문입도(以文入道)인 셈이었다.

그 후 해인사 백련암의 《선림고경총서(禪林古鏡叢書)》의 간행은 나의 관심을 더한층 일으켜 세워준 계기가 되었다. 그 중에서도 선종 십부(禪宗十部)의 조사 어록은 선시의 사상을 이해할 수 있는 저변으

---

[1] 杜松柏,《禪學與唐宋詩學》, 黎明文化事業公社, 중화민국 65년 간행.

로서 충분한 것이었다. 몇 년간에 걸친 탐구와 윤문은 나에게 있어서 더욱 선학에 깊은 관심을 가지게 된 근인(近因)이 되었다. 이런 이유에서 감히 말한다면 선시란 조사의 어록을 이해하지 않고서는 제대로 이해할 수 없다고 단언하고 싶다. 하지만 조사의 어록을 제대로 이해하지도 못한 나로서 이런 말을 지껄인다는 것은 서울구경 한 번 하지도 못하고서 서울을 다녀온 사람보다 더 잘 아는 체하는 격이어서 자조(自嘲)를 금할 길 없다.

본인은 본서를 국역하기에 앞서 곧이어 간행될《선학과 당송시학》을 먼저 보았고 이를 먼저 국역하였다. 그러나 《선과 시》는 일반 독자를 상대로 선과 시의 관계를 밝혀 누구나 가볍게 대할 수 있도록 쓰여졌음에 반해서《선학과 당송시학》은 전문 학술서로서 일반인이 이를 대하기 어렵겠거니와 쉽고 가까운 것에서부터 어렵고 먼 곳으로 들어가는 학문의 순서에도 걸맞지 않다고 생각한다. 이런 이유에서《선학과 당송시학》을 이해할 수 있는 토대를 쌓기 위해서 먼저《선과 시》를 간행하게 된 것이다.

두송백이 말한 바와 같이 시와 선의 기본 속성은 전혀 다른 것이다. 선(禪)이란 철학 범주의 하나로서 종교의 신비성이 농후한 데 반해서 시(詩)는 문학 범주의 하나로서 인간 감정을 표현하는 예술에 속한다. 이처럼 각기 속성이 다른 시와 선이 하나로 융합될 수 있었다는 데 대해 선시의 대가이자 본서의 저자 두송백은 유감없이 밝힌 바 있다.

그의 논지를 개괄하면 다음과 같다.

선종에서는 초조(初祖) 달마 이후로부터 5조홍인(弘忍)까지의 전법게(傳法偈)가 시의 율격(律格)에 모두 맞아 떨어진 것은 아니지만 그래도 압운(押韻)으로 쓰여 오다가 6조혜능과 신수에 이르러 시와 선이 융합되기에 이르렀다.[2] 시법시(示法詩), 개오시(開悟詩), 송고시(頌古詩), 선기시(禪機詩)는 선의 세계에 시의 형식이 침투되었음을 말해주는 것임과 동시에 시인 또한 선의 정신세계를 받아들임으로써 심도 높은 시의 경지에로 승화시켜 주었다.[3] 이는 선리시(禪理詩), 선전시(禪典詩), 선적시(禪迹詩), 선취시(禪趣詩) 등을 들 수 있다. 이와 같은 시선일치(詩禪一致)는 원호문(元好問)의 시와 같이 "시는 선객(禪客)에게 금상첨화의 격을 이루어주었고, 선은 시인에게 옥을 자르는 보도(寶刀)가 되었다."

이로써 시단에서는 선의 사상과 선적(禪的) 사유(思惟)가 시와 상통한다는 보편적 인식을 가지게 됨으로써 "선을 시에 비유[以禪喩詩]"하는 이론이 발생할 수 있는 토양을 마련해 주었고, 그 결과 사적(史的)으로는 선리(禪理)와 시리(詩理)의 융합관계, 참선과 학시(學詩)의 방법, 어록(語錄) 공안(公案)과 시학(詩學), 선학종파와 시학종파, 그리고 예술성의 관점에서 본 시와 선의 관계 등 복합적이고 다양한 면을 지님으로써, 다각적인 연구를 기하지 않으면 안 되기에 이르렀다. 하지만 종교와 예술이라는 본질적인 차이에 의해 궁극적 지향점에 대한, 기연(機緣)에 대한, 표현방법에 대한, 내용에 대한 이견이 있다는 점 또한 간과해서는 안 될 것이다.

두송백은 선학과 시학에 관련한 여러 문제들을 극명하게 밝혀 세계적으로 선시 연구의 기풍을 진작시킨 지대한 공로가 있다. 그러나 시선일치(詩禪一致)에 치중한 나머지 그 변별성에 대해 미처 언급할

---

2) 같은 책, pp. 206~7.
3) 같은 책, p. 365.

겨를이 없었던 것으로 보인다. 선학의 기취(奇趣)와 시학의 별취(別趣)가 같다는 이유에서 이의 구별을 분명하게 밝히지 않으면 시와 선의 한계와 구분이 모호하고 애매하여 선과 시의 본질을 잃게 될 것이다. 이는 두송백의 본의가 아니었을 것으로 생각된다.

이러한 이유에서 예술성의 관점에서 본 공통점과 차이점에 국한지어, 선과 시에 나타난 아홉 가지의 같은 점과 네 가지의 차이점을 밝혀 같으면서도 다르고, 다르면서도 같은 점을 구명(究明)하여 선과 시의 본질과 그 특성에 대한 이해를 돕고자 한다.

시와 선의 동이점[4]

위에서 말한 바와 같이 시와 선이란 하나는 종교요 하나는 문학이며, 하나는 사상이요 하나는 예술로써 그 범주가 다르고 내용 또한 다르기 마련이다. 그러나 상통하는 각도에서 살펴보면 시 또한 직감(直感)에 의한 깨달음의 경지와 인생의 궁극적 추구에 공통점이 없지 않다.

선이란 추리와 사유를 중시한 논리학적 철학가와는 달리 직감에 의한, 직관(直觀)을 중시하여 시와 같은 양상을 지니고 있고, 시인과 참선인이 추구하는 극치의 경지가 같다는 점이다. 선의 궁극적 추구는 자성, 즉 자아의 세계를 밝히는 데 있으며,[5] 시인의 추구하는 바

---

4) 이는 역자가 일찍이 발표한 바 있는 논문이다. 다만 黃永武의 《中國詩學 (思想篇)》(巨流圖書公司, 民國 77년, pp. 223-236)을 주로 하여 정리, 논술하였음을 밝혀두는 바이다.
5) 退翁 性徹, 《禪門正路》海印叢林, 1981. p. 2. "禪門은 見性이 根本이니, 見性은 眞如自性을 徹見함이다."

또한 자아 내면세계의 승화에 있다. 시인은 시를 통하여 외재 객관의 현상을 자아의 세계로 승화시킨 데 있다.[6] 이를 이해하면 시와 선이 서로 어우러진 것은 결코 우연이 아님을 알 수 있을 것이다. 그러나 결코 종교와 문학, 그리고 사상과 예술의 차이가 없는 것은 아니다.

시와 선의 공통점

시와 선의 공통점은 대략 아홉 가지로 집약할 수 있다. 직관(直觀)과 별취(別趣), 상징성의 활구(活句), 쌍관어(雙關語)의 동시 표현, 비의법(比擬法)의 추상적 철학화, 인생 관조(觀照)에 의한 현실 초탈, 언어를 초월한 무한(無限) 의미의 전달, 묘오견기(妙悟見機)의 선취(禪趣)와 시취(詩趣), 일상생활이 선이요 평범한 언어가 시, 격식(格式)을 초월한 진리 추구라는 것이 바로 그것이다.

① 직관(直觀)과 별취(別趣)

시와 선은 모두 '직관(直觀)'과 '별취(別趣)'를 중시하여 반상(反常) 가운데 이취(理趣)를 추구하거나 또는 모순(矛盾)의 기로(岐路)에서 통일성을 추구하기도 한다.

직관과 별취는 모두 이성적인 언어, 다시 말하면 논리와 사유(思惟)에 의한 이성적 논리의 사용을 좋아하지 않는다. 단 형상(形象)과

---

6) 趙東一의《한국소설의 이론》(지식산업사, 1991, p. 45.)에서는 "自我와 事物의 和合이 詩의 본질이다"하였고, 현대시인 김춘수는《현대시학》(9월호, [誤讀된 나의 시] 김춘수 꽃)에서 "나는 철학(형이상학)을 시로 형상화하는 그런 시인(?)이 되어가고 있었다"고 실토한 바 있다. 이는 단순한 외재 사물과의 화합 차원을 넘어 自我化된 것을 말한다.

사유(思惟)의 직접적인 감각을 추구한 것은 지극히 진실하고 아름답기 때문이다.

시(詩)의 일례를 들면, 왕지환(王之渙)의 〈출새시(出塞詩)〉에 "황하(黃河)는 저 멀리 흰구름 사이로 오르고〔黃河遠上白雲間〕……"라는 시구가 있다. 후인들은 아래로 흘러가는 황하의 물줄기가 어떻게 하늘 저편 흰구름 사이로 오를 수 있을까라는 데 대해 회의를 가진 나머지 "노란 모래가루 흰구름 사이에 오른다〔黃'沙'直上白雲間〕"[7]라고 하여 황사현상의 묘사로 이해하는가 하면, "황하 원류는 흰구름 사이로 오른다〔黃河'源'上白雲間〕"[8]라고 하여 황하의 원류가 높다란 산마루에서 발원(發源)하였다는 것으로 인식하기까지에 이르렀다.

그러나 "황하는 저 멀리 흰구름 사이로 오른다〔黃河遠上白雲間〕"는 구절은 표현상의 감성(感性)에 의한 것이다. 이는 위지광(尉遲匡)의 〈모행동관시(暮行潼關詩)〉"황하는 흘러흘러 하늘에 오른다〔黃河流上天〕", 이태백의 〈장진주(將進酒)〉"그대는 황하의 물줄기가 하늘 위에서 흘러 내려오는 것을 보지 못했는가〔君不見黃河之水天上來〕"라는 구절과 같은 의미이다.

이를 지성적인 논리 입장에서 황사(黃沙), 또는 원상(源上)으로 바꿔 쓴다면 별취(別趣)를 잃을 뿐 아니라 시로서의 생명력까지도 잃은 죽은 시구〔死句〕가 될 것이다.

또 작자 미상의 〈매화시(梅花詩)〉"보이는 게 꽃이어서 꽃이 보이지 않는다〔滿眼是花花不見〕"라는 시구와 이당(冶堂)의 〈유반산시(遊盤山詩)〉"보이는 게 산이어서 산이 보이지 않는다〔滿眼是山山不見〕"[9]라

---

7)《唐詩記事》.
8)《榆溪詩話》.

는 시구는 모순된 말로써 표현상의 의미와 상징이 논리적 사유를 초월한 바로 그것이다. 눈에 가득 보이는 것마다 꽃인데 꽃이 보이지 않고, 눈에 가득 보이는 것마다 산인데 산이 보이지 않는다는 것은 이성적 논리의 입장에서 음미하면 이는 모순을 가지고 있다. 하지만 객체와의 일체와 통일을 지향함으로써 여기에 또 다른 별취를 고조시키기에 이른 것이다. 마치 물 밖에 있는 사람들이야 물을 볼 수 있지만 정작 물 속에 사는 물고기는 물과 하나여서 물을 보지 못하는 것과 같다 하겠다.

선(禪) 역시 별취를 가지고 있다. 예를 들면 진양(陳襄)의 〈증선자시(贈禪者詩)〉를 살펴보면 다음과 같다.

예전 일찍이 이 산을 찾았을 땐
뜰에 가득 산 꽃이 붉었는데……
오늘 꽃이 피어 또다시 비춰오니
분명 보이는 곳마다 본디 같은 것을……
    昔年曾到此山中　正見山花滿砌紅
    今日花開還照眼　分明見處本來同[10]

올해에 핀 꽃에서 작년의 꽃을 찾아 볼 수 있겠는가. 다만 현상을 뛰어넘은 바른 견해〔正見〕의 입장에서 살펴보면 근본적으로 오늘과 어제라는 시공의 개념 차이가 없기 때문이다. 오늘과 어제의 차이가 없기에 오늘 핀 꽃이 곧 지난날의 공(空)이 나타남이요 지난날의 공

---

9) 이는 모두 梅成棟의 《吟齋筆存》에 나타나 있음.
10) 《古靈集》 권25.

(空)은 곧 오늘의 색(色)으로써 꽃이 다시 피고 지는 것이다. 이처럼 또 다시 피고 지는 데에는 명상(明相)과 암상(暗相)이 서로 안팎을 이루고 있을 뿐, 증감(增減)이 있을 수 없다. 바꿔 말하면 주체의 마음이 외적 사물에 따라 전변(轉變)하지 않으면 오늘과 옛날이라는 시간에 따라서 변화되거나 바뀌지지 않는다. 따라서 이처럼 시공을 초월하여 고금의 차별이 없는, 깨달음에 의한 술어는 논리적 사유의 범주 내에 있지 않다.

또 한 예를 들면, 운문(雲門)선사가 말한 "하루종일 말하였지만 일찍이 한 마디도 입 밖에 내지 않았으며 한 글자도 말하지 않았다. 하루종일 옷 입고 밥 먹었지만 일찍이 한 톨의 쌀도 먹지 않았고 실오라기 하나 걸치지 않았다"[11]는 말은 모순을 가지고 있지만 조금도 걸림이 없는 자유자재한 사람으로서의 참신한 표현이라 할 것이다.

② 상징성의 활구(活句)

시와 선은 모두 상징성의 활구로써 이것을 말하면서도 또 다른 부분을 뜻하는〔言此意彼〕다양한 의의를 함축하고 있다.

선(禪)에서는 활구를 주장한 데 반해 시(詩)는 다양한 의의의 함축을 주로 한다. 그러나 활구란 모두 다양성을 가지고 있다. 먼저 소동파의 〈자호협조풍시(慈湖夾阻風詩)〉 5수 가운데 제2수를 예시하면 아래와 같다.

이 생(生)의 돌아가는 길 아득하기만 한데

---

11)《古尊宿語錄》.

둘러 쌓인 푸른 산에 거센 물결 하늘을 친다
생각지 않게 작은 배 떡장수 만나
산 앞에 마을 있다는 기쁜 소식 들였다
  此生歸路轉茫然　無數靑山水拍天
  猶有小船來賣餠　喜聞墟落在山前

 이 시는 표면적으론 실재 경관을 묘사한 것처럼 보이지만 나머지 4수 가운데 "가냘프기만 한 저 약한 밧줄이 거센 바람을 막아낼 수 있을까〔弱纜能爭萬里風〕" "인생살이 어느 곳인들 험한 곳이 없으랴〔人生何處不免巖〕" 등의 상징적인 시어들은 시의 골격을 잘 드러내준 말이기에, 독자는 이 시의 상징적인 언어와 의미로써 작가의 의도를 쉽게 이해할 수 있다. 첫 구절의 "이 생의 돌아가는 길〔此生歸路〕"이란 눈앞에 펼쳐진 실재의 경계를 묘사한 데 그치지 않고, 삶의 막다른 길목에서 삶의 의미를 말하려는 뜻을 가지고 있다.
 이 시는 끝없이 펼쳐진 아득한 강물 위에서 생각지도 않은 떡장수를 만나 바로 산 앞에 작은 촌락이 있다는 말을 전해 듣고 인적(人迹)이 멀지 않다는 사실에 기쁨을 감추지 못한 것이다. 이와 같은 기쁨은 혼미와 절망 속에서 가느다란 하나의 희망을 제시해 주었기 때문이다. 이렇듯 인생이란 희극(戲劇)이 많다는 점을 상징적으로 말해 주고 있다.
 선(禪)의 입장에서 말하면 장사선사가 산에 놀러갔다가 돌아오는 길에 수좌가 물었다.

 "스님께서는 어디를 다녀오십니까?"

"산놀이 갔다 온다."
"어느 곳엘 가셨습니까?"
"처음엔 아름다운 꽃이 핀 곳에 갔다가 다시 꽃이 떨어진 곳을 따라 돌아왔다."
"매우 그럴싸한 봄이었겠습니다."
"가을 이슬이 부용을 적시는 것보다야 낫지!"[12]

여기에서 답한 두 구절은 겉으론 이른 봄에 풀잎이 돋아났다가 봄이 저물어 꽃잎이 떨어지는 모습을 묘사하고 있지만, 단순히 우리의 눈앞에 펼쳐진 봄의 경치를 읊은 데 그치지 않는다. 파호천(巴壺天)은 이에 대해 "아름다운 꽃잎을 즈려밟고 고봉정상에 올라간 것은 범인을 초월하여 성제(聖諦)에 들어감이며, 다시 아름다운 풀이 있는 곳으로 돌아왔다는 것은 성제(聖諦)에서 다시 범인으로 되돌아온 것이다. 이 두 구절은 자신의 수도 역정(歷程)을 말해주는 것이다."[13] 수좌가 말한 "매우 그럴싸한 봄이었겠습니다"라는 데 대해 두송백은 "모두 유(有)를 공(空)으로 하지 않았지만 여전히 현상계에 떨어진 것"이며, 장사가 답한 "가을 이슬이 부용을 적시는 것보다야 낫지!"라는 말은 "이미 화려한 꽃이 떨어진 것을 비유한 것으로, 이는 진제(眞諦)에 들어가 일찍이 현상계를 초월한 것"이라고 하였다.

파호천과 두송백의 말은 수좌와 장사가 문답한 뜻에 매우 가까이 접근한 것이라고 할 수 있지만, 이를 어떻게 해석해야 하는가에 대

---

12) 《五燈會元》本章 : "和尙什麼處去來 遊山來. 到什麼處 始從芳草去, 又逐落花歸. 大似春意! 也勝秋露滴芙蕖."
13) 《禪學參究者應具有的條件與認識》.

해서는 논하지 않음으로써 그들 모두 미진한 감이 없지 않다. 시의 입장에서 말하면 이를 활구(活句)라 말할 수 있다. 이는 본인 스스로가 해석하는 데 있는 것이지, 굳이 일정한 훈고(訓詁)와 해석을 더할 수 없다.

시란 때로 반복의 다의성(多義性)으로 귀결짓기도 하는 것인 바, 일정한 훈고와 해석을 가하면 시적(詩的) 의미를 감소시킬 뿐 아니라 한층 더 심오한 선세계(禪世界)에 있어서의 다의성(多義性)은 여전히 한계를 가지게 되고 언어와 주석〔言詮〕에 떨어지게 마련이다. 그렇다면 무한한 의의를 함축, 포괄하여 언어로 표현할 수 없는, 이해할 수 없는 진정한 활구를 이해할 수 없게 될 것이다. 이런 이유에서 동산수초(洞山守初) 선사는 "말 가운데 말이 없는 것을 활구라 한다〔語中無語 名爲活句〕"라고 말하기에 이른 것이다.

③ 쌍관어(雙關語)의 동시 표현

시와 선에서는 흔히 '쌍관어'를 사용하여 한 구절에 '초월'과 '평범'이라 하는 두 경지를 동시에 표현하고 있다.

시에서는 흔히 쌍관어를 사용하고 있는데, 이는 흔히 쓰는 글자의 의미 이외에 또 다른 하나의 심오한 뜻을 가지고 있으며, 선(禪) 또한 평범한 언구 가운데 기용(機用)이 나타나 있는 것을 흔히 볼 수 있다. 이는 깨침을 얻은 사람이 들으면 세간법〔俗諦〕 이외에 또 다른 하나의 불법〔眞諦〕을 가지고 있다. 예컨대 위에서 인용한 왕지환(王之渙)의 〈출새시(出塞詩)〉와 같다.

황하(黃河)는 저 멀리 흰구름 사이로 오르는데
만길 벼랑 위 외로운 성 하나
호적(胡笛)의 피리가락 한 서린 양류곡
봄바람은 옥문 성채에 불어오지 않누나
　　黃河遠上白雲間　一片孤城萬仞山
　　羌笛何須怨楊柳　春風不度玉門關

　양류(楊柳) 두 글자는 횡취곡명(橫吹曲名)이다. 단순한 글자의 의미로 해석하면 오랑캐들이 양류곡에 맞춰 피리를 불어대지 말기를 바라는 것이다. 만일 양류곡을 분다면 버들가지를 꺾어 말채찍을 만들어주던 지난 과거의 이별을 회상시켜 줌으로써 고국을 떠난 향수를 더해 주게 될 것이다. 그러나 제4구와 합하여 보면 양류(楊柳) 두 글자는 또한 쌍관법으로써 버드나무 그 자체를 가리키기도 한다. 그는 먼 변방에 있는 몸이다. 버드나무를 한한들 무슨 필요가 있겠는가? 원래 봄바람은 옥문관(玉門關)에 불어오지 않으며, 부드러운 버들가지마저 없음으로 봄바람을 표현할 수도 없다. 다시 말하면 옥문관은 봄바람이 이르지 못한 사각지대로써 임금의 은총이 변방에까지 이르지 않아서 자신이 버림받게 되었음을 비유하고 있다. 본디 양류(楊柳) 두 글자는 음악으로서의 피리 곡조와 식물로서의 버드나무를 지칭하는 두 가지 뜻을 동시에 가지고 있으며, 그 의미가 다양한 것이다.
　선(禪) 또한 흔히 쌍관법을 쓰고 있다. 예컨대 이는 어느 스님이 조주(趙州)스님에게 총림에 들어가 몸을 닦는 법을 묻자, 조주스님이 그에게 물었다.

"죽을 먹었느냐?"
"안 먹었습니다."
"그러면 바리때를 씻고 가도록 하라."[14]

깨치지 못한 사람들의 눈에는 그저 죽을 먹고 바리때를 씻는 것쯤으로 생각하겠지만, 그로 하여금 끈끈한 풀과 같은 집착을 버리라는 지침이며, 또한 일상생활 그 자체가 곧 도(道)라는 점을 말해주고 있다. 그러나 이에 대한 의미는 여러 갈래로 이해될 수 있다. 또 한산(寒山)의 시를 살펴보면 다음과 같다.

어떤 사람이 한산의 길을 물으나
한산의 길은 통할 수 없다
그대의 마음이 나와 같다면
그 가운데 이를 수 있으리
  人間寒山道　寒山道不通
  君心若似我　還得到其中

한산(寒山)이란 인명(人名)임과 동시에 산명(山名)의 가설이기도 하며, 또 한 면으론 묘고정상(妙高頂上)의 선경(禪境)을 말해주기도 한다. 그대의 마음이 나와 같다년 직각(直覺)의 방법으로써 나와 하나가 될 수 있지만, 그렇지 않으면 "언어도단 심행처멸(言語道斷 心行處滅)"의 자성(自性)을 형용할 수 없음을 말해주고 있다. 이처럼

---

14) 《指月錄》.

선시 역시 다층적 의미의 쌍관법을 쓰고 있다.

④ 비의법(比擬法)의 추상적 철학화

시와 선은 모두 '비의법(比擬法)'으로써 추상적인 철학을 형상화시키고 있다.

시에서 비유법을 사용하는 것은 직설적인 표현에 비하여 더욱 생동감을 더해 주고, 보다 많은 추상적인 정리(情理)를 실물에 비유함으로써 그 의의가 뚜렷하고 생동감을 가져오기 때문이다. 선(禪) 또한 언어나 동작으로 비유를 삼은 바 있다. 예컨대 이상은(李商隱)의 〈심궁시(深宮詩)〉를 살펴보면 다음과 같다.

광풍(狂風)은 얄팍한 칡 그늘 아끼지 않고
계수나무 잎에 흠출하게 이슬이 녹아 내린다
    狂飆不惜蘿陰薄　淸露偏知桂葉濃

이는 구중궁궐의 원한을 묘사한 것이다. 바람, 이슬, 꽃, 잎이란 비유사이며, 얄팍한 그늘에 몰아치는 회오리바람은 매정하게 불어대고, 흠출하게 녹아 내리는 계수나무 잎의 맑은 이슬은 도리어 윤택함을 더해 주고 있다. 굴복(屈復)은 이에 대해 위의 구절은 "그가 총애를 잃은〔蘿陰薄〕뒤 또 다시 모함〔狂飆〕을 당하게 되었음을 말해주는 것이요," 아래 구절은 "남들은 총애〔淸露〕를 누리며 분수에 넘친 은총〔桂葉濃〕을 비유한 것"이라고 평하였다. 이는 하나의 비유법으로써 의미와 상징성이 구체화되어 생동감을 더해 줌과 동시에 쓸데없는 표현들을 생략한 것이다.
  선(禪)에서도 자주 비유법을 쓰고 있다. 예컨대 마조(馬祖)가 한 암자에서 홀로 좌선을 하고 있었다. 회양(懷讓)이 그를 방문하였지만 마조는 거들떠보지도 않았다. 회양이 그의 암자 앞에서 앉아 줄곧 벽돌만을 갈고 있었다. 마조는 그에게 "벽돌을 갈아서 무엇할 것이냐?"고 물으니, 회양은 "벽돌을 갈아서 거울을 만들겠다"고 하였다. 이에 "벽돌을 간다고 해서 어떻게 거울을 만들 수 있겠는가?"라고 말하니, 회양은 "벽돌을 갈아서 거울을 만들 수 없다면 좌선을 한다 해서 어떻게 성불할 수 있겠는가?"라고 하였고, 아울러 마조에게 "소에게 수레 멍에를 채웠는데, 수레가 가지 않을 땐 소를 채찍질해야 하는가? 아니면 수레를 채찍질해야 하는가?"라고 말한 것과 같다.[15] 이는 인간의 육체는 수레요, 마음과 재능을 소에 비유한 말이다. 좌선을 한다해서 마냥 앉아 있기만 한다면 어떻게 불성을 밝힐 수 있겠는가? 선가에서는 기연(機緣)에 따라서 비유를 쓰고 있다. 이는 어느 대상이든 비유를 쓰는 시인들의 기법과 일치되는 것이다. 한산(寒山)의 시는 아래와 같다.

사람은 백년을 채 못 살지만
항상 천년의 시름을 안고 있다
저울대를 동해에 던져 버리니
비로소 쉰다는 게 뭔지 알겠노라
    人生不滿百　常懷千歲憂

---

15)《古尊宿語錄》.

秤碾落東海　到底始知休

　저울이란 물체의 무게를 헤아리는 형기(衡器)이다. 이를 바다 속에 버렸을 때 비로소 일상생활의 기민한 권형(權衡)을 없앨 수 있다. 이는 비유법으로 잡다한 세상사에 골몰하면 괴로울 뿐임을 말한 것이다. 이는 단순히 쇠뭉치를 바다에 빠뜨렸다는 말에 비해 보다 함축적이고 풍부한 상징성을 가지고 있다.

⑤ 인생 관조(觀照)에 의한 현실 초탈
　시와 선은 어떤 참신한 입장에 서서 인생을 관조하여 현실을 초탈하려는 심리를 가지고 있다.

　시와 선은 항상 현실적인 세계를 초탈하여 인간과 사물을 고고하게 대하여 적당한 거리를 두면서 이를 감상하고 있다. 예컨대 주경여(朱慶餘)의 〈근시상장수부시(近試上張水部詩)〉와 같다.

어젯밤 신방에 촛불 끄지 않고
이른 새벽 시어머님 문안인사 기다리면서
화장을 마치고 남편에게 나직한 목소리로
"눈썹 화장이 요즘 유행에 걸맞느냐?"라고 묻는다
　　洞房昨夜停紅燭　待曉堂前拜舊姑
　　粧罷低聲問夫壻　畵眉深淺入時無

　이 시는 자신의 절박한 감정을 객관화하여 모종의 의미와 상징적인 용어로써 자신을 비유한 것이다. 이는 주경여가 과거날짜가 가까워지자 고시관(考試官)인 장적(張籍)에게 보낸 시이다. 그의 마음을 마치 새롭게 단장하고 눈썹을 그린 신부로 묘사하여, 나의 문장이 당시 사람들의 기호에 맞는지 그렇지 않은지를 신부의 화장이 유행에 걸맞는지에 비유한 것이다. 작자는 이 시를 쓸 때 객관적인 위치에서 자신을 감상하면서 현실의 세계에서 미감(美感) 세계에 이끌어 올린 것이다.

선(禪) 역시 항상 자기의 육신을 하나의 밥포대, 또는 밥통〔飯袋子〕으로 간주하면서 자성(自性)을 주인옹(主人翁)이라 하였다. 선종의 삼관설(三關說)은 《금강경》에서 말한 "삼천대천세계(三千大千世界)는 세계가 아니나 이를 이름하여 세계(世界)라 한다"는 구절에 근거를 두고 있다. 이는 자신을 관조하여, 먼저 자신이란 청정(淸淨)하여 실오라기 하나 걸림이 없음을 깨닫는 것이다. 이는 "산은 산이 아니요, 물은 물이 아닌〔山不是山 水不是水〕" 공(空)의 경지이다. 그 다음은 한 물건도 나의 몸 아닌 것이 없으며 한 물건도 내 자신 아닌 것이 없음을 깨닫는 것이다. 이는 "산은 산이요, 물은 물이다〔山是山 水是水〕"는 유(有)의 경지이다. 여기에서 또 다시 크게 깨치면 "집이 곧 길 가운데 있고 길 가운데에서 집을 떠나지 않는〔家舍卽在途中 途中不離家舍〕" 경지에 이르러 공(空)과 유(有)마저 없는 오묘한 경지에로 나아갈 수 있다.

황룡삼관(黃龍三關)이란 "태어난 고향이 어디인가"를 묻고, 또 다시 "나의 손은 어째서 부처님의 손과 같은가" "나의 다리는 어째서 당나귀 다리와 같은가"라고 물었다. 이는 모두 자신을 초탈한 경지에 서서 자신을 관조하여 이와 같이 물은 것이다. 이는 마음과 부처와 중생, 세 가지는 차별이 없을 뿐 아니라, 또한 인연에 따라 태어난 유(有)의 세계에서 나의 다리는 당나귀의 다리라는 진공(眞空)에 이르게 되고, 한 걸음 더 나아가 나의 손은 부처님의 손, 즉 체용일여(體用一如)로서의 공(空)과 유(有)가 없는 경지에 이르는 것이다. 이러한 법문은 말로써 형용할 수 없는 진제(眞諦)의 세계를 초탈자의 안목에서 관조한 것들이다.

⑥ 언어를 초월한 무한(無限) 의미의 전달

시와 선은 으레 말이 없는 언어로써 언어를 초월한 무궁한 의미를 전달해 주고 있다.

시인은 이른바 "한 글자에 집착하지 않고서 모두 풍류를 얻는" 수완이 있고, 선종에서는 "오묘함이 말없는 가운데 있다"라는 말이 있다. 이는 모두 그 의사(意思)를 뚜렷이 말하지 않으면서도 도리어 말 밖에 보이지 않는 뜻이 간직되어 있다. 주경여(朱慶餘)의 〈궁사(宮詞)〉를 살펴보면 이를 알 수 있다.

궁중 일 말하고 싶은 생각은 있지만
앵무새 앞에서 감히 말할 수 없네
  含情欲說宮中事 鸚鵡前頭不敢言

이는 입술에까지 나오려는 말을 꾹 참고서 말하지 않은 것은 앵무새의 말이 많을까 두려워한 까닭에 화급히 입을 다문 것이다. 마음속에 말하고픈 생각이 그지없이 많은 데에도 조금도 표현하지 않았다. 하지만 이는 실로 정을 다하고 표현이 극진함으로써 독자들에게 보다 큰 감동을 주고 있다.

이는 또한 대숙륜(戴叔倫)의 〈여우면주알장진상인시(與虞沔州謁藏眞上人詩)〉와도 같은 의미이다.

마음을 어느 곳에 두는 게 좋을까 모두들 물었지만
주인은 손을 휘두른 채 허공만을 가리키네
　　共問置心何處好　主人揮手指虛空

대답은커녕 손을 휘두르며 그저 허공을 가리킨 것은 말 밖에 끝없는 선지(禪旨)를 담고 있다. 선의 입장에서 말하면 이는 방거사(房居士)가 마조(馬祖)에게 물었던 "만법(萬法)과 더불어 짝이 되지 않은 이는 어떤 사람입니까?"라는 것과 같다. 이는 자성(自性)을 물은 것이다. 마조는 이에 대해 "네가 서강(西江)의 강물을 한 입에 모두 마시면 너에게 말해 주리라"[16]고 하였다. 이는 '대전(大全)' 자성이란 언어로 표현할 수 없다. 이른바 "인간의 일상생활 - 길을 가고, 멈춰 서고, 앉고, 눕고 하는 모든 것들이 도(道) 아닌 것이 없으며, 종횡자재 하는 모든 게 법 아닌 것이 없다." '대전(大全)'은 모든 것을 포함하고 있기에 일체법(一切法)을 하나하나 열거할 수 없으며, 열거한다 할지라도 그러한 열거는 완전하지 못한 것이다. 이 때문에 "네가 서강의 강물을 한 입에 다 마셨을 때 너에게 말해 준다"고 말한 것이다. 그는 "자성의 밖에 서서 사유(思惟) 등으로 자성을 이해하려

---

16) 《景德傳燈錄》 권7.

고 하는 것은 마치 서강 가에서 서강의 강물을 모조리 마시려고 하는 것과 같은" 것이라고 생각하였다. 마조의 대답은 그를 거절한 것처럼 보이지만 이미 말 밖에 그에 대한 답변을 말해주고 있다.

⑦ 묘오견기(妙悟見機)의 선취(禪趣)와 시취(詩趣)

시와 선은 으레 묘오견기(妙悟見機)로써 때로 상통하는 부분이 있다. 시에는 선취(禪趣)가, 선에는 시취(詩趣)가 담겨 있다.

엄우(嚴羽)는 일찍이 "대체로 선(禪)이란 오직 묘오(妙悟)에 있고 시 역시 묘오에 있다〔大抵禪道惟在妙悟 詩道亦在妙悟〕"하였고, 아울러 그는 또한 "맹호연(孟浩然)의 경지는 한유(韓愈)의 학문에 미치지 못하지만, 그의 시는 오히려 한유의 우위에 있는 것은 모두 묘오(妙悟)에 의한 것이다"고 생각하였다. 실로 맹호연과 한유의 시에 대한 우열을 논하기 매우 어렵다. 그러나 맹호연의 시는 천연(天然)에 의한 것임에 반해서 한유의 시는 인공(人工)에 의한 것이다. 이 때문에 선취(禪趣)의 입장에서 말하면 맹호연의 시가 비교적 오취(悟趣)가 풍부하다고 평한 것이다.

물이 다한 곳에 이르러
앉아 구름이 피어오르는 때를 본다
    行到水窮處 坐看雲起時

후인들은 항상 위의 왕유(王維)시의 구절을 들어, "그의 깨달음은 상승(上乘)의 경지에 이르렀음으로"[17] "어느 곳 어떤 일이든 모두가 도이며, 부딪치는 곳마다 모두 깨달음〔隨遇皆道 觸處可悟〕"[18]으로써 도가 있지 않은 곳이 없다. 이 때문에 물이 다하고 구름이 피어오르는 곳이 모두 도가 있는 바임을 표현했다고 평하였다. 후인들은 또 두보(杜甫)의 시를 예시하기도 한다.

물은 흐름에 마음 다투지 아니하고
구름이 떠 있음에 생각마다 모두 한가롭다
    水流心不競　雲在意俱遲

이 역시 도를 깨달은 시라고 인식하였다.[19] 소옹(邵雍)의 시 역시 어느 곳에나 도가 존재〔目擊道存〕하는 깨달음의 시에 속한 작품으로 인식하였다.[20] 소옹의 시는 아래와 같다.

달은 하늘 가운데 이르고
바람은 수면에 불어올 때……
    月到天心處　風來水面時

왕유, 두보, 소옹이 그들의 말대로 도를 깨쳤는지 않았는지에 관해서는 또 다른 하나의 문제점이다. 그러나 이 시에 대해 말할 때 선취(禪趣)가 풍부하다 말하지 않을 수 없을 것이다.

---

17) 沈德潛,〈題息影齊詩抄序〉.
18) 《傳燈錄》권10.
19) 王鏊,《震澤長語》卷下.
20) 尤侗,《艮齊雜說》권2.

선에 대해 말하면 선종의 공안(公案), 어록(語錄), 송고(頌古) 등에서는 으레 비흥(比興)의 시체(詩體)를 통해서 우회적으로 선지(禪旨)를 말하고 있다. 만일 문장을 사용하면 이로(理路 : 논리)에 관련되거나 지해(知解)에 빠지게 된다. 이 때문에 비흥의 시체를 사용하였을 때 비로소 불탈불점(不脫不點)의 경지에 이를 수 있다. 원호문(元好問)은 〈답준서기학시(答俊書記學詩)〉 7언 절구에서 "시는 선가의 금상첨화의 격을 이뤘고, 선은 시가의 옥을 자르는 보도(寶刀)가 되었다"고 하였다. 이는 시란 선을 더욱 빛내 주었고, 선은 시에 있어 진부하고 저속한 면을 없애 주었다는 뜻이다. 시는 비단이요 선은 꽃이다. 비단이 있어야 그 위에 꽃을 그릴 수 있으며, 선은 칼이요 시는 옥이다. 칼이 있어야 옥덩이를 잘라 옥을 다듬을 수 있다는 뜻으로, 이 두 가지는 상호보완적인 작용이 있음을 말해주고 있다. 또 《학림옥로(鶴林玉露)》에 기재된 어떤 비구니의 〈오도시(悟道詩)〉를 살펴보면 아래와 같다.

진종일 봄 찾아 헤맸지만 찾지 못하고
짚신 끌며 재마루 구름 두루 밟았네
집에 돌아와 우연찮게 매화가지 맡아보니
봄은 매화가지 끝에 또렷이 있는 것을……
  盡日尋春不見春 芒鞋踏遍嶺頭雲
  歸來偶把梅花嗅 春在枝頭已十分

이는 그 자신에 본디 부족함이 없기에 밖에서 추구할 것이 없으며, 일체 유위(有爲 : 人爲)는 몽환(夢幻) 포말(泡沫)과 같은 것으로 모두 부질없는 일에 속한다. 집밖에서 봄을 찾다가 지친 몸으로 집에 돌아오니, 봄은 가까이 울타리 가에 피어 있었음을 묘사한 것이다. 이 시는 명성견도(明性見道)의 선시(禪詩)로서 시취(詩趣)가 넘치는 수작(秀作)이라 하겠다.

⑧ 일상생활이 선이요 평범한 언어가 시
　시와 선은 모두 평범한 일과 자연을 중시하여 일상생활이 곧 선이요 평범한 언어가 곧 시이다.

자연은 모든 도의 극치이다. 이 때문에 마조는 평상심(平常心)이 도(道)라고 말하였는데, 시의 예술 역시 예외가 아니다. 일상생활 속에 별다른 의미 없이 대수롭지 않게 쓰이는 시어(詩語) 역시 이따금 시인의 절묘한 작품으로 평가되기도 한다. 예컨대 백거이(白居易)의 〈문유십구시(問劉十九詩)〉는 아래와 같다.

새초롬 빚은 새 술에
붉은 진흙으로 만든 작은 화로
저물녘 눈 내리려 하는데
한잔 술을 마실 수 없을까
　　綠螘新醅酒　紅泥小火爐
　　晚來天欲雪　能飲一杯無

위 시구 속에 쓰인 '녹의주(綠螘酒)', '소화로(小火爐)'니 하는 말들은 방언이며, 또는 붉은 진흙[紅泥]이니 하는 말들은 여염에 사는 촌

민(村民)들의 말이다. 이런 말들을 쓰고 있지만 조금도 속되지 않으며, "한잔 술을 마실 수 없을까〔能飲一杯無〕"라는 마지막 시구는 너무나 아름다운 문장이다. 당인(唐人)의 말에 의하면 이 시는 순전히 구어체(口語體)에 속한 시라 한다. 몇 글자 안 되는 5언 절구이지만 그 가운데 나타난 '화로'는 매서운 추위를 잘 나타내 주고 있으며, 멀리 있는 벗을 생각하여 한번 만나보고 싶은 간절한 마음은 도리어 멀리 있는 벗을 그리워함으로써 자신의 적막한 생활을 가탁(假託)하고 있으며, 술의 푸른빛, 화로의 붉은빛은 흰눈 내리는 저물녘에 보다 더 차가움을 표출시켜 친밀감을 더해주고 있다. 왕유(王維)의 〈산거추명시(山居秋暝詩)〉에서 읊은 "밝은 달은 소나무 사이에 비춰오고 / 맑은 시냇물은 돌 위에 흐른다〔明月松間照 淸泉石上流〕"는 서경(敍景) 역시 모두 일상생활에 흔히 있는 일들이요, 흔히 볼 수 있는 경계들이다.

이는 모두 선종에서 말한 것처럼 "그저 대수롭지 않게 말하여도 초연한 경지이다〔等閒拈出便超然〕." 마조(馬祖)는 "평상심이 도이다〔平常心是道〕"라는 데 대해서 아래와 같이 말하고 있다.

> 도가 무엇인가를 알고자 한다면 평상심 그것이 바로 도이다. 무엇을 평상심이라 하는가. 조작이 없고 시비가 없고 취사(取捨)가 없고 단상(斷常)이 없고 범인과 성인이 없는 그것이다.[21]

그의 제자 대주혜해(大珠慧海) 역시 "행하거나 머물거나 앉거나

---

21) 《馬祖道一禪師語錄》 "若欲直會其道, 平常心是道. 何謂平常心? 無造作, 無是非, 無取捨, 無斷常, 無凡無聖."

눕거나 하는 일상생활이 도 아닌 게 없다〔行住坐臥 無非是道〕"라고 거듭 서술하였고, 그 후 임제(臨濟)는 이를 더욱 부연하여 자세히 밝힌 바 있다.

  불법이란 구태여 힘쓸 것이 없다. 그저 평범하고 떳떳하며 하릴없이 똥 누고 오줌 누고 옷 입고 밥 먹고 피곤하면 누워 쉬는 것이다. 어리석은 이는 나를 비웃겠지만 지혜로운 자는 나를 알 것이다.[22]

이는 자신을 벗어나 외적(外的) 지향(指向)의 공부로서 갖가지 기이한 작태는 오히려 바른 도리를 손상시키는 것이라고 인식하였다. 이와 같은 선리(禪理)는 시의 이념과도 상통하는 면이 있다.

⑨ 격식(格式)을 초월한 진리 추구
  시와 선은 어떠한 규칙과 법식도 반대한다. 격식에 얽매여 진실을 잃어서는 안 된다.

시에는 어떤 일정한 법칙이 없다. 영감(靈感)을 귀중히 여긴다. 이른바 어디에서나 막힘 없이 솟구치는 원천이 있음을 뜻한다. 선에도 일정한 규칙이 없다. 기봉(機鋒)을 아는 것을 귀중히 여긴다. 이른바 "모든 것이 도이기 때문이다〔頭頭是道〕." 물론 시의 체제에는 일정한 법칙이 있으나 이와 같은 법칙을 오랫동안 답습하다보면 결국은 시체(詩體)는 노후화되기 마련이다. 선 역시 처음에는 좌선(坐禪)과 벽관(壁觀)에서 비롯하여 뒤이어 방할(棒喝)을 쓰기에 이르렀고 또 다

---

22) 《臨濟慧照禪師語錄》 "佛法無用工處, 祗是平常無事, 屙屎送尿, 着衣喫飯, 困來卽臥. 愚人笑我, 智乃知焉."

시 그 후에 기봉(機鋒)과 전어(轉語)로 탈바꿈하였는데 어느 날 일정한 법을 형성케 되어 사수(死水), 사구(死句), 사법(死法)이 되기에 이른 것이다. 이런 유는 모두 비난과 배척의 대상들이다.

시와 선은 모두 자득(自得)의 경지에 이르렀을 때 비로소 "그 언구(言句)는 모두 활구(活句)로써 기봉(機鋒)이 빠르지 않을 수 없다〔有句皆活 無機不靈〕." 일정한 법식을 고수하거나 진부한 규칙을 따른다는 것은 시인과 선종의 제일의제(第一義諦)가 아니다. 왕유(王維)의 〈추야곡(秋夜曲)〉을 예시하면 아래와 같다.

달빛 처음 돋아나니 가을 이슬 희미한데
얄팍한 비단옷 섬뜩한데 갈아입지 못한 채
밤 깊도록 은근히 아쟁을 노닥거리는 것은
공방(空房)을 겁내어 차마 돌아갈 수 없어서이다
    桂魄初生秋露微　輕羅已薄未更衣
    銀箏夜久慇懃弄　心怯空房不忍歸

3, 4 두 구절에 쓰인 은(銀), 쟁(箏), 은근(慇懃), 농(弄), 심(心), 공(空), 인(忍) 여덟 글자의 음운은 모두 아쟁의 자연한 음조에 따라서 여운을 질탕하게 묘사하고자 구사된 글자들이다. 이러한 묘사법은 모두 시인의 영감에서 얻어진 것들이다. 이단(李端)의 〈청쟁시(聽箏詩)〉, 유장경(劉長卿)의 〈청탄금시(聽彈琴詩)〉에는 무수한 거문고 소리가 시에 묘사되어 있다.[23] 이러한 기교는 모두 절묘한 기법으로

---

23) 黃永武,《中國詩學》의 設計篇.

우연히 영감에 의해 얻어진 것들이다. 만일 이를 일정한 법식에 의해 바꿔 썼다면 그것은 한낱 문장의 유희에 떨어지게 될 것이다.

또 일례를 들면 왕유(王維)의 〈위성곡(渭城曲)〉은 많은 사람들의 입에 애송되어 오는 시이다. 제2구의 "객사에는 푸르고 푸른 버들빛이 새롭다〔客舍靑靑柳色新〕"는 시구는 흔히 쉽게 지나칠 수 있는 부분이다. 그러나 소리 높여 읊조리노라면 이 일곱 글자에 감동을 받지 않을 사람이 없다. 그 일곱 글자 가운데 사(舍), 청청(靑靑), 색(色), 신(新) 다섯 글자는 모두 치음(齒音)이다. 치음은 모두 이별의 아픈 마음을 더욱 아프게 고조시킴으로써 쉽게 지나칠 수 없는 분위기를 자아내고 있다. 이처럼 오묘한 시구는 모두 천기(天機)와의 우연한 일치요, 자연과의 오묘한 일체일 뿐, 어떤 일정한 법칙에 의해 이뤄진 것이 아니다.

선종의 이치 또한 이와 같다. 지의화상(紙衣和尙)은 "선(禪)을 물으면 선은 벌써 잘못된 것이요, 이치를 궁구하면 그 이치는 가까이 있지 않다〔問禪禪是妄 究理理非親〕"[24]고 하였다. 이는 본디 정법(正法)으로 얻을 수 없음을 말한다. 만일 정법이 있다면 그것은 곧 집착이요 교주고슬(膠柱鼓瑟)이다. 달마 문하의 "경계에 따라서 연마한다"는 취경도연(就境陶硏)[25]이란 이와 같은 활성(活性)을 보존하는 데 더없이 훌륭한 방법이다.

---

24) 《五燈會元》 권11.
25) 《高僧傳》 僧可傳.

시와 선의 차이점

위의 예와 같이 시와 선은 상통된 면이 적지 않다. 그러나 시와 선의 본질적인 차이에 의해 이에 따른 이견(異見)이 없을 수 없다. 이를 정리하면 대략 네 가지로 분류할 수 있다. 이는 지향(指向)의 차이, 기연(機緣)의 차이, 표현(表現)의 차이, 내용(內容)의 한계를 꼽을 수 있다.

① 지향(指向)의 차이

시와 선의 지향점이 다르다. 선은 오직 자성을 밝히는 데 있으나 시의 오성(悟性)은 다방면이다.

선사는 자신의 정진에 대한 참구(參究)와 오도(悟道), 학인들에게 보여 주는 방할(棒喝), 게송을 짓는 따위의 그 어떤 시간과 어떤 장소에서든 모두 견성(見性)이라는 하나의 문제만을 생각하였다. 백운수단(白雲守端)의 〈자규시(子規詩)〉를 살펴보기로 한다.

소리소리 고국으로 돌아감만 못하다고……
사람들은 이 마음을 아는 자 드물어라
눈에 보이는 봄 산, 봄 강물은 마냥 푸른데
다시 어느 곳에서 세상사 잊어볼까
  聲聲解道不如歸 往往人心會者稀
  滿目春山春水綠 更求何地可忘機[26]

---

26) 《白雲守端禪師廣錄》 권3.

이는 두보(杜甫) 시에 나타난 "고국으로 돌아가는 것만 못하다〔不如歸去〕"는 두견새의 울음소리를 인용하여, 자기의 자성(自性)에로 되돌아가야 한다는 점을 말하고 있다. 이는 참 부처〔眞佛〕란 자신의 내면에 있음을 비유한 것이다. 그러나 모든 사람들은 거의가 다 자신의 밖에서 이를 찾음으로써, 두견새 울음소리에 담긴 의미를 알고서 자신이 간직하고 있는 보장(寶藏)에 눈을 돌리는 자 적다는 점이다. "눈에 보이는 봄 산, 봄 강물〔春山春水〕"은 자성이란 어느 곳에서나 나타나 있음을 비유한 것이다.

이는 어느 경계에서나 기연(機緣)을 이룰 수 있기에 그 인연을 따라 깨달음을 얻어야 한다. 그러므로 어떤 특정 장소, 곧 특별히 세상사 잊을 곳을 찾아야 할 필요가 있겠는가라는 점을 말해주고 있다. 이 시의 전편에 나타난 바는 오로지 견성을 제일 목표로 삼은 것이다.

원오극근(圜悟克勤) 선사는 어떤 사람이 〈향염시(香艶詩)〉에 대해 논하는 말을 듣고서 깨달음을 얻은 뒤 〈개오시(開悟詩)〉 한 수를 지은 바 있다.

황금오리 향로에 향불 사라지고 비단휘장 드리우니
피리가락 여운 속에 취한 몸 비틀댄다
소년의 풍류행락을
그대만이 홀로 알리라
  金鴨香銷錦繡幃 笙歌叢裏醉扶歸
  少年一段風流事 只許佳人獨自知[27]

---

27)《五燈會元》권19.

선사는 어느 곳에서나 견성만을 생각하고 있다. 이 시에 쓰인 글자는 모두 아름답기 그지없는, 풍류가 질탕한 면을 묘사한 시로 보인다. 하지만 이는 결국 오도(悟道)의 경지로 귀결되어 있다. 금압(金鴨)이란 빛〔色〕을, 생가(笙歌)란 소리〔聲〕를 묘사한 것이다. 이처럼 번거롭고 현란한 빛과 소리의 아수라장, 마치 짐승이 뒤엉켜 노닥거리는 것처럼 광란의 유희를 마치고 술에 취해 비척거리며 서로 붙잡고 돌아온다는 것은 혼미와 광란의 색계(色界)에 존재하는 속제(俗諦)를 말한다. 이는 모두 나의 마음 속 깊이 은밀하게 담겨진, 말로 표현할 수 없으며 오직 그대만이 스스로 알 뿐이라는 것이다.《금강경》에 의하면 다음과 같다.

만일 색으로 나를 보고
소리로 나를 찾으려 한다면
그는 사도(邪道)를 행함이니
여래(如來)를 볼 수 없다
    若以色見我 以音聲求我
    是人行邪道 不能見如來

여기에서 말한 여래(如來)는 자성(自性)을 뜻한다. 색계를 따라 자성을 찾는다거나 음성을 따라서 자성을 구한다면 이는 모두 외적 요소를 통해서 자성을 추구한 것이다. 이 모두가 외도이다. 이런 공부로는 자성을 볼 수 없다. 자성이란 직각(直覺)을 통해서만이 깨칠 수 있을 뿐, 이를 타인에게 알려줄 수도 없다. 이처럼 선(禪)이란 자성을 밝히는 데 있음을 말한다. 이 또한 조주종심(趙州從諗) 선사의 말처럼 "노승은 날마다 하나의 글자를 볼 뿐이다" 하였다. 하나의 글자란 '성(性)' 자를 말한 것으로 견성을 추구하는 것이다.

그러나 시인은 이와는 다르다. 이름이 밝혀지지 않은 어떤 시인은 두견새의 울음소리를 듣고서 시로 읊은 바 있다.

고향이 있건만 돌아가지 못한 내 신세와 같으니
두견새여 내 귓전에 서글피 울지 마오
　　等是有家歸不得　杜鵑休向耳邊啼

그리고 주재(周在)의 〈원자규시(怨子規詩)〉는 다음과 같다.

아마 두견새가 울지 않은 것은
고향이 좋다지만 돌아가려 생각지 않기 때문일레라
　　應是子規啼不到　故鄕雖好不思歸

위의 인용문은 시의 오성(悟性)이 다방면임을 말해주고 있다. 예컨대 남녀의 사랑을 묘사할 경우 더욱 아름다운 사랑이 갖가지로 표현된다. 시는 단순히 진여법성(眞如法性)이라는 하나의 궁극적인 목적을 추구하는 데 제한을 받지 않는다.

② 기연(機緣)의 차이

시와 선은 기연(機緣)의 차이가 있다. 선의 기연은 이따금 목전의 일로 주고받으면서 기봉(機棒)을 상대하지만 시구에 나타난 기연은 무척 자유롭다.

시는 즉석에서 흥을 일으킴으로써 우리의 앞에 보이는 기연(機緣)을 취하여 시에 도입하고 있다. 시란 시간과 공간을 초월하여 표현이 자유롭기에 눈앞에 펼쳐 보이는 한계에 제한을 받지 않는다. 그러나 선(禪)이란 목전에 보이는 기연(機緣)으로써 문답을 통하여 혼미와 깨침을 판단하는 것이다.

일례를 들면 아래와 같다.

> 어떤 스님이 취미(翠微)선사에게 물었다.
> "무엇이 조사가 서쪽에서 온 뜻입니까?"
> 취미선사가 "남들이 없을 때 너에게 말하여 주겠다" 하고서, 그 스님을 후원으로 데리고 가자 그 스님이 말하였다.
> "여기에는 아무도 없으니 스님께서 말씀해 주십시오."
> 취미선사는 대나무를 가리키면서 말하였다.
> "이 대나무는 이처럼 큰데, 저 대나무는 어떻게 저처럼 작을까?"
> 이 말을 전해들은 스님은 그 말에 깨달음을 얻었다 한다.[28]

취미선사가 두 대나무의 길이를 가리킨 것은 성제(聖諦)와 범인(凡人) 두 경계가 있는데, 범인에서 성제(聖諦)에 들어오고 성제에서 범인으로 회귀하여 범인과 성제의 분별을 세우지 않은 것이 중도이다. 또 어떤 사람은 "길고 짧은 것과 성인과 범인은 분별의 마음에 의해 조성된 것으로 집착이 있으면 곧 병을 이루게 된다. 커도 큰 것인지를, 작아도 작은 것인지를, 성인으로서 성인인줄을, 범인으로서 범인인줄을 몰라야 한다. 이른바 중도에 설 것조차 없으며, 또한 양쪽에 머물 것조차 없다. 분별의 마음이 없어야 천지와 함께 할 수 있

---

28) 《五燈會元》 권4.

다. 이것이 천지의 본래 마음이요 이것이 조사가 서쪽에서 온 뜻"이라 한다.

이 공안(公案)은 앙산혜적(仰山慧寂)이 말한 "물이란 일정한 준칙이 없다"는 말과 같은 뜻이다. "물이란 높은 곳에서는 높은 대로, 낮은 곳에서는 낮은 대로 평평하다." 이는 곧 형체와 형상이 모두 사라진 경지이며, 산과 연못이 모두 평평한 것으로 본디 높낮이가 없다는 것이다.

이와 같이 기연을 나타내는 방법은 대나무 숲에선 대나무를, 언덕 위에선 언덕을 가리킨 것으로 이는 모두 눈에 보이는 것을 통해서 문답을 주고받은 것이다. 그러나 이 또한 대나무 숲에 이르기 이전에 벌써 선기(禪機)가 이뤄져 있었기 때문이다. 하지만 시는 지나간 일을 읊기도 하고 미래의 일을 감탄하여 표현과 묘사가 모두 자유로운 것이다.

③ 표현(表現)의 차이

시와 선의 표현에 동원되는 도구가 다르다. 선가에서는 "문자를 세우지 않고 곧바로 마음을 가리키는 것〔不立文字 直指人心〕"으로 나타나지만 시는 반드시 문자로써 표현의 도구를 삼는다.

선종에서는 이제(理諦)를 통해서 도(道)에 들어가지도 않고 또 행제(行諦)를 통해서 도에 들어가지도 않는다. 일정한 법칙이 없는 그것을 도에로 들어가는 길로 삼는다. 이 때문에 어떠한 도구를 필요로 하지 않는다. 만에 하나라도 이로(理路) 또는 언전(言詮)에 떨어지면 그것은 자승자박(自繩自縛)이다. 이런 이유에서 문자를 장애, 또는 마음의 조박(糟粕)으로 여기게 된 것이다.

그러나 시는 반드시 문자를 다듬어 쓸 때 비로소 아름다운 시를 지을 수 있다. 문자는 시를 표현하는 하나의 도구이다. 이 때문에 유후촌(劉後村)은 다음과 같이 말하였다.

"시인들은 두보를 종주로 삼는다. 두보의 시에 '남들을 깜짝 놀라게 할 시가 아니면 죽어도 그만두지 않겠다'고 말하였다. 그러나 선종에서는 달마를 종주로 삼는다. 달마는 '문자를 세우지 않는다'고 한다. 시(詩)가 선(禪)이 될 수 없듯이 선이 시가 될 수 없다."

여기에서 시와 선은 표현의 방법상에 있어서 차이점이 있음을 발견할 수 있다. 그러나 선종에서 불립문자(不立文字)라고 하지만 그 역시 문자를 사용하지 않는다는 뜻이 아니다. 다만 문자의 형식에 속박 당해서는 안 된다는 점이다. 그러나 선종에서는 직접적인 동작과 행위로 학인을 대하는 방법을 삼는다. 이는 시로 표현할 수 없는 것이다. 예를 들면 아래와 같다.

백장회해(百丈懷海) 선사는 어느 날 마조(馬祖)스님을 모시고 있을 때, 무리 지어 날아가는 물오리가 보이자 마조가 백장에게 물었다.
"저 새는 무슨 새인가?"
"물오리입니다."
"어느 곳으로 가는가?"
"날아가버렸습니다."
이 말에 마조가 백장의 코를 비틀자, 백장은 아픔을 참지 못하고 비명을 질렀다. 마조가 또 다시 말하였다.
"또 다시 날아가 버렸다고 말할 텐가!"
또 한 차례 코를 비틀자, 백장은 그 말에 깨달음을 얻었다 한다.[29]

---

29) 《指月錄》.

이 고사는 다음과 같은 점을 시사해 주고 있다. 중생은 전도(顚倒) 와 혼미(昏迷)로써 물욕에 따라 자성(自性)을 잃음으로써 외적 사물에 전이(轉移)되기 마련이다. 이 때문에 물오리가 날아가는 것을 보고서 물오리가 날아갔다고 생각하게 된 것이다. 날아갔다는 것은 객관적인 실물(實物)이며, 일찍이 날아가지 않은 것은 곧 자성(自性)이다. 자성은 여여부동(如如不動)한 것으로 이를 체득, 인식하기란 매우 어렵다. 마조가 백장의 코를 비틀어버린 것 또한 백장을 깨우쳐 주려는 하나의 수완이다.

주관과 객관이 나뉘어지지 않은, 절대의 경계 속으로 밀어 넣어주기 위한 방편이다. 그 후로 백장은 울음과 웃음을 자유자재로 하였고, 나아가 울음과 웃음까지도 바깥 경계에 따라 전이(轉移)되지 않았다. 이와 같은 선종의 고사는 시와 다른 점이다. 시는 문자를 떠나서 표현방법을 찾을 수 없다.

④ 내용(內容)의 한계

시와 선은 내용상에 한계가 있다. 시에는 선미(禪味)와 선취(禪趣)가 있으나 선리(禪理)와 선어(禪語)는 없다.

등운소(鄧雲霄)의 말에 의하면 "시의 최상 경지는 반드시 선미(禪味)를 깨쳐 들어가는 데 있다"[30]고 하며, 심덕잠(沈德潛) 또한 "시에 선리(禪理)와 선취(禪趣)가 있는 것은 귀중히 여기지만 선어(禪語)가 있는 것은 귀중히 여기지 않는다"[31]고 한다. 심덕잠은 선리(禪理)와

---

30) 《冷邸小言》: "詩之最上者, 須在禪味中悟入."
31) 《息影齋詩抄》序 : "詩貴有禪理禪趣, 不貴有禪語."

선취(禪趣)를 나누어 보지 않았다. 여기에서 말한 선리(禪理)는 선학의 학리(學理)를 가리킨 것이 아니다. 이는 시에 선의 취향이 있는 것을 귀중히 여길 뿐, 선가의 어구(語句)와 습기(習氣)가 있어서는 안 된다는 말이다. 시와 선의 융합은 여전히 조건과 제한을 가지고 있다. 이 때문에 소식(蘇軾)은 〈증삼타화시(贈三朶花詩)〉에서 말한

> 두 손으로 병 속에 든 참새 가리고자 하고
> 네 가닥은 우물 속의 뱀을 매우 두려워한다
>   兩手欲遮瓶裏雀　四條深怕井中蛇

는 구절과 한산(寒山)의 시에서 말한

> 가소롭다 오음(五陰) 굴속에
> 네 마리 뱀이 함께 살고 있다
>   可笑五陰窟　四蛇同處居

는 구절은 선어(禪語)를 사용하고 있다. 이 때문에 심덕잠으로부터 "그 말의 밖에서 아무런 의미를 찾아볼 수 없는 무미건조한 말"이라는 비난을 받게 되었다. 이는 시가 아니라 불교의 전도 목적으로 쓰인 설교의 어록이요 산문이지, 운율에 맞춰 의미가 넘치는 시라 말할 수 없다. 황벽(黃蘗)선사의

> 하나의 달은 모든 강물에 두루 나타나고
> 모든 강물에 비친 달은 하나의 달을 가지고 있다

一月普現一切水　一切水月一月攝

는 구절은 선리(禪理)를 담고 있으면서도 선취(禪趣)가 풍부하다. 이 때문에 이는 시라 말할 수 있다. 황정견(黃庭堅)의 〈기황룡청로시(寄黃龍淸老詩)〉는 아래와 같다.

당나귀 타고 당나귀 찾으니 가소로운 일이요
말 아닌 것으로 말을 비유함 또한 어리석은 일이다
저 하늘 달빛은 누굴 위해 저처럼 아름다울까
두 노스님의 풍류를 알만 하여라
　　騎驢覓驢但可笑　非馬喩馬亦成癡
　　一天月色爲誰好　二老風流只自知

이 시는 황정견이 황룡(黃龍)선사와 유청(惟淸) 도반(道伴)에게 보낸 시이다. 당나귀 타고 당나귀를 찾는다는 것은 자신의 자성(自性)을 갖추고 있으면서도 자성을 찾고자 동분서주함을 비유한 것이다. 말 아닌 걸로 말을 비유한다는 것은 이입(理入)을 따르려는 불자(佛子)를 비유한 것이다. 이는 비유하면 할수록 봉사가 태양을 보는 것과 같기에 그 모두가 어리석은 말이다. 이 두 구절의 시에는 선리(禪理)가 함축되어 있으나 여기에 인용된 고사는 모두 중국 고유의 전고(典故)를 다듬어 쓰는 과정에서 본래의 의미와는 전혀 다른 양상을 가지게 되었다.

이는 선리(禪理)와 선어(禪語)를 그대로 사용하는 것과는 차이가 있다. 제3구는 두보의 "하늘의 저 달빛은 누구 보라 떠있는가〔中天月

色好誰看)"라는 구절을 조금 바꾸어 쓴 것이다. 자성(自性)의 광명은 하늘의 아름다운 달빛과 같기에 이를 비유할 수 없다. 이러한 경지는 한산(寒山)의 시와 같은 점을 가지고 있다.

  내 마음 밝은 달과 같아서
  푸른 연못에 밝고 해맑아라
  어느 것으로도 비할 수 없는데
  내 뭐라고 말해야 할지
      我心似明月　碧潭淸皎潔
      無物堪比倫　敎我如何說

이 때문에 황룡, 유청 두 노스님의 선적경지(禪境)는 그 풍류를 스스로 알 뿐, 어느 누구와도 이를 나누어 가질 수 없다. 이는 "혼자서 스스로 즐기는 것이지, 이를 그대에게 건네줄 수 없다(只堪自怡悅 不堪持贈君)"는 것이다.

다 아는 바와 같이 선(禪)의 불립문자와 시(詩)의 언외취의(言外取義), 그리고 작시(作詩)와 참선(參禪)의 방법론의 일치점, 또는 추구의 동일성으로써 시와 선의 융합은 퍽 자연스럽게 이루어져 왔다. 이처럼 방향 추구의 동질성으로 표면에 나타나는 예술성의 표현에 아홉 가지의 공통점을 가지고 있는데 반해 종교와 예술, 문학과 철학이라는 본질적 문제의 접근에 있어서는 네 가지의 상이점(相異點)이 없을 수 없었다.

상이점에 있어서 네 가지의 특성은 무엇보다도 지향점의 차이에 의해서 방법, 표현, 내용의 차이가 이루어진 것으로 판단된다. 그러나 시와 선은 그 나름대로의 특성과 개성을 가지고 각자의 발전을 기해야 한다는 점에서 이를 굳이 견강부회하여 공통점으로 만들어야 할 성질의 것이 아니다. 상호의 차이를 존중하면서 각자의 지향할 바의 가치와 궁극적 목표를 인정하고, 상통된 부분에서 서로의 보완을 통해 정신적 승화와 문학의 향상을 기해야 한다라는 소명에 입각해야 하기 때문이다.

그러나 시와 선의 공통점을 크게 나누어 보면 표현상의 기교면에 있어서와 방법에 있어서 동질성을 가지고 있다. 이는 인간 본연의 극치 추구라는 점에서 종교와 예술을 초월한 인간의 삶이라는 본원에로의 접근이라 말할 수 있다. 바꿔 말하면 삶의 본원을 저버린 종교와 문학은 존재할 수 없다는, 인류의 원초적 문제에 관련되기 때문이다.

하지만 공통점에서 지배적으로 나타나는, 직관에 의한 상징성, 비의법, 쌍관어 등의 표현상에 있어서의 수사형식과 문체구조라는, 문학의 기조에 관한 연구들은 선시(禪詩) 또는 선문학(禪文學)의 발전이라는 측면에서 앞으로 보다 더 구체적으로 예시되어야 한다. 따라서 사상과 예술의 접합이라는 고도의 선문학이 탄탄한 자리를 잡을 수 있도록 한 걸음 앞서는 연구가 선행되어야 할 과제로 남아 있다.

끝으로 어려운 경제난의 시대임에도 불구하고 이의 간행을 흔쾌히 허락해준 윤창화 사장님, 그리고 편집과 윤문에 심혈을 아끼지 않은 여러분들에게 감사의 말을 전하며, 벌써 7, 8년 전 이의 국역을 위해 녹음을 정리해 주었던 류선문, 김미숙, 주연숙, 이영신과 컴퓨터 정리 및 한자입력에 애써준 류영선에게도 마음속 깊이 잊지 않고 있었다는 점을 늦게나마 밝혀두고 싶다.

1999년 초여름날, 황방산의 작은 빗돌을 바라보면서
박 완 식